财务学原理师生教学手册

主　编　徐璟娜　庞廷云

中国海洋大学出版社
· 青岛 ·

图书在版编目（CIP）数据

财务学原理师生教学手册／徐璟娜，庞廷云主编
. -- 青岛：中国海洋大学出版社，2024.1
ISBN 978-7-5670-3775-5

Ⅰ．①财…　Ⅱ．①徐…②庞…　Ⅲ．①财务管理－高
等学校－教学参考资料　Ⅳ．①F275

中国国家版本馆 CIP 数据核字（2024）第 029561 号

财务学原理师生教学手册

CAIWUXUE YUANLI SHISHENG JIAOXUE SHOUCE

出版发行	中国海洋大学出版社
社　　址	青岛市香港东路 23 号　　　　邮政编码　266071
出 版 人	刘文菁
网　　址	http://pub.ouc.edu.cn
订购电话	0532－82032573（传真）
责任编辑	赵孟欣　　　　　　　　　　电　　话　0532－85901092
印　　制	青岛国彩印刷股份有限公司
版　　次	2024 年 1 月第 1 版
印　　次	2024 年 1 月第 1 次印刷
成品尺寸	185 mm ×260 mm
印　　张	19.25
字　　数	388 千
印　　数	1—1 000
定　　价	69.00 元

发现印装质量问题，请致电 0532-58700166，由印刷厂负责调换。

献给：在教学一线默默奉献的财务学教师

前言
PREFACE

当我们阅读教材某章节遇到难懂之处和疑惑时，如果把章节末尾的作业练习题做一遍，就会豁然开朗。有时，学生在课堂上自认为听懂了老师所讲的内容，但课后做练习时才发现自己的理解有误。含有作业习题解答和难点释疑等内容的师生教学手册具有原教材不可替代的作用。以罗福凯和徐璟娜主编、张波和朱炜副主编，中国财政经济出版社2020年出版的《财务学原理》（第二版）为基础，我们编写了这本《财务学原理师生教学手册》。

财务学原理课程是财务管理专业本科生第一门专业课，主要讲授财务学基础范畴、公理、职能和财务学观念。本书实质是学习财务学原理的辅助教材，对学生理解教材而言，具有画龙点睛和正本清源作用；对教师而言，它是教材编写者与非编写者之间的沟通桥梁。

不论是师生共同使用的教学工具和媒介，还是教学活动的知识资源，教材都不再仅仅是课本。教科书、教学手册、习题集汇编、多媒体音像资料和智能化软件等，都是现代大学的教学材料和课程载体。基于课程、教材和专业的理解，我们确定教学手册内容：首先描述章节知识要点，然后依次是习题解答、难点释疑、重要理论的历史背景、重要文献选读与导读等四个部分。师生初读教学手册就能感到它与原教材同等重要。扩展师生财务学原理认知和视野，锻炼财务学直觉。编写师生教学手册不仅是原教材的再次创作，也是一项重要的教学研究活动。编写过程既涉及对国内外大学财务学原理课程及其教材发展变化的调研，也要兼顾对学生学习需求的满足。具体地，本书有如下三个特点。

（1）知识点面齐全，知识结构严谨。教学手册不仅包括各章内容要点概述，还包括习题解答、难点释疑、重要理论的历史背景、重点文献选读与导读等，以此深化师生对课程内容的理解,与同类习题解答和学习指导书相比更加全面系统。

（2）专业知识难易层次适当,可读性与可选择性高。教学手册紧扣原教材内容,语言严谨,由近及远、由浅入深。学生根据自己的需要,可任意选择自己想优先阅读的内容。

（3）与原教材内容保持同步,并适当扩展教材内容,提升学生学习兴趣。教学手册既以教材内容为基础,又适当扩展相关知识。文字数量和深浅程度不受原教材限制,增加学生的阅读兴趣。

本书由徐璟娜、庞廷云、罗福凯等老师分工执笔,共同编写。徐璟娜、庞廷云为主编,罗福凯负责主审。在教学手册编写中,曾与其他同事讨论了教学手册内容和编写方式。由衷感谢原教材作者和同事的知识奉献与课程研究贡献,感谢中国海洋大学、山东财经大学和青岛大学部分研究生对教材各章练习题的试做及改进意见,感谢学校教务处、管理学院会计学系领导和老师的鼎力支持,以及中国海洋大学出版社编辑的专业指导。

限于编写者专业水平和编写能力,本书编写可能存在不足,相关责任由编写者承担,欢迎读者批评指正。

编写组

2023 年 8 月 15 日

目 录
CONTENTS

第一章　什么是财务学 ·· 1

内容精要 ··· 1

教学重点和难点 ··· 2

第一部分　习题解答 ·· 3

第二部分　难点释疑 ·· 13

第三部分　重要理论的历史背景 ························· 20

第四部分　重要文献选读与导读 ························· 26

第二章　财务系统和财务假设 ······························· 34

内容精要 ··· 34

教学重点和难点 ··· 35

第一部分　习题解答 ·· 36

第二部分　难点释疑 ·· 43

第三部分　重要理论的历史背景 ························· 46

第四部分　重要文献选读与导读 ························· 51

第三章　资　本 ··· 56

内容精要 ··· 56

教学重点和难点 ··· 57

第一部分　习题解答 ·· 58

第二部分　难点释疑 ·· 68

第三部分　重要理论的历史背景 ································ 75

第四部分　重要文献选读与导读 ································ 79

第四章　套　利 ··· 84

内容精要 ·· 83

教学重点和难点 ·· 84

第一部分　习题解答 ···································· 85

第二部分　难点释疑 ···································· 93

第三部分　重要理论的历史背景 ················ 97

第四部分　重要文献选读与导读 ··············· 100

第五章　价值与收益 ··· 103

内容精要 ··· 103

教学重点和难点 ··· 104

第一部分　习题解答 ·································· 105

第二部分　难点释疑 ·································· 114

第三部分　重要理论的历史背景 ··············· 118

第四部分　重要文献选读与导读 ··············· 122

第六章　风险与不确定性 ·· 126

内容精要 ··· 126

教学重点和难点 ··· 127

第一部分　习题解答 ·································· 128

第二部分　难点释疑 ·································· 142

第三部分　重要理论的历史背景 ··············· 146

第四部分　重要文献选读与导读 ··············· 150

第七章　时间价值 ·· 157

内容精要 ··· 157

教学重点和难点 ··· 158

第一部分　习题解答 ·································· 159

第二部分　难点释疑 ·································· 163

第三部分　重要理论的历史背景 ··············· 166

　　　第四部分　重要文献选读与导读 ……………………………………… 168

第八章　择机与期权 …………………………………………………… 172

　　内容精要 ……………………………………………………………… 172

　　教学重点和难点 ……………………………………………………… 173

　　第一部分　习题解答 ………………………………………………… 174

　　第二部分　难点释疑 ………………………………………………… 183

　　第三部分　重要理论的历史背景 …………………………………… 186

　　第四部分　重要文献选读与导读 …………………………………… 189

第九章　现金流量 ……………………………………………………… 191

　　内容精要 ……………………………………………………………… 191

　　教学重点和难点 ……………………………………………………… 193

　　第一部分　习题解答 ………………………………………………… 194

　　第二部分　难点释疑 ………………………………………………… 201

　　第三部分　重要理论的历史背景 …………………………………… 205

　　第四部分　重要文献选读与导读 …………………………………… 209

第十章　资本预算的性质和规则 ……………………………………… 211

　　内容精要 ……………………………………………………………… 211

　　教学重点和难点 ……………………………………………………… 212

　　第一部分　习题解答 ………………………………………………… 213

　　第二部分　难点释疑 ………………………………………………… 226

　　第三部分　重要理论的历史背景 …………………………………… 231

　　第四部分　重要文献选读与导读 …………………………………… 235

第十一章　财务媒介与资本市场 ……………………………………… 237

　　内容精要 ……………………………………………………………… 237

　　教学重点和难点 ……………………………………………………… 238

　　第一部分　习题解答 ………………………………………………… 239

　　第二部分　难点释疑 ………………………………………………… 247

　　第三部分　重要理论的历史背景 …………………………………… 253

　　第四部分　重要文献选读与导读 …………………………………… 257

第十二章　财务机构的性质及其工作机制 ·· 259

内容精要 ··· 259

教学重点和难点 ··· 260

第一部分　习题解答 ·· 261

第二部分　难点释疑 ·· 271

第三部分　重要理论的历史背景 ·· 276

第四部分　重要文献选读与导读 ·· 279

第十三章　财务生学习什么 ··· 281

内容精要 ··· 281

教学重点和难点 ··· 283

第一部分　习题解答 ·· 284

第二部分　难点释疑 ·· 292

第三部分　重要理论的历史背景 ·· 293

第四部分　重要文献选读与导读 ·· 296

第一章
什么是财务学

　　财务学是研究人们在不确定情况下跨时间均衡配置有限资本以创造价值的学问。该表述的关键词有"不确定情况""有限资本""跨时间""均衡配置""创造价值"等概念。在这里,不确定情况是财务管理环境;跨时间均衡配置有限资本是财务管理核心内容;创造价值是财务管理目标。财务环境和条件、财务对象和方法以及财务目标,都是财务学研究的内容。

　　财务学上的经济组织,主要有企业、财务中介和政府、家庭、资本市场,因而其研究范围包括财务学基础范畴、财务管理基本原则、财务计量方法、财务分析、公司财务、家庭财务、政府财务、财务中介资本资产、资本市场和微观投资理论以及财务工程、数量财务模型和风险管理等学科。财务管理的主要内容是组织财务活动和处理财务关系,跨时间均衡配置有限资本,维护生产经营过程有序运行,发现价值和创造价值。维护经营活动运行、发现价值和创造价值,是财务管理的三个职能。

　　财务活动主要是指人们通过筹资、投资和营运资本管理,实现收入和利润,并据此实行利润分配的经济活动。财务关系则是人们在组织财务活动中发生的一些经济关系,诸如投资者关系、投资者与经营者之间的委托代理关系、劳资关系、信贷关系等。投资、筹资、资本资产定价、利润分配和营运资本管理,都是财务管理的具体业务内容,不是财务管理的职能。职能是某一事物固有的本能。财务管理的业务内容会随着生产和市场的变化而经常发生变动,财务管理职能则具有稳定性。

　　财务学的主要方法工具是估值和资本配置。估值是基于市场对资本资产及其收益价值的发现、评估和测算。资本配置是跨时期对各种资本实施有效均衡配置和风险管理。人们运用财务学的这些方法工具做出适合自身的财务决策。估值和资本配置是欧美财务学界的两个学派,估值学派的理论渊源是经济学消费理论;资本配置学派的理论渊源是经济学生产理论。基于估值方法论的财务学家认为,资本资产定价模型、套利定价理论、期权定价理论是财务学的核心理论,并主张基于离散时间价值的价值跨期转移原则应被基于连续时间价值的价值跨期转移原则所替代。基于资本配置方法论的财务学家认为,不确定性资本预算、资本结构、资产组合投资、企业并购重组是财务学的核心理论。

企业面临的基本财务决策是投资决策、筹资决策、股利分配决策、风险管理决策以及营运资本管理决策——现金流量均衡策略。家庭面临的基本财务决策主要是储蓄决策、投资决策、筹资决策、风险管理决策。

财务管理的基本原则是价值跨期转移、风险收益均衡配置、增强成本控制优势、加速资本周转流动、收支与能力相匹配以及共享均富原则。社会制度、核心价值观和历史文化传统的差异,将引发人们选择不同的财务管理原则。

教学重点和难点

（1）牢记财务学的特有原始概念——财务基础范畴有哪些？其定义如何表述？

在理论上,财务学的基础范畴、财务学的理论基础和财务学的研究对象,构成财务学的知识体系。

（2）财务管理的主要内容:组织财务活动,处理财务关系;维护经营活动有序运行,估值并发现价值,跨时间均衡配置有限资本以创造价值。简而言之,财务学家将财务高度概括为在不确定条件下,跨时间均衡配置有限资本以创造价值的一门学问。财务环境、财务管理对象、财务方法和工具、财务目标,都是财务管理要研究的主要内容。

（3）财务学的基本原则——财务管理原则和原理是什么？

第一部分
习题解答

▶ **教材中的思考与练习题**

一、名词解释

1. 财务范畴　资本　价值　跨期　套利　选择权　风险　收益
2. 激励机制　财务合约　代理问题　有效资本市场　财务系统　财务中介
3. 权益资本　债务资本　短期投资　长期投资　直接投资　间接投资

二、思考题

1. 《管子》一书里的哪些章节蕴含财务理念？
2. 财务活动是如何产生的？
3. 财务基础范畴有哪些，为什么？
4. 财务管理基本原则和职能有哪些？
5. 财务管理师与会计师的工作内容差别有哪些？
6. 什么是财务学，中外财务学有何差别？

三、练习题

1. 列举一个关于生产、销售和资本投入产出的经济案例，说明该案例是财务中的筹资活动、投资活动，还是资本配置活动？或者是其他财务活动？
2. 从中国证券监督与管理委员会网站下载一至两个上市公司的财务年报，寻找和分析公司财报中的数据，哪些是财务信息，哪些是非财务信息？
3. 请快速回答小企业的财务职能与大型跨国公司的财务职能是否一样？

▶ **思考与练习题参考答案**

一、名词解释参考答案

1. 财务范畴　资本　价值　跨期　套利　期权　风险　收益

财务范畴：范畴是反映科学内容的基本概念，具有原始的本质属性。财务范畴是财务学知识体系里最核心、最持久的原有基础概念，反映财务活动和财务关系的基本性质和一般规律。因此，财务基础范畴是财务学里最原始的几个特有的基本概念，这些原始概念是财务学理论之网上的扭结,也是财务学区别于其他专业科学的标志之一。范畴与范围是不同的概念,前者是表达性质和属性的概念,后者是表达时间、空间和数量的概念。

资本:资产价值及其未来收益的折现值,也可以表述为经济过程原始垫支的各种生产要素或资产的价值,又称生产中能够带来剩余价值的价值——为了产生利润所投入的利润。例如,在农业生产中,生产小麦的麦种就是资本。所以,资本是创造财富的本钱,是资产的价值形态。资产则是资本的物质承担者。

价值:资本及其收益的折现值,亦即信息充分的投资者在自由竞争的市场上购买该项资本或资产时需支付的价格。

跨期:财务管理的重心是未来各个时期财务活动现金流量净现值及其资本均衡配置和创造价值。跨期是大于或等于两个会计年度的财务时期。一个财务时期通常用一个会计年度表示。跨期又称跨时间、跨年度时期。

套利:人们利用市场供求关系非均衡和价格上的漏洞获取收益的做法,称为套利。亦即市场交易活动因时间和区域不同而低价购入和高价售出所获收益的行为。它是零投资获得非零利润的财务行为。在竞争市场经济中,人们在一个市场上签订了合同,与此同时又在另一个市场里做反向交易的活动以及更受人喜欢的其他活动及其过程,被称为套利。套利的本质是跨期资本配置。

期权:经济人未来一定时期的选择权,财务上称期权。财务经济活动中的时间和不确定性使得选择权具有价值。选择权的买卖交易是财务活动的日常事项。因此,资本、跨期、套利、期权、价值和风险等,都是财务学的原始概念。

风险:人们已知经济活动的各种可能结果及其可能性,但却不肯定的情况。其实质是已知事件及其结果但不肯定。风险、不确定是不同的概念,它们相近但不相同。风险是事先已知和意料之中,但不肯定。而不确定是事先未知,意料之外,既不知道结果也不知道概率。

收益:经济活动收入与成本的差额,收益来自资本资产的价值增殖。收益是多种生产要素均衡配置共同创造而在市场里兑现的新价值。

2. 激励机制　财务合约　代理问题　有效资本市场　财务系统　财务中介

激励机制:人们为了达到经营目标和特定目的而采取的褒奖策略、规章制度、行为准则等一系列制度安排,道德规范和文化理念以及相应的组织机构与措施总和,均具有激励机制属性。激励机制是制度经济学的一个重要概念。它是指通过特定方法和管理体系,将员工对组织及工作承诺最大化的过程。激励机制是组织系统运用多种激励手段并使之规范化和相对固定化,而与激励客体相互作用和制约的结构、方式、关系以及演变规律的总和。因此,激励机制是企业将远大理想转化为具体事实的连接手段。

财务合约：有言在先称为合约。财务合约是财务活动双方或多方当事人基于意思表示一致而成的权利义务文件。通过该合约，生产要素或各类资本的所有者能够在未来某个合适的日期将自己的资产取回，从而获得更多的资产和收益。

代理问题：代理活动是指受委托人的委托，代理人采取行动，为委托人达成目标。代理人和委托人在利益上经常不完全一致。当委托人处于信息劣势而不能对代理人进行完全监督的情况下，代理人有动机为了自身利益做出有损于委托人利益的行为，由此造成的委托人利益受损的现象被称为委托代理问题，简称代理问题。在公司治理中，代理问题主要表现为股东与经营者之间的代理冲突与协调、股东与债权人之间的代理冲突与协调问题，以及大股东与小股东之间的利益冲突与协调问题。

有效资本市场：当市场上的价格能够同步反映全部的可用信息，此时的市场称为有效资本市场。在有效资本市场中，价格会对新的信息做出迅速充分的反应。当新的信息传播到一个竞争市场上，投资者对信息会立即做出反应。一旦价格调整到位，所有残留的信息不再具有价值。对过时信息再做研究，将不会产生更有价值的智慧。有经济学家根据价格对信息的反应程度，将市场划分为强有效市场（又称完全有效市场）、弱有效市场（不完全有效市场）和无效率市场三种类型。

财务系统：市场和企业以及其他机构用以订立财务合约和开展财务活动的组织机构集合。国民经济中的货币资本运行过程是经济中所有厂商与个人在进行购买或生产时所做的各种决策在宏观经济中的反映。厂商需要决定生产什么产品、用什么要素以什么方式生产、采取什么方式进行产品分配，从而满足人们的物质需求，并实现厂商自身利益的最大化。厂商要对各种生产要素进行优化配置，才能形成有效的生产能力，进而生产和提供优质的产品及服务。在这些过程中，货币流动始终伴随着产品和生产要素的流动。财务活动的社会经济组织系统实际是社会经济系统中的资本和价值活动的系统，因而称为财务系统。

财务中介：在财务信息市场中，介于财务信息供需方之间，并为财务信息的验证、传递、交换提供服务的财务工具及其经营机构。有价证券、票证、货币、基金公司和银行都是财务中介。

3. 权益资本　债务资本　短期投资　长期投资　直接投资　间接投资

权益资本：企业、家庭和其他机构拥有自主产权的净资产价值，又称股权资本、自有资本，它是投资者投入的资本金，体现出资者权益。其资本的取得主要通过接受投资、发行股票或内部融资以及资本回报所形成。

债务资本：债务资本是债权人为企业或个人提供的短期和长期贷款，不包括应付账款、应付票据和其他应付款等商业信用负债。企业或者个人使用债务资本可以降低企业资本成本，增加资产价值或提高资产报酬率。

短期投资：短期投资是企业、家庭和其他机构购入的各种能随时变现和持有时间不超过一年的有价证券，以及不超过一年的其他投资。有价证券包括各种股票和债券等，如购买其他股份公司发行的各种股票，政府或其他企业发行的各种债券（国库券、国家重点建设债券、地方政府债券和企业融资债券等）；其他投资如企业向其他单位投出的货币资金、材料、固定资产和无形资产等。财务管理上的短期是指不足一个会计年度的时期。

长期投资：长期投资是预期回收期超过一年的投资活动。它是不满足短期投资条件的投资，不准备在一年或长于一年的经营周期之内转变为现金的投资。企业管理层制订长期投资决策的目的在于持有资产而不在于出售，这是与短期投资的一个重要区别。

直接投资：直接投资是投资者将货币资金直接投入资产项目，形成实物资产或者购买现有企业的投资。通过直接投资，投资者便可以拥有全部或一定数量的企业资产所有权及经营决策权，直接进行或参与投资的经营管理。直接投资包括对现金、厂房、机械设备、交通工具、通信设备等各种有形资产的投资，以及对专利、商标、咨询服务等无形资产的投资。

间接投资：间接投资是投资者以其资本购买公司债券、金融债券或公司股票等各种有价证券以预期获取一定收益的投资。由于其投资形式主要是购买各种各样的有价证券，因此也被称为证券投资。与直接投资相比，间接投资的投资者除股票投资外，一般只享有定期获得一定收益的权利，而无权干预被投资对象对这部分资金的具体运用及其经营管理决策。间接投资的资本运用比较灵活，可以随时调用、转卖或更换其他资产以谋求更大的收益，也可减少因政治经济形势变化而产生的投资损失的风险，还可以作为中央银行为平衡银根松紧而采取公开市场业务时收买或抛售的筹码。

二、思考题参考答案

1.《管子》一书里的哪些章节蕴含财务理念？

《管子》是我国先秦时期的一部著作，书名来自管仲，内容主要是管仲学派的学术思想。管仲一生的阅历十分丰富，他年轻时曾做过商贩、当过士兵、任过小官，后来，齐桓公任命管仲为相。管仲的故事很多。从史料记载看，管仲生年不详，于公元前645年去世，名夷吾，字仲，又称管敬仲，颍上人，即今安徽颍上人，春秋时期著名的政治家、思想家、我国历史上著名的贤相之一。

学术界认为，在战国末期，《管子》一书已经形成并广泛流传。从战国末到西汉，《管子》广为传播并产生了重要影响。不过，这一时期《管子》著作尚没有定本。我们今天见到的86篇版本《管子》是西汉末年由刘向编定的版本。《管子》全书字数约14万，是《论语》的近10倍，《老子》的近30倍。《管子》内容之丰富，涉及领域之广泛，很少有其他诸子著作能与之比肩。所以，学界认为《管子》一书的形成经历了漫长过程，实际是春秋战国时期齐地管仲学派代代累积的文章汇总。其中既有管仲思想的记录与发挥,也有不同历史时期的发展和运用。

《管子》的"轻重论"蕴含着他的宏观调控思想,同时也包含了丰富的财务理念,其中包括地数篇、国蓄篇、山国轨篇、山权数篇、山至数篇、揆度篇等。

示例一: 管仲在解答桓公对国家财政收支盈亏疑惑时说道:从前,夏梁霸有全部天下而财用不足,商汤只有"薄"地七十里而财用有余。并不是天专为商汤降下粮食,也不是地专为商汤长出财物,而是由于伊尹善于经营交换、善于轻重之术、善于由国家掌握经济的开闭与决塞,伊尹还精通物价高低和号令缓急的政策来集中操纵这些条件。

——节选《管子·地数》

管仲认为国家治理的好坏并不和国家拥有的资源具有正相关关系,而取决于国家能否合理调配、利用所拥有的资源。这与财务上的企业要合理配置资产,提高资产利用率进而提高公司经营效率的理念是一致的。

示例二: 善治国者总是在民间物资不足时,把库存的东西供应出去;而在民间物资有余时,把市场的商品收购并储存起来。民间物资有余就肯于低价卖出,故君主应该以低价收购;民间物资不足就肯于高价买进,故君主应该以高价售出。用低价收购,用高价抛售,君主不但有十倍的盈利,而且物资财货的价格也得以稳定。

——节选《管子·国蓄》

管仲认为,善于治国的人,应在民间物资有余时低价收购,在物资不足时高价抛售,这样君主不但有十倍的盈利,物资的价格也可以得到调节。利用市场价格非均衡的关系而获得利益,这与财务上的套利不谋而合。

应教学手册篇幅所限,建议读者直接从中国传统文化网站查找和阅读《管子》一书,这对于帮助理解古代中国财务思想十分重要。

2. 财务活动是如何产生的?

一般地,人们将财务活动的产生表述为:财务是随着商品经济的产生而产生的。这样表述没有错,只是比较笼统。实际上,财务活动的产生有两种方式:一是人们从事生产活动需要购置工具或者支付工钱,出售物品收到金钱,于是就发生了现金收支活动;二是在生产活动之外纯粹的借贷活动,也是典型的财务活动。

财务活动是财务存在和发展的客观基础,它是商品货币条件下客观存在的生产活动的独立方面,与商品市场经济有本质联系,与生产关系密不可分。货币作为价值尺度、流通手段和支付手段的职能是人们进行财务活动的前提条件。当货币处于商品生产、流通与分配领域体现财产物质的价值时,货币就会转化为资本。而处于物质生产、流通领域的资本,当它为生产和流通领域垫支时就能成为本金。财务活动就产生在本金的筹集、应用、耗费和收入及其分配的活动过程之中。资本运行并产生财富价值的诸如筹资、投资、耗费资本、收回资本并重新分配资本的活动称为财务活动。我国企业财务活动的理论依据是马克思社会再生产资本理论，又称马克思社会再生产理论。财务活动是社会再生产资本运动过程在财务上的体现。所以，财务活动产生于社会再生产过程，并成为社会再生产过程的一个独立方面。

3. 财务基础范畴有哪些？

财务基础范畴主要有资本、价值、跨期、套利、选择权、风险和收益等基本概念。

财务基础范畴是财务学中最基本和最原始的独有概念，它是财务学的根，也是财务学的历史。关于财务管理的全部理论内容和方法技术都是从资本、价值、跨期、套利、选择权以及风险和收益这几个范畴衍生出来的。每一个财务基础范畴之后，都产生和形成了多个财务理论，如资本的后面有资本投入、资本筹集、资本资产定价模型，以及资本均衡配置等理论；价值范畴的后面有价值评估、价值创造、价值函数、市场价值、账面价值等衍生概念和理论；跨期范畴的后面有连续时间和跨时间选择权原理、跨期消费理论、跨期决策理论等；套利的后面有无风险套利原理、套利定价理论、商品套利、期货套利、股指期货套利、统计套利等衍生概念和理论。同理，选择权、风险和收益这些基础范畴后面也都有多个衍生概念和理论方法。从财务学原理的基本假设看，诸如开源节流、收支平衡略有结余、经济价值（由时间价值、风险价值和通货膨胀价值组成）、理性经济人假定，以及义利相容假定等，都是从财务基础范畴里产生出来的假说。财务学的一些重要定理，诸如资本均衡配置原理、无风险套利原理、净现值原理、一价定律，以及连续时间和跨时间选择权原理等，也都是从资本、价值、跨期、套利和选择权，以及风险和收益等基本概念里衍生出来的。所以，资本、价值、跨期、套利和选择权，以及风险和收益，都是财务学的基础范畴。

4. 财务管理基本原则和职能有哪些？

财务管理原则至少有如下六项。

（1）价值跨期转移原则。

价值跨期转移又称时间价值原则。货币的时间价值就是指当前所持有一定量货币比未来获得的等量货币具有更高的价值。货币时间价值表现为货币经过一定时间的投资和再投资所增加的价值。货币的时间价值是产生于生产与制造领域，还是产生于社会资金的流通领域，抑或产生于整个社会再生产过程，学术界存在不同的见解。

（2）风险收益均衡匹配原则。

在财务管理工作中，企业不仅要关注收益和成本的比较，更要注意风险问题。企业对经营活动的风险和收益进行权衡匹配是财务管理的原则之一。企业之所以冒险，原因在于企业拥有或有权利并可以获得额外的高额收益。风险－收益原则就是企业承担风险的能力及其后果与额外的高额收益预期之间的权衡。

（3）争取成本优势的节约原则。

一个企业的竞争优势，从根本上说，是其较高的产品质量和较低的成本支出。只有资本配置和生产安排合理，以及高效率的经营思想和厉行节约的财务理念，才可能形成企业独特的低成本优势。此原则要求企业对外遵循外部市场规律，遵守市场基础制度，合理利用相关制度；对内进行技术创新，提高运营效率。

（4）加速资本周转的流动性原则。

资本循环周转属性源于社会再生产过程发展变化和财务合约的可转让性。

在资本总额不变情况下，缩短生产周期，加速资本投入收回，可增加资本总额的循环效率，进而提升销售收入。企业只有处于良好的供应链位置，无缝隙地投入原材料和零部件并顺利迅速制造成产品，又迅速销售给用户，整个产品的生产加工和销售时间才能严格按照合约完成。与此同时，会计和财务机构才能顺利迅速地实现已收回销售收入的再分配。

充分利用财务合约的可转让性是企业和个人在不确定情况下确保资本资产快速流动的基础性途径。在规范或完善的资本市场里，任何投资者均有转让财务合约的权利。可转让性使人们能够行使与第三方交换合约的权利，从而极大提高了财务技术水平。

（5）收益、付出和能力相适应原则。

在企业经济活动中，只有付出劳动、时间和金钱，使生产要素转化为资本，并精心科学组织要素资本配置，才可能创造收益。而且，收益水平和成本水平要与经营者和所有者的能力相适应。这是企业组织财务活动和处理财务关系的基本原则。

（6）共享均富原则。

共同富裕是社会主义经济制度的基本目标。在资本产权清晰、责任分明和现代企业管理制度健全的情况下，企业财务管理目标应与社会经济目标相吻合。企业在追求利润最大化、企业价值最大化和股东财富最大化的基础上，应适当考虑一定的社会责任。财务管理人员应尽可能遵守企业所有者、经营者、普通员工、科技研发人员、国家和客户共享企业发展成果的理念，实现共同富裕。

财务管理的基本职能主要有如下三个方面。

（1）配置资本以维护经营过程持续运行的职能，又称资本生成职能和钱泵职能。

财务机构向企业生产经营部门提供货币资本以维护生产经营活动持续运行是财务的基本职能，即钱泵"输血造血"职能。企业筹措资本提供给生产过程、将收入中的成本和利润重新分配于生产过程，甚至投资活动也属于财务配置资本的行为表现，其主要本能是维护生产经营活动正常有序运行。

（2）发现价值。

财务人员和财务机构具有发现新的资产项目并对其进行价值评估的本能。发现新技术研发项目、新资产投资项目和新并购目标公司，并且对市场资产定价估值，如使用资本资产定价模型、套利定价理论和期权定价模型,对资产组合的收益和风险进行计量评估。财务机构参与行业价值链活动,建立财务战略联盟以及市场订单的开发投资等,都是财务机构及其业务发现有价值资源的功能体现。

（3）创造价值。

财务人员和财务机构具有将资本转化为价值并实现其收益的本能。财务创造价值的过程是财务将产品或资产依次转化为商品、资本、价值,并实现其收益的过程。财务活动能够参与宏观经济系统,并且既是资本市场和国际金融中心的核心,也是企业内部生产经营过程的重要组成部分。与发现价值职能一样,企业财务活动各环节也存在着创造价值职能。财务工作主要服务于生产活动,但也可通过其独立的系统创造价值。购买股票、债券和基金,开发期权薪酬、定向股票和可转换战略债券等新财务产品,均可创造现金流量。

5. 财务管理师和会计师的工作内容差别有哪些？

财务管理师与会计师的工作依据、业务内容和目标不同,其思维和工作方式也不同。

财务管理师的服务对象主要是企业、家庭、政府机构和其他经济组织经营决策者,其工作职能是发现价值、有效均衡配置资本和创造价值,为决策者筹资、投资、管理资本和收益分配,协调财务活动中的各种经济关系。财务管理师的工作侧重于以现金流动为重心的内部管理,其理论基础主要是资本均衡配置理论、价值跨期转移理论、资产组合理论、资本资产定价理论等,其总体工作目标是通过对企业资金运动的管理来提高企业价值。

会计师的工作服务对象是企业外部的资产委托人。主要工作职能为会计核算、定期编制财务报告,经审计后公开披露(上市公司)或向管理部门报送(非上市公司)。会计师的工作侧重于经济活动的会计核算与披露。其工作的理论基础主要是复式记账原理、权责发生制、成本计算理论和报表信息披露等,其总体工作目标是向投资者、管理者和企业利益相关人提供企业财务状况信息或经营成果会计信息,为决策者提供参考。

6. 什么是财务学,中外财务学有何差别？

财务是人们在不确定情况下跨时间均衡配置各种资本资源以创造价值的学科。资本、价值、套利、风险、收益和选择权等概念,是财务学的基础范畴。资本配置及其创造价值最大化是财务学的主要研究对象。财务学是财务经济学和财务管理学的合一。

中国财务学是基于中国文化、制度和国情形成的经济管理学科。中外财务学的主要差别是财务学内容所体现的价值观不同且基于不同的社会制度,以及财务学理论演进环节与发展阶段的差别。由于中外财务学基于不同的社会制度、蕴含不同的传统文化和面对不同的国情,中外财务学在部分财务定理和规则以及方法上存在差别。

三、练习题参考答案

1. 列举一个关于生产、销售和资本投入产出的经济案例,说明该案例是财务中的筹资活动、投资活动,还是资本配置活动? 或者是其他财务活动?

案例一:2019 年 8 月 16 日,莱阳海尔智慧厨电互联工厂在莱阳经济开发区正式落成投产。该工厂是海尔集团的第 13 个互联工厂、海尔厨电的第 3 个互联工厂,实现了从产品成套到制造成套的转变,是当时全球厨电行业领先的新型成套智慧厨电一体化工厂。

答案:海尔建造莱阳工厂、购置生产设备这项活动属于投资活动。

案例二:獐子岛股份公司继"卖海自救"后,再次推出瘦身计划,拟将旗下的大连獐子岛中央冷藏物流有限公司 75% 的股权转让,交易所获得的资金将用于补充公司流动资金和偿还部分银行贷款。

答案:獐子岛变卖子公司股权,以取得资金这项活动属于筹资活动。

2. 从中国证券监督与管理委员会网站下载一至两个上市公司的财务年报,寻找和分析公司财报中的数据,哪些是财务信息,哪些是非财务信息?

此处选择朋万科技公司(新三板上市公司)2018 年年度财报为样本。其年度财务报告的经营计划如下。

根据公司 2018 年制定的发展战略和具体经营计划,企业继续加大研发力度,进一步提高研发投入,吸纳优秀游戏产品策划、美术、程序开发等相关专业人才。2018 年公司研发投入占营业收入的比重,达 14.70%。

2018 年度,公司实现收入 1,259.30 万元,比 2017 年降低 56.10%。实现归属于挂牌公司股东的净利润 310.77 万元,比 2017 年降低 77.56%,主要系公司开发的网页游戏《琅琊榜》《楚乔传》已经走向衰退期,给公司贡献的营业分成收入和净利润与上期相比均有不同程度的下降,而公司新研发的游戏产品处于测试阶段暂未上线。

公司的发展战略已深入到"网页游戏 + 移动端游戏"的格局,公司已于 2016 年 4 月设立控股子公司快指游戏,从事移动网络游戏的设计、研发及运营。

为了贯彻落实《中共中央国务院关于推进新疆跨越式发展和长治久安的意见》(中发〔2010〕9 号)文件精神,同时进一步强化公司网页游戏研发能力的专长,公司于 2015 年 12 月在新疆喀什设立全资子公司新疆朋游,从事自主研发网络游戏的设计及运营。公司于 2017 年 2 月在新疆喀什设立全资子公司喀什朋飞,从事受托研发网络游戏的设计及运营。

公司财务报告中披露了公司经营计划的实现情况以及公司战略,是对公司发展的宏观把握,不涉及公司具体的经营情况,这属于公司的非财务信息。请读者注意,这里的"非财务信息"主要是指"非会计核算信息",即未使用货币计量核算和不是会计账户披露的财务信息。"非财务信息"概念经常被著名管理会计专家罗伯特·科普兰在其《平衡计分卡》（2008 年）中阐述"平衡积分卡工具"时使用。

下面的"盈利能力"表（表 1-1）是朋万科技公司 2018 年度财务报告中披露的关于盈利能力的财务指标信息，并且与上一期进行横向对比，反映了盈利的变化。这些信息属于公司的财务信息，即使用货币计量核算并由会计账户披露的财务数据信息。

表 1-1 盈利能力　　　　　　　　　　　　　　　　（单位：元）

	本期	上年同期	增减比例/%
营业收入	12 593 024.20	28 682 500.89	−56.10
毛利率/%	38.10	69.29	−
归属挂牌公司股东的净利润	3 107 671.10	14 630 207.45	−78.76
归属于挂牌公司股东的扣除非经常性损益后的净利润	376 644.69	12 026 191.86	−96.87
加权平均净资产收益率/%（依据归属于挂牌公司股东的净利润计算）	5.00	24.19	−
加权平均净资产收益率/%（归属于挂牌公司股东的扣除非经常性损益后的净利润计算）	0.61	19.88	−
基本每股收益	0.11	0.52	−78.85

3. 请快速回答小企业的财务职能与大型跨国公司的财务职能是否一样？

小企业和大企业的财务职能是一样的，都是维护生产经营活动正常运行、发现价值和创造价值。小企业和大企业的差别主要是注册资本规模的不同，以及营业范围、营业额和利润总额的差别。

当然，大型跨国公司的财务职能比小企业的财务职能更加复杂，因为大公司面临更加多元复杂的财务环境，除了传统财务管理的筹资、投资、内部资金管理外，还要进行风险管理、结算管理、转移价格管理和纳税管理等活动。跨国公司需要在不同的资本市场进行融资、投资活动，需要跨国管理资金流动，面临各国的文化差异、制度差异、税收差异、外汇波动及利率波动等问题，收益机会与经营风险俱增。因此，大型跨国公司需要在财务管理中采取国内企业未采用的方法去管理财务风险，提高盈利能力，这使得其财务职能比小企业的财务职能更加多元复杂。

第二部分
难点释疑

第一章的难点主要是财务学的研究对象、财务基础范畴和财务职能以及财务管理原则。这些内容比较抽象，属于财务基础理论。理论是人们对科学现象抽象概括的结果。抽象的实质是把研究对象和现象起作用的条件进行简化，因而不得不以偏离实际为代价。这种偏离是一般性与个别的差别。一旦考虑一些辅助性假设，在逻辑上做出合理处理，就能解决或弥补这种偏离。理论与实际之间的距离如同由事实到理论之间的距离一样，其通道不是直接相连，而是依赖研究者的经验和直觉实现联通。基础理论比应用理论更加抽象，因而与具体发生的现象可能相差更远。这就需要人们采取归纳或者演绎方法加以甄别。基础理论的学习和研究主要是专业学习和研究者要做的事情。

一、财务学的研究对象

财务学的研究对象是什么？该问题对于财务管理专业本科低年级学生而言，确实难以回答。严格地说，每一门科学均有自身独特的研究对象。正是研究对象的不同，才使科学分为不同的专业和门类。最初，一门科学区别于另一门科学的主要标志是其研究对象的差别。例如，自然科学通常包括但不限于数学、物理学、化学、天文学、地质地球科学、生物学等，因而自然科学的研究对象是无机自然界和有机自然界各种事物及其现象的变化发展规律。社会科学一般包括但不限于社会学、政治学、经济学、法学、军事学、管理学等，因而社会科学的研究对象是人类社会生产和生活方式及其组织的发展变化规律。显然，科学的研究对象应从科学的定义和内容里寻找。财务学属于社会科学里经济学和管理学的分支学科，其主要内容包括财务计量经济学、数量财务、财务工程、公司财务、财务分析、资本资产价值评估以及风险管理等。又因为财务学是人们在不确定条件下对有限资本资产进行跨时间均衡配置的科学，因此，财务学的研究对象是经济组织多个经营时期有限资本资产均衡配置的规律性。由此可见，一门科学的研究对象，多种情况下指的是该科学内容的性质及其自身发展变化规律。由此可以推论，财务学的"邻居"会计学的研究对象是会计账务核算及其账户结构的发展变化规律。

一般地，除了研究对象的差别外，基础范畴和职能的不同，也是科学间差别的重要标志。

学科和专业是两个不同的概念。每类科学会依其理论研究进展继续分类。这种分类使科学理论知识形成不同类别以便于学习和研究，这里的类别称为学科，于是有大类学科与小学科、总学科与分支学科之分。一些分支学科、小学科尚无基础范畴、定理规则以及专有方法,尚未形成理论而不能称为科学,因而称之为研究方向或研究领域。学科建设旨在科学类别和知识类别的深化建设,属于理论知识分类管理范畴。

专业是科学的最小单位。专业没有分支专业或大小专业之分,任何专业都有自身基础范畴、定理和规则以及专有方法,因而都是一门相对独立的科学。人们在了解某一专业时,会询问该专业的基础范畴是什么?有哪些定理和规则?专业方法是什么?专业是教育学的一个范畴。专业由基础范畴、专业理论(原理、定理和规则)、方法与技能、课程、培养方案、作业试验报告以及学生和教师组成。大学按专业设立学院学系、招生、设置课程和编写专业培养方案,并按专业颁发毕业证书和学位证书。专业建设旨在推动具体科学的工程技术化,属于科学管理和职业工程技术管理范畴。

二、财务学基础范畴

每一门科学都有自己的基础范畴,犹如一棵树一定会有树根一样。基础范畴是一门科学产生之初时的几个少量特有的原始概念。这些少量的原始概念仅该门科学有解释力。我们在日常工作中,当听到某人常谈到供应和需求,价格和竞争或者资源稀缺和偏好,我们就知道这个人是从事经济工作,因为供给、需求、价格、竞争、资源稀缺等概念,都是经济学的基础范畴。而当人们听到几个人在讨论复式簿记、权责发生制、账户、报表和资产负债时,我们就知道他们在讨论会计问题。正如只要提到种植、土壤、种子和时节气候等,人们就立刻想到这是农学的基础范畴。而财务学的基础范畴是什么,则不易回答。

在我国,人们习惯把财务学视为管理学的分支,称为财务管理;在美欧国家,人们习惯把财务学视为经济学的分支,称为财务经济。财务究竟属于经济学还是管理学,美国人在 20 世纪 70 年代也有过长时间的激烈争论。事实上,综观中外财务学发展史,我们会发现,财务学实际上是财务经济学和财务管理学的合一。同其他所有科学一样,财务学的理论系统及其构成也是由三个基本元素组成:基本概念,联系这些概念的判断、基本原理或定律,由这些概念与原理推演出来的逻辑结论和操作规则。在学术研究上,学者们对基本概念的研究多属于基础研究,对基本原理和定律的研究多属于应用研究;而人们对财务学的逻辑结论和具体理论定理的研究,则多属于开发试验研究或操作性研究。简而言之,任何理论均有自己的概念、定理规则和操作方法,一个理论是由该理论的几个特有概念、定理和方法等要素组成的知识架构。当人们试图建立某一项理论时,就要思考该理论的概念有哪些,分别是什么,定理规则是什么,操作程序和方法是什么?当自有概念、定理规则和方法均已成立时,那么该理论才有可能成立。而且,任何理论的构建必须受到两个条件约束:第一,理论必须与经验相符合,从事实到理论虽然没有逻辑的通道,但理论一旦构建起来就必须有自己的概念、定理和方法,并与经验事实——试验观察资料相符合;第二,理论的逻辑基础必须自洽,并且尽可能简单。

理论是专业科学的陈述。这种陈述既是关于规律的普遍陈述,也是关于实践现象的单称陈述。如果将理论视为一个系统,那么,该系统的初始部分是基础范畴,中间核心部分是理论模型(多以数学模型作为表达方式),末尾部分是方法论。由于任何理论都是科学中关于普遍规律的学说(学说是被证明了的真的科学假说),按其语言类型的特点,这里的"普遍规律"可划分为"本质论规律"和"现象论规律"两类。对于前者,本质论规律作为科学理论的普遍陈述,必然包含有观察资料以外的新颖术语。这些新颖术语通常是由研究者发挥思维的创造想象力而从专业基础范畴里深入挖掘出来的新概念,以此阐述隐藏在现象背后起作用的某种理论新发现。这种从理论基础范畴及其自身发展变化引出的新理论,被称为科学发现。对于后者,所谓现象论规律作为"普遍规律"的解释,实际是人们对于大量现象之间的外部联系做出表观规律性的描述。这种从现象观察陈述中建立的专业学说往往不需要引进新颖的术语,因而该新理论多为技术发明。从事实到理论没有清晰的逻辑通道。不论科学发现还是技术发明,都需要研究者付出艰辛的脑力劳动,依赖于研究者基于经验的直觉,并借助研究者反复猜测和试错,才可能完成。同理,从理论到实践也没有通道,理论的应用和实践须人们依赖于经验事实的科学思维和试验才可能加以完成。

由于基础范畴在专业科学里的位置十分关键,因而此处进行了较为详细的阐释。对于财务管理专业的本科学生而言,学习这些知识十分必要。本科生在毕业之前,需要学习撰写专业论文或毕业论文以完成专业科学研究的入门训练,就必须了解什么是理论。硕士研究生撰写毕业论文,主要是为了完成科学研究的初级学术训练;博士研究生的毕业论文写作则是为了完成科学研究的高级学术训练。理论具有解释规律、可检验性和一定的普适性等特征或功能。规律可以解释一些现象但不能解释规律。任何理论均可以重复验证,因而具有客观性和可靠性;并且在一定条件下,解释和解决各种问题并指导人们的行为。所以,科学研究的主要目的是获得科学发现即理论新发现。科学研究工作是一项具有创新性质和奉献性质的职业,它产生新思想和新理论,既令人神往,给人一种"会当凌绝顶,一览众山小"的境界,又充满风险和艰辛,需要在披荆斩棘的道路上持续前行。

三、财务职能

财务职能是财务学的本能和财务管理的基本功能。在科学中,每个专业科学都有自身独到的其他科学难以替代和复制的基本功能。职能、任务、作用是不同的概念,这在教材里已经讲得比较清楚了。职能是某事物的本能,任务是为了达到某种目的或目标所需要做的事情,而作用则是两种事物的用力推动或碰撞产生的变化状态。显然,人们只有对财务学有深入的认识和了解,才能了解和知道财务的特有职能有哪些。

当人们准备创办一个工厂或商店时,其初始条件之一是需要准备一笔注册资本。准备、提供和向市场管理机构注册一笔货币资本的工作,则是企业的财务工作之一。注册资本及其后续经营中的现金流量持续运行,都是财务工作的本能。该项本能的实质是均衡配置资本以维护企业生产经营活动持续运转。

由于财务学是研究人们在不确定情况下如何跨时间有效均衡配置资本资产以获得更多价值的科学,因此,只有其价值持续增长的资产项目才需要继续投入适量资本。显然,财务天然具有发现价值的功能。投资决策是财务管理工作的核心内容之一。企业家在选择投资决策时会面临三个主要问题。第一,他们必须在市场经济里寻找有价值的新投资机会或有价值的新技术研发项目,这是企业成长的基础。企业家构筑公司成长基础的工作就是财务所具有的发现价值的天然功能。第二,他们必须能够估计出资产项目产生的现金流量,由此判断该资产项目是否适合本公司经营或是否满足本公司的具体财务目标。第三,他们应根据合理的决策方法对投资项目及其所形成的资产进行合理估值。这三个问题中的第一和第三都是价值发现的问题,第二则是资本预算的问题。

所以,财务学具有配置资本以维护经营持续运行、发现价值、创造收益价值等职能。财务职能的探索属于财务学基础研究,具有长期性和艰巨性。因此,理解财务的职能是一个长期学习、观察和思考的任务。

四、财务管理原则

《财务学原理》(第二版)第一章第二节的第 13 页至 17 页,讲了六个"财务管理的基本原则"。财务管理原则既是财务工作者组织财务活动和处理财务关系的基本行为准则,也是财务经理的工作大纲和行为规范。实际上,只有人们在组织财务活动和处理财务关系遇到困难,或者财务管理实务与财务理论或财务惯例发生较大差异时,财务管理原则才会发挥作用。从这个角度说,也可以将财务管理原则视为财务工作者的指南针。

财务学者对财务管理原则的认识存在很大差别。财务管理原则的实质是财务管理的思想架构和管理指针,具有客观性、稳定性和长期性特征以及指南针的性质。当公司财务经理遇到了纷繁复杂的财务活动和财务关系而束手无策或无所适从时,就可以引用财务管理原则。财务管理原则及其内容也会受社会制度变革、历史文化的时空变迁和科学技术发展水平的影响。例如,改革开放之前的计划经济制度时期,我国的企业财务管理原则:① 实行计划管理,② 实行经济核算,③ 实行统一领导和分级归口管理,④ 实行物质利益原则。[①] 这些彼时的四项财务原则比较客观地反映了人们从事生产经营活动的财务思想架构和思维方式,满足了计划经济体制时期企业财务管理的纲领性或指南针式的需要。在我国实施市场经济制度之后,财务学者开始思考由计划经济制度向市场经济制度过渡时期的财务管理原则,将市场经济理念引入财务管理原则之中。于是,人们

---

① 王庆成、李相国、顾志晟《工业财务管理学》,北京:中国财政经济出版社,1988 年,第 38-44 页。

提出了：① 资源合理配置原则，② 收支积极平衡原则，③ 成本效益原则，④ 收益风险均衡原则，⑤ 分级分权管理原则，⑥ 利益关系协调原则。[①] 显然，财务管理原则会因社会制度的重大变革而有所变化和改进。傅元略教授主编的《中级财务管理》(2005)提出了"与战略管理相融合的财务管理基本原则"[②]，并将其归纳为五个方面：战略目标实施过程中的现金流转平衡，资金占用最小化，集成化，相关利益者的利益协调以及风险与收益匹配原则。

我国的财务管理者和财务学研究者十分重视财务原则。欧美学术界在 20 世纪 80 年代之前，其财务学教科书里较少阐述财务管理原则问题。在 20 世纪末和 21 世纪初，欧美财务学术界开始关注和讨论财务管理原则问题。例如，在我国十分受欢迎的斯蒂芬·A. 罗斯教授及其合作者编写的《公司理财》(第 5 版)教材里，他们将"获得资本市场机会和净现值大于零"称为公司财务经理的第一原则[③]。后来，该《公司理财》教材 2019 年的第 12 版，对于财务管理原则的表述又有调整，阐述技术方法较多，谈论原理和原则有所减少。又例如，在美国和英国都很流行的财务学硕士研究生教材《财务理论与公司政策》(第 3 版)[④] 第二章《在确定情况下的投资决策》的第二节《费雪分离原则：投资决策与个人效用偏好相分离》中，阐述了企业投资决策的选择不应受投资者个人偏好的影响，而应以市场供求关系及其产品收益率高低为依据。这就是"投资决策与投资者个人偏好相分离原则"。《公司财务原理》教材的第一章《财务与财务经理》[⑤] 阐述公司财务经理的职责时描述道，企业的投资决策又称资本预算决策是解决什么实物资产值得投资的问题，而筹资决策则是解决如何筹集投资所需要的资本问题。"就其特征而言，资本投资决策和筹资决策是分离的，也就是说，两种决策的制订是独立进行的。财务经理一旦认识到一种投资机会或项目，其首先考虑的是这个项目是否值得为之付出所需要的资本。"这说明，投资和筹资是两个相对独立的财务活动。

《财务学原理》(第二版)第一章第二节《财务活动与财务关系》在阐述了财务活动和财务关系的各自主要内容之后，讲解了财务管理的基本原则。这里将教材的六条"财务管理的基本原则"再做简要解释。

第一条原则是价值跨期转移。价值是财务的基础范畴。由于财务学上的价值主要是指资本的市场价格，又因为资本具有流动特性，因此，多个财务时期的价值一定会转移变化。这说明，时间在财务合约里发挥着极其重要的基础性作用，时间就是金钱。所

---

① 王庆成《财务管理学》，北京：中国财政经济出版社，1995 年，第 19-25 页。

② 傅元略《中级财务管理》，上海：复旦大学出版社，2005 年，第 21-24 页。

③ 吴世农、沈艺峰等译《公司理财》(第 5 版)，北京：机械工业出版社，2003 年。

④ 宋献中主译《财务理论与公司政策》(第 3 版)，大连：东北财经大学出版社，2003 年。

⑤ Richard A. Brealey, Stewart C. Myers, Franklin Allen. Principles of Corporate Finance. 方曙红等译《公司财务原理》(英文版，原书第 8 版)，北京：机械工业出版社，2008 年。

以,人们不论投资、筹资,还是利润分配和重新配置资本,都要时刻牢记资本具有时间价值的财务原则。而且要注意,价值跨期转移原则有两个隐含的假设:一是现金为王,二是财务周期。企业良好的现金流量及其可持续性要比会计上的利润重要得多。会计上的利润是按照会计准则采取历史成本法计算出来的收益,它属于过去的经营业绩。"现金为王"则是一个财务专业理念。而且,财务活动起伏波动及其收益与时间密切联系,财务活动自身具有周期性和规律性。财务周期是资本价值运动起伏波动周期。该周期与产品消费周期和市场供求周期以及技术兴衰周期紧密相连。

第二条原则是风险收益均衡匹配。一般地,企业和个人因额外冒险会得到高于平均收益的额外收益。同时,风险也有可能会带来额外的损失。风险与收益均衡匹配原则的实质是,人们的风险预期和收益预期应该大致平衡,承担风险的能力与获得收益的能力应该大致匹配和相当。教材中,之所以将"风险收益均衡匹配原则又称开发或有权利技术的财务原则",在于风险和不确定性事件具有相似的规律性,即超出人们的一般市场预期。信息、合约、或有权利技术、保险等,都是减少事件的不确定性和风险性的重要工具。其中,或有权利技术——新的财务合约产品技术,又称新的财务工具,是财务管理特有的财务技术。

第三条原则是争取成本优势的节约理念。企业只有配置适量有效的人力、物力、财力、技术和知识,才可能生产出高质量的廉价产品。企业实现要素资本均衡有效配置是获得产品成本优势的前提。勤俭节约理念是获得成本优势的知识基础。勤能补拙,俭以养廉。成本优势不仅使企业获得高额收益,而且使客户获得优惠价格。成本优势是维护价格机制和产权制度的财务保证。显然,节约理念的核心是保持成本优势。作为财务原则,成本优势是杜绝浪费、维护企业资本跨期均衡配置、发挥价格机制和产权制度的财务保证。

第四条原则是加快资本周转速度和流动性。流动是资本的天性。根据公司财务报表测算资本周转速度是一项极其重要的财务工作。企业的销售收入总额与其对应时期投入的资产总额之比,称为总资产周转率。例如,一位开明的父亲了解到学化学专业的儿子很想在大学毕业后自己创业做生意,于是,在儿子读大学的第8学期(四年级第二学期)开学之前(正好是春节期间),给了儿子20万元人民币,让儿子在毕业实习期间根据实际情况择机做一点小生意,以锻炼和检验儿子的商业直觉。该同学开学后在老师指导下于3月底使用10万元买了一支低价的创业板股票,余下10万元则于7月1日投资于某农业科学院的一个种子公司,以支持企业技术升级改造项目。结果,该同学于10月底将股票全部卖出,收回本利136 000元;于12月底收到种子公司支付的报酬16万元(含本金10万元)。这样算来,该同学的总资产周转率是:(136 900+160 000)/200 000元=1.48(次/年)。总资产年周转率是1.48次,利润是96 000元。假如该同学在股市里的股票没有盈利,而是在当年12月初全部卖出,共收回4万元,亏损6万元;但全年的资本回收总额仍是 20 万元,此时,总资产年周转率为 1 次,利润为零,不赢不亏。所以,一般地,总资产周转率大于等于 1 次是财务活动基本原则之一。

企业的资产流动性以盈利为前提。流动性、收益性和风险性三者之间存在相互依存关系,增加流动性会减少风险,而减少风险则可能会降低收益。一般地,企业收益主要来自固定资产的长期投资,而固定资产占资产总额比重过高就会降低企业的流动性。所以,企业资产的合理有效流动及其增长建立在多种资本均衡配置和实现收益率目标的基础之上。

第五条原则是收益、付出和能力相适应。企业的收益目标与资本资源水平相适应、企业的支出规划与资本资源水平相适应,这是企业财务活动正常持续运行的前提条件。当企业的资本资源整体水平(员工技术水平、货币资本充裕状况、设备先进性、拥有自主核心技术情况以及企业文化情况)高于同行业平均水平时,企业的利润目标才可能超出行业平均利润率水平。实际上,该原则是小农经济制度或计划经济体制下收支平衡财务原则的改进。所以,收益、付出和能力相适应原则是个人和经济组织开展财务活动与处理财务关系所必须遵循的行为准则。

第六项原则是共享均富原则。在现代市场经济制度里,一项生产经营活动需要投入多种生产要素。比如企业就是由一些有行为能力的人和有专门用途的生产机械、材料、资金、土地、技术等要素构成的一个开放性系统,该系统在财务上表述为人们有规则地循环吸纳各种要素资本投入并输出各种产出的一种价值系统。企业不论大小都是多种资本流入流出的财务价值系统。其中,人力资本是核心要素资本,企业是由人有意识地创造出来的,人们在创造企业的同时也将人的意志赋予了企业,期望企业生产某种特定产品和服务,实现人的目的。货币资本、物质设备资本和技术资本也都很重要,缺一不可。所以,有资格参与企业剩余收益和剩余资产分配的人不仅有货币资本提供者,还应有人力资本提供者、技术资本提供者,从而实现企业生产要素提供者共同富裕。我国的华为技术有限公司在给货币股本出资人分红之前,先给全体人力资本提供者分红,这表明在华为技术有限公司内部,它的人力资本比货币资本更重要。华为的利润分配策略已成为经典的财务战略之一。所以,共享均富财务原则是企业或个人经济持续发展的财务基石。

当然,利润分配顺序并不能说明哪个要素资本更重要,比如企业支付债权人的利息、支付税务部门的所得税、支付人力资本的各类报酬以及给股东提供的现金红利,这主要受公司法、税法以及会计核算的相关要求的限制,并不能借此说明各类资本的重要性问题。

第三部分
重要理论的历史背景

第一章包含和涉及多个财务理论,这里主要阐述财务活动、价值跨期转移和风险收益均衡匹配三个财务理论。

一、财务活动理论的历史背景

财务活动概念来源于我国引入的苏联企业财务管理知识和技术。在我国 1949 年之前的一些财务管理教材和著作里,很少见到财务活动命题。苏联的企业财务管理是基于生产资料公有制的社会主义经济制度下的经济管理科学之一。我国在 1949 年新中国成立之后,一方面基于独立自主和自力更生的基本方针,探索适合中国新的历史发展时期的社会主义基本社会制度,一方面学习世界上比较先进的经济制度。苏联基于生产资料公有制的社会主义经济制度就是我国学习的重点。马克思、恩格斯、列宁关于社会主义制度经济活动的论述,特别是马克思社会资本再生产理论的论述,成为我国学术界探索财务活动的理论渊源。因此,财务活动被表述为社会资本再生产过程中的资本循环周转活动,属于生产过程价值形态的体现。马克思的社会资本再生产理论,苏联社会主义制度下的企业财务管理知识和技术,以及中国共产党和人民军队在延安时期(1935. 10. 19—1948. 3. 23)开展大生产运动的经验,是我国财务活动理论产生的历史背景。

将财务活动视为财务学的一个理论,可能会遭遇很多学者的批评。原因之一是,西方国家欧美大学的财务学教材难以找到财务活动的论述。我国与西方国家的财务学均以市场经济制度和公司制企业组织为基石,因而中外财务学的基础范畴、定理规则和程序方法都相同和相近,不相同的地方未被人们关注。各位财务学老师和同学是否发现,虽然欧美大学的财务学教材很少见到对于财务活动的阐述,但他们的教材都很重视财务系统的阐述。相反,在我国大学的财务学专业教材里很少见到财务系统的专业阐述。

财务活动和财务系统虽然概念和内容各不相同,但都是财务学的重要内容。接下来,我们试着将财务活动视为一个财务理论,并加以解释。

我们已经知道,资本运行流动并产生财富价值的活动称为财务活动,其主要内容包括筹资、投资、耗费资本、收回资本以及重新分配资本的活动。我国企业财务活动的理论依据是马克思社会资本再生产理论。财务活动是社会再生产资本运动过程在财务上的体现。我国的财务活动理论产生于 1950 年之后中国社会主义扩大再生产过程之中。

马克思社会资本再生产理论的主要内容陈述如下。

社会产品的实物形态由生产资料和生活资料两大类构成,相应地,社会生产则分为两大部类:一类是制造生产资料的部类,称作第一部类,用符号"Ⅰ"表示;另一类是制造生活资料的部类,称作第二部类,用符号"Ⅱ"表示。社会产品从其价值形态看,全部社会产品的价值可划分为不变资本(C)、可变资本(V)和剩余价值(M)三个部分组成。其中,不变资本(C)是再生产过程之前创造的原材料、半成品和固定资产等旧产品价值向新再生产过程跨时间的转移,它代表再生产过程中消耗掉的预付原材料和设备等资本;V 和 M 是雇佣工人在商品生产过程中创造出来的新价值,V 用来补偿生产中消耗掉的可变资本即劳动者的体力和脑力消耗支出,M 用于资本家的个人消费和资本积累即新创造价值的利润部分。

因此,马克思社会资本再生产理论中的两个基本原理是:① 社会总产品的实物构成及其社会生产分成两大部类,② 社会总产品的价值由 C、V 和 M 三部分构成。这两个基本原理是考察社会资本再生产的理论前提。

社会资本再生产的比例关系。无论是简单再生产,或是扩大再生产,社会总产品各个组成部分的实物替换和价值补偿,必须按一定比例,经过相互交换,才能全部实现。交换关系有三种情况,马克思称为三大要点,如下。

(1)Ⅰ C 或 Ⅰ($C+\Delta C$),是通过第一部类内部相交换而实现;

(2)Ⅱ($V+M$)或 Ⅱ($V+\Delta V+M/X$),是通过第二部类内部相交换而实现;

(3)Ⅰ($V+M$)= ⅡC,或 Ⅰ($V+\Delta V+M/X$)= Ⅱ($C+\Delta C$),该式通过两大部类之间相交换实现。

总之,简单再生产与扩大再生产两大部类内部的交换关系和两大部类之间的交换关系,都是按一定的比例实现的。

这些比例关系就其内在联系来看,主要有:社会生产和社会需要的关系;生产资料生产和消费资料生产的关系;积累和消费的关系;实物替换和价值补偿的关系;简单再生产和扩大再生产的关系;内含扩大再生产和外延扩大再生产的关系,等等。

马克思的社会再生产理论包含了结构均衡和总量均衡的分析在社会再生产条件下,市场经济中的各个经济部门都是相互制约相互促进的,因此必须按照比例协调发展。

价值补偿在实践中就是销售商品,收入货币;实物补偿在实践中就是付出货币,购进商品。价值补偿与实物补偿的平衡在实践中就是收支平衡。马克思将其称为货币回流规律。因此,也可以说货币回流规律是再生产理论的核心。

收支平衡在再生产公式中表现为纵横平衡。通过纵横平衡这一现象可以把再生产公式演绎为再生产平衡表,从而可以把再生产公式不能包容的 n 个分部类的收支平衡反映出来是对再生产理论的一大发展。

社会资本再生产两大部类的平衡关系是社会再生产过程可持续运行的财务基础。

从不断反复、不断更新的过程来看,简单再生产最基本的实现条件:

$$\text{I}(V+M) = \text{II}\,C \text{。}$$

这个实现条件所体现的两大部类之间平衡关系的内在要求：

（1）价值平衡：第一部类当年可变资本价值加剩余价值必须和第二部类不变资本价值相平衡；

（2）实物平衡：第一部类当年生产的相当于新劳动量的生产资料必须和第二部类已消耗掉的相当于旧劳动量的生产资料相平衡；

（3）价值和实物之间的平衡：第一部类当年购买消费资料的支付能力必须和第二部类所提供的商品量相平衡，第二部类当年购买生产资料的支付能力必须和第一部类所提供的商品量相平衡。

由这个最基本的实现条件，还可以导出其他实现条件，即

$$\text{I}(C+V+M) = \text{I}\,C + \text{II}\,C$$

$$\text{II}(C+V+M) = \text{I}(V+M) + \text{II}(V+M)$$

这两个实现条件各自包含价值平衡和实物平衡，以及价值和实物之间平衡的内在要求。

社会资本扩大再生产的实现条件是：社会再生产两大部类必须保持适当的比例关系。资本主义生产社会化和资本主义私人占有资本之间的矛盾，将引发生产盲目扩大和劳动人民有支付能力的需求相对缩小。中国特色社会主义下的市场经济，则坚持市场配置资源与政府协调市场活动相结合的基本经济制度。

社会资本再生产过程的价值活动称为财务活动。具体地，社会资本再生产过程中的资本循环和周转活动称为财务活动。由于西方国家的主流学术界不赞同马克思社会资本再生产理论，因而其财务管理教科书缺少财务活动的阐述。资本循环是资本所有者用货币进入市场购买生产资料和劳力，之后进入生产过程，生产有价值的新商品，再到市场上出售商品以收回产出价值——比原来投入更多的货币。由此，资本就完成了一个循环和一项财务活动。

资本循环经过购买、生产和销售三个阶段，在第一阶段资本家以采购员身份使用货币到市场上去购买人力、物力和财力以及技术、知识和信息等生产要素，为创造价值准备条件；在第二阶段以商品生产者身份，使用生产要素进行生产消费，生产出有价值的新商品；在第三阶段资本家以推销员身份，把生产出来的商品运到市场上出售，实现价值变现。资本在这三个阶段依次采取货币资本、生产资本和商品资本三种形态，执行三种不同职能，具有时间继起性和空间并存性特征。产业资本循环不停地周而复始进行。显然，资本保持循环和连续性的两个条件是：第一，时间上继起。各种资本都必须按顺序连续不断地采购、生产和销售，不断地转换资本职能形式，各自以自身为起点又回到原来的出发点。如果一种资本的任何一个阶段发生了停滞，其他两部分就不能并存。第二，空间上并存。资本所有者的全部资本要按一定的比例分成三个部分，均衡地配置在三种

职能形式上。资本在不断运动过程中来增加自身的价值并创造新的价值。产业资本周而复始不断重复循环的过程称为资本周转。资本周转的实质是周转速度问题。周转时间和周转次数是衡量资本周转速度的两个财务指标。社会资本再生产理论是财务活动的理论基础。

二、价值跨期转移理论的历史背景

在市场经济中,最简单的财务合约是一笔资本的跨时间转移,即一笔资本的贷出合约。一个人将自己的一笔资本贷放给另一个人,后者承诺将来一定时间到期偿还。通过这个合约,原本一无所有的借债人突然有了金钱,而放债人把自己现在尚未消费的财富放到了一台"类时间机器"之中,将它的价值转移到未来某个日期,以便到那时更好地利用它,并因此得到利息补偿收益,这就是"资本具有时间价值"的原理。贷款合约是人类早期的规范性财务合约,也是财务专业成熟的标志,更是人类文明兴起的标志。我国的文明时代始于历史上的夏代。继夏、商、西周、春秋和战国时期之后,进入秦朝和汉朝时期(公元前 3 世纪至公元 3 世纪)。此时,我国的农业、手工业、交通、商业、教育、对外贸易已有了明确的分工和发展,财务合约十分普遍。至公元 3 世纪,中国丝绸之路上的各国工匠们已学会了造纸术,私人借贷货币或物品的数量、开始日期、偿还日期、利息、借贷双方姓名以及政府文件等都写在纸张上。在唐朝(618—907)首都长安,农业、手工业、店铺、典当铺、钱庄等,都十分繁荣。其典当铺的账册都遵从一个固定的格式:典当物、借债人姓名、开始日期、借款数额、偿还日期、借债人住址,偶尔也记载借债人年龄。当然,10 世纪中亚地区的商业贸易和 15 世纪欧洲全球海洋探险时代的公司财务,也都普遍采用财务合约和财务工具。价值跨期转移须借助财务合约和财务工具才能实现。显然,价值跨期专业理论的起源可以追溯到文明的起源。

财务合约是价值跨期转移的载体。财务学原理的主要基石至少有三个:一是价值的跨时间转移,二是就未来结果达成的合约和权力,三是可转让性。这三块基石是相互联系的。虽然价值跨期转移得以兑现有财务合约作保障,但就未来的偶然结果达成契约的前提是货币资本具有时间价值。

财务活动的发展史表明,或有权利是财务活动创新的主要原因。一项或有权利虽然只是一次打赌,其中的一方按照事前约定和事件结果向另一方支付或收取补偿。乘飞机买保险就是一个典型例子,当飞机安全着陆,投保人甘愿支付保险费;当飞机发生事故造成乘机人伤亡时,保险公司予以赔付。同理,房子的主人可以就未来该房子是否会遭受火灾而与保险公司打赌,商人可以就一次航海活动是否成功与保险公司打赌,农民可以就来年粮食价格的波动打赌。与贷款合约一样,产生于 17 世纪的荷兰的股票期权合约,与今天农民跟粮油公司签订的粮食收购期货合约,都是允许跨时间套期保值者按照预先确定的价格买入或卖出现货(股票或者粮食)。财务合约和风险套期的发展过程和历史背景说明价值跨期转移是财务学的重要理论。同时也说明,一个财务合约的价值具有或然性,其价值随消费品现货价格的波动而波动。价值跨期转移将获得新或有权利的价值。其原理是,或有权利将使人们能够通过套期保值规避未知的未来风险。因此,或有权利技术不仅为人们应对直接的可预见风险提供财务工具,而且为人类应对未来的不确定性提供了工具。

财务学上的可转让性是指投资者转让财务合约的权利,它是资本市场的基本特征之一。可转让性极大地提高了财务活动的效率。证券资本市场实际是众多的资本买者和卖者聚集在一起进行交易的财务合约。增进市场流动性的财务活动需要财务合约具有高效可转让性。严格地说,可转让性不是财务活动的内容,但财务合约像货币一样高效快速流动会使财务活动更有效率,进而使价值跨期转移更有效率。

三、风险收益均衡匹配理论的历史背景

风险理论的历史可追溯到亚当·斯密(1723—1790)经济学诞生前的历史阶段。意大利著名旅行家、商人马可·波罗(1254—1324)17岁时跟其父亲和叔叔途经中东历时四年来到中国,在中国生活了17年之后回到意大利,回国后出版了《马可·波罗行纪》(又名《马可波罗游记》或《东方闻见录》),记述中国、中亚、西亚和东南亚等国家的无穷无尽财富,巨大的商业城市和极好的交通设施,以及华丽的宫殿建筑,激起了欧洲人对东方的热烈向往。[①] 西方地理学家根据马可·波罗书中的描述绘制了早期的"世界地图"。之后,哥伦布1492年经过航海风险的巨大挑战成功发现新大陆。然后,麦哲伦和部下经过不懈努力于1519—1522年成功实现环球旅行。随着航海运输业的发展,英国于1566年开设了伦敦交易所,1600年又建立了东印度公司。1688年,英国劳埃德咖啡店生意兴隆,并开办了风险经营和航海保险业务,这是风险管理的诞生。风险理论迎来了朝气勃勃的萌芽阶段。该时期,帕斯卡尔(1623—1662)和菲尔玛(1601—1665)采取通信方式讨论了赌博的风险控制问题。接下来,亚当·斯密在《国富论》(1776)著作里讨论了房屋和船舶的保险问题,开辟了经济学风险研究先河。[②]

今天,市场参与者会面临各种各样的经营风险和财务风险,以及系统风险和个别风险。财务活动的各环节均有可能存在风险。生存、盈利和发展是人们创办企业的基本目标,收益是各种经济活动的基本目标。而且,人们对于收益总是期望多多益善。可是,市场规律和生产经验表明,经营活动的收益与风险之间存在一定的相关性。并且,项目风险变动本身已存在一定的规律性。市场参与者个体因专业知识、工作经验和性格及环境差别,对待风险的态度存在重要差别。一般地,人们对风险态度有偏好、中性和厌恶等

---

① 马可·波罗《马可波罗行纪》,冯承钧译,北京:商务印书馆,2012年。
② 亚当·斯密《国民财富的性质和原因的研究》,郭大力、王亚南译,北京:商务印书馆,2015年。

情况。根据期望效用的公理基础,投资者对待资产收益的态度通常是喜多厌少的收益极大追求者。高收益结果比低收益结果对投资者更有吸引力,从而投资者赋予高收益资产比低收益资产的更高的价值,因而其效用也更大。效用函数为凸向原点性质的投资者,称作风险爱好者。边际效用随风险爱好者财富的增加而增加。风险爱好者本质上是赌博者,总是愿意参加机会均等的赌博。效用函数为凹向原点性质的投资者称作风险规避者。风险规避者的边际效用随其财富增加而下降。这样,每位风险规避者宁愿要完全确定的报酬,而不会选择具有等额期望值的不确定报酬。风险规避者绝不参加那种期望奖励等于参赛价格的活动。线性效用函数表示投资者喜欢财富越多越好,但财富增加为投资者带来的边际效用相等并且是一个常数。此时,我们称这种类型的投资者为风险中性者。

自利行为和多多益善理念是市场经济的常态。该行为及其理念使人们在进行决策时按照自己的财务利益行事,在其他条件相同的情况下人们会选择对自己经济利益最大的行动。但是,风险收益均衡匹配理论要求人们在风险和报酬之间处理好权衡关系,依据自身风险承担能力大小确定获得报酬的大小。市场参与者应清楚,自己为追求较高报酬而能承担多大的风险,或者为减少风险而能接受多小的报酬。如果两个投资机会除了报酬不同以外,其他条件(包括风险)都相同,人们会选择报酬较高的投资机会,这是自利行为和多多益善理念所决定的。如果人们都倾向于高报酬和低风险,而且都在按照他们自己的经济利益行事,那么,竞争结果就产生了风险和报酬之间的权衡。

第四部分
重要文献选读与导读

为了深入和全面学习《第一章 什么是财务学》,建议读者从我国《财务研究》《财务管理研究》《财务与会计》《中国会计与财务研究》,以及美国的 *The Journal of Finance*(简称 JF)、*Journal of Financial Economics*(简称 JFE)、*Review of Financial Studies*(简称 RFS)、*Financial Management*(简称 FM)、*Journal of Corporate Finance*(简称 JCF)等财务学期刊,或者国内外经济学和管理学期刊,选择阅读一些财务学基础研究论文,进一步加深财务学的理解。

我们一起来学习以下三篇文献。选择研读这三篇文献,主要目的是向读者提供一些财务学原理的有关信息,拓宽专业视野。

一、沈艺峰:《现代西方财务学:形成、演变及最新发展趋势》

沈艺峰教授在 1999 年撰写的这篇年鉴文献,在文章开头阐述道:

财务学"以其独特的研究核心和研究方法成为经济学的一门分支"。以 1900 年贝奇里耶所发表的《投机理论》为界标,西方财务学作为一门独立的学科几乎完整地走过了一个世纪。在经历了近百年的发展与演变之后,世纪之交的西方财务学面临新的挑战。在简要回顾西方财务学变迁历程的基础上,主要评介 70 年代后期西方新财务思想及世纪末现代西方财务学出现的若干最新发展趋势。[①]

接下来,该文从欧美国家的财务学形成和欧美国家的财务学最新发展两个方面,阐述欧美国家的财务学形成和演变发展趋势。

对于欧美国家的财务学形成,该文写道:

虽然在中世纪意大利和中国春秋战国时期的历史典籍里就有大量关于财务问题方面的论述,但财务学在西方独立作为一门学科则出现在 20 世纪初。1900 年一位穷困潦倒的法国数学教师贝奇里耶写了一篇题为《投机理论》的博士论文。这篇关于证券市场的统计研究,数十年后被认定是标志着财务学从经济学中独立出来成为一门新学科的里程碑。不幸的是,"自此之后,财务学的基本理论发展缓慢,完全局限在经验研究者(科利斯、沃金斯等人)之中。"一次大战后,哥伦比亚大学的密切尔和哈佛大学皮尔森

---

① 郭代模主编《1999 中国会计年鉴》,北京:中国财政杂志社,1999 年,第 353 页。

才开始尝试将经济计量技术应用于财务研究。直到 1929—1933 年的经济大萧条,促使更多的学者孜孜不倦地提倡用严密的数量方法,探讨证券市场的价格变动和证券价值问题,这之后出现了一批具有较高学术价值的名著。[①]

由此我们可以看出,在中世纪的意大利和我国的春秋战国时期财务学已经出现和形成。但是,财务学作为一门独立学科出现和形成则是 20 世纪初的事情。这表明,欧美财务学是一门年青的科学。科学无国界,财务学如果作为一门科学,不宜按国别加以分类。但财务学与社会制度紧密联系,人们为了便利起见,就简单地以其地区或国家的区别而冠以欧美财务学或西方财务学、中亚财务学、中国财务学等称谓。显然,我国的财务学说史,特别是中国古代财务理论史和中国古代财务思想史亟待进一步研究。

对于欧美财务学的演进和发展,沈艺峰教授的文章表达了如下主要见解。

(1)自 20 世纪初至 20 世纪 60 年代,西方的欧美财务学基本上确立了两大理论框架:一是以马克维茨、托宾、夏普、林特勒和莫申为代表的现代资产组合理论,该理论框架的内容主要是资产组合投资理论和资产定价理论;二是以莫迪格利安尼和米勒为首的现代财务政策理论,该理论框架的内容主要是资本结构理论、股利政策和确定性资本预算决策。当然,这两个理论框架及其核心理论仍存在不足和争议。其不足在于这些财务理论侧重于经济学而忽略了管理学成分,其理论分歧或争议主要是各种财务理论前提条件(基本假设)的科学性问题。

(2)20 世纪 70 年代之后,世界科学技术迅猛发展,生产方式发生变化。财务学理论研究出现了新的革命,各种新观点、新命题和新的分析技术相继出现。例如,理性预期理论、不对称信息理论、产权理论和公共选择理论在这一时期先后登上学术界的主要舞台。这批新经济理论一方面为财务学家进一步深入研究财务问题开阔了思路,拓宽了视野,提高了分析层次;另一方面,也给他们武装了财务管理工具,提供了一系列新的分析方法与技术。

具体地,跨学科的交叉整合研究成为世纪之交现代西方财务学的最新发展趋势之一,如财产所有权理论、代理理论和财务理论的融合,就产生了财务学的企业所有权结构理论。而且,欧美国家的财务思想史和传统财务学的研究,又开始被人们重视。一方面,人们接受了产业科技革命带来的信息技术变革及其引发的经济学变革,新古典经济学资源禀赋、个人偏好和技术不变假设开始被信息经济学突破。另一方面,面对新技术、新材料、新产品和新市场的蓬勃发展,人们为了遵循商业规则、降低成本、提升生产效率,规避法律限制,获得税收利益以及迎接国际化挑战,又重新重视市场效率、资本结构、股利政策和共同基金等传统财务课题的研究,期望财务理论研究回归财务学原理轨

[①]　郭代模主编《1999 中国会计年鉴》,北京:中国财政杂志社,1999 年,第 353 页。

道。这表明,财务学发展有其自身的客观规律。财务研究应遵循财务学理论规律及其发展趋势。

二、钱颖一:《理解经济学原理》

《理解现代经济学》(经济社会体制比较,2002)和《理解经济学原理》(比较,2016)是钱颖一教授的两篇论文。前者已由论文扩展为一本同名著作(中信出版社,2016)。这里仅介绍后者内容。

首先,钱颖一教授在该文里阐述了"为什么经济学原理重要"。

文中有这样两段文字:

> 尽管我本人在清华本科念的是数学专业,数学对于我学习经济学很有帮助,但是我强烈地感觉到,即使在今天,在国内大学生和研究生的经济学整体水平提高得很快的情况下,《经济学原理》仍是不可或缺的一门课。这门课看上去简单,没有用任何数学,但它是经济学中最重要的基础,因为它传授基本概念、分析思路,特别是培养学生的经济学直觉。
>
> ⋯⋯⋯⋯⋯⋯
>
> 所谓"理解经济学原理",就是理解经济学中最简单、最根本的思想。我认为经济学原理也是经济学者之间最大的共识。经济学者之间有很多争论,观点也不一致。特别是经过媒体的放大和扭曲,就给读者很大的误解,以为经济学者之间的分歧是水火不相容的。其实这不对。经济学者之间有很多共识,而这些共识的基础就是一些经济学的基本原理。[①]

经济学是一门比较复杂的学问。非常复杂的现象要用非常简单的道理来解释,它的好处就是可以抓住本质性的东西。经济学原理之所以重要,在于《经济学原理》不同于《经济学基础知识》,前者从专业科学视角阐述经济学的基础范畴、一般假设和定理,以及分析问题的基本思路和理念,目的是培养学生的经济学直觉,使学生掌握经济学的基本思想、一般知识和本质,完成经济学专业教育的基础训练,为学习经济学专业后续课程打下基础。后者则是陈述经济学的基本概念、基础知识和常识,目的是传播和普及经济学知识,解释和解决人们日常生活中现实经济问题。所以,"经济学原理"是经济学专业本科学生最根本的一门专业课程。

其次,钱颖一教授在该文里阐述了究竟"什么是经济学原理"。在讲什么是经济学原理的时候,钱教授先讲了两个出发点,一个落脚点以及三个相关的基本原理。

出发点就是假定。经济学的基本假定非常简单,通常有两个假定。第一个假定是

---

① 钱颖一《大学的改革》(第一卷·学校篇),北京:中信出版社,2016年,第347-368页。

资源的稀缺性（scarcity）。对这个假定没有任何争议。但是对资源稀缺性的理解，其实很丰富。资源稀缺才会有价格，价格才为正；资源不稀缺，价格等于零。所以价格就是衡量稀缺性的。而正因为资源是稀缺的，我们就可以推出边际收益递减。如果所有资源都可以等比增加，就不存在边际收益递减。当有某一个资源不能等比增加时，就会出现边际收益递减。我们容易想到的是看得见的资源，比如土地、水。但是经济学原理第一堂课都会提到重要的稀缺资源是时间。还有很重要的、不可复制或很难复制的资源是企业家精神，这也是非常稀缺的。一些成功不能复制，也是因为中间含有稀缺的资源。

第二个假定是个人理性（rationality）。这个假定不是指群体理性，因为即使个人都是理性的，群体也未必是理性的。个人理性，在经济学家中基本没有争议，但是在经济学家之外就很有争议。这里有两类原因。一类原因是对经济学家关于个人理性的定义在理解上有偏差。我们说个人理性，并不是说个人永远做正确的决定，个人永远能够神奇般的预测，不犯错误。我们只是说一个人做决策的时候有一致性：在权衡利弊的时候，在所掌握的信息范围内，在所控制的资源范围内，他试图使他的利益最大化。在很大程度上，人们说经济学家的个人理性假定不对，是因为理解的偏差。当然还有第二类原因，就是个人并不是在任何时候，任何情况下都是"理性"地去做选择。经济学家完全知道这种情况。事实上，经济学和心理学的交叉分支行为经济学和行为金融学，就是根据心理学家的发现，来研究一些系统性偏离经济学家理性假定的经济或金融行为。丹尼尔·卡尼曼（Daniel Kahneman）为此获得了诺贝尔经济学奖。人们的非理性行为并不是胡乱做决策，也有一定规律。

经济学以这两个假定为出发点：一个是资源稀缺性，一个是个人理性，进而研究社会对稀缺资源的管理。其中一类问题是人们如何做决策，一类问题是人们的决策如何相互作用。这样非常简单的假定的最大好处是，当你增加一个其他假定时，马上就能看出你的结论是取决于这个假定的。假定越少，结论就更具一般性，也更牢固。[①]

这里的假定就是我们说的假设。

经济学最重要的价值判断标准是效率，没有浪费。效率虽然不是人类的唯一价值，但是，提高效率是经济学的一个落脚点。经济学里的效率之所以重要，一是因为公平问题通常显而易见，但效率问题通常不是显而易见，效率很容易被忽视。二是效率问题和公平问题是有联系的。公平问题通常是零和游戏，但效率问题不是零和游戏，而是正和游戏。与政治、外交、军事等工作有所不同，经济问题一般都是可以共赢和多赢，只要资本家和企业家想办法就可以或可能实现共赢。

接下来，钱教授又讲了三个经济学原理。

---

① 钱颖一《大学的改革》（第一卷·学校篇），北京：中信出版社，2016年，第347-368页。

第一个经济学原理:人们对激励做出反应。它的内容极其丰富。激励用俗话说就是积极性。当然这只是一部分激励,是我们讲的正激励。还有负激励,就是惩罚,这是人们试图避免的。人对激励做出反应至少有三种渠道:人们对价格做出反应,人们对竞争的反应,以及人们对产权、契约、制度规则做出反应。

第二个经济学原理:市场通常是配置资源的有效方式。现在我们都说市场要在资源配置中起决定性作用。但是在相当长的时间内人们可不是这样认为的。最早把这个道理说清楚的是哈耶克(1899—1992)。哈耶克可能是 20 世纪最重要的经济学家之一,因为计划与市场是 20 世纪的争论主题。

第三个经济学原理:创新是推动经济持续增长的最终力量。这就要提到第二个奥地利人熊彼特(1883—1950)。与哈耶克不同,熊彼特研究的是经济长周期和经济史。所以在他那里最重要的不是供给与需求在当今的平衡,甚至都不是现有资源的有效利用。熊彼特关心的是创新,是创造性破坏,是企业家精神。熊彼特可能是 21 世纪最重要的经济学家,因为创新是 21 世纪世界各国的向往。[1]

钱颖一教授在文中阐述了学习经济学原理的重要性以及什么是经济学原理之后,又用比较多的篇幅阐述了我国如何学习和应用经济学原理发展经济。当然,如何利用经济学原理解释和解决我国经济发展的现实问题,则是经济学专业高年级同学应思考的问题。

请注意,理论上,每一专业都有其自身的基本原理。我国社会科学的大类学科主要包括:马克思主义理论、管理学、哲学、经济学、政治学、法学、社会学、统计学、教育学等分支学科或子学科类别,其中,经济学类学科又包括经济学、财政学、金融学、贸易学等专业,亦可称之社会科学类孙学科。管理学类又包括工商管理学科、政府公共管理学科、管理科学与工程等学科,其中,工商管理学科又有企业管理专业、财务管理专业、会计学专业、审计学专业、市场营销专业和电子商务专业等。

三、斯蒂芬·F. 勒罗伊、简·沃纳:《金融经济学原理》

斯蒂芬·F. 勒罗伊(Stephen F. Leroy)和简·沃纳(Jan Werner)两位教授在 2001 年出版了《金融经济学原理》[2] 教材。这是一部十分经典的高阶财务学原理教材,其内容包括 8 篇 28 章,表述严谨,构思严密。该教材主要适合研究生尤其是财务学专业的博士研究生阅读,本科生可选择性地阅读自己感兴趣的章节。我们在此对其主要章节内容作简要陈述。

---

① 钱颖一《大学的改革》(第一卷·学校篇),北京:中信出版社,2016 年,第 347-368 页。

② 原英文名为 *Principles of Financial Economics*,根据该教材内容,本书作者认为将其翻译为《财务经济学原理》更合适。

在陈述《金融经济学原理》这本教材之前,让我们先简要做一点基础知识背景说明。

我们认为,财务学是财务经济学和财务管理学的统一。欧美学术界基于科学的文化传统,习惯于偏好财务经济学研究;我国财务学术界基于实用和法道自然的文化传统则偏好于财务管理学研究。实际上,财务学是财务经济和财务管理的合一。不论是欧美财务学生,还是中国财务学生,其大学一年级都要学习财务学原理。如同会计学、物理学和化学等专业学生要各自分别学习会计学原理、物理学原理和化学原理一样,财务管理专业本科生也要开设财务学原理。学生只有学透专业原理课程,才可能学好后续专业课程。

那么,什么是财务学原理?从科学学出发,财务学原理是解释财务学基础范畴、探索财务思想和财务理念的一门财务基础学科,其主要内容包括基础范畴、基本假设、基本理念和原始定理等。现金、资本、价值、风险、套利、跨期、选择权和收益等基本概念,构成财务学的基础范畴。科学理论由基础范畴、基本定理定律、操作程序方法等部分构成,相应地,科学研究有基础研究、应用研究和实验开发研究之分。基础研究主要是理论发现,应用研究主要是理论检验和证实,试验开发则是科学理论应用的工程化和技术化以及产品化。基础研究是应用研究和实验开发的源泉。财务学原理研究属于基础研究。因此,学习《财务学原理》课程,应适当阅读一些财务基础研究论文。

财务学原理课程的重心是财务基础范畴、财务假设、财务理念以及财务学基本定理。财务学原理是财务学基础范畴、由基础范畴产生的机制原理和定理的基础理论学科,其核心是基础理论和财务思想。所以,财务管理专业学生应十分娴熟地掌握财务基础范畴、财务假设和财务理念,以及财务原则和财务定理,以培养和提升财务学直觉。

《金融经济学原理》教材的主要内容如下。

第 1 篇均衡与套利

内含第一章证券市场的均衡、第二章线性定价、第三章套利和正定价、第四章资产组合约束等内容。实际上,斯蒂芬·F. 勒罗伊和简·沃纳教授将财务经济学视为微观经济学理论的一个分支,其主要理论基础是一般均衡理论。在两位教授看来,个人家庭和公司内部有限资本均衡跨期配置以及资本资产定价模型,就是财务学的主要研究任务。

第 2 篇估值

内含第五章估价、第六章状态价格和风险中性概率、第七章组合约束下的估价等内容,资产张成(asset span)、收益定价泛函(payoff pricing functional)和估价泛函(valuation functional)是第二篇估值中的关键词。当公司财务活动处于均衡状态下,其税后利润如何在消费和再投资之间分配,与公司的要素资本边际替代率和资本收益率有关。

第 2 篇估值的《金融学基本定理》一节,有如下陈述。

接下来就要问一个关键问题了:是否只要证券价格排除了套利,严格为正的估价泛函就必定存在呢？下面的定理给出了答案。

定理 5.2.1（金融学基本定理）当且仅当存在严格为正的估价泛函时，证券价格排除了套利。

在假定证券价格仅排除了套利时，我们还能得出一个更弱一些的结论：

定理 5.2.2（较弱形式的金融学基本定理）当且仅当存在正的估价泛函时，证券价格排除了强套利。

这两个定理的充分性都可以从定理 3.4.2 和定理 3.4.1 中得出。因为存在严格为正的估价泛函，便蕴涵着存在严格为正的收益定价泛函。收益定价泛函是对估价泛函的一个限制。本章余下来的内容将用来证明这两个定理的必要性。[①]

…………

请注意，教材《财务学原理》（第二版）第四章专门阐述套利原理，此处不再赘述。

第 3 篇风险

内含第八章期望效用、第九章风险厌恶、第十章风险。人们在处理不确定情况下的消费偏好时，一般仅假定在可得消费集合上存在一个效用函数。可是，人们处理不确定条件下的偏好问题的经典模型是期望效用函数。它为分析个体对风险的态度提供了一个分析框架。

本课程教材《财务学原理》（第二版）第六章有专门的风险和不确定性阐述。此处暂不论。

第 4 篇最优资产组合

内含第十一章具有单个风险证券的最优资产组合、第十二章最优资产组合的比较静态分析、第十三章具有多个风险证券的最优资产组合。

资产组合亦称资产组合投资，它指的是一笔货币资本投资于两种以上资产上的资本配置行为。资产组合有可能资产组合、有效资产组合、最优资产组合之分，亦有个别资产组合与市场资产组合之分。第 4 篇主要阐述最优资产组合的基本原理。

第 5 篇均衡定价和配置

内含第十四章基于消费的证券定价、第十五章完备市场和风险的帕累托最优配置、第十六章不完备证券市场中的最优化。第 5 篇内容主要是以资产组合投资理论为基础，阐述和论证资本市场上资本资产供求关系均衡及其定价原理，以及资本有效配置原理。

第 6 篇均值–方差分析

内含第十七章期望和定价、第十八章均值方差前沿收益、第十九章资本资产定价模型、第二十章因子定价。均值和方差分析是财务学原理最常用的统计方法。这一篇主要

[①] 斯蒂芬·F. 勒罗伊、简·沃纳《金融经济学原理》，汪建雄、何雪飞译. 北京：清华大学出版社，2012年，第 50 页。

阐述和论证财务活动中的均值与方差分析方法的基本原理。

第7篇多期证券市场

内含第二十一章多期证券市场中的均衡、第二十二章多期套利和正性、第二十三章动态完备市场、第二十四章估价,这些内容都是高级财务学关于多期资本配置、复杂动态市场有关财务学定理和估价泛函的原理性论证。

第8篇证券价格的鞅性质

内含第二十五章事件价格和风险中性概率及定价、第二十六章证券利得的鞅测度、第二十七章基于消费的条件证券定价以及第二十八章条件贝塔定价与条件资本资产定价模型。这篇内容是财务学前沿理论,也是数量财务模型的最前沿理论解释。

从勒罗伊和沃纳教授的《财务经济学原理》教材内容可知,欧美财务学侧重于消费和市场的财务活动研究,重视时间和不确定性,将资本资产定价和跨期财富消费视为重心。中国财务学则侧重于生产和企业的财务活动研究,重视风险和价值,将资本均衡配置和资产规模收益视为重心。也许这是社会制度差异和文化传统作用的结果。我国和欧美国家都选择市场经济制度作为基本经济制度,资本市场上各种证券衍生品和财务工具的研发及其估值方法已成为财务学的前沿关键核心技术。

《财务经济学原理》教材,为我们描绘了财务学原理及其发展的宏伟图景。虽然财务管理专业本科生目前较难理解该书,但这是学习财务学的学术地图。

本章参考文献:

[1] 吕思勉. 中国通史 [M]. 北京:中华书局,2015.

[2] 赵靖. 中国经济思想史述要(上、下册)[M]. 北京:北京大学出版社,1998.

[3] 赵晓雷. 中国经济思想史(第四版)[M]. 大连:东北财经大学出版社,2016.

[4] 威廉•N. 戈兹曼、K. 哥特•罗文霍斯特著,王宇、王文玉译. 价值起源(修订版)[M]. 沈阳:万卷出版公司,2010.

[5] 王化成. 财务管理理论结构 [M]. 北京:中国人民大学出版社,2006.

[6] 托马斯•E. 科普兰、J•弗莱德•威斯顿著,宋献中主译. 财务理论与公司政策 [M]. 大连:东北财经大学出版社,2003.

[7] 钱颖一. 理解现代经济学 [M]. 北京:东方出版中心,2021.

[8] 罗福凯,王京. 论财务学原理及其基础研究 [J]. 《财务研究》,2019(1):13-19.

[9] 斯蒂芬•F. 勒罗伊、简•沃纳著,汪建雄、何雪飞译. 金融经济学原理 [M]. 北京:清华大学出版社,2012.

[10] 郭代模. 1999 中国会计年鉴 [M]. 北京:中国财政杂志社,1999.

[11] 钱颖一. 大学的改革(第一卷•学校篇)[M]. 北京:中信出版社,2016.

第二章
财务系统和财务假设

内容精要

　　第二章第一节的案例说明,不论生产经营企业还是资产经营和资本经营企业,其财务活动均有自身规律性和相对独立性。第二节的内容精要是,财务活动的产生及其内容的丰富性和相对独立性,将引发财务活动从社会经济活动中分离出来,进而形成一个相对独立的财务活动系统,简称财务系统。财务活动是经济工作中关于金钱的事务及其收益机制,它是财务系统的核心内容。储蓄或投资、借钱或筹款、分配利润以及评估和调配资本存量等,都是具体的财务活动。工商企业内部财务机构的日常活动,投资机构、财务公司、基金公司、商业银行等资本经营公司的日常工作,都是典型的财务活动。其中,现金在社会经济各产业部门和各环节的收支活动,都是财务系统的初始活动。现金在家庭与厂商之间,在家庭、厂商和政府之间以及家庭、厂商、政府和国外经济部门之间的流动环节和过程,也存在着显著差别。这是教材第二章第一节和第二节的主要内容。

　　第三节财务系统的分解与财务活动循环过程是学习第二章内容的重心,要深入理解财务系统在宏观经济活动中的性质和地位,以及财务系统与财务活动的统一性。希望读者仔细分解财务系统里的内容和要素,然后与财务活动各环节内容进行对比,认识财务活动的基本作用和特征。财务系统分解和财务活动循环过程的专业知识前续课程是经济学原理。如果学习第三节内容遇到困难,可以找一本《经济学原理》教材作为辅助教材。

　　第四节财务系统运行的前提和财务假设,主要阐述财务系统持续运行的财务学基础假设,亦即个人和企业各种财务活动的财务假设有哪些。诸如投资决策的财务假设,筹资决策的财务假设,资产定价的财务假设等,以及完善的资本市场和健全的会计核算系统,都是本章内容的核心部分。科学假设是科学理论诞生的前提,财务学每个新的理论发现,必有其独特的财务假设。

很明显,第二章财务系统和财务假设是本教材第一章内容的进一步延续。如果比较深入地理解了什么是财务学,以及财务系统和财务假设等基础理论,那么,学习"财务学原理"课程的后续内容就比较容易了。所以,财务学原理教材的前两章内容是财务学原理的基石。

教学重点和难点

（1）财务系统与财务活动的关系,财务系统的定义和内容。

（2）财务系统分解过程与财务活动循环过程的统一性。

（3）财务假设的性质和意义是什么,财务假设有哪些以及如何形成。

第一部分
习题解答

▶ 教材中的思考与练习题

一、名词解释

1. 委托代理理论　代理收益　代理成本　费雪分离定理　风险　经济人
2. 国民经济　财务系统　财务活动　财务关系　财务假设

二、思考题

1. 财务活动产生的驱动因素有哪些？
2. 分别简述货币在两部门经济、三部门经济、四部门经济中的流动过程？
3. 货币资本在家庭、企业和银行之间流动的条件有哪些？
4. 介绍一下企业财务活动的循环过程。
5. 为什么假设投资人都是风险厌恶者？
6. 收益与风险相匹配原则除了财务管理外还可以应用在哪些方面？

三、练习题

1. 从中国证券监督与管理委员会网站下载一至两个上市公司的财务年报,寻找和分析公司财报中企业哪些活动可以体现财务创造价值的职能。

2. 列举一个关于企业进行投资、筹资或股利分配的案例,说明该案例中这些财务活动是怎么产生的。

3. 请到国美电器商店实地考察,然后试着描述国美电器商店的财务系统。

▶ 思考与练习题参考答案

一、名词解释参考答案

1. 委托代理理论　代理收益　代理成本　费雪分离定理　风险　经济人

委托代理理论:现代企业制度是以公司制为主要内容的一种企业组织制度。股份公司制实行财产所有权与经营权相分离，公司内部形成委托代理制,并形成代理人的经营活动和委托人的支付报酬(货币或非货币的)之间的契约关系。委托人是资产所有者,拥有剩余资产和剩余收益索取权;代理人是资产经营者和生产经营活动的管理者,依法受托经营管理资本资产,实现经营利润并获取一定的个人报酬。委托人和代理人通过契约的形式将资产所有权和经营权分离开来,委托代理双方都能从中获利。

代理收益:指代理人经营企业超出委托人自己经营的额外收益与委托人由于其他经济活动而产生的收益之和。换言之,代理收益是代理人经营企业资产的经营收益扣减委托人自理企业资产的经营收益之后的剩余,再加委托人因不自理企业资产而从事其他经济活动取得的收益。

代理成本:指代理人行为扭曲带来的效率损失和为监督并保证代理人合理行为付出的费用。它主要包括两个方面:一是风险成本,二是监督成本。一般地,代理成本是企业所有者选拔经营管理者的选聘费用、支付给经营管理者的报酬(含职务补贴)、监督企业经营管理者依法高效敬业工作的监督成本等费用之和。

费雪分离定理:费雪分离定理是财务学理论中一个非常著名的分离定理,也是一项著名的财务规则。它是说在完美资本市场中(不存在交易成本),投资决策的选择与投资者个人消费偏好无关。即资本市场将产生一个单一的利率,生产技术的时间次序和个人的时间偏好无关。这样,企业家可以独立按照生产技术的时间约束和市场供求关系来进行生产,而不用顾及资本所有者的消费偏好问题。完美的金融市场可以随时为资本家提供借贷。

风险:人们从事某一项活动时,已知其可能要发生的几种结果以及每一结果的可能性,但却不肯定最终究竟会发生哪种结果的情况。风险是已知事件,意料之内的某一事件变动情况。风险与不确定性是不同的概念。风险的发生一定存在不确定性,但不确定性的存在不一定会发生风险。不确定性是风险的必要条件,但不是充分条件。生产目的与劳动成果之间的不确定性大致有两层含义,一种强调收益的不确定性,另一种强调成本或代价的不确定性。

经济人:又称"理性经济人""实利人""生意人"。经济学上的"经济人假设"最早由英国经济学家亚当·斯密(Adam Smith)提出。斯密认为,人的行为动机源于经济诱因,人都要争取最大的经济利益,工作就是为了取得经济报酬。为此,需要用金钱与权力、组织机构的操纵和控制,使员工服从并为此效力。

2. 国民经济　财务系统　财务活动　财务关系　财务假设

国民经济:一个现代国家全社会范围内各生产部门、流通部门、分配部门、消费部门和其他经济部门构成的互相联系的总体。工业、农业、建筑业、运输业、邮电和物流业、商业、对外贸易、服务业、城乡公用事业、航天技术、海洋旅行,以及新一代信息技术和生产智能化引发的新经济业态、新市场零售、线上线下网络经济等,都是国民经济组成部分。

财务系统:社会经济系统里的财务活动是国民经济各部门中资本、价值和收益活动的系统,简称财务系统。它是社会扩大再生产过程中体现综合价值运动的具有相对独立性的财务活动系统。

财务活动：社会扩大再生产过程中因资本流动和创造价值产生的投资、筹资、耗资、收益和重新配置资本的经济活动。财务活动具有配置资本以维护生产活动、发现价值和创造价值的功能。

财务关系：个人和企业开展财务活动过程中发生的各种经济关系。诸如企业所有者与管理者、技术人员、工人之间的关系，企业与银行之间的借贷关系、股东与企业高级管理者之间的委托代理关系、企业与内部员工之间的劳资关系、企业在供应链上的商业伙伴关系，以及企业与政府的纳税关系、企业与子公司的资本关系等，都是企业的财务关系。个人参与市场经营活动也会发生财务关系。

财务假设：财务学和财务活动实践的知识前提。任何科学都有自己的知识假设。在市场经济中，"两害相权取其轻，两利相权取其重"是理性经济人假设的基本体现。财务假设是财务活动有效运行的理论知识前提。诸如，现金流量可以毫无误差地被估计、资本市场无冲突、监督成本为零、再投资率不变，以及最优资本结构、风险与收益匹配等，都是投资活动的财务假设。同理，筹资活动、资产定价等，也有财务假设。

二、思考题参考答案

1. 财务活动产生的驱动因素有哪些?

财务活动产生于人类生产活动的需要和剩余资本的利用。新兴产业的诞生和新的生活方式的出现，都是财务活动产生的驱动因素。任何一个微观经济体从最初建立和运营到终止，每时每刻都在进行着各种财务活动，包括筹资活动与管理、投资活动与管理、价值评估与管理、资本资产定价与管理、收入和利润分配的管理和优化资本配置等。经济组织的生存、盈利和发展是财务活动产生的驱动因素，经济组织只有产生新的财务活动才能使生产经营活动得以顺畅持续地运转，资本得以有效地利用及增值。如果社会经济系统中的家庭、厂商、政府和境外经济机构及其业务停滞或者资本流动中断，那么相应的特定财务活动就难以发生。显然，家庭存在柴米油盐酱醋茶的支出，就是家庭财务活动产生的驱动力。

2. 分别简述货币在两部门经济、三部门经济、四部门经济中的流动过程?

社会经济活动由很多部门构成，为了研究便利，西方经济学家将市场主体划分为家庭、厂商和政府。事实上，一个国家的社会经济系统是有很多部门和机构组成的。随着经济全球化的发展，国外机构在其中的作用日益凸显。由此，我们假定社会经济系统由家庭、厂商、政府和国外机构组成。

货币在两部门（家庭和厂商）经济中的流动过程如下。当一个社会的经济系统仅由厂商和家庭两个部门组成时，所有家庭将其收入全部用于消费支出，没有任何储蓄，所有厂商将其收入全部用于对生产要素的支付,没有企业留存。那么,产品和劳务的相对价格均不发生变动。并且,现金处于要素市场和商品市场两个市场之中。在要素市场中,由家庭部门向厂商部门提供生产要素,包括人力、财力、物力、技术和知识等;而厂商部门则向家庭支付要素报酬,包括工资、利息、地租和利润等。由此,发生了货币的流动,且主要从厂商流向了家庭。在商品市场中,由厂商部门向家庭部门提供各种产品和劳务,而家庭则按照产品与劳务的市场价格向厂商支付消费支出。这个过程中也发生了货币的流动,主要从家庭直接流向了企业。

货币在三部门(家庭、厂商和政府)经济中的流动过程如下。在家庭与厂商的基础上加入政府机构之后,政府从两个渠道获得财政收入:一是通过各种税收,这是各国政府获得财政收入的主要渠道;二是通过政府信用向民间借贷,即通过发行政府债券和国库券获得收入。这两个方式都伴随着货币从家庭、厂商流向政府。与此同时,政府经常性的财政支出主要有两个方面:一是政府直接购买产品和劳务,称为政府购买支出,这就使得货币从政府流向厂商;二是转移支付方式,中央政府直接支付给某些家庭一些养老金和住房补贴等财政支出,这就使得货币从政府流向家庭。

货币在四部门(家庭、厂商、政府和国外经济部门)经济中的流动过程如下。考虑到国际市场的作用,在家庭、厂商和政府机构三部门货币流动模型中加入国外经济部门之后,国外经济部门通过贸易资本流动、劳动力流动与货币资本流动,同国内厂商、家庭和政府部门发生联系。与此同时,国内厂商、家庭与政府则购买国外厂商的产品与劳务形成进口。进口一般分为消费品进口与投资品进口两部分。消费品进口由国内家庭部门支付,随之发生货币资本从国内家庭部门流向国外。投资品进口由厂商部门支付,随之发生货币资本从国内厂商部门流向国外。国外经济部门购买国内厂商生产的产品与劳务形成国内经济出口,这又会使得货币从国外流回国内厂商。当净出口为正时,表明在该时期内国家的产品出口货币流量大于产品进口货币流量;相反,当净出口为负时,表明在该时期内国家的产品出口货币流量小于产品进口货币流量。

3. 货币资本在家庭、企业和银行之间有效流动的条件有哪些?

社会经济系统内部货币资本在社会生产过程各环节和经济组织各部门之间的流动,需要一些经济条件:第一,完善的产权制度和公司资本制度。产权是以法权体现所有制关系的制度,产权界定与否以及如何界定直接影响到人们的成本和收益。当某种资源没有明确的产权归属时,对该资源加以利用就可能冒着不能全部获得由使用这一资源而产生的收益的风险,即可能替别人支付了成本。公司资本制度是公司法里关于公司资本形成、维持、退出等方面的法律制度安排,特别是企业注册货币资本的制度安排。第二,科学的现代企业制度,特别是资产所有制与经营者之间的委托代理关系制度和公司内部治理结构制度。第三,完善的市场经济制度和稳定可持续的社会再生产过程。第四,完善的会计核算制度。

4. 解释企业财务活动的循环过程。

财务管理的主要内容是组织财务活动,处理财务关系。学生对财务活动的深入理解有助于提高财务学直觉。那么,企业财务活动是如何产生和运行以及循环往复的,教材对此做了比较详细地解释。此处简要概括如下:

(1)财务合约形成后,就产生了财务活动。企业组织建立和财务合约形成后,企业生存、盈利和发展的基本经营目标就建立了起来,同时企业的资本制度也建立了起来,进而形成产生财务活动的驱动力。

(2)开展投资活动,发现价值来源,并从市场上购买设备、技术和人力。

(3)出售新生产的产品和需要更新的资产,或者发行股票和债券筹集货币资本。

(4)分配生产经营活动产生的收益,补偿产品成本和员工工资。

(5)重新均衡配置资本于再生产过程各环节,协调和优化财务活动,检查财务目标完成情况,然后开启新的下一个财务合约。

5. 为什么假设投资人都是风险厌恶者?

财务学家为了使人们能够有效地对经济决策做出科学选择,就把参与生产和交易的人们划分为风险喜好者、风险厌恶者和风险中性者三种类型,以此告诉人们应根据自身承受风险能力的大小选择合适的经济决策。"为什么假设投资人都是风险厌恶者"的问题,其实质是问"为什么多数投资人都厌恶风险"。如果按字面形式来回答该问题,则十分困难。

答案一:风险会给投资者带来损失。可是,有人会说,风险有可能给投资者带来损失,但也有可能给投资者带来额外收益。显然,该答案不能正确回答或证明该问题的存在。

答案二:风险的规律性人类尚未完全掌握,尽管风险有可能带来高额收益,但风险毕竟使人很烦恼,至少会给投资者增加管理成本。

这里的"答案二"表面上有道理。因为风险偏好是一个人对待风险的态度,可以用它来测量人们为降低所面临的风险而进行支付的意愿。在降低风险成本与收益的权衡过程中,厌恶风险的人们在相同成本下更倾向于选择低风险资产。当两个或多个资产项目的风险相同而收益不同时,人们会选择收益率更高的项目;当两个或多个资产项目的收益率相同而风险不同时,人们会选择风险更低的项目。如果没有收益作为补偿,投资者不会冒无谓的风险。在风险厌恶假设下,投资者会放弃公平博弈或者更糟糕的投资组合,更愿意考虑无风险资产或者风险溢价大于零的投机性投资。

虽然"答案二"有一定的道理,但多数情况下,财务学家已经掌握了风险规律,只是很多投资人缺乏风险知识,对风险的规律性认识不足。这样说来,"答案二"也并非最正确的答案。

答案三：任何投资人都关心投资财务活动运动变化中不变的东西。如同物体旋转运动下旋转中心是不变的,平移运动下与平移方向一致的直线是不变的一样,投资经营活动无论如何变动但其收益目标不变。变化中不变的东西一般是最重要的东西。不论什么样的投资项目,都期望获得高于市场平均收益率的财务目标是不变的。风险与收益犹如一对孪生兄弟,二者几乎完全相伴。市场经济中的各种现象都在变化,但我们坚信应对各种现象的基本经济规律是不变的。风调雨顺,稳中向好,是人们追求的共同目标。所以,绝大多数投资人都很在意风险,都很不愿意遭遇较大风险。

6. 收益与风险相匹配原则除了财务管理外还可以应用在哪些方面?

收益与风险匹配原则主要指的是,一般情况下,个人和企业进行一项活动所带来的收益越大,其风险也会越大,收益与风险存在正相关关系;高收益对应高风险,低收益对应低风险。在有价证券投资中,股票的投资收益相对最高,同样股票投资的风险也最高。企业在进行项目投资时,不能只考虑到收益,同时需要考虑投资项目背后的风险是否有能力承担,平衡项目的收益与风险后,企业才能做出最佳决策。企业融资的目的是将所融资金投入企业运营并获得收益,在融资前,企业不仅要预测融资能够给企业带来的收益如何,还要考虑在既定的收益下要承担怎样的风险,即融资收益要和融资风险相匹配。

除了财务管理外,人们从事科学研究、参与社会活动以及专业的选择等,往往也会存在收益与风险匹配问题。

三、练习题参考答案

1. 从中国证券监督与管理委员会网站下载一至两个上市公司的财务年报,寻找和分析公司财报中企业哪些活动可以体现财务创造价值的职能?

(例)企业通常可以通过经营活动、投资活动、筹资活动、利润分配等实现资本的价值增值,现以美的电器股份有限公司 2018 年年报为例分析其中体现创造价值的财务活动。2017 年 1 月美的集团完成对库卡集团的收购,2018 年加快推动对库卡业务的整合,持续创新机器人产品技术开发应用,实现资源互补,增强企业的整体竞争力;2018 年美的研发投入将近 100 亿元,聚焦技术创新、用户创新、产品创新,以用户为中心,推动产品竞争力稳步上升;发布工业互联网平台"M. IoT",对云平台、美居 APP、大数据等持续优化,进一步推进数字化,提升价值链运营效率;2018 年公司派现金额将达到 357 亿元,保持了稳定的分红政策;同时由于内外环境复杂,公司市值波动大,美的也推出了股票回购计划,以保障股东的利益。以上投资活动、经营活动、利润分配等都体现了财务创造价值的职能。

2. 列举一个关于企业进行投资、筹资或股利分配的案例，说明该案例中这些财务活动是怎么产生的？

（例）中国平安保险（集团）股份有限公司于 1988 年诞生于深圳蛇口，是中国第一家股份制保险企业，公司分别于 2004 年 6 月和 2007 年 3 月在香港联合交易所和上海证券交易所挂牌交易。2006 年，平安保险集团成功收购了深圳商业银行 89.36% 的股份，成为深圳商业银行的大股东；2007 年 6 月，深圳商业银行吸收合并了原平安银行，平安保险集团对其拥有绝对的控制权。之后，为扩大银行业务规模，2009 年平安保险集团决定并购深发展银行。首先，收购新桥所持深发展股份。从 2009 年 6 月，中国平安与新桥集团签订《股份购买协议》，中国平安以增发 H 股的方式向新桥集团定向发行 3 亿股份来换取其所持有的深发展 5.3 亿股份。同时，中国平安与深发展签订《股份认购协议》，深发展拟向平安集团非公开发行股票。而后，平安保险集团以股票加现金联合支付方式实现了对深发展的并购交易。2012 年，深发展银行正式更名为平安银行，至此平安保险集团对深发展股票并购交易结束。

出于扩大企业经营规模，提高自身竞争力的目的，平安保险集团实施了此次并购投资活动。通过对深发展的并购，中国平安的资产和利润规模都能够得到很大的提升，借助深发展银行业务的基础，能够大幅促进中国平安银保业务的发展，通过银行的平台交叉销售保险及其他理财产品，实现资源的共享和互补，创造更大的资本价值。

3. 请到国美电器商店实地考察，然后试着描述国美电器商店的财务系统。

家用电器普通消费者、家用电器经营者和财务学者，分别进入国美电器商店，其观察到的国美电器商店财务系统是不同的。

在家用电器普通消费者看来，国美电器商店的主要特色是物美价廉、种类繁多、购买较划算。

在家用电器经营者看来，国美电器商店的主要特色是薄利多销、客户与店员互动自然频繁、店铺面积较大、店铺设备投资较小。零售产品的品种比较多，百货、家用电器、机械电器设备、金属材料等品种较多。

在财务学者看来，国美电器商店的家用电器小商品存货较多，表明青岛国美电器有限公司的现金和流动资产投入较多；而店铺的柜台和基础设施比较简陋，表明固定资产投入较少；其客户较多和顾客流量较大以及缴费排队现象表明，其现金流入量较好。商店既可以由客户手机扫码自动缴费，也可以在交款处排队缴费，表明商店财务收支系统比较灵活，财务支付方式较多。

第二部分
难点释疑

第二章的难点主要是财务系统为什么不同于财务活动,以及财务假设是如何产生的。

一、财务系统为什么不同于财务活动

财务系统和财务活动,科学地说,它们是一个整体事物的两个方面。学习西方经济学和阅读 *The Journal of Finance*,*Journal of Financial Economics*,以及 *Review of Financial Studies* 等期刊,就会发现,市场经济是由家庭、厂商和政府等要素构成的。在西方经济学看来,人们研究经济学问题时一般考虑的框架是:消费者行为、厂商行为以及政府行为,然后在市场上通过供给和需求得到均衡价格。在假设人们的消费偏好、资源禀赋和技术不变条件下,根据市场要素、价格和信息建立生产函数,处理和优化要研究的问题。财务系统则是市场经济的一个子系统。西方经济学的理论和制度是基于生产资料私有制条件下的一种社会科学,财务系统是西方经济学的一个重要概念。

财务活动概念来源于我国引入苏联企业财务管理知识和技术。苏联的企业财务管理是基于生产资料公有制的社会主义经济制度下的经济管理科学之一。我国坚持中国特色社会主义市场经济制度,坚持公有制为基础的基本经济制度,坚持发挥市场配置资源的决定性作用和政府协调宏观经济均衡稳定发展的基本策略。因此,我国发展社会主义市场经济的主要理论依据是马克思主义经济学,特别是马克思社会资本再生产理论。财务活动是社会资本再生产过程中的资本循环周转活动,属于生产过程的价值形态。

可见,财务系统与财务活动二者的实践基础、理论渊源均存在差别,因而不易理解,属于财务学原理中的难点。当学习了财务学原理、财务计量经济学、数量财务、财务工程、公司财务和财务分析等课程之后,你就会对财务系统和财务活动有比较深入的理解。

二、财务假设是如何产生和形成的

财务学的理论假设或者财务管理工作中的知识假设是否就是我们教材《财务学原理》(第二版)里阐述的财务假设,尚不能确定。财务学作为我国社会科学大类学科里的专业之一,其理论研究和实务发展均取得重要成绩。但是,与会计学、工商管理学、贸易学、财政学、货币金融学相比,财务学或财务管理的研究仍有很多领域处于待开垦状态。这是财务学的现状,即财务学是一门比较年轻的经济学和管理学学科。

作为社会科学,财务学的理论假设是依靠财务学研究者和财务管理实践者长期探索和总结,并依靠财务研究者和实践者在长期探索中形成和积累的财务直觉,逐渐归纳出来的理论和实践前提。亦即财务假设是人们在财务实践中和财务研究中凭着知识积累和直觉逐渐被发现和产生的。一位科学家曾建议我国的一些大学招收科学记录硕士研究生,学习和探索如何将历史上、现在和未来发生的重大科学事件记录下来,科学记录专业研究的内容涉及哪些科学研究事件需要记录、记录什么、如何记录,科学记录的性质和特征以及科学记录的规律性。考古专业,可理解为科学记录学科里的专业之一。显然,通过考察科学记录可以发现科学理论的假设。

人们的财务直觉水平及其积累对财务假设的产生具有重要作用。人们对一些事物和现象的直接感知确实经常存在错觉,凭借非理性和非逻辑的直觉进行推理的方法是不可靠的,直觉甚至会把我们引向错误和歧途。但是,我们必须承认,直觉的存在以及它在创造性思维中具有的重大作用。直觉不是猜测,但直觉有某种突发的性质,并且与灵感、顿悟、洞察等现象比较接近。爱迪生说"天才是百分之一的灵感加百分之九十九的血汗。"直觉是人们对自然界和社会现象的长期观察而形成知识积累的身体反应能力。一些百思不得其解的复杂问题,有时在直觉的提示下得到解决。科学研究是一种比较复杂的脑力劳动,具体工作是求解和求证研究假设,其目标是探索未知。非科学研究者普遍有一种错觉,以为科学研究不应当脱离实际并且不应当超出观察到的事实。但客观事实上,理论和理论研究与客观事实之间还有很长的距离。基础研究要进入应用研究阶段,需要增减多项约束条件;而应用研究要进入试验开发阶段,又需要解决科学理论向技术的转化问题、完成技术的工程化,以及让工程转化成产品的过程。

直觉这种思维现象是否有机制和规律性,我们尚不清楚。直觉是心理学还是思维科学的概念,我们也知之甚少。所以,承认直觉和直觉的作用,并不意味着我们在科学方法上有所遵循。但是,一个明显的事实是,直觉可以使我们摆脱某种表面上看来提供了严格程序的那种错误框架的束缚。直觉是否有记忆和隔代传承,我们也不知道。幼儿园小朋友在学习写生时,有的小朋友从未得到专门训练而把远方的楼房和小树画得十分惟妙惟肖,这是天分还是基因或直觉传承?对此,我们尚无法确定。

可见,财务假设的产生和形成需要全社会每个个体学习财务知识,并提升财务活动识别能力和价值发现能力,以及财务抽象能力。由此,我们的财务假设才具有科学性和真理性。

因此,希望读者要牢记《财务学原理》(第二版)里的基本财务假设。

1. 理性经济人假设。

从经济学视角考虑问题,遵循市场经济规律,依法处理经济事务,就是理性经济人假设的含义。例如,"两害相权取其轻,两利相权取其重",就是理性经济人假设的具体表现。

2. 风险厌恶假设。

一般地,当人们面临两个投资项目的收益率相等时,会更愿意选择风险较低的那个投资项目;而当两个投资项目的风险相等时,人们更愿意选择收益率较高的那个投资项目,这就是风险厌恶的含义。人们厌恶风险是指人们在经济事务中不喜欢风险状况的态度,也是指人们在承受一定风险情况下对于资产偏好特征的描述。

3. 有效资本市场假设。

一般地,在一个较长的市场经济时期,市场里的商品价格完全反映了消费者可以获得的全部信息,我们称这是一个有效的市场。此时,消费者是市场商品价格的接受者,生产者是资产价格的接受者。美国经济学家尤金•法玛教授在1970年提出了"有效市场"假说,并将有效市场划分为强有效市场、中性有效市场和弱有效市场三种状态。有效市场假说作为一个财务假设,可有效地指导人们的财务行为。有效市场假说实际是市场理论——完善的市场供求关系、市场竞争优势理论和商品供应与需求平衡理论的新进展。学生每日三餐到学校食堂买饭,时间一长就会出现口味疲劳和嫌弃饭菜价格较高,可是,尽管对饭菜价格有时很不满意,但还是每日三餐定时到学校食堂吃饭,而不是走出校门在校外的小餐馆吃饭,也很少选择外卖送餐。为什么?因为学校食堂的米面、蔬菜原料和油盐酱醋等材料,以及设备、厨艺和卫生条件等,都有质量保障。这说明餐饮市场是有效市场。

4. 股东财富最大化原则。

个人和企业从事任何财务活动,其前提是有利于提升资本所有者投入股份的市场价值。这是一个极其重要的基本原则,因而被称之财务假设。一般地,股东财富等于其所拥有的股票数量与股票每股市场价格的乘积。人们购买某一公司的股票及其数量依据其对该公司未来股票的每股市价预期。股票的每股价格高低则取决于公司收益持续增长性、拥有自主核心技术情况、优秀的企业家团队和产品的市场竞争力等多种因素,其中,公司资产收益率的持续增长性是一个基本前提。

5. 持续经营假设。

个人和企业从事任何财务活动或制订财务决策时,均以该财务活动和财务决策的永续存在为前提。简而言之,企业的一切经营事项选择不受眼前短期得失所左右,一切均以经济组织长期发展为依据。持续经营假设既是财务假设,也是传统会计核算的假设。

6. 风险与收益匹配原则。

风险与收益匹配原则作为财务假设,旨在告诉人们:当获得丰厚收益时,要有风险防范意识;当遇到重大经营风险时,则要把握高额收益机会。一般地,风险与收益二者之间存在正相关关系。风险可能带来巨额收益,也可能带来重大损失。

第三部分
重要理论的历史背景

　　第二章里包含和涉及多个财务理论,这里主要阐述财务关系、财务系统和财务假设这三个财务理论的历史背景。

一、财务关系理论的历史背景

　　我们知道,个人和企业都是财务管理的主体或财务学的主体。财务关系是个人和企业开展财务活动过程中发生的各种经济关系。诸如企业所有者与管理者、技术人员、工人之间的关系,企业与政府的纳税关系、企业与银行之间的借贷关系、股东与企业高级管理者之间的委托代理关系、企业与内部员工之间的劳资关系、企业在供应链上的商业伙伴关系以及企业与战略投资者的关系、企业与子公司的资本关系等,都是企业的财务关系。个人参与市场经营活动也会发生财务关系。显然,财务关系源于财务活动的存在。财务活动也是我国财务学的特有概念。在改革开放之前,我国很多教科书在表述财务概念时,称财务是财务活动与财务关系的统一。该表述是计划经济体制下的财务定义。

　　1939 年初,国民党开始对共产党领导的陕甘宁边区实行全面封锁,边区财政和人民生活陷入极大困境。1939 年 2 月,中共中央在延安召开了生产动员大会,中央和边区政府号召广大军民开展经济自给的大生产运动。如何发挥科学技术在生产中的作用,发展工业,改变低产多灾的农业、林业、畜牧业,解除饥饿、建设军工企业成为边区政府亟待解决的问题。此时,中共中央决定成立科学研究机构,1939 年 5 月延安自然科学研究院正式成立,目的是使"延安自然科学专家和有科学基础的大学或专校毕业生,共同研究,去改善和计划当前迫切需要的一切工业建设"[①]。当年年底,自然科学研究院院长李富春主持召开自然科学讨论会,出席会议的 100 多位专家集中讨论了边区生产和国防工业建设等问题。鉴于科技人员不足,该会议建议将自然科学研究院改为自然科学院,侧重培养边区科学技术人才,并建议成立陕甘宁边区自然科学研究会,以此团结边区各行业各部门科学技术人员为边区建设服务。自然科学研究院和自然科学研究会的目标都是服务生产建设而发展科学技术。同理,我国的传统财务活动也是服务生产的经济活动。生

---

　　① 见《延安自然科学院史料》编辑委员会,《延安自然科学院史料》载《新中华报》1939 年 5 月 30 日报道《中共中央决定成立延安自然科学研究院》,北京:中共党史资料出版社、北京工业学院出版社,1986 年,第 23 页。

产是第一性的,而流通、分配和消费等社会扩大再生产环节则是服务于生产的环节。这是中国社会历史发展的基本经验。该经验与马克思社会再生产理论十分吻合。

中国共产党和人民军队在延安时期(1935.10.19—1948.3.23)开展大生产运动的经验,成为新中国发展社会主义生产的重要制度背景和历史现实背景。而且,财务活动与财务关系一直紧密联系在一起。财务活动是生产力发展的体现,财务关系则是社会生产关系的体现。这也是马克思主义基本原理在中国的体现。由此,可以理解,为什么基于私有制的欧美国家大学财务管理教材里见不到"财务活动"的论述。

财务关系理论是基于中国特色社会主义基本经济制度和社会生产关系而逐步形成的财务经济关系理论。所以,我国的财务关系理论是关于如何处理财务活动参与者之间的各种冲突、竞争、合作关系的财务理论。该理论具体地基于生产资料公有制为主体和多种所有者并存以及按劳分配和按生产要素分配相结合的基本经济制度,以及共同富裕的社会经济发展目标。在市场经济下,投资人、管理者、工人、技术研发机构、金融机构、居民个人、社区、政府等社会成员,都是财务活动的参与者,也是财务关系成员。这些财务关系成员存在如下基本特征。第一,具有一定的经济行为能力,并对其他成员产生影响。财务关系成员的经济行为能力表现为一定的独立性、自主性和发展性。某一成员对另一成员发生作用,可能提高其中某一成员的财务能力而降低另一成员的财务能力,也可能使形成该财务关系的各成员的财务经济能力都有所提高。第二,具有相对独立的自身经济利益。这种个体经济利益,激励着不同的财务关系成员追求各自的目标,并制约着财务关系各成员之间的竞争和联合。第三,各成员在财务关系中具有一定的组织形式和身份。这些组织形式和身份一般地比较稳定,但其作用和地位则变化发展着。如企业工人是以劳动者或一般职工身份同企业结成一方投入劳动另一方支付工资的财务关系;如果一个人是企业总工程师,那么他便以高级职员身份与企业发生财务关系。只有同时具备上述三个基本特征的单位和个人,才可称为财务关系成员。只有财务关系成员的行为能力、个体利益与组织身份相适应,财务关系才能正常发展。

财务关系行为体之间的竞争、矛盾、冲突和合作是财务关系运行过程中的客观现象。财务竞争是财务关系各行为体在筹资、投资、用资、耗资等财务活动中降低成本、提高效益的比赛。财务冲突是主导参与财务关系的各行为体,由于对目标利益的追求和维护而产生的相互间的摩擦与对抗,它是目标一致而利益不同或目标不同且利益对立的产物。财务合作则是财务关系各行为体经过竞争和矛盾冲突之后,在某一方面和领域内其利益目标基本一致或部分一致时所进行的不同程度的联合与协作。

财务竞争、财务冲突与财务合作有时同时产生、同步发展。一个企业的财务关系常处于竞争、冲突和合作的混合状态,整个市场经济的财务关系基本是这三种状态的混合。竞争、冲突与合作既相互联系和影响,又各自独立、自成一体。竞争有时是冲突各方的竞争,大量的财务竞争都带有不同程度的利益冲突性质;财务冲突意味目标和利益直接对立的交锋,因而具有某种对抗性。财务竞争是一种比赛状态,双方之间可保持一定的距离,其竞目标、竞争利益等方面具有较大的相容性。某些财务竞争虽具有冲突性质,但只要尚未转化为冲状态,其目标和利益的对抗便是暂时、间接的。这是处理财务关系应把握的尺度。财务合作随着财务关系的产生而形成,随着财务关系的变化而发展,并随着财务关系内部各成员之间相互依存的加强而成熟。所以,企业、投资者、政府、银行、劳动者等行为体在财务关系中的种种竞争、冲突与合作就是财务关系运行演变的基本表现状态。

财务关系无论表现为竞争、冲突还是合作,财务关系成员之所以都努力维护财务关系的存在和发展,根本原因在于,财务关系成员的各自利益与其各自行为能力和所处地位相适应。一个企业在某一财务关系所得到利益多少,必须与企业在这一财务关系中所发挥的行为能力及所处的身份地位相联系。如果该企业的行为能力发展了,其作用和地位也发生了很大的变化,但它的利益却未得到应有的增长,那么这一财务关系或遭到存坏,或使该企业中途退出财务关系。所以,我们把财务关系运行过程中每一成员的利益必然与其行为能力和地位相适应这一财务关系的内在本质属性,称为财务关系运行、演变的基本规律。这条规律就是人们处理财务关系的原则。财务关系体现人们在财务管理中的价值观。

二、财务系统理论的历史背景

财务系统理论在现代财务学里的形成时间要早于财务活动理论。这是因为,虽然我国的财务学与会计学一样具有悠久的历史发展过程,但具有科学性质和现代意义的中国财务管理专业则是 1949 年之后形成的。而且,1949 年至 1989 年期间,国务院教育部关于在大学设立财务学专业的文件里,曾先后将财务学称之财务学、理财学、财务管理三种称谓,表明我国对财务学的研究起步较晚。

现在,我国财务学中关于财务系统的表述仍然比较少。但在欧美财务学的大学教材和财务学著作里,则有较多的财务系统表述。在欧美财务学中,虽然其基础理论主要源于亚当·斯密(1723—1790)经济学,但财务系统作为市场经济制度下国民经济系统的子系统,则源于以马歇尔为代表的新古典学派自由放任经济学说和约翰·梅纳德·凯恩斯(1883—1946)经济学。马歇尔在《经济学原理》中论述了私有制市场经济制度下的自由市场、自由经营、自由竞争、自动调节、自动均衡五个原则,强调社会经济在自由竞争的条件下,经济活动都能通过价格机制自动达到均衡;商品价格波动能使商品供求趋向均衡;资本的价格——利率的变动能使储蓄与投资趋于均衡;劳动力的价格——工资的涨跌能使劳工市场供求平衡。凯恩斯经济学理论将西方经济学划分为宏观经济学和微观经济学,国民经济系统是宏观经济学和微观经济学的交汇之处。财务系统是国民经济系统的子系统。因此,学习和理解财务系统,应深入学习凯恩斯经济学理论。其名著《就业、利息和货币通论》(1936),是讨论生产和就业水平的一般理论。凯恩斯认为,当有效需求处于一定水平时,失业是可能的,因此,社会经济存在非自愿失业条件下的均衡;单纯的价格机制无法解决失业问题,引入不稳定和预期性可建立流动性偏好倾向基础上的货币理论。其基本观点是:社会的就业量取决于有效需求,而有效需求是指商品的总供给价格和总需求价格达到均衡时的总需求。

应注意的是,无论是亚当·斯密经济学、马歇尔经济学,还是凯恩斯经济学,都是建立在生产资料私有制的社会经济制度之上。这是学习和研究中国特色社会主义基本经济制度下的财务管理时,应清楚的理论问题和经济制度差别。

三、财务假设理论的历史背景

亚当·斯密在1776年出版的《国民财富的性质和原因的研究》著作中,对"经济人现象"作了阐释,19世纪末期意大利经济学家帕累托则再次强调了"经济人"假设概念。对于"经济人假设"命题,人们又称"自利人假设""理性人假设"或"理性经济人假设"。这种假设将人的利己出发点当作经济学研究的一般前提,将经济活动视为人类利己行为的客观表现。在私有制社会里,一些学者将人类经济社会的变迁看作人们逐利的结果。显然,理性经济人假设是亚当·斯密经济学的基本假设。后来,以马歇尔为代表的新古典经济学认为,经济学是人们在完全竞争的市场经济中如何充分有效利用稀缺资源的学问。市场经济的完全竞争性和资源的稀缺性被视为经济学的基本假设。可以说,理性经济人、市场经济的完全竞争性和资源稀缺性等经济学假设,都是人们长期地观察社会经济活动并且使用确有证据加以推演得出的理论产物,它是人们从事经济活动的基本前提和常识。财务假设是经济学的理论假设之一,是人们在社会经济活动中经过长期地观察并且使用确有财务证据加以推演得出来的财务知识。

之所以将财务假设视为人们从事财务经济活动的基本前提和常识,在于假设的本身是一种理论假定。例如,我们有时候会遇到或见到这样的场景——有两个人为了一项资产归属和产权利益纠纷而发生着激烈地争吵,旁人偶尔听到其中一人对另一人大声怒吼道:"你这是人说的话吗?"

在这里,该场景表明,人们在社会活动中处理一些有关经济、政治和文化事务时,都是假设我们每个人都是善良友好和文明理性的。事实上,很多人有时候是非理性的、自私的,甚至是恶的或具有危害性的。假设是一项先验的理论陈述。己所不欲,勿施于人;推人由己,推己及人;人敬我一尺,我敬人一丈;以及人不犯我我不犯人,人若犯我我必犯人等陈述,都是中国人为人处世的基本规则和社会假定。

由以上场景可以看出,假设明显带有人为选择的特征。当然,经济学假设绝不是任意假定的,而是特意选择,使之与各种经济现象借以表现出来的各种不同形式的实际事实大体相吻合。当我们把一项陈述设定为经济理论的假设时,并不是我们任意想象的,而只是运用抽象力简化了实际起作用的因素,经过这种简化,剔除了扰乱因素,被考察因素的作用更加明显,因而所得的结论更加符合实际。假设问题最本质的东西是排除那些不相关的非本质问题,保留那些相关的本质内容。

既然假设涉及我们的选择,就不可避免地要面对一个问题:假设是现实的还是非现实的。因为每个人的选择是不一样的,有的人喜欢现实的假设,有的人重视非现实的假设。那么到底什么是现实主义的,什么是非现实主义的,至今为止还没有一个明确的界限。过分追求理论或假设的现实性,容易使理论失去真实有用性。经济学理论的假设绝大部分是非现实主义的。通常而言,理论的意义越重大,假设就越是不现实的。当我们选择一项陈述作为理论的假设时,我们是否有必要对假设进行检验。实证主义经济学家一般都认为,检验假设的标准是真实性。著名经济学家弗里德曼则认为,经济学理论假设的虚假性是实证经济学的一个优点。财务假设是否需要进行实证检验,目前的本科生财务学原理教材尚无此方面的论述。该问题会留待硕士研究生阶段学习和掌握。

现在,我们的《财务学原理》(第二版)教材中的财务假设,其理论渊源来自亚当·斯密、马歇尔新古典经济学和现在欧美经济学,以及中国特色社会主义经济学。其现实基础则是我国改革开放之后形成的中国特色社会主义市场经济实践。

第四部分
重要文献选读与导读

为了深入和全面学习《第二章财务系统与财务假设》，建议学生从《财务研究》《财务管理研究》《财务与会计》《中国会计与财务研究》，以及 *The Journal of Finance*（美国，简称 JF）、*Journal of Financial Economics*（美国，简称 JFE）、*Review of Financial Studies*（美国，简称 RFS）等财务学期刊，或者经济学与管理学著作，选择阅读一些财务系统和财务假设的理论文献，进而进一步加深对财务系统和财务假设的理解。

以下三篇论文，我们一起来学习。

一、兹维·博迪、罗伯特·C. 莫顿：《财务学》

经济学大师保罗·A·萨缪尔森教授在该教材的《序言》里称赞道："人们向来对博迪和莫顿的《财务学》期许甚殷，而该书也证明了这种等待是值得的。好的教材如同美酒，需要更长时间的酝酿……我不禁为自己遗憾：当我是学生的时候，到哪里去找这么好的教材呢？"是的，兹维·博迪和罗伯特·C. 莫顿的《财务学》确实是一部高质量财务学教材。该教材深受我国学术界和出版界关注。在高等教育出版社出版了其英文影印版之后，中国人民大学出版社立即组织翻译，并于当年十月出版了中文版。

可惜的是，这么好的财务学教材，中国人民大学出版社和翻译者竟然将博迪和莫顿的书名 *Finance* 翻译为《金融学》。改革开放以来，我国大量引进欧美国家的经济学和管理学书籍，这有利于我国学习西方市场经济制度和促进我国大学进步。可是，也有少量著作因翻译者和出版社的错误理解，给原作者和读者造成很大伤害。例如，英国学者 Jonathan Barron Baskin 与 Paul J. Miranti, Jr 合著的财务史学著作《公司财务史》（*A History of Corporate Finance*），则被错译为《公司财政史》，并于在中国经济出版社（2002）出版。而且，该中译本里的"财务""财政"和"金融"等概念经常被混淆和错译。如书中的"现代财务理论的基础""现代财务学所发生的演变"，被译成"现代财政理论的基础"和"现代期间财政学所发生的演变"。

Finance 教材主要是为工商管理专业硕士生编写的财务管理入门教材，亦可供经济学、法学、数学、会计学等专业学生学习和了解财务学，如同财务管理专业学生也要开设"经济学""管理学""会计学"和"数学"课程一样。所以，这本 *Finance* 教材实际是为经济学、工商管理、会计学等非财务管理专业学生开设的"财务管理"课程（亦可称为"财务学"课程）。博迪和莫顿教授的《财务学》教材共分六篇十七章内容，六篇的题目分别是："财务和财务体系""时间和资源分配""价值评估模型""风险管理与投资组合理论"

"资产定价"和"公司融资",十七章的题目则分别是:"什么是财务""财务系统""财务报表的理解和预测""货币时间价值与现金流量折现""生命周期财务计划""如何分析投资项目""资产价值评估原则""公司债券价值评估""普通股价值评估""风险管理概论""规避风险和保险""投资组合选择""资本资产定价模型""远期价格与期货价格""期权""资本结构"和"融资与公司战略",很明显,这些内容都是我国大学工商管理、市场营销、会计学等非财务管理专业开设的《财务管理》课程内容,其重心是讲授财务学一般原理,涵盖公司财务、投资、价值评估、风险管理和财务机构等学科内容,与《财务管理》教材内容接近 100% 相同。同理,我们找一本我国的金融学教材或著作,比较其内容。以著名金融学家、中国人民大学黄达教授主编的《金融学》为样本,可以发现,博迪和莫顿教授的《财务学》教材与黄达教授的《金融学》教材至少 99% 的内容是不同的。而将黄达教授的《金融学》教材与欧美大学《货币银行学》《货币经济学》等教材对比,可以发现,我国的《金融学》就是其《货币银行学》。

博迪和莫顿教授《财务学》教材的第二章《财务系统》,其内容第一节为"什么是财务系统"、第二节为"资本流动"、第三节为"财务系统的职能透视"、第四节为"财务创新与看不见的手"、第五节为"金融市场"、第六节为"金融市场的利率"、第七节为"财务中介机构"、第八节为"财务基础设施和规则"。博迪和莫顿教授认为,财务系统是由资本市场和财务中介连接在一起的全球性经济系统。该系统包括市场、中介、服务公司,以及其他用于家庭、企业和政府的财务决策机构。财务系统参与者之间的经济关系因其资本流动线路、环节和经过的经济机构的差别而不同。一般地,财务系统的职能比财务系统里的财务机构更加稳定。在不同时期、不同的国家,财务系统职能的变化较小。财务机构会随着财务系统职能的变化而改变。财务机构的创新和竞争会引发财务系统执行各项职能效率的提高。

博迪和莫顿教授在《财务学》教材第二章《财务系统》里,阐述了财务系统的六项职能:

（1）在时间和空间上转移资源,亦即在不同时间、地区和行业之间提供经济资源转移的途径;

（2）提供管理风险的方法。财务系统在转移和配置资本的同时,也通过财务合约、财务工程等方法转移风险,化解和减少风险;

（3）提供清算和支付结算的途径,以完成资本交易;

（4）储备资源和分割股份,即提供资源储备及其在不同企业之间分割所有权的相关机制;

（5）提供价格信息,帮助协调不同经济部门的决策;

（6）提供解决激励问题的方法,即当交易的一方拥有另一方没有的信息,或者一方为另一方的代理人时,财务系统会提供解决激励问题的方法。

可见，上述观点为我们学习和深入理解《财务学原理》（第二版）的第二章《财务系统和财务假设》提供了帮助和参考。请认真拜读博迪和莫顿教授《财务学》教材，尤其是该教材里的第二章《财务系统》。

二、安德鲁·W. 罗：《残酷无情的财务系统：市场与技术共生演进的 75 年》

麻省理工学院斯隆管理学院安德鲁（Andrew W. Lo）教授是财务工程研究方向著名学者，担任麻省理工学院金融工程实验室主任、麻省理工学院计算机科学和人工智能实验室的首席研究员。他在《财务分析师》杂志 2021 年第 3 期（*Financial Analysts Journal*，2021，3），发表了《残酷无情的财务系统：市场与技术共生演进的 75 年》（*The Financial System Red in Tooth and Claw：75 Years of Co-Evolving Markets and Technology*）一文，论述过去 75 年财务系统与技术进步的内在联系。

安德鲁教授这篇论文内容的时间跨度长达一万两千年，讨论的问题丰富且深刻。通过人类社会经济变迁的 1.2 万年时间，聚焦人类最近 75 年里财务与技术互动关系的多样性和创造力。创办于 1945 年的《财务分析师》杂志和财务分析师协会（简称 CFA 协会）如今拥有大约 18 万名专业投资人士会员，其中超过 17.5 万人拥有特许财务分析师称号；2019 年超过 35 万考生参加了财务分析师（CFA）课程考试；CFA 协会在全球各地拥有 161 个社团，属于世界上最受认可的财务分析师专业组织。其《财务分析师》杂志的繁荣和发展反映了 CFA 协会的工作成就。

安德鲁教授认为，从人类经济发展和经济增长率的历史变化视角出发，我们至少可以辨别出人类进化的四个不同时期：从公元前 1 万年到公元前 4000 年，公元前 4000 年至公元前 3000 年，公元前 3000 年至公元 1800 年，以及公元 1800 年至 2021 年。人类社会先后经历石器时代、铁器时代、工业时代，以及在拐点 20 世纪初开始步入数字时代。我们的人口数量变化是，1900 年世界人口数量约为 15 亿，截至 2019 年估计为 77 亿。在一个多世纪内，人类的总数增加了四倍多。为何有如此之大的变化？技术进步是答案。农业、生物医学、制造、运输、计算、电信等各种技术，都是人类文明成功进步的关键驱动力。然而，这些技术进步背后的共同点是财务技术。原因很简单：理论只有通过财务才能付诸实践。在这里，"财务"不仅指金钱，还包括向利益相关者提供资本以促进创新的特定条件。技术创新几乎总是伴随着财务创新，这并非巧合。"需要是所有发明之母"，但发明一定需要融资。

安德鲁教授在这篇论文里，专门提到了著名的罗伯特·C. 莫顿教授列举财务系统的六项功能。请一定牢记财务系统的六项职能。通过关注财务职能而非财务机构，我们可以更深入地了解财务技术如何与其他技术共同发展，甚至可以在一定程度上预测财务机构将如何适应环境变化。这是安德鲁教授撰写本文的主题。

以上内容，基本上属于《残酷无情的财务系统：市场与技术共生演进的 75 年》一文的引言。

接下来,安德鲁教授先后在文中使用如下标题,完成了该论文的写作。

Δ 技术和财务的演变

Δ 财务演变时间表

Δ 财务分析师杂志前的时代

Δ 1944—1951:古典财务时代(从布雷顿森林体系到马科维茨体系)

Δ 1952—1963:现代投资组合理论时代(马科维茨到资本资产定价模型)

Δ 1964—1972:阿尔法贝塔时代(资本资产定价模型到芝加哥期权交易所)

Δ 1973—1981:衍生品时代(从芝加哥期权交易所到彭博终端)

Δ 1982—1988:自动化时代(从彭博终端到万维网)

Δ 1989—1999:财务全球化时代(从万维网到高频交易)

Δ 2000—2009:算法交易时代〔从"高频交易(HFT)"到"比特币(Bitcoin)"〕

Δ 2010—2021:数字资产时代〔从"比特币"到"比特币公司(Coinbase)"〕

Δ 结论

很显然,安德鲁教授的这篇"财务系统"论文内容新颖、见解深刻、信息量很大、具有可读性,很值得花时间研读。如果能够背诵某些段落,则更好。

应注意的是,社会经济系统中的财务系统及其制度背景存在一定的差别。经济发达国家与经济落后国家、资本主义国家与社会主义国家、市场经济制度国家与非市场经济制度国家,其财务系统的环节和技术存在一定的差别。

三、王化成:《财务管理理论结构》的第 3 章《财务管理假设》

《财务管理理论结构》(2006)是王化成教授的一部重要学术著作。该著作内容不仅包括财务管理环境、假设、目标、内容、原则、方法、筹资、投资、分配、并购、集团财务、国际财务、破产清算,以及财务管理比较研究等十六个篇章,而且还包括前言和后记《二十年的探索》,内容十分丰富。王教授博采众长,提出了许多新命题,不少命题饶有兴趣,见解深刻,发人深省,处处涌现新意。其中,第 3 章《财务管理假设》是王化成教授《财务管理理论结构》(2006)著作中的重要章节,是学习《财务学原理》(第二版)第二章《财务系统和财务假设》的重要参考文献。

王化成教授在阐述了财务管理假设的概念和特点,以及对学术界关于财务管理假设的各种观点进行述评之后,提出了财务管理假设基本内容的新见解。他认为,财务管理假设可以按财务管理的空间、财务管理的时间、财务管理的市场环境、财务管理的对象和财务管理的行为,分别归纳为五个一级假设:

理财主体假设

持续经营假设

　　有效市场假设

　　资金增值假设

　　理性理财假设

　　每个一级财务管理假设之下又有多个具体的业务假设。这说明,财务管理假设是一个体系。财务学假设既有其基础理论的原始假设,也有其服务个别财务理论的具体假设。

　　王化成教授是我国著名财务学家,中国人民大学资深教授,他长期潜心研究财务管理,著述宏富,其财务学文献值得我们认真研读。上述王化成教授归纳的五个一级财务假设之下,还会有二级财务假设或三级财务假设。同其他科学一样,财务假设也具有相对稳定性,在没有发生重大财务理论发现之前,这些财务假设是稳定不变的。这是财务学基础理论的性质所决定的。对于财务假设的这种认识,与教材《财务学原理》(第二版)第二章里阐述的财务学基础假设——一般财务假设,以及投资决策假设、筹资决策假设、资产定价假设和公司治理结构假设——具体财务假设,基本上一致。

　　该著作强调,财务与财务管理,财务假设与财务管理假设,均属于不同的概念。教材《财务学原理》(第二版)作者基本上认同王化成教授的观点。不过,从科学学视角出发,教材《财务学原理》(第二版)作者认为,日常工作和生活中人们提到的"财务",既可以指财务管理,也可以指财务经济或金钱,还可以指财务学;财务学是财务管理和财务经济的合一。

本章参考文献:

[1] 王化成. 财务管理理论结构 [M]. 北京:中国人民大学出版社,2006.

[2] 托马斯·E. 科普兰、J. 弗莱德·威斯顿著,宋献中主译. 财务理论与公司政策 [M]. 大连:东北财经大学出版社,2003.

[3] 罗福凯. 财务学的边界(第二版)[M]. 北京:经济管理出版社,2017.

[4] 楼宇烈. 中国文化的根本精神 [M]. 上海:中华书局,2016.

[5] 张先治,牛彦秀. 财务学 [M]. 大连:东北财经大学出版社,2017.

[6] Zvi Bodie and Robert C. Merton. Finance[M]. Princeton:Prentice-Hall Inc,2000.

[7] Andrew W L. The Financial System Red in Tooth and Claw:75 Years of Co-Evolving Markets and Technology[J]. Financial Analysts Journal,2021(2):1-29.

第三章
资　本

　　资本是一种能产生剩余价值的生产要素,具有流动性、垫支性、收益性和周转性。即资本是人们投入社会再生产过程以创造收益的未被消费的收益。资本的循环流动和周转过程与社会再生产过程基本一致。资本具有自然和社会两重性质,价值增值和运动属性是资本既有的自然属性,资本多样性形态及其天然权利则是资本的社会属性。各种资本跨期均衡配置是资本产生收益的基本方式。

　　本章第一节的内容精要是阐述资本的概念、特征和性质。任何财富故事里一定充满资本话题,人们用于创造财富的经济资源称为资本。收益性、风险性和流动性是资本的三个基本特征。持续增值、运动属性和具有多种形态是资本的三个基本性质。价值增值和运动属性是资本既有的自然属性,资本多样性形态及其天然权利则是资本的社会属性自然和社会属性是所有资本均具有的两重性质,也是资本的一般性质。

　　第二节论述资本循环和周转的基本原理。资本要实现增值必须依次经历购买、生产和销售等三个阶段,并且依次采取货币资本、生产资本和商品资本三种职能形式,从而最后实现价值的增值。个人和企业要保持资本循环的连续性,就必须使资本满足空间上并存性和时间上继起性两个条件。一笔资本按不同比例同时配置在采购、生产和销售等不同的经营环节,可实现资本的均衡配置和空间上的并存性。资本的时间继起性是资本在其循环过程依次变换资本形态并实现原始资本增值的状态。

　　第三节论述资本收益率和产品定价策略。资本收益率是净利润与资本平均占用额的比率,它是投资者和潜在投资者进行投资决策的重要依据。对企业经营者来说,如果资本收益率高于债务资本成本率,则适度负债经营对投资者来说是有利的;反之,负债经营就将损害投资者的利益。资本收益率是企业一定时期的税后利润与实收资本的比率。边际资本收益率是每增加一单位的资本投资而预期将来可获得的额外收益。边际收益是价格中扣除增量成本和可变成本后的余额。企业边际收益率等于单位边际收益与单位产品价格之比。因此,资本收益率与企业产品定价策略密切相关。市场利率则是资本的价格。

　　第四节论述多期资本均衡配置,其核心内容是资本结构和资本均衡配置原理。资本结构依据资本权属和资本期限的不同,可分为资本产权结构和资本期限结构。学生应了解影响资本结构的因素有哪些。然后,学习资本均衡配置原理。资本配置源于资源配置范畴。资本的稀缺性使资本有效配置成为必要,资本的可选择性使资本有效配置成为可能。研究资本配置的目的,在于合理地把资本分配到不同经济领域和不同用途上,用较少资本创造出更多社会财富。资本配置方式及其多样性是资本配置的核心内容。

　　第五节论述公有制产权与资本管理规则是财务管理专业学生学习的高阶知识。生产资料所有制不同性质和形式,产权的性质和特征,以及资本的性质和特征是这一节内容的核心。

教学重点和难点

　　(1)资本的概念如何表述? 如何理解资本的特征和资本的性质?

　　(2)资本流动过程及其阶段和形态,以及资本周转规律。

　　(3)资本配置原理。

　　(4)什么是产权? 如何理解产权制度对资本的重要性?

第一部分
习题解答

▶ **教材中的思考与练习题**

一、名词解释

1. 资本　资本循环　资本周转　资本成本　资本收益　资本收益率　边际资本收益率

2. 资本管理　资本结构　资本配置　资本关系　公有资本　集体资本　私人资本

3. 资本性质　资本特征　货币资本　生产资本　商品资本　预付资本　资本积累

二、思考题

1. 资本的性质和基本特征有哪些？

2. 资本与货币的区别有哪几方面？

3. 资本结构的种类和价值基础是什么？

4. 资本循环与资本周转的过程及其联系和区别是什么？

5. 如何计算资本收益率和边际资本收益率？

6. 马克思社会资本再生产理论及其现实意义是什么？

三、练习题

1. 资本结构：一个低负债公司的资本关系分析。

2. 请查阅、思考世界股票市场和我国股票市场产生发展的历史。

3. 试描写一个有趣的资本故事。

4. 请查阅和测算您所在大学的资本总额。

5. 请选读和评论一部资本理论著作。

6. 某上市公司的资本成本水平测试和分析。

7. 阅读马克思《资本论》部分章节，并描述该著作的写作背景。

8. 阅读罗伯特·索洛教授的著作《资本理论及其收益率》，并概括该著作的主要观点。

◉ 思考与练习题参考答案

一、名词解释参考答案

1. 资本 资本循环 资本周转 资本成本 资本收益 资本收益率 边际资本收益率

资本:资本是一种能产生剩余价值的生产要素。宽泛地说,一切能带来财富和利益的资产价值都可称为资本。马克思经济学认为,资本是人们投入社会再生产过程以创造收益的未被消费的收益。资本是人类创造物质和精神财富的各种社会经济资源价值总称,也可称为人们创造剩余价值的生产要素价值。

资本循环:资本循环是产业资本从一定的职能形式出发,依次经过购买、生产、销售等阶段,分别采取货币资本、生产资本、商品资本等职能资本形式,实现价值的增值,并回到原来出发点(货币资本)的全过程。

资本周转:在连续不断的资本循环中,产业资本周而复始地在货币资本、生产资本和商品资本之间转换并实现新的价值增长,这一过程叫作资本周转。

资本成本:同企业购买原材料会发生材料成本一样,企业借入资金或发行股票筹资也会发生利息或股息以及手续费等支出,这就是资本成本。资本成本是资本这种生产要素的成本。

资本收益:在会计上,资本收益指人们卖出股票(或其他资产)时所获得的超过原来为它支付的那一部分金额。会计是国际商业语言。一般地,资本收益的表达都使用会计术语。

资本收益率:在会计上,资本收益率又称资本利润率,是指企业净利润(即税后利润)与平均资本(即资本性投入及其资本溢价)的比率。

边际资本收益率:边际资本收益率是指每增加一单位的资本投资,预期将来可获得的收益 R,资产使用成本(这里用 U 表示)指一定时期内使用单位资本的预期真实成本,企业依据 R=U 确定资产的存量规模。财务学上的边际资本收益率是经济学的基本概念之一。

2. 资本管理 资本结构 资本配置 资本关系 公有资本 集体资本 私人资本

资本管理:资本管理是将现有财富即现金和资产等不具有生命的物质,转换成生产事业所需的资本,也就是以人为本,使人力、财力、物力、技术、知识和信息等生产要素融合而成一个有机体,透过管理来适应社会环境的需要,跨期均衡配置各种要素资本,以创造持续增长的资本价值。

资本结构:资本结构是企业或资本所有者全部资本结构的构成及其比例关系。它不仅包括权益资本和长期债务资本,还包括短期债务成本。权益资本内部又有大股东资本与小股东资本、控股股东资本与散户股东资本之间的均衡配置问题。同理,债务资本内部有长期债务资本和短期债务资本的均衡配置问题。

资本配置: 如何合理地把资本总额按不同的份额分配到不同的经济领域和用途上,并且考虑如何跨时间均衡地配置于生产过程的各环节,以使较少的资本支出创造出较多的社会财富。

资本关系: 资本是在复杂的经济和社会关系中,人们拥有货币、物品、技能、信息、知识和权力等要素价值的力量。此处"复杂的经济和社会关系"便是资本关系。股东与债权人之间的关系,企业员工(人力资本)与企业之间的劳资关系等,都是资本关系。

请注意,资本理论是经济学的核心理论之一。此处的"资本管理""资本配置"以及"资本关系"中的"资本"内涵是要素资本,而"资本结构"中的"资本"主要是货币资本。显然,这需要在学习时进一步梳理资本与资产、要素资本与货币资本的异同。

公有资本: 公有资本也称全民资本、公共资本、国有资本,它是国有独资企业生存和发展的基础。公有资本反映政府和集体组织在公有制经济范围内,国家对劳动者剩余劳动的占有和支配关系,体现着价值增值的一般经济关系。在中国特色社会主义基本经济制度中,公有资本是市场经济中的支配性资本。

集体资本: 集体资本又称共有资本,它是依据《中华人民共和国城镇集体所有制企业条例》(2016年第二次修订)中的集体所有制企业资本。城镇集体所有制经济是我国社会主义公有制经济的一个基本组成部分,国家鼓励和扶持城镇集体所有制经济的发展。集体企业是财产属于劳动群众集体所有、实行共同劳动、在分配方式上以按劳分配为主体的社会主义经济组织。

私人资本: 私人资本(也称个人资本)是私有制企业生存和发展的基础,也是私人家庭保障生活和维持工作的基础。私人资本是指资本所有者个人拥有的资本。

3. 资本性质 资本特征 货币资本 生产资本 商品资本 预付资本 资本积累

资本性质: 各种资本所具有的一般性和本质。持续增值、运动属性和具有多种载体形态资产价值是资本的基本性质。以多种资产形态的价值持续流动和增值是资本的本性。资本一般作为一种生产要素价值,其本质是能够增值。为什么能增值?源于其运动属性和形态多样性。

资本特征: 各种资本所具有的一般性和本质的外部特点。特征是一般性和本质的映射。时间上的继起性和空间里的并存性,以及产权所属是资本的重要特征。当然,流动性、垫支性、收益性和周转性,也都是资本的基本特征。在我国,资本的产权属性是人们经常容易忽略的资本特征。

货币资本: 货币资本是指以货币形式存在的作为生产要素的资本。资本主义的货币资本,是产业资本在其循环过程的购买阶段所采取的职能形式。其职能是购买生产资料和劳动力,为生产剩余价值做准备。

生产资本：生产资本是指以劳动力和生产资料的形式存在，并在生产过程中结合起来生产剩余价值的资本。生产资本是产业资本在其循环中采取的第二种职能形式。生产资本的职能是生产包含剩余价值的商品，它在产业资本的三种职能形式中具有决定的作用。

商品资本：商品资本是指以商品形式存在的用以创造收益的资本。商品资本是产业资本在其循环中所采取的第三种职能形式，即在销售阶段采取的形式。商品资本同样具有资本的一般性质和特征。

预付资本：预付资本是生产者用来购买生产资料和劳动力、为了生产剩余价值而预先垫付的资本，预付资本多为货币资本。

资本积累：资本积累是企业利润再投入生产过程并转化为资本的财务行为，即剩余价值的资本化或利润的资本化。一般地，资本所有者会将经营收益的一部分用于个人消费，另一部分收益则用来购买各种生产要素再投入生产过程以转化为资本。因此，经营收益是资本积累的源泉，资本积累则是企业扩大再生产的前提条件。

二、思考题参考答案

1. 资本的性质和基本特征有哪些？

（1）资本的性质。资本是一种比较复杂的经济资源价值，它具有多重性质。① 与单纯的货币价值不同，资本的本质是持续增值；② 资本具有流动或运动属性，资本只有运动才能增值；③ 资本具有多种形态，并且表现为一种天然的权利。价值增值和运动属性是资本既有的自然属性，资本多样性形态及其天然权利则是资本的社会属性，这是资本的二重性。资本的自然属性表现为资本是一种生产要素，资本的社会属性表明资本是一种生产关系。只有理解资本的性质，才可能理解资本是什么和资本特征背后的规律性。

（2）资本的基本特征。特征是人和事物可供识别的特殊象征，也是人或事物之间存在差别的标志。一般地，人们都认为资本具有流动性、收益性和产权属性。其中，流动性特征来自马克思资本理论中的资本周转性特征，也是西方经济学中的一个概念。资本的收益性实际上可能衍生出风险性。在我国，由于市场经济的快速发展，风险管理成为经济管理的重要方面，因而，风险性成为资本的一个独立特征。同样，也是由于市场经济全面深入发展，马克思资本理论中基于计划经济制度的资本垫支性特征已被市场经济制度下资本的产权属性所取代。所以，产权属性是资本的重要特征之一。

确认某一物品和生产要素是否是资本，首先应确认该物品和生产要素是否已明确其产权所属。在我国市场经济发展初级阶段，或者中国特色社会主义市场经济初级阶段，明确的产权属性是我国资本的首要特征。某一物品或生产要素价值如果没有确认其产权所属，就不能称为资本。从财务管理实务和会计工作出发，人们主要关注资本的收益性、风险性和流动性等特征。

资本的收益性即盈利性或增值性,是人们通常理解的资本的第一个特征,指的是资本从其运动过程获得预期增值收益,如企业的利润、储蓄的利息等。

资本风险性是资本的另一本质特征。资本在投放和使用过程因外部环境的复杂性和变动性,以及资本运营主体对环境认知能力的有限性,可能运行受阻和中断或者达不到预期目标。风险是人们已知其各种结果及其可能性但不肯定的状况。当投资者获得巨额收益时,就可能会利令智昏,并冲破人的有限理性,使之发生冒险行为。

资本流动性是资本的第三个显著特征。资本的流动性是资本作为本钱进入生产过程和市场,由此实现收益,并在运动中反复获利的行为。

2. 资本与货币的区别有哪几方面?

(1)存在形式不同。作为货币的货币只存在于现金形态;而资本则存在于货币、资本品(即生产资料)等多种形态,并分别反映着特定的物质内容和不同性质。未参与市场经营、仅限于个人消费的货币只是充当交易媒介和储藏物的货币现金,而非资本。只有参与市场经营并进入社会再生产过程的货币才是资本。

(2)使用目的和结果不同。作为货币的货币发挥一般购买手段和支付职能,充当商品交换媒介,由此获取等量使用价值;而资本作为购买手段和支付手段的目的是获取新的更多的财富,并使人、财、物结合起来形成资本组合,带来新的利益和价值增值。

(3)活动的领域不同。作为货币的货币是在流通领域不断循环和周转,在其他条件不变的情况下,资本流通速度越快,带来的增值价值量越多。它们具有不同的使用价值和价值,作为货币的货币有别于一般商品的特殊的使用价值和价值。这里的使用价值是指使用它可以购买到其他所有的商品和劳务,这里的价值是指"货币的购买力"。而资本又有区别于货币的使用价值和价值。资本的特殊使用价值是指它作为生产资料和劳动力的黏合剂,并产生新价值和价值的增值;资本的价值是资本具有特殊的"价格",即利息率表现出来的价值。

(4)资本与货币在数量上并不相同。全社会的资本量大于全社会的货币量,因为在货币资本的推动下,其他的创造财富的手段也依赖于货币资本而存在,并转换了存在的性质,变成了一种资本,从而使全社会的资本量增加了人力资本和货币以外的其他非人力资本两部分。不过,仅从全社会的货币流通量来看,货币流通量等于作为一般购买手段和支付手段的货币加上作为资本的货币数量的总和。

3. 资本结构的种类和价值基础是什么?

资本结构依据资本权属和资本期限的不同,可分为资本产权结构和资本期限结构。

资本产权结构指的是,资本就其权属而言由股权资本和债务资本组成。企业股本与债务之间的价值构成及其比例关系就是企业资本的权属结构,也称资本产权结构,简称资本结构。一个企业的全部资本就其期限而言由长期资本和短期资本所组成。不同期限资本的价值构成及其比例关系,就是资本期限结构。

资本的市场价值结构是指企业或个人的资本按现时市场价值基础计量反映的资本结构。当投资者和企业的资本具有现时市场价格时，可以按其市场价格计量反映资本结构。通常，上市公司发行的股票和债券具有现时的市场价格。因此,上市公司可以按市场价格计量反映其资本的现时市场价值结构。严格地,资本的市场价值或资本股份的市场价格是确定和优化资本结构的价值基础。

资本的目标价值结构是指投资者资本和企业资本按未来目标价值计量反映的资本结构。当公司能够比较准确地预计其资本的未来目标价值时,可以按其预期目标价值计量和反映资本结构。

资本的账面价值结构是指投资者资本和企业资本按会计账面价值基础计量反映的资本结构。企业资产负债表的右方"负债及所有者权益"或"负债及股东权益"所反映的资本结构就是按会计账面价值计量的,由此形成的资本结构是资本的账面价值结构。资本的账面价值是人们基于会计准则测算出来的资本价值。

4. 资本循环与资本周转的过程及其联系和区别是什么？

（1）过程:第一阶段为购买阶段,即资本所有者以购买者的身份出现在市场上,用货币购买商品——生产资料和劳动力,为剩余价值的生产做准备。当这一阶段完成后,资本运动就进入第二阶段,货币资本转化为生产资本。第二阶段为生产阶段,即资本所有者以生产组织者身份,把购买的生产资料和劳动力结合起来进行生产,生产出包含剩余价值的商品,这一阶段是产业资本全部运动过程中具有决定意义的阶段。第三阶段为销售阶段,即资本所有者又以商品出售者的身份回到市场,把新商品销售出去,收回包含剩余价值在内的一定数量的货币,这个阶段是商品资本转化为货币资本的阶段。

资本必须依次经过购买、生产、销售三个阶段,分别采取货币资本、生产资本和商品资本三种职能形式,不断地循环运动,使价值得到增值,这就是资本循环的过程。在连续不断的资本循环中,产业资本周而复始地在货币资本、生产资本和商品资本之间转换,这样的过程便叫作资本周转。

（2）联系与区别:资本循环与资本周转既存在密切联系,又有显著区别。

资本周转是不断重复和周而复始的资本循环,它们都是资本流通运动形式,都包含着资本运动的三个阶段（购买阶段、生产阶段、销售阶段）和三种职能形式（货币资本、生产资本、商品资本）。

但二者不是同一概念。资本循环通常是产业资本在一个会计年度里的一次循环运动,主要表明资本运动的连续性,以及资本收益如何在资本循环运动中生产出来。资本循环揭示的是资本收益产生所需要具备的条件。而资本周转是连续不断的资本循环过程,主要表明资本的生命力在于资本收益的再生产和再流动。资本必须在运动中才能实现其价值增值,这种运动不能孤立地循环一次便停下来,而必须持续不断地周期性进行,着重考察资本运动的速度,揭示资本周转速度的快慢对剩余价值生产的影响。

5. 如何计算资本收益率和边际资本收益率?

(1)资本收益率也称资本利润率,它是指企业净利润(即税后利润)与平均资本(即资本性投入及其资本溢价)的比率。对于单个企业,净利润就是企业缴纳所得税后的利润;而对于集团型企业,净利润是指归属母公司的净利润。平均资本则是实收资本年初和年末数额与资本公积年初和年末数额之和的1/2。理论上,资本公积仅指资本溢价(或股本溢价)。简而言之,资本收益率是运用会计信息计算的资本回报率。一般地,在会计上,资本收益率有总资产收益率和净资产收益率两种方式。

(2)资本边际收益率是边际资本创造的收益率,它是指在一定投资额度下,每增加一单位的投资所带来的收益。边际资本收益率的大小取决于投入资本总额的变动和投资收益的变化。当投入的资本额逐步增加时,收益的增长速度将低于投资增长速度,使得投资收益的增长速度逐渐减缓。当投资额的增长达到一定水平时,边际资本收益率会趋近于零。此时,再增加资本投入就没有财务意义了。

当受定价决策影响的每一件产品的可变成本都保持不变时,可以由总销售数据计算边际收益率。在计算出由销售变动带来的销售收入和总边际收益后,总边际收益除以销售收入等于边际收益率。

当可变成本并非保持不变时,利用单位边际收益,可以计算出边际收益率。每单位的边际收益即单位产品价格与变动成本之差,在这里,可变成本只是那些受到价格变化影响的单位成本,并且也只包括可避免的成本。边际收益率等于单位边际收益与单位产品价格之比。

由于资本成本的存在和资本市场供求关系的变幻莫测,边际资本收益率概念经常出现在专业学术研究文献之中。在财务管理实务中,使用边际资本收益率的情形相对较少。

6. 马克思社会资本再生产理论及其现实意义是什么?

(1)马克思社会资本再生产理论:马克思在分析社会再生产实现条件时,以社会总产品的实物构成和价值构成为研究的出发点。从实物构成上看,马克思把社会产品分为生产资料和消费资料两大类,从而社会生产部门相应地分为两大部类。生产生产资料的部类(Ⅰ)和生产消费资料的部类(Ⅱ),当然两个部类的内部,又可以进一步分为更小的生产部门。从价值构成上看,社会产品可以分为三个部分,即 C、V、M。社会总产品按实物构成分为两大部类和按价值构成分为三个部分,是马克思社会再生产基本理论的前提。只要存在商品生产,社会再生产的顺利进行就要同时受到社会产品使用价值物质形式的制约和社会产品价值组成部分相互之间比例的制约,即社会总产品各个部分的价值和实物形态都要求在交换时得到补偿和替换。要实现扩大再生产必须要有一部分 m 转变为不变资本和可变资本。马克思社会再生产理论所阐明的是宏观经济均衡问题,其中有两点,社会必须将社会总资本按一定的比例分配到各个经济部门,具体而言,就是要保证生产生产资料的部类和生产消费资料的部类满足一定比例关系,要求社会总供给必须等于社会总需求。

（2）现实意义:马克思再生产理论采用总量分析和均衡分析方法,对资本主义经济运行进行了本质的分析,马克思社会资本再生产的原理和分析方法对当前宏观经济调控具有重要意义。我国仍然处于转轨时期,结构性问题是制约市场机制运行的直接因素。我国目前的产业结构特点是第二产业比重过大,产业结构不合理。第二产业比重过大,体现在对投资品供给巨大和由此引起的消费品供给的连动扩大。即第一部类生产资料的供给大于第一部类和第二部类对生产资料的需求,由此造成第一部类的内部失衡;而通过投资品供给带动的相关消费品供给的扩大,又使得第二部类消费资料的供给大于第一部类和第二部类对消费资料的需求,造成总供给与总需求的不平衡。生产资料的供给和需求要实现均衡,投资结构要进行较大的调整,也就是说,要通过优化投资结构来实现。对一些出现过热势头的行业,应压缩投资规模。第二部类内的结构失衡还表现在消费品结构失衡上。消费资料的供给和需求要实现均衡,必须从产业结构和产品结构两方面同时入手,实现结构的升级。从目前的经济情况来看,必须深化改革,改善投资环境,优化投资结构,通过市场力量促进结构均衡和总量的均衡。我国当前由于低收入者的购买能力不足而产生的过剩,解决的办法在于从需求管理转变为收入分配管理,提高低收入者的收入,从而改变其消费倾向,提高其消费能力,对治理有效需求不足和市场开拓有根本意义。

三、练习题参考答案

1. 资本结构:一个低负债公司的资本关系分析。

一个低负债的企业资本结构,可能是由资产结构、行业竞争程度、领导者个性、经营风险等因素所决定。

一般认为,合理进行负债融资是市场经济条件下企业筹集资金和实现规模经营的必然选择。企业只有在最佳资本结构下才会实现其价值的最大化。确定最佳负债率应处理好以下关系:一是资本结构与资产结构的关系,较低的资产负债率可以降低破产风险;二是经营风险与财务风险的关系;三是企业收益能力与负债比率的关系,企业预计资产报酬率高于负债比率时,资本结构中的负债比率可以大一些;四是分散股东所有权,在制定资本结构决策时,必须将资本结构控制权的影响考虑在内。企业在财务上应具有灵活性。企业的资本结构实际上并不需要达到理论上的最佳资本结构,仅需要保持适度、略低的负债水平,在财力上留有余地。只有具备财务和经营灵活性的企业,才能在未来激烈的市场竞争中占据有利地位。

2. 请查阅、思考世界股票市场和我国股票市场产生发展的历史。

有资料显示,世界上最早成立的证券交易所是荷兰的阿姆斯特丹证券交易所。该交易所创立于荷兰帝国时代的 1602 年。现位于阿姆斯特丹市内达姆广场西侧。它是一个以他国金融股票为主的世界最古老的交易场所。现在,该交易所也开始重视发掘高科技企业的股票上市。该证交所于 1980 年 9 月开始采用美国股票阿姆斯特丹系统交易,只要登账即可成交,以方便投资者在荷兰买卖美国股票。1985 年,它又和东京证券交易所签订协议,同样实行股票买卖转账清算。1984 年,阿姆斯特丹证交所还开设了欧洲证券交易市场,以进行 10 万美元以下的欧洲证券交易。2000 年 9 月 22 日,阿姆斯特丹交易所与巴黎证券交易所以及布鲁塞尔证券交易所正式宣布合并,形成全球第一个跨国境、单一货币的股票和证券衍生品泛欧交易所。

世界股票市场的发展历史:股票是商品经济及生产力发展的产物,它的历史和发展过程大概可分为三个阶段。第一阶段,在 16 世纪作为筹集资金、分散风险的一种手段而进入远航贸易领域。第二阶段,17 世纪后,随着资产阶级革命的爆发,股票逐渐进入金融和工业领域。第三阶段,随着证券交易的发展,其相应的法规及手段日益完善。

中国股票市场的发展历史:中国证券市场从 1870 年至今已有 120 多年的历史,经历了四个时期:1870 年至 1949 年的香港、上海、天津、北平(今北京)证券市场;1950 年至 1980 年的天津、北京、香港、台湾证券市场;1981 年至 2018 年的上海证券交易所、深圳证券交易所,以及香港联合证券交易所和台湾证券市场;2019 年上海证券交易所科创板的诞生和 2021 年北京证券交易所的成立,标志着我国证券交易市场进入新的历史发展时期。

3. 试描写一个有趣的资本故事。

我们已经知道,资本具有流动性、收益性、周转性以及风险性和产权属性等特征。现在,有这样一个资本故事,让我们一起分享。

A 某给了我一张 5 000 万存单,我找到 B 某,让他拿这个存单到香港做抵押,贷出 5 000 万。香港的贷款利率比大陆低。我拿着这 5 000 万到意大利去找 C 某,在意大利给 A 某买了个酒庄,还申请到两个移民资格。买了酒庄以后,C 某把酒庄抵押给意大利银行贷出 5 000 万,贷款利率比香港还低。我拿这 5 000 万买成红酒和橄榄油运回国内,交给 A 某去卖。赚了 3 000 万,5 000 万变成了 8 000 万,剩余了 5 000 万从香港拿回了存单,又去意大利赎回了酒庄。到最后 A 某得到了 3 000 万的利润,一个酒庄,外加两个移民的机会。

4. 请查阅和测算您所在大学的资本总额。

该题参考答案省略。

提示:该练习题的意图在于,学生在任课教师指导下,以学习小组为单位分别与学校财务机构联系,采访财务机构主管,了解高等学校的资产总额、资产分布和资产结构、学校的净资产和资本总额以及财产所有权构成。以此提升学生的财务学直觉。

5. 请选读和评论一部资本理论著作。

例:马克思的《资本论》把高度的科学性和革命性统一在一起,是一部系统的、逻辑严密的经济学著作。它批判地继承了资产阶级古典政治经济学的科学成分,深刻地论证了资本主义产生、发展、灭亡的历史必然性,肯定了它的历史地位,揭示了它内部不可克服的矛盾及其必然被社会主义所取代的客观规律。它不仅是一部经济学巨著,而且是一部哲学巨著、一部科学社会主义巨著,马克思主义的百科全书,是"工人阶级的圣经"。

关于《资本论》的研究对象和目的,马克思指出:"我要在本书研究的是资本主义生产方式以及和它相适应的生产关系和交换关系。""本书的最终目的就是揭示现代社会的经济运动规律。"

关于《资本论》的内容,马克思在《资本论》第三卷开篇时指出:"在第一册中我们研究的是资本主义生产过程本身作为直接生产过程考察时呈现的各种现象,而撇开了这个过程以外的各种情况引起的一切次要影响。但是,这个直接的生产过程并没有结束资本的生活过程。在现实世界里,它还要由流通过程来补充,而流通过程则是第二册研究的对象。在第二册中,特别是在把流通过程作为社会再生产过程的中介来考察的第三篇指出:资本主义生产过程,就整体来看,是生产过程和流通过程的统一。至于这个第三册的内容,它不能是对于这个统一的一般的考察。相反地,这一册要揭示和说明资本运动过程作为整体考察时所产生的各种具体形式。资本在其现实运动中就是以这些具体形式互相对立的,对这些具体形式来说,资本在直接生产过程中采取的形态和在流通过程中采取的形态,只是表现为特殊的要素。因此,我们在本册中将要阐明的资本的各种形态,同资本在社会表面上,在各种资本的互相作用中,在竞争中,以及在生产当事人自己的通常意识中所表现出来的形式,是一步步地接近了。"[1] 这是马克思对《资本论》前三卷研究对象、内容和理论结构的概括与说明。

6. 对某上市公司的资本成本水平进行测试和分析。

略。

7. 阅读马克思《资本论》部分章节,并描述该著作的写作背景。

略。

8. 阅读罗伯特·索洛教授的著作《资本理论及其收益》,并概括该著作的主要观点。

略。

---

[1] 马克思、恩格斯《马克思恩格斯全集》(第四十六卷)即资本论(第三卷),中共中央马克思、恩格斯、列宁、斯大林著作编译局译,北京:人民出版社,2003 年,第 29-30 页。

第二部分
难点释疑

第三章的难点主要是：① 资本的概念如何表述，如何理解资本的性质，资本有哪些特征？② 资本配置原理，资本流动（运行）规律；③ 产权制度与资本管理规则。

一、如何理解资本的概念、性质和特征？

一切能带来财富和经济利益的资产价值称为资本，即一个人或机构所拥有的具有自主产权的资产价值就是这个人或该机构的资本。马克思说，能够带来剩余价值的价值称为资本。在这里，剩余价值可近似地理解为经济利润，可以合理推出，能够带来利润的利润可称为资本。企业实现利润之后，没有全部用于分配和生活消费，而是留下一部分重新投入生产过程。这部分重新再投入生产的利润就是资本。由此可见，用于生产小麦的麦种，或者收获的水稻未全部作为食品而是留出一部分作为种子，这些种子就称为资本。资本是一个经济学概念，属于社会产物而非自然资源，资本是财务学的基础范畴。

资本是创造财富的源泉。拥有资本越多，越有可能创造更多的财富。那么，资本是如何产生的？其答案是，资本是人类生产劳动的产物。麦种、水稻种子，都是人们生产劳动的结果。人们要想拥有更多的资本，就需要付出更多的生产劳动。

人类认识和理解资本花费了很长时间。学生对马克思比较熟悉，马克思资本理论的逻辑如下。① 资本是一种生产资料需求。近代资本的第一个前提是私有制，其本质是劳动者生活资料需求和生产资料归属问题。② 资本是一种财富或权利。劳动者变为无产者的本质是社会财富分配给少数有产者，财富分配是资本出现的另一原因。③ 资本是生产要素与财富的具体组合。近代资本的核心问题是生产力因素与社会财富私有化，资本主义资本是生产力因素和财富的一种特殊结合。美国萨缪尔森教授认为，资本是一种被生产出来的要素，一种本身就是由经济过程产出的耐用投入品。资本、土地和劳动通常被称为基本生产要素。一块荒芜贫瘠的土地，本来一文钱不值。但由于新规划的高速公路要经过，该荒芜贫瘠的土地经过人们开垦整理活动，就可作为路基和路旁商业设施用地而创造更多财富，于是该土地立刻增值百倍。著名经济学家赫尔南多·德·索托在《资本的秘密》著作里提到，任何物品或资产要转化为资本，都要登记该物品的所有权凭证，以取得该物品的产权。该程序是物品转化为资本的机制即创造资本的机制。落后地区之所以贫穷，不是缺少金钱、技术和人力，而是缺少将金钱、技术和人力转化为资本的机制。创新能力、好的资本制度和将物品转化为资本的手续，就是一个国家的创造性资本。

　　各种资本所共有的一般性就是资本的性质。持续增值、运动属性（亦称流动性）和具有多种形态是资本的基本性质。价值增值和运动属性是资本既有的自然属性；资本多样性形态及其天然权利则是资本的社会属性。以上就是资本具有的自然和社会二重性质。在知道了资本的概念和性质之后，其基本特征就比较容易理解了。收益性（即盈利性或增值性）、风险性和流动性是资本的三个显著特征，而且收益性、风险性和流动性之间具有密切的相关性，这些特征或特性有时候相互作用和影响。

　　资本理论是一个比较复杂的经济理论。资本主义资本比较好理解。其传统形式是企业家所掌控的金钱和工厂机器设备价值，无论其初始来源为继承、淘金、储蓄、借贷、抢取，还是生产劳动创造，其具体体现为资本家所拥有的营业资产，如生产资料、货币资本和利润等。到最近的一个多世纪，企业的资本则越来越多来自和体现于金融证券，其中主要来自上市公司出售股权集资和之后的股票市场增值，如公司高利润、股票高回报和高声誉等。至于土地，在地广人稀的新大陆美国，原始资本的积累首先多呈现于19世纪后半期兴起的"强盗贵族"（robber barons）。大资本家中相当部分是"土地贵族"（land barons），凭借金钱、政府关系、剥夺和霸占等方式而拥有了大量空地，并凭借其创业和致富。这堪称新大陆美国资本主义的一种特殊的早期资本积累现象。当然，该现象也可广泛见于帝国主义时期殖民企业企业家在殖民地霸占土地资产。在其他西方资本主义国家，如英国，土地则长期以来已经大多是私有财产，主要属于贵族所有，其转化为资本则都属于私有资本。

　　在当代中国，改革时期所兴起的资本性质和形式则和上述情况完全不同。中国是一个历史文明悠久的国家，当代中国已进入法治社会。有土地皆属于国家所有（或村社集体所有，但国家依然具有征用权），而非西欧似的私有或新大陆美国似的空闲土地。我国的企业或个人可以根据国家法律和生产经验需要而租用土地。

二、如何理解资本配置原理和资本活动的规律性

　　《财务学原理》（第二版）第72页在阐述"资本配置原理"时，先后通过阐述资本配置的含义、资本配置的方式、资本配置的动力，以及第74页"如何组织资本均衡配置"的阐述，比较清晰地论述了财务学上的资本配置原理。一般地，若企业资本总额既定，而且仅有人力资本、货币现金资本、物资设备资本、技术资本和知识资本五种形态，那么，该资本总额均衡地分布于人力、财力、物力、技术和知识五种生产要素资本上，每种要素资本各占资本总额的1/5，此时，企业资本收益率将实现最大化。企业是由多种生产要素资产构成的生产经营系统，只有人力、货币现金、设备、技术和知识有效地耦合匹配，共同作用，才能实现价值创造最大化。

　　资本均衡配置是多种资本的属性、次序和结构有效地组合配置在一起，进而实现价值创造收益最大化。而且，资本结构存量的流动应遵循市场价值规律。企业价值函数与

要素资本的次序和属性有着直接联系。我们知道,价值函数建立在决策人对企业要素资本偏好结构的基础之上。决策人的要素资本偏好结构是决策人根据财务原理和风险偏好,对方案集合中的方案进行对比分析,最终排列各方案的优劣次序。在以往主观概率设定过程中,决策人比较的是自然状态 θ 出现的可能性 $\pi(\theta)$ 的大小;在研究效用函数中的效用价值时,决策人比较的是展望或后果的优劣,亦即后果对自己的实际价值的大小。要素资本的多属性问题使其次序关系更加复杂。

在这里,我们假设:

(1)要素资本之间存在严格的秩序关系。我们设 $a:b$ 或者记作 aPb 的含义是 a 优于 b,那么严格序":"满足传递性和非对称性。也就是,第一,如果 $a,b,c\in A$,且 $a:b$,$b:c$,则 $a:c$。表明要素资本具有传递性。第二,如果 $a,b\in A$,且 $a:b$,则不可能有 $b:a$。表明要素资本具有非对称性。

(2)要素资本之间存在无差异性关系。我们设 $a\frown b$ 或者记作 aIb 的含义是 a 无差异于 b,那么无差异"$\frown$"关系满足传递性、对称性和自反性。所谓传递性,即如果 $a,b,c\in A$,且 $a\frown b,b\frown c$,则 $a\frown c$,那么 a、b 与 c 存在传递性和无差异性关系。所谓对称性,即如果 $a,b\in A$,且 $a\frown b$,则有 $b\frown a$,那么 a、b 与 c 存在对称性和无差异性关系。所谓自反性,即如果 $Pa\in A$,则 $a\frown a$。

(3)要素资本之间存在弱序关系。我们设 a 弱序 b,记作 asb 或者 aRb,其含义是 a 不劣于 b,亦即 a 优于或者无差异于 b,那么弱序"σ"满足连通性、传递性、严格优于和无差异的一致性。也就是连通性亦称可比性、传递性和无差异的一致性,而且满足严格优于的一致性。即当且仅当 $a\sigma b$,且非 $b\sigma a$ 时,有 $a:b$。

因此,在任何财务决策中,σ 是偏好结构的基础,有必要假设要素资本 s 关系的存在。至于 s 是否确实存在,则取决于能否以直接或间接的方式找到构造要素资本 s 的途径。在单目标问题中,有时存在可测属性或代用属性,例如,使用成本、收益来衡量偏好,此时决策问题简化为各方案属性的比较和排序。但在一般场合,需要用效用或价值函数来衡量偏好。在多目标决策中,即使各单个目标的属性值或效用已知,偏好次序仍可能不明确,这需要做进一步研究。

要素资本之间的独立偏好关系,主要体现为要素资本的无差异性和相对偏好独立性。比如,人们在购买专门用于听音乐的调频收音机时,通常只考虑两个重要因素,一是价格 x,二是信噪比 y。几乎所有人都会按以下规则购买这种收音机:

(1)对任意给定的价格,信噪比高比低好;

(2)对任意给定的信噪比,价格低比高好。

这说明,对决策人(购买者)而言,对价格的偏好独立于对信噪比的偏好;反之亦然。这就是偏好独立(preferential independence)。

在这里,偏好独立与相互偏好独立是两个重要的概念。设 X、Y 为属性,可以是属性

X偏好独立属性Y,也可以是属性Y偏好独立属性X。当二者同时成立时,则称属性X与属性Y相互偏好独立。

偏好独立并不总是成立的。例如,某人到一个小餐馆用餐,准备点一菜一汤,该餐馆所有菜的价格相同,所有汤的价格相同。此人发现愿意吃的菜和汤各有两种:家常豆腐、青椒肉丝和虾米豆腐汤、西红柿蛋汤。就其喜好程度而言,若把它最喜欢的家常豆腐记作$x=10$,青椒肉丝为$x=7$;对虾米豆腐汤的偏好为$y=8$,西红柿蛋汤的偏好为$y=3$。若此人对菜和汤相互偏好独立,则点汤不受点菜的影响,反之亦然;那么应该要家常豆腐和虾米豆腐汤。然而菜是豆腐,汤也是豆腐,显然不是好的搭配。简而言之,菜和汤的组合不满足相互偏好独立。另一个常见的例子是,在食堂吃固定价格的份饭时,把副食的数量记为x,主食数量记为y,当副食的数量x足够大时,主食的量y小些比大些好,否则吃不完是浪费;副食的数量x比较小的时候,主食的量y大些比小些好,否则容易吃不饱。主、副食的数量作为属性,它们是偏好相关的。

一盘家常豆腐可以与一盘青椒肉丝和西红柿蛋汤配置在一起,组合成一顿菜肴;一盘青椒肉丝,可以和家常豆腐、西红柿蛋汤配置在一起,唯独不宜将家常豆腐与虾米豆腐汤配置在一起,两个菜都是豆腐,有重复。学生可能都有这样的体会:当你在学校餐厅吃饭时,会看到许多同学很会点菜。会点菜的同学,一般是熟谙配置原理。在工业生产过程控制中,有很多与资源配置相关的例子。因篇幅所限,此处不再详细论述。

由此可见,资本均衡配置原理具有在严谨的科学性。

关于如何组织资本均衡配置,教材里分别就资本微观配置、资本宏观配置和资本国际配置进行讲解,其中在"资本微观配置"标题下,曾写道:"用数学求极值的办法,可以证明企业利润最大化的条件是边际成本等于边际收益。"在这里,极值是"极大值"和"极小值"的统称。在数学分析中,函数的极大值和极小值统称极值,它是给定范围内函数的最大值和最小值(区域或相对极值)。极值是数学变分法的一个基本概念。泛函在容许函数的一定范围内取得的最大值或最小值,分别称为极大值或极小值。使泛函达到极值的变元函数称为极值函数,若它为一元函数,通常称为极值曲线。极值也称为相对极值或局部极值。如果函数在某点的值大于或等于在该点附近任何其他点的函数值,则称函数在该点的值为函数的极大值。如果函数在某点的值小于或等于在该点附近任何其他点的函数值,则称函数在该点的值为函数的极小值。函数在其定义域的某些局部区域所达到的是相对最大值或相对最小值。当函数在其定义域的某一点的值大于该点周围任何点的值时,称函数在该点有极大值;当函数在其定义域的某一点的值小于该点周围任何点的值时,称函数在该点有极小值。这里的极大和极小只具有局部意义,因为函数的一个极值只是它在某一点附近的小范围内的极大值或极小值。函数在其整个定义域内可能有许多极大值或极小值,而且某个极大值不一定大于某个极小值。函数的极值通过其一阶和二阶导数来确定。

对于一元可微函数 $f(x)$，它在某点 x_0 有极值的充分必要条件是 $f(x)$ 在 x_0 的某邻域上一阶可导，在 x_0 处二阶可导，且 $f'(x_0)=0$，$f''(x_0) \neq 0$，那么：

（1）若 $f''(x_0)<0$，则 f 在 x_0 取得极大值；

（2）若 $f''(x_0)>0$，则 f 在 x_0 取得极小值。

函数的一种稳定值即一个极大值或一个极小值，极值点只能在函数不可导的点或导数为零的点上取得。在给定的时期内，或该时期的一定月份或季节内观测到的气候要素的最高值或最低值。如果这个时期是整个有观测资料的时期，这个极值就是绝对极值。

函数一阶导数为 0 的点称为驻点（Stationary Point），又称为平稳点、稳定点或临界点（Critical Point）。即在"这一点"，函数的输出值停止增加或减少。对于一维函数的图像，驻点的切线平行于 x 轴。对于二维函数的图像，驻点的切平面平行于 xy 平面。值得注意的是，一个函数的驻点不一定是这个函数的极值点（考虑到这一点左右一阶导数符号不改变的情况）；反过来，在某设定区域内，一个函数的极值点也不一定是这个函数的驻点（考虑到边界条件），驻点之外还有拐点。驻点都是局部极大值或局部极小值。

函数平稳点的术语可能会与函数图给定投影的临界点相混淆。"临界点"更为通用的含义：功能平稳点对应平行于 x 轴的投影的图形的临界点。拐点是导数符号发生变化的点，它可以是相对最大值或相对最小值（也称为局部最大值或最小值）。如果函数是可微分的，那么拐点是一个固定点；然而并不是所有的固定点都是拐点。如果函数是两次可微分的，则不转动点的固定点是水平拐点。例如，函数 x^3 在 $x=0$ 处有一个固定点，也是拐点，但不是转折点。在驻点处的单调性可能改变，而在拐点处凹凸性可能改变。拐点是使函数凹凸性改变的点，而驻点是一阶导数为零的点。

数学的严谨性对于理解资本配置原理十分有利。

三、产权制度与资本管理规则

《财务学原理》（第二版）第 76 页，第五节"公有制产权与资本管理规则"是财务学原理的重要内容。深入学习产权制度和资本管理规则，对理解财务学原理能起到事半功倍的作用。"财务活动中的产权""公有制、资本与产权""资本管理的若干基本定理"等，都是这一节的学习重点。

公有制经济学理论是中国特色社会主义经济学的内容之一，公有制原理是中国特色社会主义经济学基本原理的基础内容。公有制为主体和共同富裕是社会主义的两个基本原则，中国特色社会主义经济学基本原理与科学社会主义的基本原理一致。马克思和恩格斯通过观察和分析资本主义生产方式矛盾运动规律与发展趋势，揭示了未来共产主义和社会主义经济关系的基本特征，阐明了科学社会主义关于未来社会的基本原理。这些原理主要包括：以社会化大生产为物质基础，生产资料公有制替代私有制，实行按劳分配或按需分配,生产目的是满足人民群众的物质文化需要,实现人的全面发展和社会成员的共同富裕,有计划按比例发展社会生产,消除脑力劳动与体力劳动、城市与乡村和农业与工业三大差别,等等。中国特色社会主义经济学是科学社会主义政治经济学在中国的实践和传承,既坚持了科学社会主义基本原理,又根据中国实践和国情进行了创新与发展,并在此基础上形成的一系列新的经济学原理。认识和理解中国特色社会主义经济学应从学习马克思主义经济学、观察分析中国社会主义革命建设与改革开放的社会实践开始。

生产资料所有制决定着一个国家或地区资源归属方式、资本配置结构与生产形态,因此,所有制是决定一国经济制度的根本。中国选择社会主义制度是中国社会天下为公的历史文化及其政治与经济发展的必然结果。所以,我国经过长期的探索和实践,其最终形成的基本经济制度是公有制为主体、多种所有制经济共同发展的基本经济制度。

计划和市场都是社会成员组织经济活动的方式和途径。市场经济是一种民主开放的全社会成员参与资源配置的经济活动方式,可以在不同的社会制度下存在和实现,社会主义社会和资本主义社会都可以发展市场经济。开放性、平等性、竞争性、法制性是市场经济的一般特征。资本主义市场经济和社会主义市场经济也具备市场经济的一般特征,但市场经济与具体的社会制度结合起来又具有自身的独立特征。资本主义市场经济的主要特点是,其经济基础以资本主义生产资料私有制为基础;其目的是满足资本家对利润和财富的追求。社会主义市场经济的主要特点是,其经济基础以社会主义生产资料公有制为基础,资本形式多样;其目的是实现全社会成员的共同富裕,以及社会文明的可持续发展。同时,政府强有力的宏观经济调节控制能力也是社会主义市场经济的重要特点之一。在社会主义市场经济中,政府与市场之间的关系是公有资本所有者与市场的关系。

公有制资本是社会主义市场经济制度里具备公有制经济属性的资本。依据我国宪法及相关法律,公有制经济是中国特色社会主义制度的主体经济,包含全民所有制经济、集体所有制经济和混合所有制经济等多种形式。我国由社会主义计划经济体制转变为社会主义市场经济体制的过程中,一切生产要素均需要转化为资本。公有制经济的资产转化为资本后,很自然地变成了"全体公民共同拥有的资本"和"某个行政区域内的全体公民共同拥有的资本",以及国有资本、集体资本和私人资本共同组成的混合经济资本。这些资本都属于公有制资本范畴。

产权制度是公司财务的制度基础。如果没有产权制度,商品买卖将无法成交,人们的投资活动就无法进行、所筹资本也无法律保障。实际上,商鞅曾在其《开赛》篇里讲道:"作为土地财货男女之分,分定而无制不可,故立禁。""分"即对土地财货的占有关系,"名分"即产权关系。"一兔走,百人逐之,非以兔可分以为百,由名分之未定也。夫卖兔者满市,而盗不敢取,由名分已定也。"即强盗之所以不敢随意夺取市场上售卖的兔子,原因为其产权已确定。

1937 年 11 月,科斯在英国《经济学》杂志发表《企业的性质》一文,成为欧美经济学产权理论形成的标志。1960 年,科斯又发表《社会成本问题》一文,则是现代西方产权理论成熟的标志。在科斯看来,交易是稀缺的行为,市场运行存在成本,交易费用是运用市场价格机制的成本。其主要内容:① 发现贴现价值,获得精确市场信息的成本;② 在市场交易中,交易人之间谈判、讨价还价和履行合同的成本。科斯的产权理论是关于交易费用、产权界定及其与资源配置效率之间联系的理论,学术界称之为科斯定理。当交易费用为零时,无论产权如何界定,市场机制都会自动使资源配置达到最优,此表述被称为科斯定理Ⅰ。当交易费用大于零或为正,则不同的产权界定会带来不同效率的资源配置,此表述被称为科斯定理Ⅱ。很明显,科斯假设一个社会只存在经济活动,政治、文化、科技的作用均为零,政治与经济不可替代,并且不存在政府。如同美国宪法规定的那样,在美国除了个人利益外,不存在其他任何利益。

西方产权理论对我国有借鉴作用,但不能完全照搬。这是因为,西方产权理论以私有制关系为主要内容,以资本主义经济为基础。我国实行社会主义市场经济制度,以公有制为主体,多种经济成分并存。我们应在借鉴和批判的基础上,创建我国的产权经济理论。从产权制度的角度研究资源配置效率,研究如何通过界定、变更产权安排,创造和维持一个交易费用较低和效率较高的产权制度,也是我国社会主义市场经济健康可持续发展的必要条件。

关于资本管理规则,主要从实践中学习和体会。学生尚未有企业财务管理专业实践体会,那么,就主要牢记:投资决策的选择与投资者个人消费偏好无关,即费雪分离定理;投资决策行为与筹资决策行为无关,二者是相对独立的财务活动;同时,一价定律是财务管理的重要规则。

第三部分
重要理论的历史背景

第三章里包含和涉及多个财务理论,这里主要阐述资本理论。

一、资本理论的历史背景

只有科学,才有理论。"资本理论"命题成立的前提是,经济学是一门科学。在科学学里,任何一门科学都是由基础范畴、定理和规则以及应用操作方法所构成。基础范畴、定理和规则都是理论范畴。如果没有理论,科学就不存在。每一门科学里的任一理论,也都是由其特有的基本概念、定理和规则构成。理解资本理论,应从理解科学开始。科学的特性或功能是解释规律、可重复检验性和有限普适性,即任何科学都具有解释规律的功能,而且任何科学理论都可以在一定条件下被重复地检验其存在性。正是因为科学能够解释规律并且可以被重复地检验和证实,所以科学理论具有一定的普遍性。虽然规律具有一定的普适性和可检验性,但规律不能解释规律本身。春夏秋冬、一日三餐、日出日落,都是规律,但不是理论。对应一组经验事实,可以建立多种不同的理论。理论接受经验事实的检验虽然是一个逻辑与经验相结合的过程,但不排除研究者直觉的作用。从基础研究、应用研究到实验开发的科学研究过程,是一个十分复杂的脑力劳动创造过程。因此,从事实到理论还有很长的距离,二者无直接逻辑通道。研究者发现的理论也不是绝对唯一公理。考虑到人们对理论认识、研究和应用的便利,通常而言,理论的形式越简洁,其思想知识越深邃。在我们学习了一些有关科学理论的知识之后,再来理解资本理论,可能就会容易一些。

自经济学诞生之日起,资本理论就产生了。而且,有可能在经济学诞生之前,资本就已经产生。在经济学说史上,最早的资本理论是亚当·斯密的资本理论,即以亚当·斯密为代表的古典经济学资本理论,其基于私有制的生产资料价值理论,重视社会分工与专业化生产对资本形成的作用[①]。紧接着,马克思经济学资本理论逐渐形成,其基于生产资料公有制的资源价值理论,重视社会生产关系在生产资料和劳动力转变为资本中的重要作用。之后,又产生了以马歇尔为代表的新古典经济学资本理论,其重视资源稀缺性对资本形成和资本积累的重要作用。在新古典资本理论和马克思资本理论的基础上,经济学家凯恩斯创立了宏观经济学资本理论。欧美经济学家对凯恩斯资本理论的研究和分歧,形成了"两个剑桥资本理论之争",即凯恩斯资本理论的两个学派。继凯恩斯之后,

---

① 亚当·斯密《国民财富的性质和原因的研究》,郭大力、王亚南译,北京:商务印书馆,2015 年。

现代资本理论及其研究和实践十分丰富[1]，这需要通过阅读文献获得相关的资本理论知识。在当代欧美经济学里，曾发生三次比较重要的学术论战：19世纪90年代奥地利资本理论创始人庞巴维克与美国学派创始人克拉克之间的论战，20世纪30年代奥地利学派重要代表哈耶克与美国新古典学派奈特等人的重要争论，20世纪50—80年代英国新剑桥学派与美国新古典综合学派之间的资本大论战。此外，还有新近的人力资本理论大讨论。在这里，奥地利与美国学派的争论内容，主要是资本与利息的关系、生产时间的资本密集度等问题，这也是古典和新古典经济学频频涉及的基本问题。英美两个剑桥的资本争论中，前者以美国麻省理工萨缪尔森、托宾、索洛为代表，把1870年"边际革命"以来的新古典经济理论进行综合，秉承新古典技术关系上的供求分析传统，强调"技术关系"在经济变量决定中的作用；后者则以英国剑桥大学卡尔多、斯拉法为代表，把凯恩斯经济学与斯密1776年以来的古典经济理论相联系，秉承古典剩余经济的社会关系分析传统，强调"社会经济关系"在经济变量决定中的作用。"两个剑桥之争"实际上是两种经济传统争论的当代表现，争论的焦点是资本与收入分配的理论。

我们来看一下马克思对资本的解释。马克思说："黑人就是黑人，只有在一定的条件下，他才成为奴隶。脱离这种关系，他也就不是资本了，就像黄金本身并不是资本，砂糖并不是砂糖的价格一样……资本是一种社会生产关系。"[2] 同时，马克思也把资本视为生产力要素，注意到资产阶级在不到一百年的统治中所创造的生产力，比过去一切世代创造的全部生产力还要多。"资本的文明面之一是，它榨取剩余劳动的方式和条件，同以前的奴隶制、农奴制等相比，都更有利于生产力的发展，有利于生产关系的发展，有利于更高级的新形态的各种要素的创造。"[3] 在马克思看来，资本的实质是一种生产关系，资本的方式是一种生产要素。生产要素转化为资本，需要一定的社会条件。生产要素只有纳入历史的社会关系中，才成为资本。商品交易是资本产生的基础，但仅"有了商品的流通和货币流通，决不是就具备了资本存在的历史条件。只有当生产资料和生活资料的占有者在市场上找到出卖自己劳动力的自由工人的时候，资本才产生"[4]。可见，今天的人力资本、货币资本和物质设备资本，在历史上具有共生性。马克思将人力资本称为可变资本，把货币资本和物质设备称为不可变资本，恩格斯对此作了高度评价："这个区别提供了一把解决经济学上最复杂的问题的钥匙。"[5] 在我国，经济学界主要以马克思经济学为理论基础研究问题。经济学主流把马克思的资本概念理解为一种特定的生产关系，

---

① 罗福凯《资本理论学说的演进和发展研究》，载王振中《政治经济学研究报告4——市场经济的资本理论研究》，北京：社会科学文献出版社，2003年。

② 马克思、恩格斯《马克思恩格斯全集》第四卷，北京：人民出版社，1995年，第486-487页。

③ 马克思《资本论》第三卷，北京：人民出版社，1975年，第925-926页。

④ 马克思、恩格斯《马克思恩格斯选集》第2版，第二卷，北京：人民出版社，2012年，第172页。

⑤ 马克思《资本论》第二卷，北京：人民出版社，1975年，第22页。

主要强调资本的贪婪性和剥削性,[1]而把西方新古典经济学里的资本理解为一种生产要素。亦即资本理论在我国有两大学派:作为生产关系的资本和作为生产要素的资本。[2]

同其他科学理论一样,经济学理论的发展也存在继承性问题。资本理论演进和发展的不同阶段,形成了不同的资本理论学说。这些理论学说的诞生与当时的社会历史现实密切关联。因此,经济学是历史性科学。研究证明,不论古典经济学资本理论、马克思资本理论、新古典经济学派的资本理论,还是凯恩斯的资本理论、新要素资本理论,它们之间都存在着内在的逻辑关系,并且具有显著的继承性特征。由此可推论,技术资本、信息资本和知识资本的理论与实践,可能成为经济学或公司财务的新研究领域。

二、资本均衡配置理论的历史背景

资本均衡配置是资本理论的核心内容,其来源和历史背景也是亚当·斯密经济学理论。当产权制度不够发达时,人们经常将资本混同资源。所以,资本配置原理源于资源配置的理论和实践。资源配置理论的成熟和科学化是由新古典经济学完成的。欧美新古典经济学强调经济资源数量和质量的有限性,以及人们对生产资料和生活用品需求的多样性和无限性,因此就产生了经济资源如何最优配置的问题。其目的是对土地、劳动力和资金等生产要素均衡有效适度配置在生产过程的各个环节,发挥生产要素各自的特有作用,生产和创造更多的物质财富。资本均衡配置,则是在不确定情况下,跨期将生产要素资本均衡适度地分散投资于生产过程的各个环节,并保持各要素资本之间耦合地相互匹配,以最大限度地创造价值。跨时间将资本总额均匀地配置到各生产要素和生产过程各环节,是资本均衡配置理论的核心。

古老的狭义资源配置问题主要是指经济学的三个基本问题:土地和自然资源、劳动、资金等要素应用来生产什么、如何生产以及为谁生产。这三个基本问题事实上是通常所说的“效率”问题。而广义资源最优配置要解决的问题包括效率、公平和稳定三个方面的内容,这也是评价社会经济活动的三条基本原则。第一是效率原则——帕累托最优状态。经济学上的效率是指资源配置已达到以下境地,无论作任何改变都不可能使一部分人受益而没有其他人受损,这种状态被称为“帕累托最优”或“帕累托有效”。第二是公平原则。广义资源最优配置的公平,主要关注收入分配结果的公平,经济学家常用洛伦兹曲线(Lorenz Curve)和基尼系数(Gini Coefficient)对公平程度进行衡量。第三是稳定原则。20世纪30年代的世界性经济危机震撼了世界,宏观经济稳定自此引起了人们的高度重视。宏观经济政策的目标有四个:稳定物价、充分就业、经济增长和国际收支

---

[1]　宋涛主编《政治经济学教程》第6版,北京:中国人民大学出版社,2004年。
[2]　王振中主编《政治经济学研究报告4——市场经济的资本理论研究》,北京:社会科学文献出版社,2003年。

平衡。

以上内容是人们对资源配置含义的基本理解。接下来,我们讲资源配置方式。

一般地,资源配置方式主要有习惯、命令和市场。社会制度的有效性和市场经济机制的科学性成为资源配置的重要财务环境。在现代社会,市场交易是资源配置的主要方式。市场制度的具体优势是信息传递效率高、社会财富创造力大,并且社会经济活动组织效率高。市场经济机制的运行特点是:① 生产什么取决于消费者的货币选票;② 如何生产取决于不同生产者之间的竞争;③ 为谁生产取决于生产要素市场的供给与需求。在市场上,所有生产资源产权都是明确的;所有交易都在市场上发生并且每一个市场都有众多的购买者和销售者,没有任何购买者或销售者能够单独操纵市场价格,购买者和销售者都可以享受充分的信息,资源可以充分流动并且可以无任何阻碍地流向任何使用者。

当然,市场制度也存在很大的局限性。这种局限性不仅使诸多社会经济活动难以通过市场机制有效运行,而且在少数情况下还会导致破坏性的社会后果,这被称为市场失灵。市场制度局限性的突出表现:市场竞争不完全,市场制度难以实现社会公平,民间企业难以承担提供公共物品的任务,市场制度难以实现发展的可持续性,市场制度难以实现宏观经济的稳定等。市场功能失灵的纠正主要依靠政府调节和控制。因此,政府干预和政策命令也是一种资源配置方式。

在市场经济中,政府的经济职能主要是:资源配置、收入分配以及稳定经济。这些职能的优势主要是:① 提供法律,维护市场竞争秩序;② 提供和维持市场得以正常运作的稳定经济环境;③ 促进资源的合理运用、保护生态环境;④ 从事社会发展活动,提供基本的社会服务;⑤ 促进和保障社会公平;⑥ 应对和管理紧急事件。因此,政府配置资源的方式有:公共支出、政府税收、收入分配、转移支付制度、公共事业投资、财政补贴、相机抉择的财政政策等。

在现代社会中,组织的公共目标和非公共目标,构成了组织的两大类型。非公共组织一般不以公共利益为组织目标,在市场经济条件下,作为市场主体的企业是典型的非公共组织。公共组织是以实现公共利益为目标的组织,它一般拥有公共权力或经过公共权力的授权,政府是典型的公共组织。公共事业组织具有组织性、民间性、非营利性、自治性和志愿性等特点,而且多为非营利性。

当产权制度日益完善和法治社会日益文明时,资本文明开始兴起。现代社会再生产和市场经济中的资源配置就转变为资本配置。资本是资产的价值,也是已变现的资产或资源。资产是已变现的产品。显然,资本、资产、产品是不同的概念。

第四部分
重要文献选读与导读

为了深入全面学习第三章"资本",建议从如下财务文献中至少选择三篇阅读。

一、杨志著:《论资本的二重性兼论公有资本的本质》

杨志教授的《论资本的二重性兼论公有资本的本质》是中国人民大学出版社"马克思主义研究论库"的著作之一。该著作力图在马克思《资本论》的基础上,揭示资本的二重性,从而为中国特色社会主义市场经济的健康发展提供理论依据。因此,这本著作不仅对于学生学习教材《财务学原理》(第二版)内容有重要的指导作用,也是同学们学习和理解马克思主义资本理论的重要辅助教材。在杨志教授看来,如果说资本内部矛盾的二重性在资本主义私有制下表现为财富私有制与社会化大生产之间的矛盾,亦可表述为社会财富的少数人占有与多数人进行社会化大生产之间的矛盾,那么,资本内部矛盾的二重性在社会主义制度下就表现为财富的公有制与财富相对不发大的社会化生产之间的矛盾,亦可表述为社会财富的共同占有与相对不发达的社会化生产以及由此引发的物质经济财富相对贫乏或不均衡的二重性。公有资本的产生是人类社会 20 世纪的伟大创新。社会主义公有资本是中国共产党人在 20 世纪的伟大创新。即使在欧美少数资本主义国家,也出现了公有资本。因此,阅读这部著作,对于学习和理解社会主义制度具有重要作用。

该著作的主要内容:上篇由三章组成,下篇由两章组成。上篇第一章论述马克思的二重分析方法,阐述资本二重性理论的方法基础。杨志教授从自然科学和社会科学的二重视角,重新阐释马克思唯物辩证法,并进而引申出自然、社会、经济及其生产方式等经济要素都具有二重属性的思想。第二章内容是论述马克思的资本二重性理论,解释马克思《资本论》里经济学理论的二重性,诸如劳动二重性、商品二重性、货币二重性、市场二重性以及资本生产力二重性,以此阐述马克思资本理论二重性思想。第三章论证资本在社会经济发展中的二重作用,重新认识和解释资本的积极作用,引申资本与社会主义制度的内在联系。下篇第四章内容是探讨社会主义制度下的公有资本形态,解释我国市场经济中的公有资本及其社会基础。阐述公有制经济与公有资本的关系。第五章内容论证公有资本是决定市场经济具有社会主义性质的基石,强调社会主义市场经济必须以具有公有制经济性质的资本为主体,并阐明公有资本是公有制经济存在的理论依据。

总之,这部著作具有极其鲜明的中国特色,引人入胜,很值得财务管理专业同学深入研读,包括本科生和研究生。

二、王振中：《政治经济学研究报告 4——市场经济的资本理论研究》

该著作出版于 2003 年 6 月。虽然我国自 1978 年底开启经济制度改革，但 2003 年我国的市场经济仍处于实践起步和理论探索阶段，学术界的思想解放程度不高，社会主义经济学处于重建初期，学者对资本理论的理解存在很多差异。此时，中国社会科学院研究员、《经济学动态》杂志主编、著名经济学家王振中先生，主持了"市场经济的资本理论研究"课题，并主编了《政治经济学研究报告 4——市场经济的资本理论研究》。这是一本资本理论研究论文集，内含 36 篇论文，其中 30 篇为资本理论研究论文，6 篇为政治经济学的理论热点论文。

这 30 篇资本研究论文中，既有宏观经济学领域的资本理论问题，也有微观经济学领域的企业和个人资本理论研究，代表了我国学术界在 21 世纪初对于资本理论问题的认识水平，仅供学生学习《财务学原理》（第二版）第三章时参考。总体上，学者们是从经济学角度探索我国改革开放初期市场经济的资本理论问题。以上 30 篇论文作者和题目如下：

王振中，对资本理论仍需要深入探讨的几个问题

柳欣，资本理论：总量与相对价格

张峰林，西方资本理论争论的若干回顾与思考

赵学增，当前资本发展的主要困难及对策

杨文进，论资本的本质

罗福凯，资本理论学说的演进和发展研究

陆长平，"技术再转换"具有现实意义吗？——"剑桥资本争论"的反思

裴小革，论资本与劳动在经济发展中的相互关系

杨玉生，马克思资本循环理论与资本的国际化

周阳敏，制度资本理论——资本理论的制度分析框架

陈俊明，深化资本理论研究的三个关键

王彩玲，内生货币创造过程中资本市场的作用

丁任重、孟庆红、李刚，资本、增长与储蓄——投资转化机制

王璐，马克思经济学中的货币与资本

马艳、张蕾，虚拟资本与虚拟经济增长的理论探讨

李炳炎，论社会主义市场经济中的资本范畴及其新的社会形式

简新华、马迪军，论社会主义资本理论的几个难题

卫兴华、焦斌龙、唐未兵，入世与中国企业资本运营

包亚钧，外资引入与国家经济安全的经济学思考

李家祥、伍超明，中国资本市场呼唤金融期货市场——发展金融期货市场的必要性

与条件分析

　　陆立军、王祖强,私营企业资本、劳动和分配关系研究——基于浙江省的问卷调查与分析

　　王传仕,中国工业经济发展与投资关系分析

　　唐静萍,论农村经济结构调整的重点及资本来源

　　齐兰,经济发展与中国资本市场的市场化与国际化

　　谢地、丁肇勇,公共投资与经济增长及其腐败

　　于金富,资本运营效率与企业所有制形式的相关分析

　　赵增耀,西方关于公司控制权市场的争论及启示

　　马理,资本市场规范发展中的不确定性研究

　　朱淑枝,论"效率市场假说"与中国资本市场的制度约束

　　刘学敏,阙紫康,王树春,有效市场假说理论在中国股票市场研究中的局限性

　　学生阅读王振中先生主编的《政治经济学研究报告4——市场经济的资本理论研究》,主要是为了开阔经济学阅读视野,扩大资本理论专业知识,了解学术界对资本理论的不同解释,进而深入学习和理解教材《财务学原理》(第二版)内容。

三、彭兴庭:《资本5000年:资本秩序如何塑造人类文明》

　　该书作者彭兴庭拥有经济学博士和法学博士双学位,他供职于深圳证券交易所,担任高级经济分析师,曾长期担任多家报纸杂志特约评论员和专栏作家。该书内容十分宏大和丰富,为我们展示了资本产生、形成和积累以及资本收益的历史图景。从公元前3000年到21世纪初,从一块泥板上的债务记录到称霸全球的金融巨兽,深入浅出地阐述了资本影响着我们生活的方方面面。在该著作中,彭兴庭先生以资本边际收益递减理论和耗散结构理论为基础,解释资本是如何积累、如何形成,又投向了什么地方,塑造过哪些文明和霸权。诸如古希腊时期的虚拟财务,十字军东征催生了近代银行系统,殖民贸易让欧洲商队遍布全球,战争资本主义护卫英国重组全球产业分工,金融资本如何打造一个个巨型企业,外币结算体系促成全球资本合作,以及硅谷技术资本和创新资本创造了一个又一个科技奇迹等等。同样地,资本无限增值的内在需求及其周期规律,也导致人类不断陷入危机。诸如古罗马资本文明的陨落,南宋复杂社会的崩溃,老牌资本主义国家间的霸权更迭,全球金融危机频发,穷国和富国间壁垒高筑,等等。在日益成熟的全球化经济体系中,资本既是建设者又是毁灭者。

　　该著作共十六章,各章标题如下:

　　第一章　"债在西元前"

　　第二章　地中海资本兴衰

　　第三章　上帝惠赐的利润

第四章　中国：皇权的钟罩

第五章　掠夺资本的复兴

第六章　风险打造的世界

第七章　战争资本主义

第八章　持续增长的起源

第九章　资本逻辑大获全胜

第十章　中国：大清的资本迷途

第十一章　革命的本钱

第十二章　竞逐产业领袖

第十三章　全球资本主义

第十四章　金融帝国

第十五章　创新资本形成

第十六章　中国：繁荣的求索

尾章　未来之路

学生阅读该著作，主要是为了开阔专业阅读视野，扩大资本实务方面的专业知识，进而深入理解教材《财务学原理》（第二版）内容。可以结合中国经济史有关著作的阅读，以此理解彭兴庭先生的资本史学思想。

本章参考文献：

[1] 王振中. 政治经济学研究报告 4——市场经济的资本理论研究 [M]. 北京：社会科学文献出版社，2003.

[2] 杨志. 论资本的二重性兼论公有资本的本质 [M]. 北京：中国人民大学出版社，2014.

[3] 赫尔南多·德·索托著，于海生译. 资本的秘密 [M]. 北京：华夏出版社，2007.

[4] 马歇尔著，朱志泰译. 经济学原理（上卷）[M]. 北京：商务印书馆，1965.

[5] 马歇尔著，陈良璧译. 经济学原理（下卷）[M]. 北京：商务印书馆，1965.

[6] 罗伯特·索洛著，刘勇译. 资本理论及其收益率 [M]. 北京：商务印书馆，1992.

[7] 马克思著，中共中央马克思恩格斯列宁斯大林著作编译局译. 资本论（第 1、2、3 卷）[M]. 北京：人民出版社，1975.

[8] 希克斯著，薛藩康译. 价值与资本 [M]. 北京：商务印书馆，1962.

[9] 罗福凯. 财务学的边界（第二版）[M]. 北京：经济管理出版社，2017.

[10] 彭兴庭. 1999 中国会计年鉴 [M]. 北京：中国友谊出版公司，2021.

第四章

套 利

内容精要

　　第四章第一节内容精要：由实际案例引导学生理解套利现象。案例与样本不同，案例是过去实际发生的事例，样本是未来将要做实验的材料。生产过程各环节失衡和市场供需失衡都会引发人们的选择，并导致套利机会的产生。人们在同一时间低价买进而高价卖出商品称为商品套利，同一商品在两个市场的套利交易称为跨市套利。套利和选择均以财务合约为前提。当跨市交易须有第三方协约完成其未来交易则是期货套利。资本市场的扩大，会引发专门从事股票价格指数期货交易行为的出现，继而产生股票价格指数期货套利。当社会物质财富极大丰富，人们的抽象思维能力显著提升，生产劳动之外的游戏会成为商品。统计数据测算和选择的游戏商品交易多为统计套利。

　　第二节内容精要：社会再生产过程的综合平衡和失衡，以及套利行为是如何产生的。无套利原理实际就是市场经济均衡理论的体现。社会再生产过程的有序运行和各种生产要素的均衡配置，将使整个国家的宏观经济活动实现综合平衡。此时，整个国家的市场需求与市场供给实现平衡，市场经济供求关系及其存量在一定时期内实现出清，生产企业利润率与全社会资本存贷利率趋近，套利行为难以出现。在社会再生产过程各环节比例失调，市场供求关系严重失衡时，套利行为才会产生。

　　第三节内容精要：单期和多期的套利定理。在财务理论上，无套利原理是财务学的基石。在一个自主经营、独立核算和自负盈亏的经济组织中，某项投资策略在时间 $[0, T]$ 内存在套利机会（arbitrage opportunity），即该投资在 T 时刻及其之前的收益存在不确定。而当时刻 T 的收益确定，并且投资策略的价值等于或小于零，则市场中不存在套利，即无套利。在经济学上，当市场供求关系处于平衡时，厂商利润趋于零，市场经济活动达到完善，则市场无套利机会。一般地，生产经营组织的一个会计年度称为单期，经营时间超过一个会计年度则称为多期。时间是影响经营策略的直接变量。虽然财务经济具有显著的跨期属性,但单期内套利行为确是很普遍的套利活动。多期或单期套利及其定理和规则,教材讲解得比较详细,此处不再赘述。

　　第四节内容精要:一价定律和收益定价泛函表明,财务系统十分严谨。套利机制和一价定律是财务学原理的内核。这是因为资本收益率和收益定价函数直接取决于资本配置结构的均衡程度、套利机制的有效性以及人们对一价定律的理解程度。所以,学习和发展财务学,既要解放思想,高瞻远瞩,摒弃我国传统历史文化中重农抑商、轻视工业技术的思想,又要加强学习科学特别是基础科学知识,提升科学素质和抽象思维,增强认识自然和世界的能力。要学好收益定价泛函,既要理解财务学原理,又要有比较深入的数学知识背景,这是对财务管理专业学生的基本要求。

教学重点和难点

　　(1)为什么长期以来,财务学专业课程里缺少套利原理的阐述?

　　(2)财产所有制与套利行为是否有关?

　　(3)单期和多期套利的基本定理。

　　(4)一价定律与收益定价泛函。

第一部分
习题解答

▶ 教材中的思考与练习题

一、名词解释

1. 社会再生产过程　社会资本再生产理论　有效市场假说　供求关系均衡　社会经济失衡　一价定律　套利

2. 收益矩阵　冗余资产　跨期　期货　期权　无风险套利原则　极值　泛函

二、思考题

1. 套利的类型主要有哪些?

2. 套利机制的财务假设有哪些?

3. 套利是理念,还是业务?为什么?

4. 社会经济均衡的条件有哪些?

5. 思考自己经历过的套利行为,写出经历过程。

6. 一价定律的作用。

7. 收益定价泛函的数学解释。

三、练习题

1. 请用套利原理和期权思路两种方法,针对下列实例做出选择。

美国 IBM 公司"定单困惑"(The Order Puzzle at IBM)的真实故事。有客户向 IBM 公司定购 2 500 万美元的特殊电脑系统。而 IBM 公司目前尚无现成的能力来提供全套解决方案。该公司的技术中心提出:需要 100 万美元的研究经费,以便设计出一套生产方案。但是技术中心不能保证其设计的方案最终在经济上可行。其中,有 50% 的可能,技术中心可以设计出一套成本为 1 000 万元的方案(经济上可行);另有 50% 的可能,技术中心设计出的方案成本为 4 000 万(经济上不可行)。

问题:是否要把这 100 万美元的研究经费拨给技术中心?

2. 请查阅我国资本市场宝能集团公司从二级市场收买万科股份的案例,并分析其财务交易性质。

▶ 思考与练习题参考答案

一、名词解释参考答案

1. 社会再生产过程　社会资本再生产理论　有效市场假说　供求关系均衡　社会经济失衡　一价定律　套利

社会再生产过程：社会再生产过程主要是人类社会物质资料的生产过程。该生产过程是劳动者、劳动资料、劳动对象和管理制度以及科学技术等生产要素有机结合的过程。在市场经济制度下，人们以一定的方式把生产要素结合起来，按照社会需要和自身特定目标，在一定的制度安排下，运用劳动资料和科学技术，加工劳动对象，改变劳动对象的形状、性质或地理位置，使其被加工成产品满足人们生产和生活需要。马克思主义经济学认为，社会再生产过程由生产、分配、交换和消费四个环节构成，这四个环节相互影响、相互作用。

社会资本再生产理论：现在，社会资本是指企业资本之外的全社会居民和其他机构等社会成员所持有的资本。换言之，企业资本所有者之外的社会成员所拥有的资本称为社会资本。社会资本再生产理论是马克思资本理论的核心内容。马克思将社会资本再生产定义为各个互为条件、互相交错的个别资本再生产的总和。即社会资本再生产包括：社会资本流通和生产的统一过程，物质资料再生产、劳动力再生产和生产关系再生产的统一过程，个别产品运动和社会总产品运动的统一过程，以及企业和市场的统一过程。社会资本再生产理论是中国特色社会主义经济学的生产理论。因此，社会资本再生产理论，又可称现代中国经济学的生产理论。

有效市场假说：信息能够反映在价格中的资本市场，即资本市场中的价格对新信息立即做出调整并完全反映，随后还会有上升或下降的趋势，这样的资本市场是有效率的。根据价格对信息的反应程度，有效资本市场分为三种：弱式有效市场、半强式有效市场、强式有效市场。有效市场假说认为，在法律健全、市场制度良好、社会透明度高和充分竞争的股票市场里，一切有价值的信息已经及时、准确、充分地反映在股价走势当中，其中包括企业当前和未来的价值。除非存在市场操纵，否则投资者不可能通过分析以往价格获得高于市场平均水平的超额利润。

供求关系均衡：在物质产品市场上，每个消费者或购买者都有自己独特的消费偏好，他们按照各自的消费偏好购买商品，全部消费者购买的迭加就形成了市场总需求；与各种不同需求价格相对应的所有市场需求的集合就构成了市场总需求曲线。同样，每个生产者或供应者都按照自己的预期进行生产和销售，全部生产者生产预期的迭加就形成了市场总供给，而与各种不同的供给价格相对应的所有市场供给的集合就构成了市场总供给曲线。在市场总供给曲线和市场总需求曲线的相交之处，市场总供给等于总需求，此时商品市场达到均衡，从而产生市场均衡价格。

社会经济失衡：当社会再生产过程的生产、分配、交换和消费等环节发生中断和秩序混乱时，生产与分配便失衡，继而生产与交换失衡、生产与消费失衡，再生产过程中的产权保护和价格公平就会遭到非理性干扰。现实情况是，社会经济活动总是在平衡和失衡的交替中发展变化。社会经济均衡、物价稳定、经济增长、充分就业、共同富裕是我国经济发展和宏观经济管理所追求的基本目标。

一价定律：一般地，资产的基本价值是指信息充分的投资者在自由竞争市场上购买该资产时必须支付的价格。资产的市场价格与资产的基本价值之间有时候可能存在差别。公司财务经理在公司货币资本充裕情况下，会建议公司总经理参与资本市场交易，购买那些价格低于其基本价值的股票，出售那些价格相对高于其基本价值的股票。这是因为，套利策略是一种财务机制，它犹如一个钱泵，以零投入或很少投入带来源源不断的收益。当市场总供给与总需求相等时，利润为零，套利就不存在了。此时，在完全竞争的市场上，当两个资产的基本价值等值时，那么，它们的市场价格则倾向于一致。这就是一价定律，也称一价法则。一价定律的出现是套利的结果。

根据一价定律，《财务学原理》教材与手机（若仅用于学习），如果二者对你的学习具有相同价值，那么二者的价格应相同。

套利：当社会经济均衡、市场供求关系均衡时，企业利润为零，此时不存在套利机会。套利是人们利用市场供求关系非均衡和价格上的漏洞获取收益的做法。在社会再生产过程各环节，均存在套利行为机会。同一地点、不同时间，或者同一时间、不同地点的生产活动与买卖交易，因时间和空间差别以及信息不对称，同时考虑物流成本因素，所获得的收益就是套利。套利是财务学的基础范畴。学习财务学原理应从理解套利概念开始。

2. 收益矩阵　冗余资产　跨期　期货　期权　无风险套利原则　极值　泛函

收益矩阵：指的是每个方案及其自然状态组合的利润，它是风险型决策方法中的一种。具体步骤是，首先分别设定各个方案在不同自然状态下的收益，然后按客观概率的大小，加权平均计算出各方案的期望收益值，通过比较，从中选出一个最佳方案。

冗余资产：可以在不影响企业运营情况下出售的多余资产或备用资产。

跨期：指多个经济时期或多个会计时期。其中，一个经济时期通常用一个会计年度表示。

期货：通常指期货合约，即在将来某一特定的时间和地点交割一定数量标的物的标准化合约。

期权：交易的一方给予另一方在合约到期日或到期日之前的有效期限内，按协议价格选择是否买入或卖出一定数量的商品或金融资产的权利。即人们关于未来特定时期选择是否行使某项权利的合约。期权就是人们基于合约在未来某个特定时期的选择权。

无风险套利原则：当社会经济失衡时，套利行为就会产生。在有效的市场上，市场价格必然会通过套利行为实现相应调整，使之重新回到供求平衡的均衡价格，这就是无风险套利原则。

极值：极大值和极小值的统称。如果一个函数在一点的一个邻域内处处都有确定的值，而以该点处的值为最大（小），那么这一函数在该点处的值就是一个极大（小）值。

泛函：从函数组成的一个向量空间到标量域的映射。也就是说，它是定义域为函数集而值域为实数的映射。这是一个数学概念，财务学中的估值会经常使用泛函知识。

二、思考题参考答案

1. 套利的类型主要有哪些？

从套利对象出发，套利包括商品套利、期货套利和统计套利。其中，商品套利就是在同一时间进行低价买进而高价卖出的操作，也是同一商品在两个市场的套利交易，因而也可称为跨市套利。期货套利是指利用相关市场或者相关合约之间的价差变化，在相关市场或者相关合约基础上进行反向交易，以期在价差发生有利变化时获利的行为。统计套利是将套利建立在对历史数据进行统计分析的基础之上，估计相关变量的概率分布，并结合基本面数据进行分析来指导套利交易。

从套利行为方式出发，套利包括跨期套利、跨市套利和跨商品套利。跨期套利是套利交易中最普遍的一种，是当同一商品在不同交割月份价格出现异常变化时进行对冲操作而获利，又可分为牛市套利（bull spread）和熊市套利（bear spread）两种形式。跨市套利是在不同交易所之间的套利交易行为。当同一期货商品合约在两个或更多的交易所进行交易时，由于区域间的地理差别，各商品合约间存在一定的价差关系，这就为跨市套利提供了机会。跨商品套利指的是利用两种不同的但相关联商品之间的价差进行交易。这两种商品之间具有相互替代性，或其价格受同一供求因素制约。跨商品套利的交易形式是同时买进和卖出相同交割月份但不同种类的商品期货合约。

2. 套利机制的财务假设有哪些？

套利机制的财务假设有理性经济人假设、风险厌恶假设、有效市场假设、股东财富最大化假设、持续经营假设以及风险与收益匹配原则等。

理性经济人假设是指经济决策主体都充满理性，在经过缜密判断和计算之后再做出决策行为。理财人员的理财行为是理性的，他们会在众多的方案中选择最有利的方案。

风险厌恶是人们在经历和承受风险情况下的偏好特征，一般是指在成本相同条件下更倾向于做出低风险的选择。

有效市场假设是指价格对新信息立即做出调整并完全反映，随后还会有上升或下降的趋势。

股东财富最大化是指人们在考虑了时间价值和风险因素之后,经过科学财务决策做出满足股东意愿的财务选择。

持续经营假设是指企业经营活动永续存在。

风险与收益匹配原则是指,一般情况下风险与收益存在正相关关系。

3. 套利是理念,还是业务? 为什么?

套利是业务。套利是一种类型的投机活动,在实际操作中,通过分析套利背后的推动力量是否发生了变化,是否还在发生作用,作出继续持有或止盈止损的决定,由此获取低买高卖的差价收益。套利业务是利用不同地点或不同时期的同种商品价格差异进行有利的资金转移,从中套取利差收益。当社会经济均衡时,则套利为零。

4. 社会经济均衡的条件有哪些?

社会经济均衡是社会再生产过程内部矛盾均衡的结果。只有生产过程均衡、市场交易均衡以及生产与市场之间均衡时,社会经济才具有均衡性。又因为生产与市场均衡的实质是生产与消费的均衡,所以社会经济要达到均衡,需要总产品生产与总消费之间达到均衡。具体来讲,在宏观经济中,社会均衡条件有总收入等于总支出、总需求等于总供给、投资等于储蓄。企业与市场之间的均衡以及经济、政治、文化、科学和自然生态之间的均衡,也是社会经济均衡的重要条件。

5. 思考自己经历过的套利行为,写出经历过程。

现实生活中的"代购"就是一种商品套利行为,其实质是人们根据同种商品在不同地区售价的不同而进行的套利活动。具体过程为,在低价地区以相对低廉的价格购买商品,在高价地区以低于当地的售价出售,从中获取差价。

此思考题的解答由每位同学自己完成。

6. 一价定律的作用。

一价定律可描述为,当贸易开放且交易费用为零时,同样的货物无论在何地销售,用同一货币来表示的货物价格都相同。也就是说,在没有运输费用和官方贸易壁垒的自由竞争市场上,同样商品在不同地点以同一种货币计价,价格都是相等的。按照一价定律,任何一种商品在各国间的价值是一致的。所以,在评价成本和收益以计算净现值时,可以用任何一个竞争市场的价格来确定它们的现金价值,而不用考虑所有可能的市场价格,这就是一价定律的作用。

7. 收益定价泛函的数学解释。

$q(z) = \{w : w = ph,$ 其中, h 满足 $z = hX\}$。

其中, h 为资产或资产组合, X 为利率或贴现率, z 为收益(矩阵、向量)。

泛函是定义域为函数集而值域为实数的映射,即泛函输入为函数,输出为实数,也就是将函数变成实数的运算。那么收益定价泛函就是收益函数对应资产价格的运算，也就是如果要获得 z 的收益，那么价格 p 是多少，即 $p=p(z)$，$z=hX$。

三、练习题参考答案

1. 请用套利原理和期权思路两种方法，针对下列实例做出选择。

美国 IBM 公司"定单的困惑"（The Order Puzzle at IBM）的真实故事。有客户向 IBM 公司定购 2 500 万美元的特殊电脑系统。而 IBM 公司目前尚无现成的能力来提供全套解决方案。该公司的技术中心提出：需要 100 万美元的研究经费，以便设计出一套生产方案。但是技术中心不能保证其设计的方案最终在经济上可行。其中，有 50% 的可能，技术中心可以设计出一套成本为 1 000 万元的方案（经济上可行）；另有 50% 的可能，技术中心设计出的方案成本为 4 000 万（经济上不可行）。

问题：是否要把这 100 万美元的研究经费拨给技术中心？

答：使用二项式期权模型。

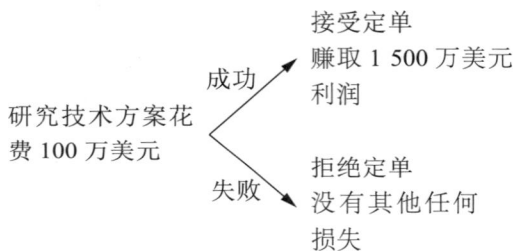

| 回报法（单位：百万美元）
预计收益 ＝25
成本 ＝投资 1＋（10×50% ＋40×50%）
　　　＝26
================
净现值 ＝25−26＝−1
结论：NO! | 期权定价法（单位：百万美元）
预计收益 ＝25×50% ＝12.5
成本 ＝1＋10
　　＝11
================
期权价值 ＝12.5−11＝1.5
结论：YES! |

传统的投资理念认为：事先应该将可能出现的情况加以分析，然后对各种情况的后果根据其各自的概率进行加权，最后得出该项目的盈亏分析。

该定单的预期收益为 2 500 万美元，成本为 100+（1 000×50% +4 000×50%）= 2 600 万美元，则该项目的净现值为 2 500−2 600＝−100 万美元。因此，结论：这个项目是亏损项目，既不应该给技术中心拨款，也不应该接受这个定单。这是典型的套利定价法的投资思路。

如果从期权的角度出发看问题，思路和结论就会完全不同。在期权投资者看来，该项目的预计收益为 2 500×50% ＝1 250 万美元；其隐含的意义是 IBM 公司只有在 1 000

万美元方案取得成功之后,才会去接受客户的定单,而该公司只有50％的可能性获得一套能够使之盈利的技术方案。因此,IBM公司其实只有50％的可能性拿下这份定单。如果该公司最后发现只能实现一套4 000万美元的技术方案,那么,IBM就不会接受客户的定单,因而也根本不用考虑出现4 000万美元的技术方案的概率。

因此。该项目的成本为100+1 000=1 100万美元(即100万美元的研发费用加上1 000美元的生产成本),该项目的价值应该是:1 250−1 100=150万美元。结论是应该先给技术中心拨款100万美元,并且等待技术中心的研究成果。在技术中心做出1 000万美元的技术方案时,接受客户的定单;在技术中心得出4 000万美元的技术方案时,拒绝客户的定单,从而根本不需要支付4 000万美元的生产成本。

在这个例子中,IBM公司是否能够接受这份客户定单存在着不确定性,只要存在着不确定性,就有应用期权来解决问题的需要。为此,IBM公司购买了一个期权,这项期权赋予IBM一项在将来做出更好决定的权力。

如果得出了对其有利的情况,即1 000万美元的技术方案,就接受客户定单并获利1 500美元;如果出现了对其不利的情况,那么,就拒绝客户的定单,公司也没有承受其他额外的损失。对于IBM公司而言,投资100万美元进行研究,就等于花了100万美元购买了一项期权。这项期权对于IBM公司而言,其价值为150万美元,因此,IBM公司的投资是物有所值的。

这个例子告诉我们:如果将一个项目分阶段实施,就可以在前一个阶段完成后,产生新信息,然后再决定是否进入下一个阶段的投资。在许多领域,未来的信息是不可预知的,而且如果我们不采取任何行动,也是无法揭示这些新信息的。

在上面的例子中,IBM把一个定单的完成分成了"研究"和"生产"两个阶段,使之在完成"研究"阶段工作收到新信息之后,才决定是否要进入"生产"阶段。

在所有我们目前创造出来的各种金融工具中,得到最广泛最灵活运用的是期权。期权通过法律形式赋予投资人一种权力或能力,这项权力允许投资人以事先约定的固定价格在将来的一段时间内,买入或卖出某项资产。这项权力的持有人在到期日前,还可以接受新信息,并根据这些新信息,对未来的不确定性做出新的判断。因此,这是人们目前为止创造出来的最具有应用前景的金融工具。

期权是一种权力,而不是义务。这是期权和期货最根本的不同之处。买入期货的投资人,到期必须平仓或执行合同,即便到期日的价格对其不利,也仍然必须履行这项义务。而买入期权的投资人在到期日可以根据当时的市场价格,做出是否要执行期权合同的决定。

2. 请查阅我国资本市场宝能集团公司从二级市场收买万科股份的案例,并分析其财务交易性质。

万科企业股份有限公司(简称万科或万科集团,证券简称:万科A,证券代码:

000002)注册资本 1 163 071 万元,主营业务为房地产开发和国内商业,公司总部位于广东省深圳市盐田区大梅沙环梅路 33 号万科中心。万科成立于 1984 年,1988 年完成股份制改造,1991 年 1 月在深圳证券交易所上市。经过多年稳扎稳打,万科资产总额、营业收入和净利润逐年稳步增长,登上了我国房地产行业"老大"的地位。然而 2015 年万科却被风险投资机构——宝能系盯上。宝能系是以宝能集团为中心的资本集团,是一家创始于 1992 年、注册资本 3 亿元的投资公司,总部位于中国深圳经济特区。宝能集团旗下有宝能投资、钜盛华实业、前海人寿等公司。该公司推进"制造宝能、科技宝能、民生宝能"三大战略,现已发展成为涵盖高端制造、国际物流、综合开发、民生服务四大核心业务板块的大型现代化企业集团。

从 2015 年 7 月 10 日起,宝能集团旗下公司前海人寿保险股份有限公司耗资逾 79 亿元,通过二级市场购入万科 A 股约 5.53 亿股股份,当年 12 月 24 日联合一致行动人(钜盛华)通过"暴力举牌",使宝能系以 24.26% 的持股比例一跃成为万科第一大股东(如表 4-1 所示)。

表 4-1 宝能系举牌历程

时间	增持法人	内容	增持后持股比例
2015.7.11	前海人寿	购买约 5.53 亿股,耗资约 79.45 亿元,持股 5%	宝能系持股 5%
2015.7.24	钜盛华	耗资约 80.87 亿元,增持比例 5%	宝能系持股 10%
2015.8.26	前海人寿 钜盛华	耗资约 77.93 亿元,增持比例 5.04%	宝能系持股 15.04%
2015.11.27	钜盛华	耗资约 96.52 亿元,增持比例 4.97%	宝能系持股 20.01%
2015.12.24	前海人寿 钜盛华	增持 4.25%	宝能系持股 24.26%

注:以上数据截至 2015 年 12 月 24 日。

分析:宝能收购万科股份,属于投资或购买万科股权。宝能之所以能举牌万科,收购万科的股权,这和万科分散的股权结构密不可分。企业在持续融资、上市、并购重组、股权激励等行为中,都伴随着股权结构的变化。万科就是这样在资本介入和股权激励方案中,逐步导致股权分散的。万科股权结构经历了从高度分散型到相对集中或相对分散型的转变。宝能收购之前,万科只有两个大股东:华润与管理层,分别持有 15% 与 4% 左右的股份。这种股权结构的特点是,大股东数量不够多,股权集中度不够高。所以,对于股权结构分散的公司有必要及时引进更多大股东,以进一步增强控制权的稳定性。也就是说,对于反敌意收购而言,可以提前采取防范措施,即事先引进一批认同公司经营理念的"白衣绅士"。

第二部分
难点释疑

第四章的难点:① 社会资本再生产理论;② 套利机制;③ 一价定律;④ 收益定价泛函。

一、社会资本再生产理论

社会资本再生产是马克思经济学的一个重要概念。马克思在其《资本论》中指出,社会资本再生产是社会生产中各个互为条件和互相交错的个别资本再生产的总和。社会资本再生产既是社会资本流通和生产的统一过程,也是物质资料再生产、劳动力再生产和生产关系再生产的统一过程,以及个别产品运动和社会总产品运动的统一过程。社会资本再生产是马克思经济学的基础范畴。在马克思看来,社会资本是一个国家、地区或社会全部资本的总和,它是纯经济学的一个概念。在现代经济学里,社会资本通常与企业资本(企业注册资本、企业实收资本,企业会计账面资本)相对应。例如,当人们说"国有企业应适当引入社会资本投入""家族民营企业应适当吸收社会资本"时,这里的社会资本指的是国有企业公有资本之外和家族民营企业家族私人资本之外的社会上民间个人资本。所以,经济学或财务学上的社会资本,指的是企业资本所有者之外的社会上的民间个人资本。

即在现实经济工作中,社会资本是相对于企业内部业主权益资本而言的,通常指企业法人资本之外的社会民间资本。2014 年 8 月 22 日,时任国务院总理李克强先生考察中国铁路总公司时说:"铁路投资再靠国家单打独斗和行政方式推进走不动了,非改不可。投融资体制改革是铁路改革的关键,要以此为突破口,依法探索如何更好吸引社会资本参与。"这里的"社会资本"就是企业所有者资本之外的社会民间个人资本。

在经济学里,资本是创造财富的源泉。如果要实现经济发展的可持续性,就必须开展资本的再生产。马克思社会资本再生产理论简称再生产理论。社会总产品的实物构成及社会生产分成两大部类,社会总产品的价值由三部分构成,是马克思社会资本再生产理论中的两个基本定理。

再生产基本定理 1:社会总产品的实物形态由生产资料和生活资料两大类构成。与此相对应,社会生产便分为两大部类:一类是制造生产资料的部类,称作第一部类,用符号"Ⅰ"表示;一类是制造生活资料的部类,称作第二部类,用符号"Ⅱ"表示。

再生产基本定理 2:从价值形态来看,社会总产品的价值可划分为不变资本(C)、可变资本(V)和剩余价值(M)三个组成部分。其中,C 是旧价值的转移,代表在商品生产过程中消耗掉的预付不变资本;V 和 M 是雇佣工人在商品生产过程中创造出来的新价值,V 用来补偿生产中消耗掉的可变资本,M 用于资本家的个人消费和资本积累。

社会资本再生产理论是我国社会主义市场经济制度下的财政学、金融学、会计学、财务学等专业科学的基础理论。中国特色社会主义经济学是基于马克思科学社会主义理论和马克思经济学理论以及中国经济思想文化传统建立起来的新兴经济学。

所以,学习和理解社会资本再生产理论,应追溯和学习马克思科学社会主义理论、马克思经济学和中国经济思想及其文化传统。马克思主义经济学是中国特色社会主义经济学的基本来源。我们不能像获得了数据就摈弃实验品那样扔掉现代中国经济学的本源。

二、套利机制

套利机制普遍存在于资本主义市场经济和社会主义市场经济之中,这说明套利机制既可以通过西方经济学理论解释,也可以通过中国经济学解释。

在西方经济学看来,当市场总供给和总需求发生不平衡、出现市场交易波动时,套利就产生了。套利就是在同一时间进行低买高卖的操作,实际是零投资获得非零利润的行为。所以,套利是人们试图利用不同市场或不同形式的同类或相似金融产品价格差异谋利。其中,最理想的状态是无风险套利。传统套利是一些交易员采用的传统交易技巧,现在已经发展成为在复杂计算机程序的帮助下从不同市场上同一证券的微小价差中获利的技术。例如,如果计算机监控下的市场发现 ABC 股票可以在纽约证券交易所以 10 美元的价格买入,而在伦敦证券交易所以 10.12 美元的价格卖出,套利者或者专门的程序员就会同时在纽约买入而在伦敦卖出同等数量的 ABC 股票,从而获得两市场之间的价格差。人们之所以进行套利交易,主要是套利的风险和成本较低,套利交易可以为始料未及或因价格剧烈波动而引起的损失提供某种保护,但套利的盈利能力也较直接交易小。套利的主要作用之一是帮助扭曲的市场价格恢复到正常水平,其二是增强市场的流动性。例如,以较低的利率借入资金,同时以较高的利率贷出资金,假定没有违约风险,此项行为就是套利,这里最重要的是时间的同一性和收益为正的确定性。

财务学直觉、抽象能力、和逻辑严谨性较强的理性经济人适合从事套利交易。

那么,究竟什么是套利机制呢?人类社会和自然界中的很多事物因其过于复杂而难以使用生活语言表述,此时最宜用数学方法表达。勒罗伊和沃纳教授在《财务经济学原理》(2001)教材里给出如下数学定义。

强套利(strong arbitrage):一个有非负支付($\textbf{+}hX\geq\textbf{+}0$)和负的价格($\textbf{ph}<0$)的资产组合。

套利(arbitrage):一个有非负支付($\textbf{+}hX\geq\textbf{+}0$)和非正的价格($\textbf{ph}\leq0$)的资产组合。

例子：假设两个资产的收益分别为 $X_1+=+(1,1)$，$/+/+X_2=(1,2)$，价格分别为 $p_1+=+p_2+=1$。那么，$/textbfh+=+(-1,1)$ 即为一个套利。但是，这个情况不存在强套利。

在勒罗伊和沃纳教授看来，套利机制就是资产组合机制。

在马克思经济学看来，经济机制是社会经济各个组成部分相互制约的关系，以及为保证经济运转采取管理经济的具体方式所构成的总体。套利是社会经济机制的组成部分之一，当社会资本再生产过程中生产、交换、分配和流通的某一环节发生中断或受到干扰，那么，套利就产生了。当社会再生产过程均衡有序运行，套利便不会发生。套利是社会资本再生产过程出现失衡的一个结果。因此，套利机制与社会资本再生产机制是反向的。显然，套利是修复社会经济活动失衡的一种财务修补机制。

三、一价定律

经济学家对一价定律的定义是：当贸易开放且交易费用为零时，同样的货物无论在何地销售，用同一货币来表示的价格都相同。

该定律揭示了国内商品价格和汇率之间的一个基本联系，即商品价格和货币资本价格的内在关系。引申之，在财务学上，当市场完善且币值稳定时，两件价值量相等的物品，不论在何地何时，其交易价格也会相等。其核心含义：具有相同收益的资产组合，应该有相同的价格。

该定律在日常生活中处处可见。例如，价格相同或相近的一套房子和一块菜地，虽然属于不同商品，但应具有相同或相近的价格。

一价定律（the law of one price），又称一价法则（single-price law of markets）。其成立的充分必要条件：对于所有收益为零的资产组合，其价格均为零。

四、收益定价泛函

收益定价方法在项目投资决策、企业并购重组战略经常被使用，它是人们根据项目年度预期收益率和企业年度目标收益测度项目资产市场价值的过程；或者使用项目投资额和年度预期收益率测度项目年度收益额的过程。一般地，收益定价法考虑了资本时间价值。严格地，资本时间价值是以资本增值为因变量，以时间、利率和资本规模等因素为自变量的函数关系。在这里，函数值是由自变量的选取而决定的。但是，泛函的值是由自变量函数确定的，泛函的自变量是函数。所以，泛函是函数的函数，其定义域是一个函数集，而值域是实数集或者实数集的一个子集。推广开来，泛函就是从任意的向量空间到标量的映射，它也是从函数空间到数域的映射。

泛函属于数学分析领域的知识，泛函分析是 20 世纪 30 年代形成的研究无限维抽象空间及其分析的一个新数学分科，它的产生使现代数学及其应用发生了根本性转折。

设 $\{y\}$ 是给定的函数集,如果对于这个函数集中任一函数 $y(x)$ 恒有某个确定的数与之对应,记为 $\Pi(y(x))$,则 $\Pi(y(x))$ 是定义域集合 $\{y(x)\}$ 上的一个泛函。

将泛函引入财务学测算收益和风险,便产生了收益定价泛函。学习数学理论,掌握数学方法,理解数学思想,对于学习、掌握和理解财务学至关重要。

对于任意证券价格 p,可以定义一个算子 $q:M \rightarrow Ж$。它将每一个收益映射为能产生该收益的资产组合的价格。正式表达式如下:

$$q(z) = \{w: w = ph, 其中 h 满足 z = hX\}$$

一般情况下,q 是一个对应,而非单值函数。只有当一价定律成立时,q 才是单值函数。此时,q 是一个线性泛函。即当一价定律成立时,称 q 为收益定价泛函(payoff pricing functional)。

第三部分
重要理论的历史背景

第四章包含和涉及多个财务理论,社会资本再生产理论、套利机制理论、一价定律是其中的重要内容,我们在此对它们的历史略加考察和了解。

一、社会资本再生产理论的历史背景

马克思经济学理论主要体现在《资本论:政治经济学批判》(在 1867—1894 年分为三卷出版)这一著作中。1857 年,资本主义国家爆发了世界性的经济危机。马克思认为,随着经济危机而来的可能是革命,在这之前要用科学理论武装工人阶级。因此,马克思在给恩格斯的信中说:"我现在发狂似地通宵总结我的经济学研究,为的是在洪水之前至少把一些基本问题搞清楚。"于是,他开始研究政治经济学。1867 年 9 月,他在德国汉堡出版了《资本论:政治经济学批判》(简称《资本论》)第一卷,专门研究资本的生产过程。关于该书结构的设想,马克思在 1866 年给库格曼的信中有过描述:"全部著作分为以下几部分:第一册,资本的生产过程。第二册,资本的流通过程。第三册,总过程的各种形式。第四册,理论史。"但《资本论》第一卷出版后,由于身体状况的恶化,第二、第三卷未及出版,马克思就与世长辞了。马克思逝世后,恩格斯整理了《资本论》第二卷和第三卷,分别于 1885 年和 1894 年出版。恩格斯曾打算整理出版《资本论》第四卷,可惜未能如愿。这部分后来被考茨基整理为《剩余价值学说史》,依次于 1904 年、1905 年、1910 年分三卷出版。

马克思经济学从资本主义经济中的商品开始研究,通过对个别商品生产和交换过程的研究,创立了劳动价值论。在此基础上,马克思研究了单个资本的形成、生产和流通过程,揭示资本增值的秘密,创立了剩余价值理论。解释了资本主义经济实际是社会总资本的再生产过程,其核心问题是作为总商品资本的社会总资本价值补偿和物质替换问题,亦即社会总产品的实现问题。社会资本再生产理论是马克思经济学剩余价值理论的重要内容。

二、套利机制理论的历史背景

套利原是民间市井经济活动中的价差交易行为。商品集市产生时,套利就产生了。现在,套利通常指的是在买入或卖出某个标的(可以是电子合约也可以是实物)的同时,卖出或买入相关的对应标的。当这两个标的的价差发生变化时,在各自市场上进行平仓(与原交易方向相反)操作,以期望获得价差变化带来的收益。

胡寄窗著《中国经济思想史简编》(1981)中的第一章《西周经济思想》里,阐述了我国西周时期人们对于财富和农业生产的概念表述、对工商业的态度、市场管理、价格和高利贷以及财政思想。彼时,我国已产生了套利交易。赵靖著《中国经济思想史述要》(上册,1998)的第二章《中国古代经济思想的滥觞》里,阐述贱买贵卖、贵义贱利论的形成和孔丘经济思想的核心。彼时,套利已成为市场经济的普遍现象。然而,我国学术界专门研究套利问题的专著则甚少。

斯蒂芬·A. 罗斯(Stephen A. Ross)教授2005年出版了《新古典财务学》(Neoclassical Finance)。他认为,财务学上的无套利假设是强制性的,因为它与人的行为天性——总是希望财富多多益善的信念相符。有所储蓄以备不时之需,是人类学中一个有趣的社会习俗。无套利原理是资本市场均衡的必要条件,也是财务学的基本定理。罗斯教授认为,财务学基本定理的以下三个陈述等价:① 无套利;② 存在一个能够对所有资产定价的正的线性定价规则;③ 对某位认为财富多总比财富少好的经纪人或投资者而言,存在有限的最优需求。因此,罗斯教授建议,将无套利原理与个人效用最大化联系起来开展研究具有显著的建设性。任何投资者在解决个人财富最大化问题时,都会利用套利机会并使套利规模无限放大。因此,在财务学上,套利机会的存在和存在有限的最优需求是矛盾的。相反,如果无套利,人们就可以找到一个正的定价算子并且用它来定义冯·诺依曼-摩根斯顿期望效用函数最大化的边际效用,从而可以构建一个单调凹效用函数来达到一个有限的最大值。

宋逢明著的《金融工程原理:无套利均衡分析》(1999)是我国改革开放以来较早阐述财务工程知识的大学教材,其内容涉及套利原理以及资产组合投资、资本资产定价和公司财务等领域,但该教材未系统深入地专门阐述套利交易。陈云贤等著《风险-收益:决策分析》(2001)一书的第十四篇"套利定义的剖析",比较系统地阐述了单期套利情况和多期套利情况及其定理。这是我国目前阐述套利交易的重要文献之一。

众所周知,我国的经济学及其史学研究源远流长,经济学内容与我国五千多年的灿烂文化传统紧密联系,但基于科学意义上的现代经济学在我国则不足二百年。所以,我国有关财务学套利理论的研究文献相对较少。

三、一价定律产生的历史背景

一价定律(The Law of One Price)是绝对购买力评价理论的一种表现形式,它是由货币学派的代表人物弗里德曼(1953)提出的。一价定律可简单表述为:当贸易开放且交易费用为零时,同样的货物无论在何地销售,用同一货币来表示的货物价格都相同。这揭示了国内商品价格和汇率之间的一个基本联系。在完全竞争的市场上,相同的交易产品或金融资产经过汇率调整后,在世界范围内其交易成本一定是相等的。所以,一价定律指的是两个具有相同回报的资产应该具有相同的价格。

　　按照一价定律的理论,任何一种商品在各国间的价值(通过汇率折算之后的标价是一致的)是一致的。若在各国间存在价格差异,则会发生商品国际贸易,直到价差被消除,贸易停止,这时达到商品市场的均衡状态。

　　一价定律成立的条件:① 对比国家都实行了同等程度的货币自由兑换,货币、商品、劳务和资本流通是完全自由的;② 信息是完全的;③ 交易成本为零;④ 关税为零。一价定律的作用:在评价成本和收益以计算净现值时,可以用任何一个竞争市场的价格来确定它们的现金价值,而不用考虑所有可能的市场价格。

　　在金融市场交易的金融资产有单一买入价(bid)和卖出价(ask)。买入价和卖出价之间存在差价(spread),一价定律便适用这情况。理论上,没有交易商愿意以低于市场庄家愿意出售的价格出售该金融资产,同理,没有人愿意以高于市场庄家愿意付出的价格去购买该金融资产。否则,高买低卖的市场参与者要么找不到合适的交易对手,要么其买卖等同做慈善,令他人得益。衍生工具市场的一价定律则显得不同,衍生金融产品关注的并非同种类价格的一致,而是同物品不同时差的价格一致。一价定律是无套利最重要的特例,并且是远期汇率评价理论的基础。

　　不论从期货市场,还是从现货市场购入货物,除去手续费和运输成本等交易成本,两种货物的售价现值理应一致。否则投资者便可能从较低价格市场购入,然后在较高价格市场出售。这就出现了套利交易。一件证券必然拥有单一价格,不论这证券是如何创造的。如果一张期权可由两个分属不同标的物的证券所创造,这两个证券的价格必然相同或者彼此间存在套利机会。相同的证券或证券组合应该价格相同,否则会发生套利。

第四部分
重要文献选读与导读

为了深入全面学习第四章"套利",建议学生课外选择如下三本著作之一阅读。

一、吴志峰:《套利与市场均衡:对证券市场失衡的套利分析》

我们知道,当市场供求关系均衡时,企业利润为零,套利就不会存在。套利是人们在追求和实现市场均衡的过程中获得的市场失衡收益。吴志峰先生的这本著作写得很严谨。他从引言、文献述评和研究设计等章节开始,提出研究的问题、陈述证券市场失衡研究现状,阐述研究方法。然后展开理论分析,解释套利及其分类,分析套利要素和套利技术及其应用;证明套利与市场均衡的关系。并且逐一论证新古典理论中的套利与市场均衡,理性预期理论中的套利与市场均衡,有效市场理论中的套利与市场均衡以及套利的有限性。该著作比较深入地讨论了中国证券市场失衡的套利交易,很值得学生课外阅读。

一般地,基于科学研究的文献选读和导读,主要是告诉读者某一篇论文或某一部专业著作研究的问题、研究方法、研究假设和研究结论是什么,向读者提供研究信息。而基于教学中的文献选读和导读,则主要是告诉学生除了教材之外还有哪些文献值得阅读学习,并从教材之外的书本里获得与教材内容相同的部分加以记忆和思考,进而帮助深入理解教材内容,以及补充教材中未阐述的部分内容。

二、陈云贤等:《风险－收益:决策分析》

陈云贤先生是我国改革开放后先后考入福建师范大学和北京大学并获得硕士和博士学位的著名学者,他曾在商业银行、证券公司、地方政府担任领导职务,具有丰富阅历。其领著的《风险－收益:决策分析》是一部研究财务管理的专题性著作,由多位作者撰写的十七篇专题讲座文章构成。这部著作十分适合财务管理专业本科学生阅读。该著作的内容如下:

第一篇　风险收益对应论是投资银行管理轴心

第二篇　华尔街引人注目的股票定价指标——q 比率

第三篇　风险度量尺度的研究

第四篇　证券投资风险度量方法的研究

第五篇　市场风险度量中的若干统计问题研究

第六篇　股票价格多种波动下的市场模型及其分析

第七篇　证券投资的随机决策

第八篇　收益与风险的数学决策模型及算法研究

…………

第十四篇　套利定义的剖析

…………

限于篇幅,此处不再对书中全部目录进行列示。虽然该著作比较适合财务管理专业本科生高年级学生阅读,但作为《财务学原理》(第二版)的辅助读物也十分恰当。

请注意,教材之外的重要文献选读和导读应建立在娴熟阅读《财务学原理》(第二版)的基础之上,教材之外的书本读物都是辅助性读物。

三、Stephen A. Ross:*Neoclassical Finance*

斯蒂芬•A. 罗斯教授是世界著名财务学家,尤其在财务学基础理论研究方面成就突出,他是套利定价理论(APT)的创立者。他与伦道夫•W. 威斯特菲尔德教授、杰弗里•F. 杰富教授合著的 *Corporate Finance* 教材(中译本《公司理财》)在我国已出版了十几版,是财务管理和会计等专业的流行教材。这本《新古典财务学》(2005)是一部重要著作,该著作内容以无套利原理为逻辑起点,论证财务学基本定理,探索确定定价核的边界,检验有效市场理论学说,使财务学理论研究有了显著进展。斯蒂芬•A. 罗斯教授的研究发展了无套利原理,将资产定价和资本市场上没有免费午餐命题联系起来,他与约翰•考克斯(John Cox)一起提出了与无套利相关联的风险中性定价概念。

《新古典财务学》(2005)共四章内容,分别是:

第一章　无套利:财务学基本定理

第二章　确定定价核的边界,资产定价和完全市场

第三章　有效市场

第四章　用新古典观点研究行为财务学——封闭式基金之谜

该著作虽然篇幅不长,但提出了若干新的重要命题和概念,如"套利机会实际是一个钱泵""风险中性概率""定价核"等,许多命题饶有兴趣,发人深省,处处涌现新意,值得学生在校四年连续反复阅读和体味。

本章参考文献:

[1] 贾康,史卫,刘翠薇. 中国财政思想史 [M]. 上海:立信会计出版社,2018.

[2] 赵靖. 中国经济思想史述要(上、下册)[M]. 北京:北京大学出版社,1998.

[3] 胡寄窗. 中国经济思想史简编 [M]. 北京:中国社会科学出版社,1981.

[4] 威廉 N. 戈兹曼、K. 哥特•罗文霍斯特著,王宇、王文玉译. 价值起源(修订版)[M]. 沈阳:万卷出版公司,2010.

［5］宋逢明．金融工程原理：无套利均衡分析［M］．北京：清华大学出版社，1999．

［6］陈云贤等．风险-收益：决策分析［M］．北京：新华出版社，2001．

［7］Stephen A. Ross. Neoclassical Finance［M］. Princeton：Princeton University Press，2005.

［8］Stephen F. LeRoy，Jan Werner. Principles of Financial Economics［M］. Cambridge：Cambridge University Press，2001.

［9］吴志峰．套利与市场均衡：对证券市场失衡的套利分析［M］．北京：经济科学出版社，2017．

第五章
价值与收益

　　第五章第一节的内容精要:财务学上的价值,其本质是经济学上的市场价值,亦即资产项目未来各期收益的折现值。财务管理中的价值主要是现在的市场价值和未来预期价值。"现在"和"未来"均与时间有关。在财务学上,价值和收益均与时间紧密相关。某资产项目的投资额与其未来经营时期内各年度收益折现值之和的差异,就是该资产项目的收益。严格地,这里的收益与会计上的利润不一样。

　　第二节内容精要:人们根据价值规律开展价值活动管理工作。人们发现价值和创造价值的财务活动应遵循价值变动规律。价值的产生、增减变化和消失具有自身规律性,价值规律是商品市场经济的基本规律。财务管理的基本职能是有效均衡配置资本以维护生产经营运行、发现价值、创造价值,执行财务管理职能是财务人员的基本任务。

　　第三节内容:阐述马克思价值理论、新古典价值理论和斯拉法价值理论等不同学术派别对价值创造的见解,我国主要遵循马克思劳动价值理论和剩余价值理论,同时参考其他价值理论思想。马克思经济学的价值理论是我国财务学价值理论的重要来源。价值是财务学基础范畴之一,价值理论是财务学者理解净现值和收益率等概念及其原理的重要基础理论。

　　第四节阐述价值规则和估值原理。价值可加性和价值最大化是两个重要财务规则。估值理论是财务学核心理论之一,其含义是资产价值评估和资本资产定价,价值评估具有时效性、市场性和预计性等特征,资本资产定价则是以资产组合投资理论和资本市场均衡理论为依据,以财务模型技术和数学知识为工具。估值是一项比较复杂的财务工作。价值规则和估值原理源于经济学价值理论各种学派的学术共识,其社会制度基础主要是市场经济制度。

教学重点和难点

（1）财务学作为经济学的重要分支，其价值概念的内涵是资产项目未来各期收益的折现值。财务上的价值具有独特的定义。

财务学作为经济学的分支，实际是财务经济学的简称。财务管理作为管理学的分支，实际是财务管理学的简称。财务学是财务经济学和财务管理学的合称。

（2）价值规律、价值管理规则与财务管理职能的联系。

价值是财务学重要的基础范畴，财务管理的实质是经济活动的综合价值管理。

财务管理关于配置资本维护生产经营活动、发现价值和创造价值的三个职能，其目的是保障人们经济活动的价值增长。

（3）为什么价值理论拥有不同学派？

经济学家因其对社会再生产和商品市场经济制度的不同理解，会产生和形成不同的价值理论。同理，财务学家因对财务学理论发展规律的不同认识，会产生和形成财务学不同的价值理论学派。

（4）估值原理。

财务学里的估值原理是财务学富有科学性质的财务原理，因而，估值原理不轻易被人们理解和掌握。

第一部分
习题解答

▶ 教材中的思考与练习题

一、名词解释

1. 价值　现货价格　期货价格　合约价格　账面价值　市场价值　重置价值
2. 价值经营　价值发现　价值创造　价值实现
3. 价值评估　资产评估　成本法　市价法　收益法　市盈率法　市净率法　企业整体价值评估
4. 价值可加性规则　估值　净现值　内部收益率　会计收益率　现金流量

二、思考题

1. 不同学派对于价值创造的核心观点是什么？
2. 资本成本范畴有哪些，资本成本的作用是什么？
3. 价值发现类型有哪些，这些类型有哪些基本差异？
4. 价值实现类型有哪些，这些类型有哪些基本差异？
5. 价值评估的基本特征有哪些？
6. 什么是企业价值评估，与资产评估有何差别？

三、练习题

1. 搜狐网站 2017 年 8 月 2 日新闻《当年差点卖身新浪，如今市值 3 万亿港元，腾讯如何逆袭？》中所提的 3 万亿港币是对腾讯哪部分价值进行的评估？这种评估主要采用的方法是哪一种？对于文中"在互联网时代，谁拥有用户谁就掌握了主动权，腾讯撑起 30 000 亿港元的市值，完全要归功于 9 亿用户"的说法，你赞同吗？

2. 从巨潮网、上交所或深交所网站搜寻一至两个上市公司的财务活动信息，尝试对其财务活动进行分类，并结合企业实例说明哪些是价值发现活动，哪些是价值创造活动，哪些是价值实现活动？

3. 假设一位大学本科生 16 岁入学，20 岁毕业，工作了 45 年后退休，之后又生活了 35 年终老。老人一生虽经历了一些社会制度变革和局部战争，但其退休前从未中断和放弃工作。试依据财务学上的价值原理，从经济学视角初步测算该位老人的人力资本价值。

▶ 思考与练习题参考答案

一、名词解释参考答案

1. 价值　现货价格　期货价格　合约价格　账面价值　市场价值　重置价值

价值：关于价值概念，经济学的不同学派有不同的定义。在欧美人看来，资产的基本价值是指投资者在信息充分和自由市场上购买该资产时必须支付的价格。资产的市场价格与其基本价值之间可能暂时存在差别。总体上，在完善的市场里，资产的买卖价格能够反映其价值。在我国，资产价值大小一般由其生产过程的复杂程度所决定，价格的高低则由市场交易过程的复杂程度所决定。马克思从李嘉图的研究出发，认为商品的价值是由凝结于商品中的人的一般社会必要劳动所决定，劳动支出多少则由人们的劳动时间长短来计量。劳动是衡量一切价值的尺度。马克思经济学认为，商品生产的社会必要劳动时间决定商品价值的大小。价格是价值的表现形式，价值是价格决定的基础。西方经济学认为，商品价值的大小取决于消费者对商品效用的偏好程度，商品价格的高低取决于商品的市场供求关系。

现货价格：现货价格是指现在真实货物买卖双方按照目前市场行情和公平原则所达成的商品具体成交价格。现货价格的确定带有随行就市的色彩，不可避免地存在价格上涨或下跌的风险。

期货价格：期货价格是指在期货市场上通过公开竞价方式形成的未来交割期货的合约价格。期货交割的时间可以是一个月之后，半年之后，甚至一年之后。期货交易的对象不是单一货物，而是以某种大宗商品如棉花、大豆、石油以及股票、债券等金融资产为标的物的标准化可交易合约。

合约价格：合约价格是指买卖双方通过协商以书面契约形式事先确定商品的实际成交价格。合约价格有可能比市场价格低，也有可能比市场价格高，或与市场价格基本持平。

账面价值：账面价值是按照会计核算原理和方法反映计量的企业价值。《国际评估准则》指出，企业的账面价值，是企业资产负债表上体现的企业全部资产（扣除折旧、损耗和摊销）与企业全部负债之间的差额，与账面资产净值和股东权益同义。可见，账面价值是企业资产在过去的交易中取得或购置时所花费的代价，即某一物品在会计账本上的价值。它以过去的交易为基础，主要使用历史成本属性对资产进行计量。

市场价值：市场价值是指资产在现行交易市场上的公允价值，即某一物品在会计师眼里的公允价值。它是市场里买卖双方公平议价之后双方都能接受的价格。

重置价值：重置价值又称会计师心目中的现行价格，它是指按照当前市场条件和某一物品的供求关系，重新取得同样一项资产所需花费的全部成本。

2. 价值经营　价值发现　价值创造　价值实现

价值经营：价值经营是人们在生产和交易中自觉依据价值规律,运用价值理论,通过发现、创造和实现价值,使价值的产生、发现、创造和实现成为一项独立的财务活动,最终达到经济活动的价值最大化。这里的价值产生、价值发现、价值创造和价值实现被称为价值经营。其中,价值发现、价值创造以及均衡配置资本以维护经营活动,被视为财务学的基本职能。

价值发现：价值发现就是发现客体对象的价值所在。企业价值经营的首要环节就是价值发现,价值发现是价值创造和实现的基础与前提。

价值创造：价值创造的过程就是通过业务活动增加客体对象的价值内涵。价值创造的对象是企业的各种价值活动,价值创造的目标则是通过协调、整合各项价值活动,实现价值创造最大化。

价值实现：价值实现是通过交易活动兑现并体现客体对象的内在价值,企业发现与创造的价值被市场认可并接受,从而完成了价值投入价值产出的转化。

3. 价值评估　资产评估　成本法　市价法　收益法　市盈率法　市净率法　企业整体价值评估

价值评估：将一个企业或资产作为一个有机整体,依据资产存量及其获利能力,充分考虑影响企业或资产获利能力的各种因素,结合行业背景,按照评估准则,遵循一定的原则和程序,采用适当的方法进行价值评估的经济活动。

资产评估：资产评估可以理解为资产价值评估,即资产估值,人们对某一项资产的现在及其未来时期市场价值的估算。但在会计上,资产评估是人们对资产在某一时点的价值进行估计的行为或过程。

成本法：以被评估企业基准日的资产负债表为基础,合理评估企业表内及表外各项资产、负债价值,确定评估对象价值的评估方法。

市价法：利用市场上同样或类似资产的近期交易价格,经过直接比较或者类似分析估计资产价值的各种评估方法的总称。

收益法：指将预期收益资本化或者折现,确定评估对象价值的评估方法。

市盈率法：以行业平均市盈率或可比公司市盈率来估计企业价值的方法。企业资产的每股市价与每股盈利之比,称为市盈率。因此,行业平均市盈率、平均每股收益与企业股份之乘积,可得出企业的市场价值。

市净率法：以行业平均市净率来估计企业价值的方法。

企业整体价值评估：建立在企业整体价值分析和价值管理的基础上,把企业作为一个经营整体来评估企业价值的评估活动。

4. 价值可加性规则　估值　净现值　内部收益率　会计收益率　现金流量

价值可加性规则：指收益定价的线性属性。其中一个隐含的结论是，即使负债权益结构存在差别，两家未来盈利前景相同的公司的市场价值也依然相等。或者说，企业管理人员不存在进入无关业务的激励，因为假如以市场价值进行并购，将两个企业的现金流量合并到一块的价值，正好等于其各自的价值之和。

估值：指资本资产价值评估。价值估值有价值上界与价值下跌之分，其中，价值上界是指资本资产的收益优于依存权益的资产组合最低价格，价值下跌是指资产的收益劣于依存权益的资产组合最高价格。

净现值：指一项经济业务未来收入的现在价值与该业务成本支出的现在价值之间的差额，即收入现在价值与成本现在价值的差额。对于一个投资项目而言，是指投资项目未来各期现金流入量现值之和减去项目投资额现值之后的差额。

内部收益率：使投资项目未来各期净现金流量现值之和等于投资项目初始投资额现值的贴现率，也就是使投资项目净现值为零的折现率。

会计收益率：也称会计回报率或平均会计收益率，指项目寿命期内年平均净收益与年平均账面总资产之间的比率。

现金流量：指投资项目在其整个寿命期内所发生的现金流出量和现金流入量的统称。

二、思考题参考答案

1. 不同学派对于价值创造的核心观点是什么？

（1）劳动价值论：马克思认为，交换价值是价值的量的表现，价值的本质是凝结在商品中一般的、无差别的人类劳动，只有人类劳动才能创造价值。创造商品价值的劳动是抽象劳动，决定商品价值的则是社会必要劳动时间。恩格斯进一步指出，"价值是生产费用对效用的关系"，精辟地揭示了价值的本质以及生产费用和效用在价值决定中的作用。按照恩格斯的观点，费用和效用是商品的两个基本属性，商品的价值由这两个因素共同决定，其中任何一个都不能单独地决定价值。

（2）效用价值与新古典均衡价值理论：以凯恩斯为代表的效用价值论认为商品的价值由商品为顾客带来的效用决定，效用与价值成正比。效用论的主要错误并不在于效用本身的主观性和难以度量性，而在于它完全否定了商品的另一个基本属性即生产费用在价值决定中的作用。

马歇尔运用边际分析方法，将效用价值论和费用价值论与供求论有机地结合起来，从而创立了均衡价格理论，才具体揭示出价值创造的机制。按照均衡价格理论，费用和效用共同决定商品的价值，应该作为一个过程来理解。当物品的效用高于物品的费用时,消费者愿意为该物品支付的价格高于生产者生产该物品所消耗的费用,这时生产者进一步扩大生产是有利的,直到增加的一单位物品所花费的费用与消费者为增加一单位该物品的购买所支付的价格相等时为止,商品的交换价值才能在长时期中保持稳定,从而使商品的价值得以确定。当物品的效用低于物品的费用时,消费者愿意为此物品支付的价格低于该物品的生产费用,这时生产者减少生产是有利的。随着该物品供给量的减少,其边际效用会增加,而边际费用则可能递减,直到该物品的边际费用与边际效用相等时为止,商品的价值才得以最终确定。

（3）斯拉法价值论:斯拉法的价值论由价格决定理论和标准商品理论(价值尺度理论)两部分组成。斯拉法在他的价格决定体系中表明,价格不仅决定于生产方法,而且还受到分配的影响。如果假定生产方法不变,相对价格的变动就唯一地产生于分配的变动。

2. 资本成本范畴有哪些,资本成本的作用是什么?

（1）资本成本是指企业为筹集和使用资本而付出的代价,包括筹资费用和使用占用费用。

筹资费是指企业在资本筹措过程中为获取资本而付出的代价,如向银行支付的借款手续费,因发行股票、公司债券而支付的发行费等。筹资费用通常在资本筹集时一次性发生,在资本使用过程中不再发生,因此,视为筹资数额的一项扣除。

使用占用费是指企业在资本使用过程中因占用资本而付出的代价,如向银行等债权人支付的利息,向股东支付的股利等。占用费用是因为占用了他人资金而必须支付的,是资本成本的主要内容。与会计上的生产成本具有历史成本属性和税前成本属性不同,财务上的资本成本主要具有未来成本和税后成本属性。

（2）资本成本的作用。

第一,资本成本是企业筹资决策的重要依据。

企业的资本可以从各种渠道,如银行信贷资金、民间资金、企业资金等来源取得,其筹资的方式也多种多样,如发行股票、银行借款等。但不管选择何种渠道,采用哪种方式,主要考虑的因素还是资本成本。通过不同渠道和方式所筹措的资本,将会形成不同的资本结构,由此产生不同的财务风险和资本成本。所以,资本成本也就成了确定最佳资本结构的主要因素之一。随着筹资数量的增加,资本成本将随之变化。当筹资数量增加到增资的成本大于增资的收入时,企业便不能再追加资本。因此,资本成本是限制企业筹资数额的一个重要因素。

第二,资本成本是评价和选择投资项目的重要标准。

资本成本实际上是投资者应当取得的最低报酬水平。只有在投资项目的收益高于资本成本的情况下,才值得为之筹措资本;反之,就应该放弃该投资机会。

第三,资本成本是衡量企业资金效益的临界基准。

如果一定时期的综合资本成本率高于总资产报酬率,就说明企业资本的运用效益差,经营业绩不佳;反之,则相反。

3. 价值发现类型有哪些,这些类型有哪些基本差异?

价值发现类型主要有发现价值洼地、挖掘客户价值、创新商业模式。发现价值洼地要求管理层注意挖掘企业的优势,形成独特的竞争优势。挖掘客户价值是从客户层面入手,聚焦客户需求进而创造价值。创新商业模式是创新运营模式专注于配置资产、能力和价值链上的其他要素,以求以差异化的方式服务客户并获得利润。这种创新模式聚焦于盈利模式、价值网络(联合他人来创造价值)、企业架构(组织并配置人才和资产)和流程方面的创新,是对企业整体运营结构的优化。

4. 价值实现类型有哪些,这些类型有哪些基本差异?

价值实现形式按照交易对象不同可分为有商品或劳务的售卖、股权的转让和部分资产或企业整体出售。

商品或劳务的售卖发生在企业正常生产经营活动中,通过商品的买卖或劳务的出售体现企业价值。股权转让发生在股东股权转让过程中,通过股权的出售体现企业价值。部分资产通过资产项目的公允价值来体现其价值;企业整体出售是通过对企业整体评估的价值体现企业价值。

5. 价值评估的基本特征有哪些?

价值评估具有时效性、市场性和预计性等基本特征。

时效性表现在以评估基准日为参照物时间,按照这一时点的实际状况对资产价值进行评定估算。

市场性表现在价值评估提供的是有关"公平市场价值"的信息,以市场上形成的交换价值为基础,对评估对象的价值进行确认和给出评估报告,并且其结论的合理性要接受市场的直接检验。

预计性表现在一项评估对象是否有价值,取决于能否给评估对象的所有者带来预期收益。虽然价值评估是一种定量分析,但必定带有主观估计的成分,其结论必然会存在一定误差,不可能绝对正确。

6. 什么是企业价值评估,与资产评估有何差别?

企业价值评估是建立在企业整体价值分析和价值管理的基础上,把企业作为一个经营整体来评估企业价值的评估活动,指的是企业投资者投入资产创造的价值,本质上是企业作为一个独立的法人实体在一系列经济合同与各种契约中蕴含的整体权益之和。

企业价值评估和资产评估的差别主要表现在企业价值评估的评估值中包含了不可

确认的无形资产——商誉和企业整体资产的经济性贬值。

三、练习题参考答案

1. 搜狐网站 2017 年 8 月 2 日新闻《当年差点卖身新浪,如今市值 3 万亿港元,腾讯如何逆袭?》中所提的 3 万亿港币是对腾讯哪部分价值进行的评估?这种评估主要采用的方法是哪一种?对于文中"在互联网时代,谁拥有用户谁就掌握了主动权,腾讯撑起 30 000 亿港元的市值,完全要归功于 9 亿用户"的说法,你赞同吗?

新闻《当年差点卖身新浪,如今市值 3 万亿港元,腾讯如何逆袭?》中提到的 3 万亿港币,属于公司市值。它是通过其股票每股市价与其发行股份总数的乘积,对腾讯公司整体进行的评估。评估方法采用的是市盈率法,即被评估企业股票价格 = 同类型公司平均市盈率 × 被评估企业股票每股收益。

对于新闻中"在互联网时代,谁拥有用户谁就掌握了主动权,腾讯撑起 30 000 亿港元的市值,完全要归功于 9 亿用户"的说法,应该赞同。市场经济制度是为客户生产产品的经济制度,其一般经营方式是以销定产的经营模式,腾讯发展所依靠的就是 9 亿用户带来的流量。

附:《当年差点卖身新浪,如今市值 3 万亿港元,腾讯如何逆袭?》

这几天,腾讯市值一度冲破 30 000 亿港元,创下了有史以来的最高纪录。事实上近几年来腾讯在股市上一直保持着一家国际科技巨头该有的风范,股价一路波动上涨,2017 年第二季度已经排到了全球市值第九的位置,虽然与全球第一的苹果相比还差了一大半,但已经让大部分公司望尘莫及。当然腾讯一路的发展并不都是顺风顺水,也曾是从资金困难的泥沼中摸爬滚打出来的,期间还差点卖给了新浪。

腾讯成立于 1998 年,那是一个神奇的年份,许多互联网巨头都是在那一年诞生,比如搜狐、京东、谷歌,当然还有其他一些经时间检验而已经淘汰掉的公司,腾讯在最开始的时候日子也过得相当艰难。

那时候以色列人开发了一个聊天工具 ICQ,能在电脑上提供即时信息,彼时的马化腾尽管还一穷二白,但接触到 ICQ 以后就感觉这玩意儿真心牛,中国也应该搞一个。于是他叫来几个朋友一起开了家公司,QQ 从此就诞生了。

最初的 QQ 确实给中国网民提供了极大的便利,QQ 注册人数也飞速上涨,到了 2000 年底已经有数千万的用户量。但是马化腾却高兴不起来,用户多有什么用,没办法变现就是个大问题,况且还有那么多服务器没钱置办呢。

当然最开始腾讯也拉来了投资,IDG 和李泽楷各入股 20%,为腾讯带来了 220 万美元的首轮资金,但钱很快就烧光了,而马化腾还是没想出变现的门道。后来李泽楷和 IDG 都认为腾讯的模式不靠谱,不再打算出钱了,腾讯去找联想、新浪、搜狐、金蝶、雅虎,也没有一家公司愿意接盘。马化腾曾想以150万美元卖给新浪,王志东看了一眼心想你那东西我花10万就做出来了,如今恐怕是肠子都悔青了吧。

当时唯一认为腾讯有潜力的是南非MIH公司,他们的中国业务部副总裁名叫网大为,一来就给腾讯估值6 000万美元,他说每个网吧的QQ桌面上都挂着QQ,这应该是一家伟大的互联网公司!自己心里都没底的马化腾简直惊呆,急着找接盘侠的李泽楷和IDG也立刻甩手,李泽楷卖出全部的20%股权,IDG卖出了12.8%。而MIH集团却一直坚持到了现在,目前也还是腾讯的大股东,成为创投圈的一段传奇。到底还是"财大气粗"好办事,有钱的腾讯立刻开挂,用户数量持续飙升,并在2003年推出QQ游戏,收割了一大批游戏用户。到了2004年腾讯控股在香港联合交易所主板正式上市时,QQ用户数已超过3亿,而马化腾也一跃成为了身价17亿港币的大富豪。在这期间,腾讯靠着自家巨大的用户流量,与联通合作开展SP业务,用户通过花费包月办会员,给腾讯带来大量营收。当时热门的三大QQ游戏——QQ堂,QQ炫舞,QQ飞车,更是让腾讯往前迈了一大步。再以后,腾讯开始做起QQ电脑管家、腾讯微博、微信等,在各领域全面开战。

有人说,只要用户都还在,腾讯就绝不会倒。确实,腾讯的用户基数实在是太大了,许多业务都能从QQ和微信上获取流量,这使得腾讯在各方面都能顺利展开。尤其是智能手机时代来临和游戏行业的发展,端游和手游又成为腾讯的一张王牌,十多年来腾讯在全球游戏领域的布局一直都是不急不躁,投资和收购了约50家游戏公司,去年花86亿美元收购游戏公司Supercell可谓是让腾讯如虎添翼,还有现在全中国人都知道的手游《王者荣耀》,在国内市场赚得盆满钵满之后也开始进军海外了。

如今,腾讯的商业版图早已扩展到影视、游戏、音乐、动漫、云计算等多个领域,QQ和微信用户都多达9亿,腾讯视频与在行业内与爱奇艺两分天下,乐视体育的衰落给了腾讯体育崛起的机会,加上腾讯在共享单车、电商等多个领域均有投资和布局,未来腾讯可成长的空间还将非常大。在互联网时代,谁拥有用户谁就掌握了主动权,腾讯撑起30 000亿港元的市值,完全要归功于9亿用户。

来源:搜狐新闻2017年8月2日

2. 从巨潮网、上交所或深交所网站搜寻一至两个上市公司的财务活动信息,尝试对其财务活动进行分类,并结合企业实例说明哪些是价值发现活动,哪些是价值创造活动,哪些是价值实现活动?

以上市公司双汇发展为例,公司第七届董事会第十六次会议决定设立双汇电子商务有限公司,这意味着公司将拓宽运营模式,采用数字化运营模式,对企业线上销售业务进行统一规范的管理,这属于价值发现活动。

公司第七届董事会第二十二次会议决议发布公告称,为完善猪肉产业链,扩大禽业规模,壮大企业实力,公司拟与彰武县人民政府签署投资协议,建设生猪养殖及肉鸡产业化项目,预计固定资产投资约人民币27.15亿元,其中生猪养殖项目投资约人民币9.8亿元,肉鸡产业化项目投资约人民币17.35亿元,这属于双汇发展向上游延伸产业链来保证产品供应,更好实现价值创造的活动。

公司第七届董事会第二十二次会议决议发布公告称,为优化公司产业结构,聚焦肉类主业发展,公司决定将全资子公司漯河汇盛药业有限公司(以下简称"汇盛药业")100%股权转让给关联方漯河汇盛生物科技有限公司(以下简称"汇盛科技")。本次股权转让完成后,汇盛药业将成为汇盛科技的全资子公司。双汇发展将股权转让获得资金来支持主营业务,将非主营业务剥离,属于价值实现活动。

3. 假设一位大学本科生 16 岁入学,20 岁毕业,工作了 45 年后退休,之后又生活了 35 年后终老。老人一生虽经历了一些社会制度变革和局部战争,但其退休前从未中断和放弃工作。试依据财务学上的价值原理,从经济学视角初步测算该为老人的人力资本价值。

该老人的人力资本价值为其工作期间与退休后所获收入的现值之和。

第二部分
难点释疑

第五章的难点主要是：① 财务学作为经济学的重要分支，其价值概念的内涵是资产项目未来各期收益的折现值。财务上的价值具有独特的定义。② 价值规律、价值管理规则与财务管理职能的联系。③ 为什么价值理论拥有不同学派？④ 估值原理。

一、为什么财务学上的价值具有独特定义

经济学上的价值理论有众多学派。马克思经济学的价值理论是中国特色社会主义基本经济制度赖以生存和发展的理论基础之一。马克思认为，生产商品的劳动有具体劳动和一般劳动（抽象劳动）二重性质。具体劳动是指生产目的、劳动对象、所用工具、操作方法、生产结果都各不相同的劳动，它生产了商品的使用价值。抽象劳动是指无差别的一般人类劳动，它生产了商品的价值。根据劳动二重性理论，可把资本区分为不变资本和可变资本。前者是由具体劳动转移生产资料价值的资本，后者是转化为劳动力并在生产过程中通过抽象劳动使价值增值的资本。这就区分了资本的不同部分在价值增值过程中的不同作用，揭示了剩余价值的真正来源。商品、具体劳动、抽象劳动以及劳动二重性和剩余价值，都是马克思价值理论的基础范畴和特有概念。劳动者创造剩余价值的多少是衡量社会生产力水平高低的重要标尺，劳动者创造的剩余价值多少与社会生产力水平的高低成正比。

同其他科学理论一样，财务学作为从经济学衍生出来的一门专业科学，其价值理论也有自己的特有概念。专业是科学的最小单位，任何专业都是由一个或若干个科学理论所组成。任何科学理论均由其作为基础范畴的原始概念、定理规则和操作程序方法所构成，概念则是人类认知思维体系中最基本的构筑单位，它有内涵和外延两个基本特征。概念是理论知识体系之网上的扭结，不存在没有自己独特概念的理论知识。定义则是人们对于一种事物的本质特征或一个概念的内涵和外延所作的简要而准确的描述，概念的区别是由定义的不同体现出来的。所以，财务学专业的价值理论有自己独特的价值概念，它指的是资产项目未来各期收益的折现值之和，属于市场价值。

二、如何理解价值管理规则

经济学上的价值规律是人们从事价值管理的基础依据。价值规律的基本内容是，商品的价值量是由生产这种商品的社会必要劳动时间决定；商品交换要以价值量为基础，实行等价交换。价值规律是商品经济的基本规律，根据价值规律开展市场交换的原则是

等价交换原则和商品价格围绕商品价值波动原则。一般情况下,影响价格变动的最主要因素是商品的供求关系以及产品生产成本。商品供求关系的变动取决于人们对商品生产过程的认知程度、信息对称程度以及人们的支付能力。产品成本的高低主要取决于生产技术、生产规模和组织管理效率以及员工的劳动积极性。显然,价值与商品的价格、成本之间存在内在联系,使得价值与收益密切联系,而收益的形成与时间密切相关。这说明,价值及其管理工作比较复杂。人们发现价值和创造价值的财务活动必须遵循价值变动规律。价值的产生、增减变化和消失等运动具有自身规律性,价值形成过程是生产要素价格的转移和活劳动创造新财富的过程。马克思经济学的价值理论是劳动价值理论,即劳动者成为资本并与其他生产要素资本一起创造价值。其原理是资本具有二重属性:资本的社会属性和资本的自然属性。资本的社会属性是资本归谁所有的问题,资本的自然属性是资本要实现价值增值的问题。由于资本的社会属性是其所有权关系问题,资本的自然属性则是不管所有权属于谁它都要增值。资本的自然属性不会为其社会属性所改变。甚至正因为有了资本增值才存在所有权的归宿问题。显然,资本不管归谁所有,在谁手中,其本质是实现价值增值。资本的二重性源于劳动二重性。劳动二重性是马克思劳动价值论的基础,对此我们不再赘述。

在实际工作中,财务学上的价值不仅与商品价格、成本、收益和时间密切联系,而且人们对价值的认识和理解也存在差异——学术上也存在众多价值理论学派,所以,价值管理规则是重要的公司财务规则。实质上,它是人们遵循经济学价值规律和财务学价值运动规律的体现。具体地,价值管理规则是人们发现价值、创造价值和实现价值的一系列组织管理规则,诸如价值可加性规则、价值最大化规则以及资本存量价值均衡配置规则等。

那么,什么是价值可加性呢?

在会计学上,企业的利润总额是企业全年1—12月各月份利润相加之和;在统计学上,一个企业的科技研发人员数量是该企业各研究科室研究人员数量之和,其研发支出数额则是企业向各研究科室各季度支出的研发经费之和。但是,在财务学上,企业全年1—12月各月份利润不能直接相加,因为时间不同。其相加的方法是先将各月份利润按企业最低收益率作为折现率换算为1月初,然后对现值相加求和;或者将各月份利润按企业最低收益率换算各月份增值系数,然后对终值相加求和。换言之,会计学和统计学上的加法求和在财务学上的意义很小,甚至没有意义。会计学上的员工工资根据男女性别、学历差别和职务高低的不同给出不同的核算标准,而且不论性别、学历和岗位职务有何差别,相关员工人数都可以加在一起作为企业员工总数。但在财务学上,员工之间的价值不同、每个员工所创造的收益也不同,因而其人数不宜简单相加。

弗朗西斯科•莫迪里亚尼(Modigliani)和默顿•H. 米勒(Miller)是两位非常著名的财务学家,他们于1958年6月在《美国经济评论》上发表了《资本成本、公司融资和投资理论》一文,同年 9 月在《美国经济评论》上又发表《资本成本、公司融资和投资理论:答读者问》一文,这两篇论文提出的多个命题和定理,后来被学术界称为"资本结构 MM 理论"。他们认为,即使负债－权益结构存在差别,两家未来盈利前景相同的公司的市场价值也依然相等。在这里,两家公司未来收益相等,那么,我们可以断定,这两家公司的资产价值在市场上是相同的。实际上,这也是一价定律的含义。该理论的另一个含义:企业管理人员不存在进入无关业务的激励。因为假如以市场价值进行并购的话,那么,将两个企业的现金流量合并到一块的价值也只是正好等于其各自的价值罢了,不多也不少,并购活动本身没有创造价值。企业管理人员是否应得到激励取决于其发现和创造的价值是否增长,以及其创造的收益是否增加。所以,在财务上,只有价值才可以相加。收益定价的线性属性一般被称为财务学上的价值可加性(Value Additivity)规则。在财务管理中,员工数量只有转变为人力资本规模时,才能相加。因为众多不同的个别人力资本具有统一的价值尺度。

同理,价值最大化规则是财务管理理性经济人假设、股东财富最大化假设和永续发展假设在价值管理中的体现,也是人们遵循价值规律和应对价值变化波动的具体操作规范。企业人力、财力、物力、技术等生产要素均衡配置在一起,才能生产产品和创造价值。这指的是企业人力、财力、物力、技术等生产要素资本化之后,以其各自的个别资本价值均衡地组合配置在一起,才能创造财富和实现资本资产价值增长。

三、为什么价值理论会有不同的学派?

价值是普遍存在的,为什么会有不同学派呢?

一般地,所谓理论,都是指科学理论。理论发现和理论证实是由科学研究完成的。从事科学研究的人是少数人,属于社会小众。科学研究的实质是探索未知世界,其工作性质属于复杂的专业脑力劳动。科学理论的研究过程有基础研究、应用研究和试验开发等环节,只有完成了科学研究过程的各个环节,科学理论才可能工程技术化和被人们采用。从理论的基础研究到理论的采用和实践,中间有很长的道路。大部分理论最初是由一个人或少数的几个人发现,被发现之后的初期也只有一个人或少数几个人能把理论讲清楚,绝大多数人是不懂的。因此,科学研究及其理论发现和理论证实不能采取"少数服从多数"的投票方法给出判断。由于科学研究者的文化传统、专业理论背景和所面临的研究环境的差别以及研究目标不同,一个科学理论会形成不同的侧重点和不同的解释方式,因而形成不同的学派。经济学越来越向科学靠拢,其成熟理论多使用数学模型予以表达,"经济科学"命题已被经济学家所接受。作为科学理论的经济理论及其研究存在争议是十分普遍的事情,价值理论的研究也如此。

技术不同于科学理论,技术主要来源于生产劳动和科学理论应用及试验,因而技术的试验开发和使用普遍存在于生产劳动过程。技术人员属于社会大众。所以,技术很少有不同的学派。现在,技术已成为经济学上的生产要素,技术及其资本化也是财务学的研究内容。

四、估值原理

估值原理是财务学的一个十分复杂的专业知识。在市场经济制度里,任何商品一旦拥有人类社会所需要的某种用途和效用,就意味着该商品拥有了价值,即一种商品相对于另一种商品的边际效用。人们依据财务学理论和技术对商品、资产和资本的市场价值进行估算的原理,一定不同于社会学、法学、政治学对于某个物品的价值估计方式。

价值理论是经济学理论中最富有争议的内容之一,原因在于人们对价值概念的理解存在差异。估值原理的基础是确定财务学上的价值概念,以及遵循经济学市场局部均衡和一般均衡原理。财务学家认为,价值是资产项目未来各时期收益的折现值。估值是财务人员对资产项目现在和未来各时期收益折现值的测算。财务上估值具体操作的理论依据是无套利定理和一价定律规则;其主要技术和工具是资本资产定价模型及其函数;其主要内容是风险度量与风险溢价计算,物质资产定价和企业并购定价,股票定价,债券和可转债定价,期权定价,技术资产定价,基于无套利定理的资产价值上界和下界,状态价格和风险中性概率,以及资产组合约束下的估值原理等。估值原理是财务学专业本科生、硕士生和博士生都要花费时间学习的财务学原理。

因此,在本科生的财务学原理课程中一定要熟读教材《财务学原理》(第二版),掌握估值的基础、概念和理论依据,透彻理解和掌握风险度量与风险溢价计算、物质资产定价和企业并购定价、股票定价、债券和可转债定价、期权定价等基础知识。至于技术和知识资产定价、基于无套利定理的资产价值上界和下界、状态价格和风险中性概率,以及资产组合约束下的估值原理等,一般会在硕士研究生阶段接触和学习。

第三部分
重要理论的历史背景

第五章里包含和涉财务学的多个理论,这里主要阐述财务学价值理论的源泉——经济学上的价值理论以及财务学的收益理论。

一、价值理论

价值词汇的最初含义是一个物品的使用价值或效用,它与历史上人们自给自足的自然经济以及由此产生的经济观念相吻合。对于只为了满足个人需要而生产的产品而言,除了其生产费用外,其使用价值或效用的大小是唯一值得生产者关心的属性,即使在现代社会的日常生活中,人们也经常在使用价值的意义上运用价值这一概念。以研究资本理论而著称的杰文斯(Jevons)教授曾把使用价值称作"价值一词的通俗用法"。我国的《辞海》也曾经把价值定义为"事物的用途或积极作用"。随着劳动产品逐渐转化为商品,人们发现一种商品除了具有满足个人需要的价值——使用价值或效用外,还能够用来交换其他物品,从而具有用于交换的价值——使用价值或用途。为了使两者有所区别,人们开始称前者为使用价值,称后者为交换价值。经济学关于使用价值和交换价值的区分,源于英国经济学家亚当•斯密(1776)的研究,他讲道:"价值一词有两个不同的意义。它有时表示特定物品的效用,有时又表示由于占有某物而取得的对他种货物的购买力。前者可叫做使用价值,后者可叫做交换价值。"对此,在古希腊著名历史学家色诺芬的思想中已略见端倪。他把财富定义为有使用价值的东西,然后讲道:"一只笛子对于吹它的人是财富,而对于不会吹它的人来说……只有在他们卖掉它时是财富。"诚然,斯密的观点在价值理论学说发展中发挥了重要作用。马克思也曾经关注该问题,他说:"交换价值首先表现为一种使用价值同另一种使用价值相交换的量的关系或比例。"当货币产生并广泛使用后,交换价值就取得了市场价格的形式。人们发现,商品的价格不过是用货币来表现的交换价值,它是交换价值发展的完成形态。

后来,人们经过长时期观察发现,当商品的交换价值取得价格这种形态之后,由于供求关系的持续波动,商品的价格也会不断地波动变化。价格这种表面看来杂乱无章的波动实际围绕着一个相对稳定的中心,这说明价格的波动是有规律可循的。那么,价格波动的规律是什么和如何形成,价格波动规律又由什么所决定,引起了许多经济学家关注。"自然价格""正常价格"和"自然价值"等概念开始出现,但它们都不是价格波动的规律。马克思认为,价值性质的确定和价值决定产生了价格波动,人们生产商品所耗费的劳动量决定着商品的价值量。价值是凝结在商品中的一般人类劳动。由于消费资料的任何一种分配都是生产要素投入生产过程产生的结果,即生产要素均衡配置及其所有制关系产生了分配关系,所以,分配关系是生产关系的反面。谁参与了生产活动,谁就参与分配过程;参与生产过程的程度决定着参与分配的程度。价格主要属于分配问题,生产关系决定分配关系的原理是价格波动规律的重要因素。我们中国的学界、政界和商界信奉马克思主义经济思想,价格波动规律实际是价值决定规律,这是劳动价值论的要点。劳动价值论是用劳动来解释价值决定的理论。其核心是:商品的价值决定于商品在生产领域中所消耗的生产费用,这种生产费用最终又可以归结为劳动时间的耗费。生产成本主要由劳动时间的耗费所决定。

劳动价值理论是经过威廉·配第、亚当·斯密、大卫·李嘉图这三代英国古典经济学家的努力探索提出来的,并初步形成了科学理论。后来,马克思又对其进行了进一步解释、改进和完善。再后来,马歇尔于1890年出版了《经济学原理》著作,将生产成本理论、供求关系理论和边际效用价值理论等加以综合,提出了新古典价值理论——均衡价格理论。马歇尔认为:"生产成本原理和最后效用原理是支配一切供求规律的组成部分……"生产成本是供给的原动力,边际效用是需求的原动力。他认为,价值既不是劳动时间,也不是效用,而是这两样东西之间的关系。"价值这个名词是相对的,表示在某一地点和时间的两样东西之间的关系……用货币表示它们的价值,并称这样表示的每样东西的价值为价格。"

今天,我们已经进入中国特色社会主义市场经济,基于社会主义基本经济制度的价值理论仍处于经济学家的探索之中。中国经济学中的价值理论与公有制资本存在必然联系,基于公有制的价值理论与生产要素资本和产权之间的内在联系,将是财务学关于价值理论研究的重要方向。

二、收益理论

《财务学原理》(第二版)第五章"价值与收益"中,主要解释了价值规律、价值理论和价值管理规则以及收益概念和收益率,而对收益理论解释较少。由于收益的产生和形成以及收益分配和管理也有其自身规律,因而收益一定有自己的理论。我们知道,每一门专业科学均有自己的基础范畴和概念。历史上,经济学家将收益理解为实际物质财富的绝对增加,货币收益是指增加资产的货币价值。比如,亚当·斯密在《国富论》中,将收益定义为"那部分不侵蚀资本的可予消费的数额",把收益看作财富的增加。现在,经济学家将收益表述为人们从事经济活动所得收入与其付出之间的差额。历史上,当财务管理和会计学科发展不够成熟时,人们使用的概念都是经济学上的一般概念。

后来,财务管理发展为一个专业,财务学成为经济学的一个分支,资本、价值、风险、套利、收益、选择权等概念成为财务学的基础范畴,这实际上都是经济学的基础概念。会计作为国际商业语言,虽然它也是从经济学衍生出来的经济管理学科,但其复式记账、权责发生制、账户和报表等会计学原始概念,以及其披露的资产、负债、所有者权益、收入、费用、利润等会计要素,在会计学上有独特的定义。财务学上的收益与会计学上的收入、利润等概念很接近,但定义不同。孙铮教授主编的上海财经大学教材《基础会计》(第三版,2007)中写道:"收入是指企业日常活动中形成的、会导致所有者权益增加、与所有者投入资本无关的经济利益的总流入。"此处的"日常活动是指企业为完成其经营目标而从事的经营性活动以及与之相关的活动。""费用是指企业在日常活动中形成的、会导致所有者权益减少、与所有者分配利润无关的经济利益的总流出。""利润是企业在一定会计期间的经营成果,它是收入扣减费用后,再加上直接计入当期利润的利得,减去直接计入当期利润的损失后的差额。"这里的"收入""费用"和"利润"都是会计学概念,都假设在一个会计期间内,都是企业日常经营活动产生的流入、流出及其差额。经济学和财务学只有使用会计作为国际商业语言时,才会用到这些概念,并且不受会计假设约束。相反,随着科技发展和信息技术在会计实务工作中的应用,会计学越来越放松或放弃会计学的概念内含,并更多地回归经济学和使用财务学概念,比如20世纪下半叶,会计学家开始将"利润表"改为"损益表",并引入"收益"作为会计要素。例如,会计学家亨利·I. 沃尔克教授等在《会计理论》著作中写道:"收益和利润是……从收入或营业收入中减去产品销售成本、其他费用和损失得到的数额;净收益(净损失)是一个会计期间内收入与费用的差额。"会计学对收益和利润的表示越来越像财务学的概念表述,这是经济学族谱里的一个历史发展趋势。

虽然收益的创造及其数额、结构和质量与收入、费用、成本等密切相关,但财务学中的收益多与价值、风险、资本投入密切相关,"价值与收益""风险与收益""资本投资与收益"等命题是财务学家经常关注和讨论的课题,也是财务学实务中的财务经理、财务总监、财务分析师和财务管理师日常工作中的课题。

所以,收益理论的内容必将包含价值、风险和资本投资,而与会计上的收入、费用和利润无关。净现值原理从字面上看是未来多期现金流入量折算成现在价值后,与原始现金流出量现在价值之差,实际是在测算资产项目的收益;经济增加值(Economic Value Added, EVA)是税后净利润扣减全部资本成本之后的所得,也属于收益原理。收益、现金流量和资产项目回收期是投资决策的重要依据,会计上的利润因受会计年度假设限制和缺乏时间因素而难以成为财务决策依据。美国经济学家大卫·杜兰特(David Durand)于1952年在《企业债务和股东权益成本:趋势和计量问题》论文中指出,不论企业财务杠杆如何变化,公司加权平均资本成本都是固定的,因而公司的总价值也是固定不变的。这是因为,公司利用财务杠杆增加负债比例时虽然负债资本成本较之于股本成本低而增加了企业收益,但增加负债也加大了权益资本风险使得权益成本上升而减少了企业收益。于是,企业加权平均资本成本保持不变。公司无法利用财务杠杆改变加权平均资本成本,也无法通过改变资本结构提高公司价值,资本结构与公司价值无关,决定公司价值的应是其营业收益。大卫·杜兰特的该研究成果被学术界称为"净营业收益理论",将会在公司财务课程中学习到净。该收益理论是早期资本结构理论的核心内容,该理论认为,资本结构与企业的价值无关,决定企业价值高低的关键要素是企业的净营业收益。不论企业的财务杠杆程度如何,其整体的资金成本不变,因而不存在最佳资本结构。

第四部分
重要文献选读与导读

为了深入全面学习《第五章价值与收益》，建议从如下财务文献中至少选择三篇文献阅读。

一、罗伯特·索洛：《资本理论及其收益率》

罗伯特·索洛教授以研究经济学中的技术进步和生产函数而著称，《资本理论及其收益率》是他1963年5月在鹿特丹荷兰经济学院的讲稿。该讲稿曾经保罗·萨缪尔森教授阅读并提出了一些评论和意见。保罗·萨缪尔森和罗伯特·索洛两位教授都是诺贝尔经济学奖得主，其著作具有很高的权威性和可靠性。

价值创造主要源于资本积累和资本创造机制，价值创造的根本目的是提升资本收益率。这是我们选择阅读《资本理论及其收益率》的主要原因。该著作主要解释美国经济学新古典综合学派对于资本理论的各种见解和资本收益率情况，解释企业技术进步对资本理论研究的启发和影响，以及资本理论和收益率对经济增长的影响。其第一章标题是资本和收益率，讲解资本理论在经济学中的地位、投资收益率及其案例；第二章为收益率与技术进步，讲解技术进步对企业收益率的推动作用；第三章为技术进步、总量生产函数和收益率，讲解技术进步、储蓄和投资对收益率的作用。该著作篇幅较少，中译本共4万9千字。实际上就是一篇讲稿，适合阅读学习。

建议找到《资本理论及其收益率》的英文版，将英文版与中文版结合起来阅读。如果同时浏览罗伯特·索洛教授的技术进步论文，学习和理解的效果可能会更好。

二、蔡继明：《从狭义价值论到广义价值论》

蔡继明先生是清华大学政治经济学教授，长期潜心社会主义经济学的价值理论研究，其《从狭义价值论到广义价值论》著作是一部经济学基础理论研究文献。阅读该著作有助于拓宽经济学视野并加深对财务学价值理论的理解。

蔡继明教授在《从狭义价值论到广义价值论》著作里，采取历史分析和文献分析的研究方法，以政治经济学基础理论为依据，从价值内涵的历史演变、价值理论与分配理论的关系，以及对学术界部分观点的剖析出发，探索价值理论的产生和演变，提出了广义价值理论的内核是生产要素价值决定商品价值的新见解。显然，这是价值理论研究的新进展。在蔡继明教授看来，"价值是凝结在商品中的一般人类劳动"这一命题只是古典经济学家在研究价值决定问题之初提出的一个命题，并非价值决定本身的定义，也不是价值理论研究的逻辑起点。价值作为"交换价值的基础"和"调节价格运动的规律",才是价值理论研究的逻辑起点;价值反映的是社会经济不同部门生产者的分工交换关系,价值的决定既离不开生产(供给),也离不开交换(需求),更离不开分配。价值理论是产品价值决定和要素价值决定的合一。这种新的价值理论源于社会扩大再生产过程中人们可变分工和不变分工的一致性。蔡继明教授的价值理论研究及其进展为我们实行按劳分配和按生产要素分配相结合的制度提供了理论基础。

《从狭义价值论到广义价值论》著作由 9 章内容组成,各章节题目如下:

1　导论

2　狭义价值论的产生及演变

3　广义价值论:两部门模型

4　广义价值论:N 部门模型

5　广义价值论:一般均衡和比较静态分析

6　广义价值论:要素价值决定

7　可变分工与不变分工

8　广义价值论的应用

9　广义价值论与狭义价值论的比较

三、约翰·希克斯:《价值与资本》

约翰·希克斯教授的《价值与资本》著作出版于 1939 年。其研究背景是欧美经济学界各种经济学说纷纷涌现,这是因为 20 世纪 30 年代资本主义世界性大危机的爆发,使奉行自由放任学说的传统经济学教义遭到了致命打击,企业倒闭、失业骤增、农场宅破产,社会矛盾日益激化。这促使欧美经济学家们面对经济制度现实,探索政府如何调节和管理经济,以消除危机和失业,实现经济稳定。学术界各经济学流派纷纷提出对策良方。希克斯教授所属英国剑桥学派经历了较大的思想变革,在 20 年代和 30 年代初庇古、罗宾逊、霍特里和凯恩斯等人的福利经济学、垄断竞争理论和货币理论三个方面补充和发展了马歇尔的经济学说后,他们提出了国家干预主义学说,后来成为西方经济学的主流。在这种学术研究背景下,尤其是凯恩斯的《就业、利息和货币通论》(1936)出版后获得经济学界一致赞誉,希克斯研究了凯恩斯的学说并把它概括为萧条经济学。在此基础上,希克斯以马歇尔、瓦尔拉和维克赛尔的经济学理论为基础,力图把宏观经济学和微观经济学结合在一起,写出了《价值与资本》一书。

《价值与资本》著作的两个重要研究假设是:① 以完全竞争为基础,忽略其对供给和需求的影响;② 分析私有企业经济体系,不考虑机构的控制因素。在这些研究假设之下,希克斯分析了主观价值理论、静态一般均衡分析、动态经济学基础和动态体系运行 4 个方面的课题,这 4 个课题分别作为该著作的 4 篇题目,然后分 24 章具体阐述研究问题。

《价值与资本》除序言和引论部分及数学附录之外,共分 4 篇 24 章:

第 1 篇是主观价值论(共 3 章),阐述该著作的理论基础;

第 2 篇是一般均衡理论(共 5 章),阐述相互关联的市场活动的一般法则;

第 3 篇是动态经济学的基础(共 6 章),论述有重要性的特种市场特征;

第 4 篇是动态体系的运行(共 10 章),论证经济过程的理论。

《价值与资本》被西方经济学界视为论述价值理论问题的重要著作。除了《价值与资本》著作外,约翰•希克斯教授《经济周期理论》《资本与成长》《资本与时间》《经济理论史》和《凯恩斯经济学的危机》等著作,也值得我们阅读。阅读这些著作,可以清晰地了解经济学理论发展史,这对我们学习和理解价值理论发展史有很大的帮助。

四、国务院国有资产监督管理委员会业绩考核局、毕博管理咨询有限公司编著:《企业价值创造之路——经济增加值业绩考核操作实务》

经济增加值(Economic Value Added, EVA)这一财务指标是指企业税后净利润扣减全部资本成本之后的所得,其实质是财务经济收益而非会计学上的利润。这是一个先进的财务管理工具,该指标由美国思滕思特公司于 1982 年提出。该公司认为,同投入原材料、人力和机器设备一样,企业投入货币资本也有成本,即资本成本。因此,企业的盈利只有高于其资本成本(包括股权成本和债务成本)时,才会为股东创造价值。经济增加值是真实反映企业价值创造,协调股东(出资人)和管理人委托代理关系的财务工具。

由国务院国有资资产监督管理委员会和毕博管理咨询有限公司共同编写的《企业价值创造之路——经济增加值业绩考核操作实务》一书,出版于 2005 年,该书内容由六章组成。各章题目和内容如下。

第一章为经济增加值价值管理体系介绍。首先从判断什么样的企业才是优良企业的标准出发,引出了经济增加值的基本概念,然后针对我国国有资产管理的现状,提出如何解决存在的问题,并重点介绍了经济增加值所倡导的管理理念和"4M"管理体系,以及经济增加值与其他业绩考核体系的关系。

第二章为经济增加值计算方法,重点介绍了经济增加值的计算方法及相关公式中涉及的指标调整。

第三章是国外应用经济增加值的案例及成功经验。

第四章国内应用经济增加值的现状及教训。这里的第三和第四章提出了成功实施考核和管理的关键要素,同时通过比较国内企业经济增加值应用现状,提出了我国推广经济增加值过程中存在的主要问题和解决方案。

第五章为经济增加值业绩考核体系的推进方案及实施中的核心问题,提出了推进和实施经济增加值的方案建议。

第六章为如何持之以恒地提升企业长期价值创造能力。以经济增加值为核心,从企业战略管理、价值驱动因素分析、标杆管理、建立健全企业风险管理体系和有效的薪酬激励方案等方面,综合阐述了经济增加值作为价值管理体系,在提升企业长期价值创造能力,增强核心竞争力方面的运用方法。

《企业价值创造之路——经济增加值业绩考核操作实务》的最大特点是结合我国国情,提出了一套比较完整的解决方案,具有很强的实用性和操作性。阅读这本书之后,应思考今日之中国,在信息技术智能化和数字化时代,经济增加值指标应如何改进。

本章参考文献:

[1] 蔡继明. 从狭义价值论到广义价值论 [M]. 上海:格致出版社,2010.

[2] 威廉 N. 戈兹曼、K. 哥特·罗文霍斯特著,王宇、王文玉译. 价值起源(修订版)[M]. 沈阳:万卷出版公司,2010.

[3] 罗伯特·索洛著,刘勇译. 资本理论及其收益率 [M]. 北京:商务印书馆,1992.

[4] 亨利·I. 沃尔克、詹姆斯·L. 多得德、米歇尔·G. 迪尔尼著,陈艳、孙丽霞主译. 会计理论(第六版)[M]. 大连:东北财经大学出版社,2005.

[5] 约翰·希克斯著,薛藩康译. 价值与资本 [M]. 北京:商务印书馆,2009.

[6] 国务院国有资产监督管理委员会业绩考核局、毕博管理咨询有限公司编著. 企业价值创造之路——经济增加值业绩考核操作实务 [M]. 北京:经济科学出版社,2005.

[7] 马歇尔著,朱志泰、陈良璧译. 经济学原理 [M]. 北京:商务印书馆,2019.

第六章
风险与不确定性

内容精要

　　风险、保险、不确定性和突发事件,它们是不同的概念,而且,它们的概念很容易被人们混淆。风险是人们已知某一事件的多种结果及其可能性但不肯定的状况。风险、不确定性和突发事件都是人类活动中因非预期事件对结果产生的冲击。风险对事件产生的冲击是已知的,属于意料之内的事件。不确定性和突发事件对人们的冲击都是未知的,属于意料之外的事件。从企业角度看,风险可以简单称为实现某种目标的不确定性。这种不确定性既可能是风险,也可能是一种机遇或机会。对于风险的认识,因视角不同可划分为若干类别。按照能否规避,风险可分为系统风险和非系统风险。按照发生的原因,风险可分为财务风险和经营风险。按照财务活动类型划分,风险可分为筹资风险、投资风险、定价风险和分配风险等。按照风险驱动因素,可分为市场风险、信用风险和流动性风险。

　　企业风险是未来不确定性对企业实现其经营目标的影响。企业财务风险是指企业因借款而产生的风险。当企业在付息日或负债到期日,无法以现金支付利息或偿还本金时,即构成违约,严重时可能会导致企业破产或倒闭,这种风险称为财务风险或融资风险。财务风险是在筹资过程中产生的风险,主要表现为由于企业举债经营而产生的不确定性,如财务成果的不确定性、还本付息能力的不确定性。值得注意的是,企业管理者对财务风险只能通过采取有效措施来降低,而不可能完全消除。

　　财务风险的形成原因有多种,公司在进行有关风险的决策时必须加以考虑。企业风险源于不确定性对企业实现经营目标的影响。财务活动的不确定性有主观和客观两个方面,它是形成财务风险的重要原因。主观不确定性主要是指人类财务知识的有限性,即财务活动的管理者对财务活动的认知不完全;客观不确定性主要是指财务活动本身的不完全性。

投资者总是寻求使其财富期望效用达到最大化的资产项目,所有的理性投资者均将此最大化的期望效用作为目标函数。人们追求自身效用最大化而非期望货币值最大化,但效用在不同的人之间是不同的,决策者对于本公司的风险效用函数不可能与其他公司的效用函数一样。

人们从事各种投资活动,在收益相等的情况下总是期望风险越小越好。确定概率分布、计算期望值、计算标准离差、计算标准离差率和计算风险报酬是风险度量的一般方法。

风险管理过程是为分析和降低风险而进行的系统性管理尝试。这一过程包括风险识别、风险衡量以及风险管理方法的选择、实施和评价。

教学重点和难点

（1）理解风险的内涵——其定义如何表述？风险性质和特征有哪些？

在理论上,风险和不确定性是财务学关于风险研究的基本内容,并由此延伸出风险的识别、分析与评价等风险管理研究领域,形成财务学上有关风险的知识体系。

（2）财务活动的不确定性——财务风险形成的重要原因。从主观性方面考察,是指人类财务知识的有限性,即财务活动的管理者对财务活动的认知不完全。从客观性维度来看,主要是指财务活动本身的不完全性。这是财务风险的二重性态。

（3）期望效用的基本假设——遵循的五条选择公理是什么？这是理性投资者的投资行为的基本依据。

（4）风险态度的基本内涵——风险偏好和风险承受度是什么？这是风险管理哲学的基本体现。

（5）风险度量的一般方法——风险大小的衡量方式是什么？这是风险程度的数量化问题。

第一部分
习题解答

教材中的思考与练习题

一、名词解释

1. 风险　不确定性　效用函数　选择公理　效用函数扩展知识　风险态度

2. 概率　期望值　均方差　变异系数　风险价值法　财务风险度量

3. 风险矩阵图法　情景分析　风险评分表

4. 风险管理目标　风险管理过程　风险识别　风险估计　风险处置　风险评价

5. 文化传统　国家制度　产权制度

二、思考题

1. 吴晓波的《大败局Ⅰ》和《大败局Ⅱ》著作揭示了财务风险的哪些来源？

2. 确定性、风险和不确定性的主要差异有哪些？

3. 财务风险的主要类别有哪些？

4. 风险估计方法有哪些，企业风险与金融风险估损方式有何区别？

5. 什么是风险管理，组织与个人的风险管理目标有何差别？

三、练习题

1. 列举实例解释和实证不确定情况下的五条选择公理。

2. 曾担任富达基金经理22年的凯伦·费尔斯通在《胜算》一书中，分享了自己总结的应对常见风险的四大核心原则：正确衡量风险的大小，选择合适的时机，依靠知识、能力和经验以及对承诺和预测保持必要的怀疑。对她的说法，你的看法如何？

3. 《金融世界》曾刊登题为《马云的大金融之梦：阿里小贷"标准工业化"》的文章（作者：汪孜博、张玉洁），引发了人们对于小微金融风险管控设计的重新思考。请你在阅读思考后回答作为新涉足金融产业的阿里金融，应如何进行金融风险的管控？

4. 列举汇率风险的实例，并解释其基本原理。

5. 列举风险转移的实例，并解释其基本原理。

6. 列举一个分散投资的实例，并详细计算其收益和风险，解释其基本原理。

◉ **思考与练习题参考答案**

一、名词解释参考答案

1. 风险　不确定性　效用函数　选择公理　效用函数扩展知识　风险态度

风险：风险是人们事先已经知道了事情可能发生的几种结果及其可能性但不肯定的状况。人类基本认识了事件可能发生的一些不确定性及其不肯定的状况,就是风险。风险是事件的每一种结果及其概率可知但不肯定的状况。

不确定性：不确定性是指某一事件的未来结果与发生的可能性都无法预知的状态。不确定是统计学的基本概念,经常被财务学引用。随着认识自然界和社会制度的能力提升,人们对一些不确定性事件进行深入研究和干预,使得一些不确定事件转变成未来结果及其发生的可能性可以预知但不肯定。于是,风险事件产生了。因此,风险是不确定事件的衍生品。

效用函数：效用函数是用来表示消费者在消费中所获得的效用与所消费的商品组合之间数量关系的函数,以衡量消费者从消费既定商品组合中所获得满足的程度。效用函数具有两条性质。第一,效用函数会维持固有的顺序。如果我们测算出 x 的效用大于 y 的效用,即 $U(x)>U(y)$,这就意味着 x 确实优于 y,即 $x>y$。第二,由效用函数得出的期望效用,可用于对风险不同组合的多种选择进行排序,其数学公式如下：$U[G(x, y:a)]=aU(x)+(1-a)U(y)$。

选择公理：在人类社会活动中,作为社会成员的每个人、企业和社会组织等,其个体行为都存在一定规律性,即可比性、传递性、强独立性、可计量性、有序性,这就是五个著名的基数效用公理。这些公理主要使用数学知识和经济学知识加以概括,归纳起来,就是对人们个体行为的假设。

效用函数扩展知识：投资者总是寻求使其财富期望效用达到最大化的资产项目,所有理性投资者均将此最大化的期望效用作为目标函数。人们首先计算出所有可能的收入期望效用值,然后选出收入的期望效用达到最大化的结果。财务管理除了需要经济学和数学的知识指引外,还需要财务直觉。只有长期持之以恒的生产经营体验和商业天赋,以及财务经济学和数学知识训练,才可能培养出良好的财务直觉。

风险态度：风险态度是指个体参加风险行为的程度,具体来说就是决策者在不确定情境中表现出的偏好和承受度,风险偏好和风险承受度概念的提出是基于企业风险管理理念的变化。风险喜好、风险中性、风险厌恶是人们对风险态度的三种形式。

2. 概率　期望值　均方差　变异系数　风险价值法　财务风险度量

概率：反映随机事件出现的可能性,它是表示一个事件发生可能性大小的数值,且取值范围在 0 到 1 之间。随机事件是指在相同条件下,可能出现也可能不出现的事件。

期望值：期望值是指在一个概率分布中，所有可能出现的后果，以其各自相应的概率为权数计算的加权平均数。

均方差：方差是衡量随机变量或一组数据离散程度的值，方差越大，随机变量与其期望值间的距离越大，风险就越大。

变异系数：分析期望收益或期望收益率不同的各项投资的风险大小，应该运用标准离差同期望收益的比值，即变异系数。变异系数越大，风险越大；反之，则风险越小。

风险价值法：是指在正常的市场条件下，在给定的时间段中和给定的置信区间内，预期可能发生的最大损失，用公式表示为：$Prob(\Delta P < -VaR) = 1 - C$。

财务风险度量：财务风险度量就是采用一定的方法，对由于各种不确定性因素造成企业未来财务结果偏离财务目标的可能性进行确定、量化的一种管理活动。标准离差率、协方差、贝塔系数以及资本价格波动率等，都是财务风险的度量工具。

3. 风险矩阵图法　情景分析　风险评分表

风险矩阵图法：能够对危险发生的可能性和伤害的严重程度进行综合分析，以评估风险大小的定性风险分析方法。

情景分析：通过分析未来可能发生的各种情景以及各种情景可能产生的影响来评估风险的一种方法。

风险评分表：是将评估出的风险按照风险发生的可能性和后果的严重性进行评分，测算出风险大小的定量分析方法。

4. 风险管理目标　风险管理过程　风险识别　风险估计　风险处置　风险评价

风险管理目标：风险管理所要达到的客观效果。即运用风险管理的各种方法，做到在损失发生前预防，在损失发生后进行有效控制，以尽量通提高社会效益。

风险管理过程：为分析和降低风险而进行的系统性管理尝试，可分为5个步骤：风险识别、风险衡量、风险管理方法的选择、实施以及评价反馈。

风险识别：风险识别是人们能够明确地指出所分析对象面临的重要风险是什么，即人们能够事先认识和辨别经济过程中可能发生的结果与预期结果的差别。

风险估计：又称风险衡量，是指在对不利事件所导致损失的历史资料分析的基础上，运用概率统计等方法对特定不利事件发生的概率以及风险事件发生所造成的损失做出定量估计的过程。

风险处置：指根据风险管理的目标和宗旨，合理选择风险管理工具，制定出处置风险总体方案的活动，对项目风险提出处置意见和方法，尽可能把风险造成的损失降到最低。

风险评价：把风险发生的可能性、损失严重程度，结合其他因素综合考虑，得出项目风险的危害程度，再与风险的评价标准比较，确定项目的风险等级。然后根据项目的风险等级,决定是否需要采取控制措施,以及控制措施采取到什么程度。

5. 文化传统 国家制度 产权制度

文化传统: 指由历史沿袭而形成的风俗、道德、思想、艺术、制度、生活方式等一切物质和精神现象的有机复合体。它是支配整个文化群体的一种精神力量,也是一种集体的潜意识。现实文化价值体系中有传统文化特质构成的文化价值成分。

国家制度: 又称国家体制,是确立一国阶级统治关系的基本制度。主要指国体,即各阶级在国家中的地位,反映国家的本质及国家的阶级属性。国体决定政体,并通过政体来表现,所以国家制度既包括国体,也包括政体,是规定国家权力归属什么阶级和这个阶级采取什么组织形式以实现其权力的制度。国家制度一般都规定在各国的宪法、法律和其他特别法中,国家的政治体制以及一切机构的组织与活动原则都是根据国家制度来规定的。

产权制度: 是指既定产权关系和产权规则结合而成的,且能对产权关系实现有效组合、调节和保护的制度安排。产权制度的最主要功能在于降低交易费用,提高资源配置效率。

二、思考题参考答案

1. 吴晓波的《大败局Ⅰ》和《大败局Ⅱ》著作揭示了财务风险的哪些来源?

财务风险是由财务活动的不确定性造成的,分为主观性风险和客观性风险。主观性风险是由人们主观认识能力的局限性而导致的风险,客观性风险是由财务活动本身的不完全性而导致的风险,财务风险的客观性体现在政治、经济、市场和社会环境等方面。《大败局》中财务风险的来源既有主观性风险也有客观性风险,具体风险来源如下。

(1)企业家的盲目自信,战略失误。企业盲目扩展,导致其资金链的断裂。例如,巨人集团的史玉柱,把预期利润当成了实际收益,并以此为基数来设定未来规划。市场停滞,巨人大厦像一张永远张开嘴的大口,每天要靠大量资金填下去才能继续企业经营和发展,最终引发财务危机。

(2)对市场没有进行充分了解,导致企业未适应市场需求。在《大败局》中,很多企业对于市场的变化不敏感,仍沿用之前的战略或方法继续经营企业。在"玫瑰园"案例中,邓智仁调来香港职员销售玫瑰园,而由于文化冲突以及对市场不够了解,导致公司陷入困境。当然,玫瑰园的失败还与政府管制以及房地产市场不景气有关;"瀛海威"也是如此,在互联网市场开始变化时,"瀛海威"却没有进行相应战略调整,导致企业错失发展机遇。

(3)藐视法律,虚假宣传,初创期有过"灰色行为"。早期的企业大多会利用法律监管不严进行虚假宣传,广告宣传的效果对早期企业影响非常大,而其中的虚假宣传一旦被曝光,就会对企业经营造成严重的负面影响,如飞龙、三株等。

（4）财务管理的宏观环境复杂多变,而企业管理系统未能适应复杂多变的宏观环境。经济环境、法律环境、市场环境、社会文化环境、资源环境等因素虽然存在于企业外部,但对企业财务管理具有重大影响。玫瑰园经营失败很大一部分原因就是受到外部环境的影响,1994年底到1995年上半年,北京房地产市场陷入空前低谷,市场异常萧条,豪华别墅和高档公寓更是全面滞销,玫瑰园的销售陷入停顿,债台高筑,并最终走向衰败。再如下岗人员增多,人们消费减少,对亚细亚的经营产生了负面影响。

（5）对宏观形势判断失误。如顺驰的运作方式是基于房地产市场不会衰落,而国家宏观政策的改变使该假设不再成立,导致顺驰的战略扩张陷入困境。

（6）企业内部财务关系不明。这是企业发生财务风险的又一重要原因,企业内部各部门之间及企业与上级企业之间,在资金管理和利益分配等方面存在权责不明的现象,造成资金使用效率低下,资金的安全性、完整性无法得到保证。这主要存在于一些集团公司的财务关系中,很多集团母公司与子公司的财务关系十分混乱,资金管理缺少有效的监督与控制。典型的例子就是飞龙集团,其资金管理过程只管账目不管实际,占用、挪用及私分集团货款的现象比比皆是。例如,一个业务员缺钱,两天报了100多件破损竟无人察觉;再如哈尔滨有7个客户承认欠款400万元,而分管公司的账目上反映只有几十万元。

（7）风险意识淡薄。财务风险是客观存在的,只要有财务活动,就必然存在财务风险。然而在现实工作中,许多企业的财务管理人员缺乏风险意识。郑州亚细亚在9年中先后换了4任老总,却没有一次离任审计,也没有一次正式交接;商品部的经理也更换频繁,但同样没有离任审计和正式交接,这是亚细亚财务管理过程中的严重缺陷。

2. 确定性、风险和不确定性的主要差异有哪些?

当事物的各种结果不确定,并且每种结果的可能性也不明确时,就是存在不确定性。可是,如果各种结果已经知道,并且每种结果的可能性也已知道,只是不肯定而已,就是存在风险。当一件事情的各种结果已经知道,每种结果的可能性也已知道,而且肯定,这就是确定性,即没有风险。

确定性和不确定性的区别:确定性一般表达的是100%的概率,而不确定性表达的是50%的概率,有着确信和不确信的差别。不确定性是风险的必要条件,而非充分条件。不确定属于未知事件,风险则是已知事件。

风险和不确定性的主要区别如下。

（1）决策者能否预知事件最终结果的概率分布不同:风险用来表示损益概率分布已知的情况,而不确定性表示损益概率分布未知的情况。

（2）信息量的拥有状况不同:风险建立在投资者的主观认知能力和认知条件（主要

是信息量的拥有状况)的基础上,具有明显的主观色彩。

（3）性质不同：风险性质多样,具有客观性、普遍性、必然性、可识别性、可控性、损失性、不确定性和社会性。

3. 财务风险的主要类别有哪些？

从狭义来看,财务风险是企业因举债经营而无法按时还本付息的风险；从广义来看,财务风险根据财务活动的全过程,分为筹资风险、投资风险、经营风险、存货管理风险和流动性风险等。

筹资风险指的是由于资金供需市场和宏观经济环境的变化,企业筹集资金给财务成果带来的不确定性。

投资风险是指投资项目不能达到预期收益,从而影响企业盈利水平和偿债能力的风险。

经营风险又称营业风险,是指在企业的生产经营过程中,供、产、销各个环节不确定性因素所导致企业资金运动迟滞,并由此引起企业价值的变动。

存货管理风险是指企业因存货管理不善而导致存货周转速度较慢或原材料供应不及时,进而影响企业正常生产经营和盈利水平的风险。企业保持一定量的存货对于其维持正常生产至关重要,但如何确定最优库存量是一个比较棘手的问题,存货太多会导致产品积压,占用企业资金,风险较高；存货太少又可能导致原料供应不及时,影响企业的正常生产,严重时可能造成对客户的违约,影响企业的信誉。

流动性风险是指企业资产不能正常和确定性地转为现金,或企业债务和付现责任不能正常履行的可能性。

4. 风险估计方法有哪些，企业风险与风险估损方式有何区别？

企业风险估损常见的方法有现场观察法、安全检查表法 SCL、预先危险性分析法 PHA、工作危害分析法 JHA、故障类型及影响分析法 FMEA 等定性分析方法。企业风险主要借助概率分布、期望值、标准离差和标准离差率等指标进行定量分析。企业风险衡量的一般程序如下。

（1）确定概率分布。对于投资或其他任何一项活动,预测未来可能情况的分布越集中,则风险就越小；分布越分散,则风险越大。

（2）计算期望值。

（3）计算标准离差。风险大小同标准离差成正比例关系,标准离差的大小,可以看作其所含风险大小的标志。

（4）计算标准离差率。标准离差率越大,风险越大；反之,则风险越小。

金融风险是指企业在从事金融活动时,由于汇率、利率、金融资产价格及商品价格在一定时期内发生偏离预期值而发生的损失。政治、社会以及经济均属于企业金融风险的三个方向,一般而言,企业金融风险指的是经济类风险。

金融风险的评估方法分为定量和定性两大类,其中定量评估方法有灵敏度分析和波动性分析。定性分析包括风险图方法、风险度方法和风险价值法。

灵敏度反映了金融资产的收益率相对于市场风险因素变化的反应程度。单个风险因子对贷款收益的影响可以用灵敏度分析来测定,用风险因子的变化引起收益的变化来表示。

波动性是指资产组合收益随时间的变化,其对未来收益的不确定性在一定程度上有所反映,可以通过标准差和方差等统计方法对波动性进行量化分析。

根据风险发生的可能性和风险的严重性来绘制风险图。风险对公司业务的影响程度是风险的严重性,风险性事件发生的可能性有多大是风险的可能性。由于金融风险的多样性,要根据风险类别来制作风险图,而且不同的风险应有一定的顺序排列。

评价不同损失的严重程度或者频率就是风险度评价法,依据风险度评价的分值确定风险大小,评价分值与风险大小成正比,分值越小,风险越小;反之,风险越大。风险度评价可以分为频率评价和严重程度评价。

VaR 指"在险价值",即在正常的市场波动下,某一金融资产或组合可能发生的最大损失值。在实际应用中指在一定置信度水平下,某一金融资产或组合在未来时期内可能发生的最大损失值。

金融风险与企业风险主要区别有:金融风险的评估方法并非全局性的测量方法,可能会因市场因子范围的变化使得测量结果与实际不符;金融风险的评估大多依靠专业人员或者企业管理人员的主观判断,如大数据的波动、置信水平、持有期等。

5. 什么是风险管理,组织与个人的风险管理目标有何差别?

风险管理是社会组织或者个人用以降低风险消极结果的决策过程,通过风险识别、风险估测、风险评价,并在此基础上选择与优化各种风险管理技术组合,对风险实施有效控制,并妥善处理风险所致损失的后果,从而以最小的成本收获最大的安全保障。

企业风险管理的目标如下。

(1)维持企业与组织及成员的生存和发展。风险管理的基本目标:企业和组织在面临风险和意外事故的情形下能够维持生存,风险管理方案应使企业和组织能够在面临损失时得到持续发展。实现这一目标,意味着通过风险管理的各种努力,使经济单位、家庭、个人乃至社会避免受到灾害损失的打击。因此,维持组织及成员的生存是损失发生后风险管理的首要目标。

(2)保证组织的各项活动恢复正常运转。风险事故的出现会给人们带来不同程度的损失和危害,进而影响或打破组织的正常运转状态和人们的正常生活秩序,甚至可能使组织陷于瘫痪。实施风险管理有助于组织迅速恢复正常运转,帮助人们尽快从无序走向有序。这一目标要求企业在损失控制保险及其他风险管理工具中选择合适的平衡点，实现有效的风险管理绩效。

（3）尽快实现企业和组织稳定的收益。企业和经济单位在面临风险事故后，借助风险管理，一方面可以通过经济补偿使生产经营得以及时恢复，尽最大可能保证企业经营的稳定性；另一方面，可以为企业提供其他方面的帮助，使其尽快恢复到损失前的水平，并促使企业尽快实现持续增长。

（4）减少忧虑和恐惧，提供安全保障。风险事故的发生不但会导致物质损毁和人身伤亡，而且会给人们带来严重的忧虑和心理恐惧。实施风险管理能够尽可能减少人们心理上的忧虑，增强安全感，创造宽松的生产和生活环境，或通过心理疏导，消减人们因意外灾害事故导致的心理压力。

（5）通过风险成本最小化实现企业或组织价值最大化。就总体而言，由于风险的存在而导致企业价值的减少，这就构成了风险成本。纯粹风险成本包括：期望损失成本、损失控制成本、损失融资成本、内部风险控制成本。通过全面系统的风险管理，可以减少企业的风险成本，进而减少灾害损失的发生和企业的现金流出，通过风险成本最小化而实现企业价值最大化，这是现代企业风险管理的一个非常重要的目标。

对于个人来说，资金的总量有限，所以个人风险管理的目标要在成本和资源既定的前提下实现最大限度的安全保障，对一旦发生会给其带来巨大灾难的、后果无法承受的事件预先做出有效的应对方案。

三、练习题参考答案

1. 列举实例解释和实证不确定情况下的五条选择公理。

公理1：可比性（完整性）

对所有不确定的选择集 S，个体既可以说 x 的产出优于 y 的产出（表达为 $x>y$），也可以说 y 的产出优于 x 的产出（$y>x$），还可以说 x 的产出等于 y 的产出（$x=y$）。

实例1：假设 x 为红色球，y 为黄色球，z 为黑色球，球箱里有红、黄、白、黑四种颜色的球，对于个体来说，既可以认为 x 优于 y，也可以认为 y 优于 x，或者认为颜色不重要，即 x 和 y 无差异。

实例2：假设有两项投资组合 A 和 B，在不可预知未来的情况下，A 组合的投资收益率可能大于 B 组合或小于 B 组合，也有可能等于 B 组合。

公理2：传递性（一致性）

如果个体认为 x 优于 y，而 y 又优于 z，那么，x 优于 z（即如果 $x>y$，而 $y>z$，那么，$x>z$）。如果个体认为 x 和 y 无差异，而 y 和 z 同样也无差异，那么，他或她也会认为 x 和 z 同样亦无差异（即如果 $x\approx y$，而 $y\approx z$，那么 $x\approx z$）。

实例1：假设 x 为红色球，y 为黄色球，z 为黑色球，对于个体来说，如果认为 x 优于 y，即红球比黄球好,y 优于 z,即黄球比白球好,那么他也会认为 x 优于 z,即红球比白球好。

实例 2:如果一个人认为享用一个馅饼比享用一个包子的满足感更高,享用一个包子又比享用一个馒头的满足感高,那么他会认为享用一个馅饼比一个馒头的满足感高。

公理 3:强独立性

实例 1:假设 x 为红色球,y 为黄色球,z 为黑色球,第一种游戏为有 50/50 的情况赢得 x 或者 z,第二种游戏是有 50/50 的情况赢得 y 或者 z,如果我们认为 x 和 y(红球和黄球)是没有差别的,那这两种游戏就是没有差别的。

实例 2:假设设计了某一投机活动,个体以概率 a 得到结果 x,以概率 $(1-a)$ 得到结果 z,我们将此活动表达为 $G(x,z:a)$。强独立性指的是,如果个人认为 x 和 y 无差异,那么他同样认为某种投机活动由概率 a 得到结果 x 而由概率 $(1-a)$ 得到结果 z,同另一投机活动由概率 a 得到结果 y 而由 $(1-a)$ 的概率得到结果 z 是无差别的。即,如果 $x \approx y$,那么,$G(x,z:a) \approx G(y,z:a)$。假设有两轮抽奖活动,第一轮的奖品是一个空调和其他小礼品,第二轮的抽奖活动是一台冰箱和其他小礼品,在两轮活动中抽到冰箱和空调的概率是一样的,且参与者认为二者带来的满足感一样,那么可以认为这两轮的抽奖结果无差别。

公理 4:可计量性(连续性)

如果 y 的结果小于 x 但大于 z,那么此时存在唯一 a(一种概率)使得个体认为 y 的结果同从某种投机活动中由概率 a 得到的结果 x,和由概率 $(1-a)$ 得到的结果 z 是无差别的。即:如果 $x>y \geqslant z$(或者 $x \geqslant y>z$),则此处存在唯一的 a,使得 $y \approx G(x,z:a)$。

实例 1:假设有两轮抽奖活动,第一轮抽奖活动抽到两个冰箱的概率是 100%。第二轮抽奖活动,一等奖是一个冰箱,抽到概率为 50%;二等奖是三个冰箱,抽到概率为 50%,参与者会认为这两次活动是没有差异的。

实例 2:假设期末考试成绩简单分为三档 $\{0,60,100\}$,最好的结果为 100 分,最差的为 0 分,根据连续性公理,存在某个概率 p 属于 $[0,1]$,使得由 p 概率得到的 100 分和由 $(1-p)$ 概率得到的 0 分与 60 分无异。

公理 5:有序性(单调性)

如果两种选择 y 和 u 均取决于 x 和 z,那么,我们可以设定这样一系列投机活动,即个体认为 y 同 x(概率为 $a1$)与 z 的投机活动无差别;同样,u 同 x(概率为 $a2$)与 z 的另一次投机活动无差异;如果 $a1$ 大于 $a2$,则 y 优于 u。即如果 $x \geqslant y \geqslant z$,而且 $x \geqslant u \geqslant z$,那么,当 $y \approx G(x,z:a1)$ 且 $u \approx G(x,z:a2)$ 时,则若 $a1>a2$,那么 $y>u$,或者若 $a1 \approx a2$,那么 $y \approx u$。

实例 1:假设有两轮抽奖活动,第一轮的奖品是一个空调和其他小礼品,抽到空调或其他小礼品的概率是一样的,均为 20%;第二轮的抽奖活动是一台冰箱和其他小礼品,抽到冰箱的概率为 30%。在两轮活动只能选择参加一轮,那么理性的参与者会选择参加第二轮活动。

实例 2:假设彩票 L1 为($p1:A,B$),L2 为($p2:L3,L4$),此处,L3 为($p3:A,B$),L4 为($p4;A,B$)。若 $p1=p2×p3+(1-p2×p4)$,则该消费者对 L1 与 L2 的偏好会相同。

证明如下:

因为 $L3=p3×A+(1-p3×B)$,$L4=p4×A+(1-p4×B)$

所以:

$$L2=p2×L3+(1-p2)L4$$
$$=p2[p3×A+(1-p3)B]+(1-p2)[p4×A+(1-p4)×B]$$
$$=[p2p3+(1-p2)p4]A+[p2(1-p3)+(1-p2)(1-p4)]B$$
$$=p1A+(1-p1)B$$
$$=L1$$

2. 曾担任富达基金经理 22 年的凯伦·费尔斯通在《胜算》一书中,分享了自己总结的应对常见风险的四大核心原则:正确衡量风险的大小,选择合适的时机,依靠知识、能力和经验以及对承诺和预测保持必要的怀疑。对她的说法,你的看法如何?

凯伦·费尔斯通提出的这套原则可以说是一套理性的风险承担策略,是对人们面对风险的经验提示,可以帮助人们少走弯路,少栽跟头。在风险无处不在的世界里,首先要做的就是识别并正确衡量风险。正确衡量风险是管理风险的基础和前提,使人们保持对风险的谨慎和关注。准确衡量风险的大小就是对风险进行评估,使企业了解风险发生的可能性以及严重性,从而可结合自身经营状况来确定风险应对策略。其次,应对风险的同时也要考虑时机,由于法律法规和经济政策等外部环境随时间不断变化,时机不同风险应对的成本和效益就有可能不同。在风险管理过程中恰当把握时机可以提高风险收益,降低风险成本,如买入或卖出投资组合的时机,但这需要另外一条原则的支撑,即要依靠知识、能力及经验来选择时机,具备一定的知识和能力以及经验可以提高对合适时机的预测以及把握能力。管理者决定着风险应对策略,管理者的能力以及对待风险的态度影响着企业的战略选择,因此管理者的风险管理知识和应对经验对于其风险应对能力也至关重要。对承诺和预测保持必要的怀疑是在瞬息万变的市场里保持必要的谨慎性,不能完全依赖于过往事实。风险应对措施的制定和评估是一个递进过程,管理者需要对预测的风险不断进行跟踪,执行风险应对措施会引起组织风险的改变,需要及时跟踪和监督风险应对效果和组织环境信息,并对变化了的风险重新进行评估,必要时重新制定风险应对措施。

3.《金融世界》曾刊登题为《马云的大金融之梦:阿里小贷"标准工业化"》的文章（作者:汪孜博、张玉洁),引发了人们对于小微金融风险管控设计的重新思考。请你在阅读思考后回答作为新涉足金融产业的阿里金融,应如何进行金融风险的管控?

风险防范对于规避风险来说是最基础也是最重要的一环,所以风险防范措施的制定尤为重要,措施正确与否及其落实是否全面到位决定互联网金融机构的生死存亡。金融是一个大领域,互联网金融牵扯的不仅仅是机构和客户,互联网金融风险的防范应从政府、互联网金融机构和用户三方联合发力。即若由政府做好监管和指导,由互联网金融机构做好贯彻落实,再由用户自身增强风险防范意识,则互联网金融的健康持续发展指日可待。

（1）政府层面：① 加大政策扶持力度。一方面,政府可以给予税收优惠;另一方面,政府可给予一定的风险补助、利息补贴,简化贷款程序,扩展小额贷款公司的融资渠道、扩大其资金来源,如鼓励各机构团体对小额贷款公司提供资金支持。② 完善互联网金融立法。加大完善金融业务法律法规;进一步完善保护金融消费者权利的法律法规;尽快出台有关小额贷款公司业务的法律法规,确保小额贷款公司业务健康有序发展。③ 成立互联网金融监管机构。建立全国范围内的行业协会,统一监管标准和准入退出机制;加快推动行业自律意识和道德意识的深入普及。④ 完善互联网金融市场准入和退出机制。建立严格的市场准入机制和完善的市场退出法律机制;完善担保市场建设,促进第三方担保融资业务的发展。⑤ 尽快建立互联网金融的行业组织。

（2）互联网金融机构层面：① 技术管理风险防范。② 模式风险防范。③ 信用风险防范。④ 犯罪风险防范。

（3）用户层面：① 参加政府开展的针对互联网金融用户的教育活动,提升自身风险防范能力,通过自己的力量减少风险。② 要求互联网金融机构强化信息披露以及进行必要的风险提示,自身购买互联网金融服务之前要进行反复比较考察,详细了解可能存在的风险。③ 呼吁主管部门重视互联网金融用户权益的维护,在购买互联网金融机构服务的同时注重自身利益的保护,以防风险发生时遭受重大损失。

4. 列举汇率风险的实例,并解释其基本原理。

汇率风险指在一定时期的国际经济交易当中,以外币计价的资产（债权）与负债（债务）,由于汇率波动而引起其价值涨跌的可能性。币值的升贬对持有该货币的投资人或企业而言,均会造成影响。

实例 1：个人汇率风险。

假设小王持有 1 万美元的资金或资产,在美元兑人民币汇率为 1:7（1 美元可兑换 7 元人民币）的情况下,小王所持有美元的价值约为 7 万元人民币;当美元兑人民币的汇率贬值为 1:6（1 美元可兑换 6 元人民币）时,其美元资产的价值将下降至 6 万元人民币,从而给小王造成损失。因此,凡是涉及外币的投资与交易,均会受到汇率变动的影响,尤其是对以外贸为主的企业而言,投资人更须关注汇率的变化。汇率的变动会直接影响进出口厂商的营运与获利能力,进而使其发行的证券价格发生波动。

实例2：百富勤破产案。

百富勤投资集团主要为客户提供各类型的银行综合投资及证券经纪服务。1997年下半年爆发了涤荡全球的金融风暴，在这次金融危机中泰株、菲律宾比索、马来西亚吉特、印尼盾和新加坡元兑美元的汇率大幅下跌，屡创历史新低。由于百富勤大量投资于东南亚市场，持有巨额亚洲货币债权，此次东南亚货币狂泻给它造成了无法弥补的损失。同时，汇市的动荡也引起了股市的暴跌，从事证券业务的百富勤在1997年7月至10月的股票损失估计近10亿港币。1998年1月12日下午5时，百富勤宣告破产。

基本原理：假设百富勤购入泰国债权时使用的货币是美元，汇率为1美元兑30泰铢，此时若购入3 000万泰铢的债权，需花费100万美元；到1997年金融风暴来临后，如果汇率为1美元兑40泰铢，此时由于金融风暴引起的汇率变动导致百富勤损失25（100—3 000/40）万美元。相反，如果泰铢价值上涨，变为1美元兑20泰铢，则百富勤因汇率变动获得50（3 000/20—100）万美元的利得。这就是汇率变动风险为企业带来资产或负债价值涨跌的可能性。

5. 列举风险转移的实例，并解释其基本原理。

风险转移是指采用合同或保险方式转嫁风险，具体有三种基本方法：套期保值、保险、分散投资。风险转移是风险管理方法之一。

实例1：买卖双方订立一项FOB合同（当货物在指定装运港越过船舷，卖方即完成交货）。合同规定，卖方向买方发10包1号棉花。该批棉花在运输途中被火烧焦，不能使用。因为买卖双方签订FOB合同，即货物在指定的装运港越过船舷，卖方完成交货，货物运输过程中的损毁风险已转移给买方或第三方。案例中货物在运输过程中损毁造成的损失由买方或第三方承担。

实例2：人们在购买小汽车时必须购买机动车交通事故责任强制保险，当被保险机动车因发生道路交通事故造成受害人的人身伤亡、财产损失时，由保险公司在责任限额内予以赔偿。通过交强险来转移风险的基本原理为，人们事先支付额外费用（保险费）购买一个合约以避免损失。通过购买保险，人们以一项确定的损失（为保险而支付的费用）替代了如果不保险而遭受更大损失的可能性。

6. 列举一个分散投资的实例，并详细计算其收益和风险，解释其基本原理。

分散投资是人们把一笔钱分成若干份额分别投资在不同的资产上，从而优化投资结构以确保总体收益。分散投资意味着持有多种风险资产，而不是将所有的投资集中于一项，从而降低人们拥有任何单一资产所面临的风险。一笔资本划分成不同份额分别投资于不同的资产项目上，称为组合投资。一笔钱只投资在一个资产项目上，就是单项投资。在股票资本市场上，人们常说，"投资有风险，入市需谨慎"。在理论上，组合投资比单项投资更能降低风险。组合投资收益率是投资组合中各单项资产预期收益率的加权平均数,但投资组合的风险不是这些投资项目风险的加权平均风险,投资组合的标准差也不是单个证券标准差的简单加权平均。投资组合的风险不仅取决于组合内各单项资产的风险,还取决于组合内各个投资项目之间的关系。

以由两项资产构成的投资组合为例,其标准差的计算公式为:

$$\sigma_P = \sqrt{\sum_{i=1}^{n}\sum_{j=i}^{n} W_i W_j \sigma_{ij}}$$

实例1:刘先生投资于 A、B 两种证券,A 证券期望收益率为 12%,标准差为 0.09;B 证券期望收益率为 8%,标准差为 0.09。刘先生等比例投资于两种证券,即各占 50%。那么,在两种证券相关系数为 1 时,投资组合的标准差为:

$$\sigma_P = \sqrt{(0.5^2 \times 0.09^2 + 2 \times 0.5 \times 0.5 \times 1.0 \times 0.09 \times 0.09 + 0.5^2 \times 0.09^2)} = 0.09$$

报酬率为 Rp = 50% × 12% + 50% × 8% = 10%

通过计算,A、B 两种证券完全正相关,这两种证券组合不会产生任何风险分散效应。

实例2:下表给出了四种状态下两项资产可能的报酬率及其发生的概率。假设现有三种投资方案,方案一为全部购买 A 股票,方案二全部购买 B 股票,方案三为资产的 50% 购买 A 股票,50% 购买 B 股票,A、B 股票的相关系数 $\rho = 0.89$。

四种状态下两只股票可能的报酬率和概率分布

经济状况	概率	A 股	B 股
差	0.1	−3%	2%
稳定	0.3	3%	4%
适度增长	0.4	7%	10%
繁荣	0.2	10%	20%

现在计算三种方案分别的期望收益率和风险。

方案一:

A 股票期望收益率 = 0.1 × (−3%) + 0.3 × 3% + 0.4 × 7% + 0.2 × 10% = 5.4%

A 股票标准差为

$$\sigma_A = \sqrt{(-3\%-5.4\%)^2 \times 0.1 + (3\%-5.4\%)^2 \times 0.3 + (7\%-5.4\%)^2 \times 0.4 + (10\%-5.4\%)^2 \times 0.2}$$
$$= 3.75\%$$

方案二:

B 股票期望收益率 = 0.1 × 2% + 0.3 × 4% + 0.4 × 10% + 0.2 × 20% = 9.4%

B 股标准差为

$$\sigma_B = \sqrt{(2\%-9.4\%)^2\times0.1+(4\%-9.4\%)^2\times0.3+(10\%-9.4\%)^2\times0.4+(20\%-9.4\%)^2\times0.2}$$

$$=6.07\%$$

方案三：

投资组合期望收益率$=0.5\times5.4\%+0.5\times9.4\%=7.4\%$

投资组合风险为

$$\sigma=\sqrt{0.5^2\times0.054^2+0.5^2\times0.094^2+2\times0.5\times0.5\times0.054\times0.094\times0.89}=4.78\%$$

所以，三种投资方案的期望收益率排序为方案二＞方案三＞方案一，而其风险大小排序为方案二＞方案三＞方案一。

分散投资通过将资金分散到各个项目中，达到降低风险的目的，当投资的项目足够多时，可以使非系统性风险降为零。

第二部分
难点释疑

第六章的难点主要是：① 风险的内涵；② 财务活动的不确定性；③ 风险态度的基本内涵；④ 风险管理的一般程序。

一、风险的内涵

风险定义如何表述？风险性质和特征有哪些？在理论上，风险和不确定性是财务学关于风险研究的基本内容，并由此延伸出风险的识别、分析与评价等风险管理研究领域，形成财务学上有关风险的知识体系。

人类活动过程中因非预期事件对结果产生的冲击即风险(risk)。简单来说，风险多是指"不利事件"发生的可能性结果及其状态。当然，风险也可能带来巨额收益。风险是人类基本认识了的不确定性，亦即事件的每一种结果及其概率可知但不肯定的状况。因此，我们可以说风险是不确定性的一种。但不确定性并不等同于风险，区别之一是不确定性不仅包括人类基本认识了的不确定性，还包括发生原因、过程等人类根本不了解的不确定性。两者的另一区别在于，风险能够给出预计对象的概率分布并反映其集中趋势；而不确定性对预计对象的概率分布缺乏置信度。不确定的发生，不一定导致风险，而风险的发生一定源自不确定性的存在。从企业角度看，风险可以简单称为实现某种目标的不确定性。这种不确定性既可能是风险，也可能是一种机遇或机会。当这种不确定性产生消极影响时即为风险，产生积极影响时即为机遇或机会。

风险广泛地存在于各个领域，由于对风险的理解和认识程度不同，或对风险的研究的角度不同，不同学者对风险概念有着不同解释，尚未形成公认的、统一的定义。长江商学院的周春生教授(2015)认为尽管学界对风险的定义不尽相同，但无论如何，都不会脱离三个基本特征：① 风险是关乎未来的。已经发生的事，无论结果如何，都已既成事实，一般不被称作风险。② 风险具有不确定性或偶然性。事前能完全确定的结果，无论好坏，一般都不被看成经济意义上的风险。③ 有损益或损失发生。广义风险强调不确定性，说明风险产生的结果可能会带来损失、获利或是无损失也无获利。狭义风险或称纯风险表现为损失的不确定性，说明风险只能表现出损失，没有从风险中获利的可能性。企业风险有外部商业风险和内部管理风险之分，前者如政策变动、原材料价格波动以及自然灾害等，后者如财务风险、操作风险和投资决策风险等。尽管企业一般无法改变其外部环境，但可以通过良好的内部管理来应对外在风险。随着对风险认识的不断深入和对风险数量化研究的不断发展，人们的风险管理水平必将不断提高，风险管理工具也必将不断丰富。

二、财务活动的不确定性

关于财务风险形成的原因,从主观性方面考察,是人类财务知识的有限性,即财务活动的管理者对财务活动的认知不完全;从客观性维度来看,主要是财务活动本身的不完全性。这是财务风险的二重性态。

(一)财务知识的有限性及其风险

1. 财务知识的有限性。

人们对管理性质和特征的认识,远未达到应有的程度。人类学习能力的提升,往往落后于科学技术发展速度的提升。因此,一个人的知识存在有限性。对于管理者而言,也同样如此。实际上,财务知识具有时间的相对性和主观的相对性。时间的相对性是指管理层和决策者在特定的时间下不可能拥有全部财务知识,他们拥有的只是前人的知识积累以及当时实践的知识,还有相应的财务知识在当时情况下根本无法获得;而主体的相对性是指某个人不能拥有当前所有的财务知识,这些知识存在于所有人的大脑中。因而由于知识的时间相对性和主体相对性,决策主体必然是有限理性的,不可能存在全智全能的理性行为,财务知识的完全性不符合人类实际存在状态的假设。

2. 财务风险的主观性。

由于财务活动本身及外部条件错综复杂且多变,而人们的知识水平和认识能力等又往往有限,所以很难完全认识和把握财务活动的各个层面。这容易使人们的财务行为出现失误或偏差,从而引发风险。这类风险主要是由人们主观认识能力的局限性而导致的风险,称为主观性风险。人类主观认识能力的局限性主要包括两种情况:一是人类对财务活动本身及其发展变化规律缺乏认识;二是由人的阅历、经验、知识水平、思维方式和判断能力等个体素质的差异所造成的。所以,我们一方面应深入全面地认识和把握经济金融知识;另一方面,也应采取有效措施,尽快提高人们的知识素养和行为能力,以减少因主观认识能力的局限性所导致的行为过程中的不确定性,最大限度地降低主观性风险。

(二)财务活动的不完全性及其风险

1. 财务活动的不完全性。

财务活动的不完全性是指财务活动不全面、不完整或财务信息不真实、不可靠的状况。一方面,由于外部环境的变化,使原来传统的会计处理方法和会计规范出现了一些不适应性,导致财务活动提供的信息从决策角度看不全面、不完整,影响到财务信息的使用价值。另一方面,因为企业内部经理人员存在滥用职权问题,任意干预财务实践,财务人员违规操作人为地歪曲财务信息,使财务信息不真实和不可靠。财务活动不完全性的另一种体现是不确定性,财务活动的不确定性导致了未来收益的不确定性,此时财务风险就可能产生。

2. 财务风险的客观性。

不确定性是在整个的事务发展变化过程中普遍存在、不以人的意志为转移的客观现象;或者说,只要存在着运动、变化,就存在着不确定性。同样,所有金融活动、金融事件的发展变化也必然产生不确定性即财务风险,因此财务风险是客观存在的。财务风险的客观性体现在政治、经济、市场和社会环境等方面。

三、风险态度的基本内涵

风险管理哲学中的重要一点是风险态度,风险偏好和风险承受度是风险管理风格的基本体现。风险和不确定性普遍存在于人们的生活中,关系着几乎每一个重要的决策。当人们面对这些风险和不确定情景时,不同的人对事物的认识和感知是不同的,对风险环境所采取的解决方式也有很大差异,而这些差异通常被描述为风险态度的差异。不同的风险态度往往能够预测性地决定人们的风险选择倾向,尤其是当人们面对充满不确定性和风险的决策时。理性、冷静和积极应对的态度是财务管理者应有的个体风险态度,首先应娴熟辨别风险和不确定的差别,其次识别风险类型及其特点,然后确定风险承受度。

所谓风险态度是指个体参加风险行为的程度,具体来说就是决策者在不确定情景中表现出的风险偏好和承受度,风险偏好和风险承受度概念的提出基于企业风险管理理念的变化。

风险偏好是企业希望承受的风险范围,分析风险偏好要回答的问题是决策者希望承担什么风险和承担多少风险。在经济活动中,人们对风险的态度可以大致分为三种类型:风险喜好者、风险中立者和风险厌恶者。个体风险偏好仅仅是人们愿意承担什么风险和承担多少风险的态度表现。重要的是,要确定自己的风险与收益均衡水平。

风险承受度是指企业风险偏好的边界,它是企业采取行动的预警指标。企业可以设置若干风险承受度等级,以显示不同的警示级别。每家企业的风险承受能力是不同的,企业可以参考所在市场或行业内的其他企业的可用信息,作为自己制定风险承受能力的基准。一般来讲,风险偏好和风险承受度是针对公司重大风险制定的,公司非重大风险的风险偏好和风险承受度不一定要十分明确,甚至可以先不提出。

四、风险管理的一般程序

风险管理的基本过程是为分析和降低风险而进行的系统性管理尝试。企业风险管理的过程包括风险识别、风险衡量以及风险管理方法的选择、实施和评价 5 个步骤。

　　风险识别是人们能够明确指出分析对象面临的重要风险是什么,亦即人们能够事先认识和辨别经济过程中可能发生的结果与预期结果的差别。风险识别是在风险事故发生之前,人们运用各种方法系统、连续地辨识所面临的各种风险及风险事故发生的潜在原因,以便查找企业各业务单元、各项重要经营活动、重要业务流程有无风险以及有哪些风险。

　　风险衡量又称风险评估,是人们对风险发生之后所产生的收益和成本的计算评估。风险计算是风险衡量的基础,人们根据风险衡量结果采取适当方法管理风险。

　　风险管理方法有 4 种基本类型:风险回避、预防并控制损失、风险留存和风险转移。风险回避是一项有意识地避免某种特定风险的决策,但是回避风险并非总是可行的。预防并控制损失是为降低损失的可能性或严重性而采取的行动,这种行动可以在损失发生之前、之中或之后采取。风险留存是指承担风险并以自己的财产来弥补损失,这种情况有时是因为过失而产生,如某些人没有察觉到风险的存在或没有对风险给予足够的重视。风险转移指将风险转移给他人,基本方法有三种:套期保值、保险、分散投资。将带有风险的资产卖给别人或购买保险,便是转移风险的例子。

　　风险管理方法的实施就是对于已识别的风险,在决定采取何种措施之后实施这些措施。这一阶段风险管理的基本原则就是使实施费用最小化。

　　企业在开展风险管理之后,会对风险管理活动进行评估和总结,从而改进风险管理决策。风险管理的评价涉及风险转移和经济效率以及风险承担对资本配置的优化情况。

第三部分
重要理论的历史背景

第六章包含和涉及多个财务理论,这里主要阐述风险理论和不确定性理论的历史背景。

一、风险理论的历史背景

风险理论主要是人们基于风险管理视角所形成的有关风险规律和风险知识的认知。所以,风险理论又经常被称为风险管理理论。"风险"一词源于阿拉伯语中的"risq"或拉丁语中的"riscum"(Kedar,1970)。阿拉伯语的"risq"表示"上帝赋予你的一切并且你可从中获利",隐含着意外的、有利的结果的意思。而拉丁语中的"riscum"最初是指水手面临堡礁的挑战,显然暗指具有偶然性,但却是不利的。法语词汇"risque"主要含有消极的意思,但偶尔会体现出积极正面的含义,比如"不入虎穴,焉得虎子"。由risque演化而来的risk,于17世纪中叶出现在英语中。18世纪前半叶,风险的英式拼写开始出现在保险业务中。1752年,本杰明•富兰克林在美国设立了第一家火灾保险公司"第一美国"。在20世纪,"管理科学"中概率论的相关研究发展迅速,正式的风险管理也随之产生。在20世纪六七十年代,许多美国主要大学的工商管理学院都开设了风险管理课程,传统的保险系把教学重点转移到风险管理方面,有的工商管理学院还把保险系改为风险管理和保险系,美国多数大企业会设置一个专职部门进行风险管理(许谨良,2003)。

我国风险管理意识的发端也是源远流长。据不完全统计,我国从殷商时代到20世纪30年代将近4 000年间,各种灾害共计5 258次,其中,水灾1 058次,旱灾1 074次,地震705次。出现无年不灾的情况,其中缘由固然有其自然因素影响,但社会因素也不可低估。由于灾害对社会的频繁震动和影响,中国古代特有的"政府行为"——荒政就产生了,即统治阶级采取的各种救济灾荒的政策和措施。追溯起来,中国的荒政可溯及上古时期。相传大禹疏导九川,排洪治水,算是已知最早的救荒活动。从风险管理角度看,中国古代的荒政大多是补偿、分摊和转移意外损失,并采取带有一定社会保障意义的经济手段,包含着丰富的原始风险意识。

1980年,美国风险分析协会(the Society for Risk Analysis, SRA)成立,成为不同学术团体交流思想的焦点论坛。1983年5月在美国风险与保险管理学会的年会上,世界各地专家学者通过了针对危害性风险的"101条风险管理准则",核心内容包括风险管理的一般原则,风险评估,风险控制,风险财务处理,索赔管理,职工福利,退休年金和国际风险管理等。1986 年，欧洲 11 个国家共同发起成立欧洲风险研究会；同年 10 月，在新加坡召开了风险管理国际学术讨论会，这充分表明风险管理已经走向世界，逐步成为全球性活动。

诺贝尔经济学奖获得者索尔斯（Scholes）教授在参加"2000 年广东经济发展国际咨询会"时，谈到了如何实现风险管理的问题，他强调了风险管理的三个方法。第一个是风险转移。金融衍生工具的不断涌现，使得风险转移的可能性和操作性大大提升，风险管理者应充分运用这一系列创新产品，达到风险回避的目的。第二个是投资分散化。分散投资就意味着分散风险，在构造资产组合时不仅要注意实现资产品种的多样化，还应最大限度地降低各类资产的相关性。第三个是保险。保险在本质上是一种比较保守消极的避险方法，对于那些难以管理和控制风险的资产，可以将其交付于保险公司管理，以便管理者能有更多的时间和精力经营其他资产。同时，索尔斯教授提出风险管理者只有充分掌握混沌经济理论才能充分地审时度势，从而有效地管理风险。

长江商学院的周春生教授指出风险管理有三个关键点或焦点。首先，风险管理是一个战略问题。一般而言，"高风险，高回报"——企业承担什么样的风险，相应就会有什么样的期望收益，关键是确定企业承担风险的能力，平衡风险和收益之间的关系，对这两者的平衡就是一个战略选择。有效的风险管理策略是在不影响期望收益的情况下降低风险，或在同等风险条件下最大化期望收益。其次，风险管理通常需要量化风险。在从事风险管理的时候我们必须能够量化风险，量化期望收益，量化企业业绩。对这三者的量化其实就是为企业的风险管理工作制定了一个统一标准。如果说高风险、高回报，低风险、低回报都是企业的战略问题，那么风险和收益的度量工作就为战略实施和企业日常风险控制提供了可能。最后，风险管理的第三个焦点问题就是内部控制。内部控制的目标是使公司的规章、规则、制度得以贯彻执行，使公司的战略目标和经营目标得以实现，保障资产安全，特别是保证财务信息和经营信息的完整性。

二、不确定性理论的历史背景

财务学研究风险问题时涉及不确定性，二者间的联系十分紧密。所以，在财务管理工作中，人们进行风险管理，解释风险性质和特征，通常会关注不确定性理论研究的新趋向。

关于不确定性理论的历史背景，至少可以追溯到弗兰克·奈特教授在其《风险、不确定性与利润》著作中的表述。奈特教授是美国芝加哥经济学派鼻祖，他将不确定性命题引入经济学分析之中。奈特从事件结果是否可预见的角度区分了风险和不确定性，他指出"风险的特征是概率估计的可靠性，以及因此将它作为一种可保险的成本进行处理的可能性。估计的可能性来自所遵循的理论规律或来自稳定经验规律。对经济理论的目的来说，整个概率问题的关键点是，只要概率能够用这两种方法中的任一种以数字进行表示,它就可能被排除和置之不顾。与可以计算的风险截然不同,不确定性是指人们缺乏对事件的基本知识,对事件的结果知之甚少。因而,不可能通过现有理论或经验进行预见或定量分析"。

在这里,人们无法充分把握的未来事件,可以区分为风险和不确定性。对于前者,人们能确知风险的概率分布,即要发生什么和发生的可能性。而且,人们可根据所遵循的理论规律或稳定的经验规律排除不确定性。对于后者,人们缺乏对事件的基本知识,对事件可能的结果知之甚少,因此,不能通过现有理论或经验进行预见或定量分析。此后,经济学者们基于概率和统计知识开始广泛深入探索经济学中的不确定性问题,提出了一些见解,可作为投资、投机、筹资和套期保值的决策依据。

一般地,不确定性理论被认为是统计学研究内容。统计学研究不确定性,主要是探索测定不确定性的技术方法。现在,统计学有多种研究不确定性的方法。其中,特别重要的一大类方法就是回归分析。回归分析由两部分组成,分别是业务分析和技术分析。业务分析的不是数据而是业务,即业务中的不确定性。通过业务分析,人们获得对业务不确定性的理解,进而将抽象的不确定性业务问题,转换成为一个具体的"数据可分析问题"。而技术分析关心的是应该选择什么样的模型设定,如应该选择线性模型还是非线性模型、一元模型还是多元模型的问题。

亦有学者将不确定性理论划分为下面三个学派。① 奈特的不确定性理论,其代表性著作是《风险、不确定性与利润》(1921)。② 科斯的不确定性理论,其代表性论文是《企业的性质》(1937),该文批判了奈特将企业看作是一种风险分摊机制的观点。科斯认为,由于市场具有风险补偿功能,不能根据风险承担能力的不同要求剩余索取权和控制权的转移,管理者和普通劳动者之间的这种分工交换并不必然以前者对后者的支配权为前提,也不必然在企业内部进行,市场本身可以化解一些风险。③ 威廉姆森的不确定性理论,其代表性著作是《资本主义经济制度》(2002)。威廉姆森教授对科斯教授关于交易费用的处理方式也很不赞同,他认为,不确定性是交易的一个重要维度,即不能简单否决不确定性问题的存在。威廉姆森教授也承认,在不确定性状态下,当人的计算能力受到限制时,人们就难以完全了解还没有充分展开的未来潜在的各种可能性。只要将有限理性联系在一起,就不能涉及奈特意义上的真正不确定性。

最近几年,经济学不确定性研究的重心开始转向经济政策不确定性。2008 年,国际金融危机对全球经济带来了巨大冲击和不确定性,各国政府频繁出台各项政策以期刺激经济复苏,巨大的金融海啸以及政策的急剧变化引发了经济和政策的不确定性,世界主要经济体的经济政策不确定性(economic policy uncertainty,简称 EPU)指数在 2008 年国际金融危机时期均出现急剧上升。2016 年以来,随着中美贸易争端加剧和地缘政治局势紧张,以及 2020 年全球新冠疫情的爆发,EPU 再次经历了剧烈上升。大量文献研究发现,EPU 会对微观主体行为以及宏观经济产生显著影响,诱发经济金融环境波动和外溢效应。该领域现有文献的主要研究内容基本上集中在四个方面：① EPU 的内涵和测度；② EPU 对宏观经济影响；③ EPU 对微观主体影响；④ EPU 的跨国溢出效应。

德国物理学家海森堡（Werner Heisenberg）于 1927 年也提出了不确定性原理（uncertainty principle），又称"测不准原理""不确定关系"，它是量子力学的一个基本原理，其本身是由傅立叶变换导出的复函数基本关系。迄今为止，财务学研究风险所涉及的不确定性与物理学上的不确定性原理基本无关。

对于财务管理专业本科生而言，主要理解财务学中的不确定性问题，尤其是从统计学视角学习和理解财务学中的不确定性现象。

第四部分
重要文献选读与导读

为了深入全面学习第六章《风险与不确定性》,建议至少选择下面三篇文献阅读。

一、休·考特尼等:《不确定性管理》

考特尼、柯克兰和维格里在《不确定性管理》一书的第一章《不确定性条件下的战略》中写道:

在不确定的环境下,系统地进行正确的战略决策,要求使用一种不同的方式,即一种避免非黑即白的观点。即使在最不确定的环境下,经理人员也不太可能对战略的重要性一无所知。事实上,他们通常可以确定可能发生的结果的变化范围,甚至一组离散的未来情景。这对未来的预测是极其消极的,因为确定哪个战略最好,以及应采用什么程序开发它,关键在于公司面对环境的不确定层次。

接下来,该文在将不确定性界定为"经过最精密的可能性分析后依然存在的不确定性,即剩余不确定性"的基础上,把环境不确定性划分为前景清晰明确、有几种可能的前景、有一定变化范围的前景和前景不明四个层次。

对于不同层次不确定性的主要特征,该文写道:

在第一个层次,经理人员可以进行单一性前景预测并精确到足以进行战略开发。尽管所有的企业环境天生是不确定的,这会使预测不精确,但预测仍能细致到指向单一战略方向。在第二个层次,前景可描述为一些可能的结果或离散的情景。尽管分析有助于确定结果出现的概率,但不能确定一定会出现什么结果。而如果结果是可预测的,战略中的一些要素就会发生变化。在第三个层次,人们可以确定未来可能发生的一些变化范围。这个变化范围是由一些有限的变量确定的,但实际结果可能存在于此范围中的某一点,不存在离散的情景。如同在第二层次中一样,如果结果是可预测的,某些战略因素或者也可能是所有的战略因素都将改变。在第四个层次,不确定环境的各部分相互作用,使得环境实际上无法预测。与第三个层次的情境不同,第四层次可能出现的结果的变化范围是不能预测的,更不必说在此范围内的未来情景了。这样,所有决定未来的相关变量就更无法预测了。

在这里,我们可以看出,要有效地管理与控制风险或不确定性,首先是要对风险或不确定性的类型进行区分,根据不同的类型采取不同的措施。其次,风险和不确定性具有密切的关系,风险是一种不确定性,但这种不确定性是可以进行预测和管理的,而不确定性是一个更广泛意义上的风险,从最容易预测及处理的前景清晰明确的类型再到难以预测和衡量的前景不明类型。

对于四个层次的不确定性,考特尼、柯克兰和维格里表达了如下主要见解。

（1）为对第一层次的未来前景进行精确、有效的预测,管理者可运用全套常用手段,如市场调查、竞争对手的成本和产量分析、价值链分析、波特五力分析模型等,还可以用融合了这些预测的贴现现金流量模型来确定各候选战略的价值。对于第一个不确定层次的情景,多数经理感到极其轻松。这没有什么可惊奇的,因为这些手段和框架都是曾在美国的主要商务课程中讲授的内容。

（2）第二层次中的情景稍显复杂。首先,管理人员必须依据其对重要剩余不确定性因素如何逐渐减弱的理解,来设计一组离散的未来情景,如是否会解除行业管制,竞争对手是否会建造新工厂等。每个未来情景可能需要不同的评价模型,这是因为,一般的行业结构和行为因未来情景不同而有根本的不同,不能用围绕单一基线模型进行敏感度分析的方式进行方案评价,要优先考虑有助于确定候选结果相对概率的信息。

在确定每个可能结果的评价模型及其概率后,可用典型决策分析框架来评价候选战略的固有风险和收益。此过程会确定候选战略中可能的赢家和输家;更重要的是,它有助于为采用现有战略的公司确定风险大小。此类分析经常是战略改变的关键。

（3）从程序上说,第三个层次的情景分析与第二个层次的情景分析十分相似。二者都需要确定一组描述可能出现结果的未来情景,而且分析应集中关注那些表明市场正向某未来情景发展的触发事件。然而,在第三个层次设计一组有意义的未来情景,就不那么简单易行了。设计那些描述可能结果范围端点的未来情景,通常相对容易,但这些端点的未来情景很少能对当前的战略决策提供具体指导。既然在不确定的第三层次没有其他自然的未来情景,那么决定将哪些可能的结果发展成未来情景将是一种技巧。不过,还是有一些一般规律可以遵循。首先,要设计有限的未来情景,因为设计过多未来情景会非常复杂且易妨碍决策;其次,要避免设计对战略决策没有独特意义的多余情景,要确保每个未来情景都能反映行业结构、行为和特性的某个独特情况。此外,所设计的未来情景只需说明未来结果的大致范围,不必是其全部变化范围。

由于在第三个不确定性层次不可能确定所有的未来情景和相关概率,所以也就不可能计算不同战略的期望值。然而,确定未来情景范围应该允许管理者确定其战略的活力如何,确定可能的赢家和输家,以及粗略确定采用现有战略的风险。

（4）第四个层次的情景分析更为定性。在这里避免绝望地放弃尝试而仅凭直觉行事仍然至关重要。管理者应对其已经了解的和可能了解的结果进行系统分类。即使管理者不能确定第四层次情境中的大概或可能的结果,他们仍能获得有价值的战略前景。通常,他们会确定一小组变量,这些变量将决定市场随着时间的推移而如何发展,如客户渗透率或技术的性能属性。而且,管理人员能够确定这些变量的有利或不利指标,这些指标帮助他们了解市场的发展,并在获得新信息时对其战略进行调整。

管理者还能发现市场可能发展的模型,这可以通过研究第四层次中其他情境中类型市场的发展确定赢家和输家的关键特性以及确定其运用的战略来实现。最后,尽管不可能将不同战略的风险和收益量化,管理者还是应当能确定自己该相信哪些有关未来的信息,以证明其考虑的投资是合理的。初期的市场指标以及相似市场的比较有助于弄清此看法是否符合实际。

环境的不确定性,要求用更灵活的方法进行情景分析。过去以偏概全的分析方法是完全不充分的。随着时间的推移,多数行业的公司会遇到具有不同剩余不确定性层次的战略问题,因此,调整战略分析(保持其间的协同)是极其重要的。

二、托尼·莫纳、费萨尔·F. 阿勒萨尼:《公司财务风险管理——基于组织的视角》

莫纳和阿勒萨尼在《公司财务风险管理——基于组织的视角》一书中提到风险的来源:

风险的来源有多种,组织在决策前必须加以考虑。知道风险的来源是很重要的,这样就能对风险做出必要的识别、分析和应对。

接下来,该文创新性地提出:"任何影响项目或经营绩效的因素都是风险的来源,这个因素对项目或经营绩效产生不确定而重大的影响时,风险就产生了。"因此,项目目标和绩效标准的界定会对项目风险水平产生根本影响。

对于这种影响的聚体表现,该文写道:

资源不足却制定严格的成本和时间目标会导致项目具有更大的成本和时间风险,因为如果目标很紧,则目标的实现就会更加不确定。相反,设定相对宽松的时间或质量标准,就意味着低的时间或质量风险。

在这里,我们可以看出,不恰当的目标本身就是一项风险。如果企业没有按照战略标准来确定绩效的合理水平,那么风险也会自动产生。比如,公司管理层给战略业务单位设立了不可实现的目标,那么由战略业务单位实施的项目很可能由于其风险而导致失败。

关于项目目标和业绩标准的设定问题,莫纳和阿勒萨尼表达了如下主要见解。

(1)设置能反映各方要求的清晰的目标和业绩标准是非常重要的,其中包括不常被视为参与者的一些利益相关者(例如,监管当局)。应该认识到不同利益相关方的不同目标以及这些目标的相互依存性。管理风险的策略不能与管理或完成项目目标的策略脱节。

(2)无论基本的绩效目标是什么,我们均关注项目的成功及其不确定性,从而将风险定义为"对成功的威胁"。如果项目和战略业务单位的成功,仅仅以实现某个目标和承诺的相关成本来衡量,那么风险就可定义为对成功的威胁,其中威胁由给定计划中成本超支的大小和可能性引起,也可称作"威胁强度"。

三、郭晓亭、蒲勇健、林略:《风险概念及其数量刻画》

郭晓亭、蒲勇健和林略在《风险概念及其数量刻画》一文中指出:风险广泛存在于各个领域,但人类对风险的认识不尽一致,目前学术界对风险还没有形成公认的、统一的定义。国内外学者对于风险存在各种解释,形成了不同的学说观点,各派观点可以结合数学形式进行数量刻画。

接下来,该文系统地归纳出代表性的风险概念,并用量化方式给出了数学形式。

第一种观点认为风险是事件未来可能结果发生的不确定性(Williams,1985;Mowbray,1995 等)。这种观点主要强调风险是未来可能发生的各种结果的变动程度,结果的变动程度越大,则相应的风险也越大,反之则风险也越小。这种观点的风险可用式(1)表示:

$$R_x^2 = \sum_{i=1}^{n} [Xi - E(X)]^2 Pi \qquad (1)$$

其中,R_x^2 为事件 X 的风险;Xi 为事件 X 的第 i 种可能结果;n 为事件 X 可能出现的结果总数;$E(X)$ 为事件 X 的预期结果;Pi 为事件 X 第 i 种结果发生的概率。

这种观点主要强调了事件可能发生的各种结果的变动程度,将好的结果与坏的结果放置于同等重要的地位,没有区分有利结果和不利结果,与行为理论及效用理论不相符。因为人们在考虑风险时,仅考虑事件的负面结果,而不把正面结果的不确定性看成风险。

第二种观点主张风险是损失发生的不确定性(Rosenbloom,1972;Crane,1984;王明涛,2003 等),主要强调风险是由于各种结果发生的不确定性而导致的行为主体遭受损失或损害的可能性。这种观点的风险可用式(2)表示:

$$R_x^2 = \frac{1}{n} \sum_{i=1}^{n} [Pi - E(P)]^2 \qquad (2)$$

其中,R_x^2 为事件 X 的风险;Pi 为事件 X 第 i 种不利结果可能发生的概率;n 为事件 X 可能出现的不利结果总数;$E(P)$ 为事件 X 不利结果发生的预期概率。该观点虽然排除了有利结果,强调了不利结果发生的可能性,但没有考虑一旦不利结果发生时所造成的危害大小。

第三种观点支持风险是指可能发生损失的损害程度(Markowitz,1999;胡宣达等,2001),主要强调风险是由于各种结果发生的不确定性而导致行为主体遭受损失的大小。这种观点的风险可用式(3)表示:

$$R_x^2 = \frac{1}{n}\sum_{i=1}^{n}[Pi - E(P)]^2 \qquad (3)$$

$$s.t. \ Xi - E(X) = \begin{cases} 0 & Xi \geqslant E(X) \\ -[Xi - E(X)] & Xi < E(X) \end{cases}$$

其中,R_x^2为事件 X 的风险;Xi 为事件 X 的第 i 种可能结果;n 为事件 X 的可能出现的结果总数;$E(X)$为事件 X 的预期结果;Pi 为事件 X 第 i 种结果发生的概率;$Xi \geqslant E(X)$为事件 X 实际发生的第 i 种结果优于或相当于预期结果;$Xi < E(X)$为事件 X 实际发生的第 i 种结果劣于预期结果。

该观点克服了第一种观点的局限性,当实际出现的结果优于预期结果时(即发生正偏离),这种偏离的程度并不被看作是事件 X 的风险;只有当实际出现的结果劣于预期结果时(即发生副偏离),这种偏离才构成风险。这种风险的观点符合行为理论、效用理论和人们对风险的实际主观感受。

第四种观点认为风险是指损失的大小和发生的可能性(朱淑珍,2002;王明涛,2003)。这种观点强调不利结果发生的可能性以及行为主体遭受损失的严重程度。因此,第四种观点较前面观点对风险的表述更全面、更完整,指出了风险是一个二维概念,要以损失发生的大小与损失发生的概率两个指标进行综合衡量。这种观点的风险可用式(4)表示:

$$R_x^2 = f(px, c) \qquad (4)$$

其中,R_x^2为事件 X 的风险;为事件 X 不利结果发生的概率;c 为事件 X 不利结果发生时所造成损失;f 为事件 X 的风险与 pX 和 c 的函数关系。

第五种观点认同风险是风险构成要素相互作用的结果(叶青、易丹辉,2000;郭晓亭、蒲勇健,2002)。这种观点主要是从风险的构成要素和产生机理来描述的,可以使人们清楚地了解导致某一风险产生的各种风险因素及其相互作用的机制和过程,这种观点的风险可用式(5)表示:

$$R_x^2 = g(ht, pt, ct) \qquad (5)$$

其中,R_x^2为事件 X 在 t 期的风险;ht 为事件 X 在 t 期的各种风险因素;pt 为事件 X 在 t 期由风险因素引起的风险事件;ct 为事件 X 在 t 期的风险结果;g 为事件 X 在 t 期的风险与 ht、pt 和 ct 的函数关系。

第六种观点是利用对波动的标准统计测量方法定义风险(Jorion,1997 等),典型做法为采用一个单一指标 VaR 来衡量一项资产的风险,这种风险的衡量方法不仅简单、方便、直观,而且更接近投资者对风险的真实心理感受。由于考虑了决策者所处的环境及具体情况,使风险决策更具有可操作性。这种观点的风险可用式(6)表示:

$$VaR = E(w) - w* \qquad (6)$$

$$=w0（1+r）-\omega0（1+r*）$$

$$=-w0（r*-\mu）$$

其中，$\omega0$ 为资产组合的期初价值；$w0$ 为资产组合的期末价值；r 为该组合在持有期间的投资收益率；μ 为 r 的数学期望值（即概率水平值）；$E（w）$为期末资产组合 w 的预期价值；c 为置信水平；$w*$ 为在设定的置信水平 c 上资产组合在持有期间的最小值；$r*$ 为在置信水平 c 上资产组合的最小收益率。

第七种观点提出风险的不确定性包括模糊性与随机性，其中，模糊性的不确定性主要取决于风险本身所固有的模糊属性，需要采用模糊数学来刻画；而随机性的不确定性主要由风险外部各种随机因素的影响造成，要采用概率论与数理统计的方法来刻画（胡宣达、沈厚才，2001）。具体从不确定性的随机属性出发，用表示风险损失相对变异程度的一个无量纲变量，来给出以损失为前提的风险定义。这种观点的风险可用公式（7）表示：

$$R（t, X）= \sqrt{E|X（t, X）- \hat{X}（t）|^2 / E[\hat{X}（t）]} \quad （7）$$

s. t. $\qquad E[\hat{X}（t）] \neq 0$

其中，$R（t, X）$为事件 X 在时刻 t 的风险度；$X（t）$为事件 X 在时刻 t 的风险损失；$\hat{X}（t）$为 $X（t）$的均方最小线性估计。

由以上各式可以看出，预测的均方误差越大，风险度 R 也越大，这表明风险度表征风险损失的不可预测程度。另外，此均方误差再除以 $E[\hat{X}（t）]$，表征其相对不可预测程度。由于运用均方最小线性估计 $\hat{X}（t）$，因此该风险度实际上是在此定义下的最小风险度。

本章参考文献：

[1] 张红蕾,熊雯静. 风险管理的发展——诺贝尔经济学奖获得者索尔斯教授中山大学演讲会综述 [J]. 南方经济,2001（1）:79-80.

[2] 张礼卿,蔡思颖. 经济政策不确定性的影响及其跨国传导机制:文献综述 [J]. 金融评论,2020（3）:105-123.

[3] 喻卫斌,晓勇. 现代不确定性理论的比较研究 [J]. 经济问题,2008（3）:3-6.

[4] 弗兰克•奈特著,安佳译. 风险、不确定性与利润 [M]. 北京:商务印书馆,2010.

[5] 威廉姆森. 资本主义经济制度 [M]. 北京:商务印书馆,2002.

[6] 罗纳德•H. 科斯著,盛洪、陈郁译. 企业、市场与法律 [M]. 上海:格致出版社,2009.

[7] 许国栋,李心丹. 风险管理理论综述及发展 [J]. 北方经贸,2001（9）:40-41.

[8] 严复海,党星,颜文虎. 风险管理发展历程和趋势综述 [J]. 管理现代化,2007（2）:30-32.

[9] 周春生. 企业风险与危机管理(第二版)[M]. 北京:北京大学出版社,2015.

[10] 休·考特尼著,北京新华信商业风险管理有限责任公司译校. 不确定性管理[M].
北京:中国人民大学出版社,2000.

[11] 托尼·莫纳、费萨尔·F. 阿勒萨尼著,姜英兵译. 公司财务风险管理——基于组织
的视角[M]. 大连:东北财经大学出版社,2011.

[12] 郭晓亭,蒲勇健,林略. 风险概念及其数量刻画[J]. 数量经济技术经济研究,
2004(2):111-115.

第七章
时间价值

内容精要

在经济学上，只有资本才具有价值。当人力、土地、房屋或机器设备和货币作为资本时，在不同的时间里，就可能产生不同的人力资本时间价值、土地等自然资源资本时间价值、物质设备资本时间价值以及货币资本时间价值。时间价值是因时间、利息率和资产规模等因素的变动而发生的一项资本增值函数关系，因此，学习时间价值原理对于理解财务学具有重要帮助。一般地，时间价值多指货币资本时间价值。

第一节《一个经典的时间价值故事》内容精要：通过案例故事，了解复利机制的威力；掌握单期时间、现值、终值、净现值、成本现值、单利、复利、单期价值以及会计年度等概念，只有娴熟地牢记和理解这些基本概念，才能准确理解时间价值理念。

第二节《多期的离散时间价值》内容精要：复利机制特有概念演进、单期本金、单期利息、单期终值，多期本金、多期利息、多期复利终值及其公式、复利当期利息及其公式、多期复利利息之和及其计算公式、多期总利息率以及现金流量和折现等概念知识。深入理解现值系数、终值系数以及复利计息次数和复利计息时期数的原理。然后，理解分次收付资本流量的普通年金，普通年金终值和现值计算，等额分付偿债基金的特征和计算，已知整存求零取的等额分付资金回收计算问题。以上内容属于财务管理基本功。

第三节《连续时间复利计息》内容精要：企业资本只有连续流动才创造价值，如果现金断流，就会停产歇业。连续时间复利法条件下的资本终值，连续复利资本终值图示；资本流量连续折现条件下资本现值的计算公式，连续复利资本现值图示；等额序列连续复利终值和连续折现年金现值计算，等额序列连续复利资本终值图示，等额序列连续复利现值图示，以及偿债基金存储额计算公式与折现资本回收额计算公式，连续复利偿债基金存储图示，连续性复利折现资本回收额图示，都是学习重点。

第四节《时间的性质及其价值》内容精要：资本流动时间和速度不同，其价值数额也不同。单期和多期、投资期和经营期的时间性质存在差别,其单位时间价值亦存在差别。农业一年之计在于春,春天时间对于农民来说十分金贵。但每个季度和时节也各有特长,犹如"春有百花秋有月,夏有凉风冬有雪,若无闲事挂心头,便是人间好时节"。企业生命周期的初创期、成长期、成熟期和衰退期的每个阶段都十分重要,企业生命周期是资本循环周转期的叠加。"机不可失,时不再来"[①]说明的就是当下时间的性质。

货币只有被当作资本投入生产和流通领域才能增值。作为资本的货币流通本身就是目的,因为只有在这个不断更新的运动中才能产生价值的增值。如果把它从流通中取出来,那么它就凝固为贮藏货币,即使贮藏到世界末日,也不会增值分毫。因此,货币时间价值的本质特征是,货币必须作为资本投入生产流通过程使用,否则便不存在时间价值。

教学重点和难点

(1)货币时间价值的称谓及其性质。
(2)多期离散时间价值原理及其表现方式和计算方法。
(3)多期连续时间价值原理及其表现方式和计算方法。
(4)货币时间价值的复利机制。

---

① 见《旧五代史·晋书·安重荣传》:"仰认睿智,深惟匿瑕,其如天道人心,难以违拒,须知机不可失,时不再来。"

第一部分
习题解答

▶ **教材中的思考与练习题**

一、名词解释

1. 跨期　单期　时间　时间价值　离散时间价值　连续时间价值
2. 单利计息　复利计息　年金计息　递延年金
3. 现值　现值系数　终值　终值系数

二、思考题

1. 本金与资本称谓的差别是什么？
2. 货币时间价值的本质是什么？
3. 非货币资本的时间价值如何表述？
4. 存量、流量、资本流量分别是什么？

三、练习题

1. 单项选择题

（1）一定时期内每期期初等额收付的系列款项是（　　）。

　　　A. 即付年金　　　B. 永续年金　　　C. 递延年金　　　D. 普通年金

（2）甲某拟存入一笔资金以备三年后使用。假定银行三年期存款年利率为 5%，甲某三年后需用的资金总额为 34 500 元，则在单利计算情况下，目前需存入的资金为（　　）元。

　　　A. 30 000　　　　　B. 29 803.04　　　C. 32 857.14　　　D. 31 500

（3）当一年内复利 m 次时，其名义利率 r 与实际利率 i 之间的关系是（　　）。

　　　A. $i=(1+r/m)m-1$　　　　　　B. $i=(1+r/m)-1$

　　　C. $i=(1+r/m)-m-1$　　　　　D. $i=1-(1+r/m)$

（4）下列各项中，代表即付年金现值系数的是（　　）

　　　A. 〔$(P/A,i,n+1)+1$〕　　　　　B. 〔$(P/A,i,n+1)-1$〕

　　　C. 〔$(P/A,i,n-1)-1$〕　　　　　D. 〔$(P/A,i,n-1)+1$〕

（5）某企业拟进行一项存在一定风险的完整工业项目投资，有甲、乙两个方案可供选择：已知甲方案净现值的期望值为 1 000 万元，标准离差为 300 万元；乙方案净现值的期望值为 1 200 万元，标准离差为 330 万元。下列结论中正确的是（　　）。

  A. 甲方案优于乙方案　　　　B. 甲方案的风险大于乙方案

  C. 甲方案的风险小于乙方案　　D. 无法评价甲乙方案的风险大小

  （6）已知甲方案投资收益率的期望值为 15%，乙方案投资收益率的期望值为 12%，两个方案都存在投资风险。比较甲、乙两方案风险大小应采用的指标是（　　　）。

  A. 方差　　　　B. 净现值　　　C. 标准离差　　D. 标准离差率

  （7）已知 $(F/A,10\%,9)=13.579$，$(F/A,10\%,11)=18.531$。则 10 年、10% 的即付年金终值系数为（　　　）。

  A. 17.531　　　B. 15.937　　　C. 14.579　　　D. 12.579

2. 多项选择题

  （1）利息率是一定时期的利息占借贷资本额的比率。一般地,利息率小于市场平均利润率而大于零。影响利息率高低的因素主要有（　　　）。

  A. 当平均利润率不变时,利息率的高低由资本市场上借贷资本供求双方的竞争所决定;借贷资本若供不应求,利息率就上升;反之,利息率就下降。

  B. 在一定的平均利润率水平和借贷资本供求均衡时,利息率有一个国家的习惯和法律传统来决定。

  C. 利息率的高低还受到预期价格变动率、财政政策、货币政策、借贷时间长短、借贷资本风险大小等多因素影响。

  （2）资本收益率通常由（　　　）等部分构成。

  A. 纯利率,或实际利息率　　　B. 通货膨胀补偿率　　　C. 风险报酬率

  （3）一般地,人们把一定会发生的事件概率定为 1,把不可能发生的事件概率定为 0,而一般随机事件的概率定为介于 0 与 1 之间的任意数,概率越大说明事件发生的可能性越大。那么,如果随机变量如收益率只取有限个值,并且对应这些值有确定的概率,则称随机变量是（　　　）分布;如果随机变量的取值很多或者有无数个情况出现,并且对每种情况和数值都赋予一个概率分别测定其收益率,则可使用（　　　）分布描述。

  A. 离散型　　　B. 连续型　　　C. 其他

▶ 思考与练习题参考答案

一、名词解释参考答案

1. 跨期　单期　时间　时间价值　离散时间价值　连续时间价值

  跨期:跨期是指资本活动超过一个自然年度或经济时期才完成循环周转。通常,一个会计年度为一个经济时期。涉及两个或两个以上会计年度的经济业务,称为跨期经济业务。

  单期:一般地,单期是指一个会计年度或者一个会计年度内的某一个经营时期。它是资本产生增值的最短经济周期。

时间：根据霍金的《时间简史》，时间起始点为宇宙大爆炸起点。宇宙是不断膨胀着的，它在最初应该收缩为一点，这一时刻被称为宇宙大爆炸时刻，该点密度无穷大，数学上称奇点。时间终结点为黑洞。恒星由于引力作用会不断收缩，并形成一个"黑洞"。黑洞表面引力很强，时间会在此终止。

时间价值：人们对时间价值概念的理解是，今天1元钱的价值大于1年之后1元钱的价值；股东投资1元钱便放弃了当前消费或使用这1元钱的权利或机会，在假定没有风险和没有通货膨胀的条件下，按牺牲时间为代价计算的应得报酬就是时间价值。应说明，一笔货币如果作为储藏手段保存起来，在不存在通货膨胀因素的条件下经过一段时间后，作为同名货币，其价值不会有什么变化。但若将同样一笔货币作为社会生产资本加以运用，经过一段时间之后就会带来利润，使其价值量增加，这就是时间价值现象。

离散时间价值：在某个具体时间点上的价值称为离散时间价值。当时间变量是离散的，收益函数只在某些规定的时刻有确定值，而在其他时间没有定义，即计算价值的时间单位是离散的。例如，年金中以分次收付资金流量作为离散变量所计算的时间价值，就是离散时间价值。

连续时间价值：在某一连续时间阶段上的价值，称为连续时间价值。连续时间不是依据历法规则将时间划分为年月日。例如，以分次收付资金流量作为连续变量所计算的时间价值，就是连续时间价值。

2. 单利计息　复利计息　年金计息　递延年金

单利计息：当期利息不计入下期本金从而不改变计息基础，各期利息额都相同的计息方法。

复利计息：当期末被支取的利息计入下期本金，改变计息基础，使每期利息额递增，利上生利的计息方法。

年金计息：指按照复利计息方法，计算等额收付款项的利息。

递延年金：最初若干期没有收付款的情况下，后面若干期发生系列等额收付款项的年金。

3. 现值　现值系数　终值　终值系数

现值：将来的某一时点上，一定量的货币折算到现在所对应的金额。

现值系数：用来计算给定利率下，未来现金流量现值的系数。

终值：在某一时点上，一定量现金折合到未来某一时点的价值，俗称本利和。

终值系数：用来计算给定利率下，一定现金流量终值的系数。

二、思考题参考答案

1. 本金与资金称谓的差别是什么？

资金是中国国民经济中对财产物资货币表现的通称。有财政资金、信贷资金、基本建设资金、企业生产经营资金等形式,实际上,财务学上通常称之为资本。

本金是存款者或放款者拿出的本钱,它区别于利息。

2. 货币时间价值的本质是什么?

习惯上,人们说的货币时间价值,实际是作为资本使用的货币在被运用过程中随着时间推移而产生的那部分增值。货币只有被当作资本投入生产和流通领域才能增值。作为资本的货币流通本身就是目的,因为只有在这个不断更新的运动中才能产生价值增值。如果把它从流通中取出来,那么它就凝固为贮藏货币,即使贮藏到世界末日,也不会增加分毫。因此,货币时间价值的本质特征是,货币必须作为资本投入生产流通过程,否则便不存在时间价值。按马克思经济学理论解释,货币时间价值的实质是剩余价值的转化形式。资本时间价值原理是"时间就是金钱"这一观念的理论数量化概括,是关于资本、时间和效益之间关系的理论。它通过一系列数学模型揭示出,资本与其价值增值之间的数量关系因时间变化而变化的规律性。

在我国,曾长期视资本为资本主义经济学概念,因而使用"资金"替代资本概念。改革开放后,我国解放思想,一切从实际出发,将我国现阶段的社会主义事业理解为中国特色社会主义初级阶段。资本仍是中国特色社会主义市场经济制度中的基本概念。所以,我国教科书和文献资料中使用的资金概念,其实质是资本概念。

3. 非货币资本的时间价值如何表述?

非货币资本是指作为资本投入的固定资产、无形资产等。这些非货币资本投入企业中作为生产经营的物资使用,随着时间的推移,非货币资本的成本会在它们的使用期内以折旧、摊销的形式分摊掉。所以非货币资本以累计折旧、累计摊销的形式呈现它们的时间价值。

4. 存量、流量、资本流量分别是什么?

存量是指某一点上存在的某种数量的数值,其大小没有时间维度,例如存款额、国民财富、投资总额、资产和负债总额。会计学上资产负债表里的数量,均称为存量。流量是带有时间跨度或一定时段内发生的某种变量的数值,其大小有时间维度,例如 GDP、国民收入、投资、营业收入等。会计学上利润表和现金流量表里的数量,均称为流量。资本流量是指一定时间内,资本流入或流出的数量。存量、流量、变量、因变量等数量概念,起初都是统计学概念,后来逐渐被会计学和财务学引用。

三、练习题参考答案

1.（1）A　　（2）A　　（3）A　　（4）D　　（5）B　　（6）D　　（7）B

2.（1）ABC　　（2）ABC　　（3）AB

第二部分
难点释疑

第七章的难点主要是：① 货币时间价值的性质；② 多期离散时间和连续时间；③ 货币时间价值复利机制。

一、货币时间价值称谓及其性质

俗语"时间就是金钱"被财务学家们表述为"时间价值"，又称"货币时间价值"。这里的货币指的是货币资本。事实上，企业的资本既有货币资本、人力资本和物质设备资本，也有技术资本、知识资本和信息资本。习惯上，人们日常工作中所说的资本主要是指货币资本，货币具有交易媒介、贮藏手段、价值尺度、支付手段和世界货币等职能，便于买卖交易，人力资源、物质设备、技术等生产要素转换成货币后便于计量和交易。货币时间价值是作为经济资本投入生产经营过程的货币在一定时间内具有新的价值。同理，人力、机器设备、技术等生产要素只有转化为具有产权和增值性质的资本，才能在一定时间内创造价值。在经济学上，资本是财富的来源，只有资本才有价值。时间是经济活动有序运行的重要变量，财务学是在不确定情况下跨时间配置有限资本的科学。时间价值的本质是财务活动发现价值和资本创造价值，需要在必要的时间内才能完成。而且，资本流动时间长度和速度的不同，其价值数额也不同。单期和多期、投资期和经营期的时间性质存在差别，其单位时间价值亦存在差别。所以，时间价值是因时间、利息率和资产规模等因素的变动而发生的一项资本增值函数关系。

时间价值的实质是经济活动中的资本生产要素在投资、筹资和经营时期所体现的市场价值。价值创造是财务管理的根本任务。我们已知道，会计学对利润的定义与经济学对利润的定义或者财务学上的收益概念存在很大的差别，会计上的利润不重视时间价值和现金流量，而经济学上的利润和财务学上的收益既考虑了时间价值又重视现金流量。财务管理的目标不是每股利润或每股收益最大化，而是使股东财富最大化即公司资本的每股价值最大化。显然，公司财务目标体现了时间价值性质。

二、多期离散时间和连续时间

时间在许多专业里都是重要的变量。我们知道，在统计学上，人们使用变量表示随机事件全部可能的结果。这种表达随机事件全部可能结果的变量称为随机变量。该随机变量的取值与之概率值之间的对应关系称为概率分布。变量就是可变标志的数量。什么是可变标志呢？在一个事物总体中，不论其品质标志还是数量标志，当某标志在每个总体单位的具体表现都相同时,称此标志为不变标志;当某标志在每个总体单位的具体表现不相同时,则称为可变标志。而可变标志的属性或数值在总体内部单位之间存在的差异,统计学称之为变异。变异标志可以是品质标志,也可以是数量标志。在统计学上,变量是用以说明现象某种特征的概念,泛指一切可变标志,品质的或数量的。变量的具体数值表现称为变量值。变量按其数值表现是否连续,分为连续变量和离散变量。前者是数值连接不断的变量,相邻两值之间可作无限分割,例如,身高、体重、年龄、黄金重量和收益总额等,都是连续变量,能够用小数点表示,其数值要用测量或计算的方法取得。后者是变量值能够逐一列出来的变量,各变量值之间都是以整数断开,如人数、工厂数、机器台数等,都只能按整数计算。离散变量的数值只能用计数的方法取得。

在财务学上,时间是经济事项的变量之一。因此,离散时间属于离散变量,连续时间则属于连续变量。离散变量的概率分布常用的有二项分布、泊松(Poisson)分布、几何分布、超几何分布;连续变量的概率分布一般含有均匀分布、指数分布、正态分布。连续时间系统(Continuous Time System,CTS)是一个数学概念,相应地,也有一个离散时间系统(Discrete Time Systems,DTS),它们被广泛应用于计算机、运筹学和系统工程等领域。按预先设定的算法规则,将输入离散时间信号转换为所要求的输出离散时间信号的特定功能装置,称为离散时间系统。离散时间价值复利机制实际是一个离散时间系统。同理,连续时间价值复利机制就是一个连续时间系统。在连续时间系统中,描述系统的数学模型是微分方程,而在离散时间系统中描述系统的数学模型则是差分方程。虽然连续时间系统与离散时间系统之间的差别还表现在其他许多方面,但二者的分析方法又有许多分相似之处。现在,实际工作和生活中的单利和复利计息方法基本上都是离散时间价值计算方法,这种计算工作只要具备中学生的数学知识就可以胜任。连续时间价值的计算需要使用数学上的微积分和定积分方法,不具备高等数学知识背景的人难以胜任。当然,未接受大学微积分数学课程学习而自学了高等数学并接受了财务学教育的人,也可以掌握连续时间价值原理及其应用或计算。

三、货币时间价值复利机制

货币时间价值复利机制是价值创造机制。该财务机制实际是再投资假设机制,即人们在日常经济活动中投入的资本所产生的现金流量可以毫无误差地估算出来,并且公司资本的机会成本(资本成本)也是已知的,资本会自动地以资本成本为最低收益率创造价值。财务学上的再投资假设的另一种解释是,经济活动每一会计年度所获收益都将全部投入下一个会计年度用于扩大再生产,进而创造更多的收益。这就是多期复利计息计算公式的基本原理:每一年的利息与本年度本金合在一起作为下一年的本金,下一年的利息与下一年的本金合在一起作为再下一年的本金,资本本金及其收益的如此连续投入和运行就是时间价值的复利机制。这里的再投资假设隐含的条件是税后收益全部用于扩大再生产,储蓄和个人消费为零。

谈到复利机制,读者自然会联想到经济机制。时间价值复利机制是经济机制之一。

经济机制设计理论是研究人们在自由选择、自愿交换和信息不完全以及决策分散化的条件下,能否设计一套规则或制度机制来达到既定目标的理论。它假设人们的行为按照博弈论所刻画的方式变化着,并且按照社会选择理论对各种情形都设定一个人们会努力实现的社会目标。那么,机制设计就是考虑构造什么样的博弈形式,使得该博弈的解最接近以上社会目标。经济机制设计理论的产生背景是,20 世纪 20—30 年代,欧美经济学界爆发了一场非常著名的大论战。当时,在这场被称为社会主义大论战的讨论中,米塞斯和哈耶克等自由主义经济学家认为,社会主义不可能获得维持经济有效运转的信息;而兰格和雷纳等经济学家作为论战的另一方则认为,利用一种分散化的社会主义经济机制,通过边际成本定价的方式能够解决信息量要求过大的问题,并保证资源的有效配置。因为,在不完全竞争、信息不对称、外部性、公共物品、规模报酬递增以及不可分商品等情况下,市场机制不能自动实现资源有效配置,基于公有制为主体的社会主义市场经济可以发挥政府"这只看得见的手"的作用,实现有限资源均衡配置。经济机制设计理论诞生于赫尔维茨 1960 年和 1972 年的开创性工作。他所讨论的一般问题是,对于任意给定的一个经济或社会目标,在自由选择、自愿交换、信息不完全等分散化决策条件下,能否设计以及怎样设计出一个经济机制,使经济活动参与者的个人利益和设计者既定目标一致。

2007 年 10 月 15 日,瑞典皇家科学院在斯德哥尔摩宣布,将 2007 年诺贝尔经济学奖授予美国明尼苏达大学经济学教授利奥·赫尔维茨(Leonid Hurwicz)、新泽西普林斯顿大学教授埃瑞克·马斯金(Eric S. Maskin)和芝加哥大学经济学教授罗格·迈尔森(Roger B. Myerson),以表彰他们为机制设计理论(Mechanism Design Theory)奠定了基础。由此,他们将共同获得价值 1 000 万瑞典克朗(约 154 万美元)的奖金。

第三部分
重要理论的历史背景

第七章时间价值涉及价值理论、跨期均衡配置有限资本的理论以及利息理论。

一、价值理论

参考本手册第五章第三部分"重要理论的历史背景"中的价值理论内容。时间价值是经济学价值方式之一。时间价值理念、时间价值复利机制以及跨期价值估值等,都是财务学上价值理论内容的组成部分。

二、跨期均衡配置有限资本

参考本手册第三章第三部分"重要理论的历史背景"中的资本均衡配置理论内容。

三、利息理论

利息与资本、时间之间存在密切关系,利息是货币时间价值的形式之一。很多大学的金融学专业开设了"利息理论"课程。有多位著名经济学家撰写和出版过《利息理论》著作。学习时间价值,必然会联想到利息问题和利息理论。

中国的经济制度是以公有制为基础、以按劳分配和按生产要素分配相结合、以共同富裕为目标的社会主义市场经济制度,该基本经济制度以马克思主义为理论基础。所以,我们的利息理论主要是马克思经济学中的利息理论。马克思的利息理论以劳动价值论和剩余价值理论为基础。西方经济学中的利息理论则以边际效用价值理论和供求均衡价格理论为基础。这说明,利息理论有基于马克思经济学的中国利息理论和西方经济学的利息理论之分。

古典政治经济学在劳动价值论的基础上,把利润、利息和地租等剩余价值的特殊形式还原为剩余价值和剩余劳动,从而在一定意义上说明了利息的来源和本质。亚当·斯密认为,利息是利润的派生形式,代表的是剩余价值。马克思将其视为古典经济学的合理内核,给予了充分肯定,并在自己的利息理论研究中更为深入科学地论证了利息本质上是平均利润的一部分,是资本所有权产生的剩余价值。马克思对利息的研究始于生息资本概念的引入和生息资本运动规律的揭示。他认为,生息资本和商业资本一样,是一种历史悠久的资本形态,但在不同的历史阶段上,它具有不同的形态。马克思指出,货币只在一定可能性上是资本,要把这种可能性变为现实,不仅要有足够的货币来购买各种生产要素,更重要的是要具备使这些生产要素转化为资本的条件——雇佣劳动制度。合约和产权制度是生产要素转变为要素资本的必要条件。贷出货币的资本家所得的利息以预付资本循环周转过程为基础并产生于该过程。在我国，利息是公有制经济为主体的市场经济中劳动者创造价值的一部分，企业或个人将创造价值的一部分作为使用资本的代价支付给借贷资本者，这就是利息的真实来源。利息本质上是价值创造的一种转化形式，它体现了生产劳动者与货币资本出资人之间的经济关系。

改革开放之后，我国大量引进西方经济学理论，西方的利息理论在我国广泛传播。总体而言，西方经典的利息理论主要有"生产力利息论"和"时间偏好利息论"两种学派。这两种理论均产生于奥地利经济学派。欧根·冯·庞巴维克（Eugen von Böhm-Bawerk，1851—1914）是奥地利学派经济学家，也是奥地利学派的主要代表人物之一，其《资本实证论》（1889）阐述了利息来源于生产的剩余即利息是"迂回生产"提高产出的结果，以及利息产生于人们对时间的偏好即人们都偏好现在就获得而不是一段时间之后再获得。庞巴维克认为，利息的两个来源理论都正确，二者存在紧密联系。利息产生于生产剩余的"生产力利息论"的基础范畴是"迂回生产"，利息产生于人们时间偏好的"时间偏好利息论"的基础范畴是"平均生产周期"。然而，庞巴维克在《资本实证论》里没有把两种观点真正统一起来。对此，英国经济学家莱昂内尔·罗宾斯（Robbins，Lionel，1898—1984）曾批评道：在《资本实证论》里，庞巴维克在不知不觉中让"生产力利息论"从后门溜了进来，并且比"时间偏好利息论"占据更重要的位置，而实际上庞巴维克曾经坚决反对"生产力利息论"。与庞巴维克同为奥地利经济学家的米塞斯（Ludwig Heinrich Edler von Mises，1881—1973）、哈耶克（Friedrich August von Hayek，1899—1992）和拉赫曼（Ludwig Lachmann，1906—1990）等经济学大师，均以研究资本理论而闻名，他们也批评庞巴维克视资本为无差别的"基金"论断。庞巴维克对资本特征的解释比较复杂，一方面强调资本的具体特征，将资本定义为"生产手段"和"生产出来的生产手段"以及"我们把那些用来获得财货的手段的产品叫作资本"；另一方面又把资本看作是同质的"基金"。米塞斯、哈耶克和拉赫曼等教授不同意把资本看作是"基金"，他们认为资本是个"结构"意义上的经济学概念，主张资本具有"异质性"和"互补性"，资本的本质性特征是价值增值而非资本本身的物理特征。拉赫曼明确提出"资本结构"思想。现在，资本的一致性和互补性特征逐渐被人们所接受。异质的生产要素转化为要素资本，个别要素资本之间的均衡配置必然具有互补性。

应特别说明的是，庞巴维克是马克思经济学的坚定反对者。

第四部分
重要文献选读与导读

为了深入全面学习第七章《时间价值》,建议从如下财务文献中至少选择阅读三篇阅读。

一、朱海就:《资本、时间与利息的关系探究》

经济学教授朱海就先生著述甚丰,其《企业网络的经济分析》(2008)、《市场的本质:人类行为的视角与方法》(2009)、《真正的市场》(2021)等著作已受到学术界高度关注。此篇《资本、时间与利息的关系探究》论文,考察了欧美经济学界为什么会形成"生产力利息论"和"时间偏好利息论"两种不同的利息理论学派,以及奥地利经济学流派内部对两种利息理论的比较和分歧。研究发现,对利息的不同认识源于人们对资本和时间性质的不同认识。

一些学者认为,人们将资本投入社会再生产过程,使得资本随着生产过程的运行和扩大会不断缩短循环时间而加速周转,从而产生新的价值,利息就是新的价值之一。这里有两个十分重要的概念:"社会再生产过程"和"循环时间"。庞巴维克、罗宾斯等经济学家称之为"迂回生产"和"平均生产时期"。所谓"迂回生产",指的是一种生产方式,意为先生产生产资料,再用生产出来的生产资料去生产消费品,这种生产方式可以提高生产效率。实际上,迂回生产不及马克思的社会再生产过程或社会扩大再生产过程概念确切。在欧洲经济学家看来,迂回生产可以提高产出,但提高速率边际递减。因此,利息受制于并决定于经济上允许的最后一次延长生产过程的生产力和经济上不允许进一步延长生产过程的生产力。他们认为若劳动力人口增加的同时没有资本的增加,就会出现提高利息的倾向。因为生产时期能延长多久取决于工资基金与工人数量,如果工资基金既定,而工人数量增加,那么平均生产时期将缩短,按照边际收益递减原理,生产时期的缩短意味着最后一次延长的资本生产力提高,从而导致利息上升。相反,如果资本增加而工人数量保持不变,那么最后一次延长的资本生产力将下降,由此利息也将下降。按照他的生产力理论,利息高低取决于平均生产时期和生产力。而平均生产时期的长短又取决于国家维持基金的数量和劳动人口的数目,利息的高低决定于平均生产时期延长到边际时,在边际点上决定的产出,利息是迂回生产提高生产力的回报。

还有一些学者,诸如批评庞巴维克的米塞斯、哈耶克,以及拉赫曼等奥地利经济学家则认为,人们不应该把资本视为无差别的"基金"。他们认为资本是个"结构"意义上的概念,拉赫曼提出"资本结构"思想。拉赫曼认为,资本的本质是"使用","资本"不一定都是被人生产出来的生产手段,但是一定是被人使用,这是他和庞巴维克在资本概念理解上的差异。以一台机器为例,假如它不被人使用,那么这台机器就不能称为资本,假如它在不同的企业家手里,或是同一个企业家对之有不同的使用计划,该机器的资本性质是不同的。拉赫曼认为所有的资本资源都是异质的,虽然新古典经济学家也认识到资本是异质的,但新古典经济学家是从资本的物理特征来理解资本的异质性,拉赫曼的资本异质性源于人们在不同计划下对资本的使用,而非资本本身的物理特征。但拉赫曼并没有完全排斥资本物理特征对资本用途的限制,他认为资本的异质性意味着每一种资本品都只能被用于有限的几种目的,而不是能被用于任何场合。与资本异质性直接相关的概念是资本的互补性。拉赫曼对此的解释是,任何资本都不是单独地被使用的,而是需要与其他资本相结合,被共同使用的,互补性是资本使用的本质。所以,资本是一种结构性的生产要素。

总之,朱海就教授的《资本、时间与利息的关系探究》一文,对于我们学习和理解资本和时间价值,具有重要帮助。

二、郑振龙、杨丽萍、阮启宏:《期权时间价值日内模式与日内定价效率》

"上证 50ETF 期权"是上证 50 指数交易所买卖基金期权(Exchange Traded Fund,简称 ETF),它是上海证券交易所根据最具代表性的 50 只股票所编制的指数期权,以反映市场的整体运行状况。

这篇论文主要研究实际日内时间价值变化的模式,并与理论日内时间价值进行比较,从日内时间价值的角度探讨期权日内定价效率。该文研究发现,短期限平值期权的实际日内时间价值与理论值差异最大,其他期权的日内差异较小。人们利用实际时间价值与理论时间价值日内差异,对短期限平值期权构造交易策略,可获得累计正收益。该论文认为,期权价值由内在价值和时间价值组成。其中,期权的时间价值是由标的资产价格波动带来的隐含价值。在现实工作中,贴现的惯例是按天计算的离散时间价值,因此货币的时间价值不是连续变化。但是,期权没有这种惯例的约束,在理论上,期权的时间价值每时每刻都应该连续衰减。那么在现实经济活动中,期权实际的时间价值日内模式如何,是一个有趣而尚未有人研究的问题。期权的内在价值指期权行权价与标的资产价格的差额,比如,若约定的股票行权价格为每股 55 元,而相应股票的市场价格为 53 元,则该期权的内在价值为 2 元。平价期权(at the money option)或虚值期权(out of the money option)无内在价值,实值期权(in the money option)则有内在价值。

研究期权时间价值的日内模式,有助于从日内角度研究期权市场的定价效率,为市场参与者制定交易策略和监管机构制定监管政策提供参考。阅读和学习该论文的主要目的是深入理解资本的时间价值。

该论文的研究难点是:第一,随着股价变化,同一种期权的内在价值也随之发生变化,而内在价值对时间价值有重大影响,所以必须控制在值程度对期权时间价值日内模式的影响;第二,波动率对时间价值有重大影响,所以也必须控制波动率的日内变动对期权时间价值日内模式的影响。该文采用在值程度和波动率双分组法来解决这个问题。

该论文的研究贡献,首先在于初次对 50ETF 期权实际时间价值变化的日内模式进行探索,这有别于现有文献关于日间变化的研究。其次是从时间价值角度看待 50ETF 期权市场日内定价效率。当然,其在期权定价公式的修改、隐含远期价格的计算等方面,也做了大量改进。

三、伏开放、陈志祥、邵校:《资金时间价值下质检不完备的生产－库存决策》

该论文是将时间价值原理应用于企业生产适时制(JIT)下的库存决策模型之中;探讨企业质检不完备条件下由一个品牌供应商与一个原始设备制造商(Original Equipment Manufacturer, OEM)供应构成的 JIT 生产－库存决策问题;分别建立了通胀环境下的品牌商成本模型、OEM 供应商成本模型,以及集成 JIT 生产的库存系统总成本模型。

我们知道,企业的原材料采购和产成品出售,存在着最优采购次数和最优采购量,以及最优供货次数和最优供货量。采购和供货次数越多,采购和供货持续的时间间隔越短,这减少了原材料和产成品在库存内的仓储保管成本,但也增加了采购和供货成本。因此,存在最优采购和库存模型。虽然,在物流行业快速发展的今天,零库存成为一般工业制造企业追求的财务任务,但很多物流公司却面临着库存决策的选择。

经济订货批量(Economic Order Quantity, EOQ)模型为初级财务管理的一个概念,它通过平衡进货采购成本和仓储保管成本,以实现总库存成本最低的最佳订货量。经济订货批量是固定订货批量模型的一种,可以用来确定企业一次订货(外购或自制)量。当企业按照经济订货批量来订货时,可实现订货成本和储存成本之和最小化。

在工业、农业和交通运输业等很多行业,由于其生产经营过程存在着员工上班和换岗以及机器设备的调整准备时间,因此,生产经营过程中存在一次生产多少产品最经济的问题,这就是经济生产批量(Economic Production Quantity, EPQ)。在既定的生产时间内,一次生产的产量越多,设备调试和更换准备的次数就越少,此时生产准备成本越低,但产成品储存成本就会提高;同理,如果一次生产的产量较少,产品储存成本就较低,而设备调试和更换次数就会增多,从而导致生产准备成本上升,由此存在最优经济生产批量模型。

在市场经济制度下,不论是经济订货批量还是经济生产批量,都会受到很多因素影响,比如价格、质量、包装、品牌、货架展示量以及市场进出时间和效率等。当一国或地区的经济处于市场扩张、市场成熟和市场衰退等不同发展时期,企业制定库存决策会采取不同的策略,但财务学的时间价值原理对提升其库存决策的科学性均具有重要指导作用。

本章参考文献:

[1] 樊弘著,张雪琴、王丹译. 恩格斯和马克思关于资本积累、货币和利息理论的比较,载《政治经济学报》(第 12 卷)[M]. 上海:格致出版社,2018.

[2] 朱海就. 资本、时间与利息的关系探究 [J]. 浙江工商大学学报,2009(3):67-72.

[3] 郑振龙,杨丽萍,阮启宏. 期权时间价值日内模式与日内定价效率 [J]. 数理统计与管理,2021,40(5):914-931.

[4] 伏开放,陈志祥,邵校. 资金时间价值下质检不完备的生产－库存决策 [J]. 工业工程与管理,2016,21(6):60-67.

[5] 罗福凯. 公司财务管理 [M]. 青岛:青岛海洋大学出版社,1997.

[6] 希克斯著,薛藩康译. 价值与资本 [M]. 北京:商务印书馆,2009.

第八章
择机与期权

第八章第一节通过对三个案例的描述与评论,向读者介绍了期权以及期权的基本要素和种类。从字面理解,期权是未来时期的权利,具有选择权性质。具体地说,期权是一种能够在未来特定时期以特定价格买入或卖出一定数量的某种特定商品的权利。其实质是一种关于未来时间行使选择权的合约或财务工具。期权的基本要素包括标的物、行权价格、期权费、标的资产价格、到期日等。期权的种类可以根据标的物分类,也可根据行权期限、买卖权利或交易状态分类。本节最后结合图像,向读者分析了成本收益。四个图像分别展示了买入看涨、卖出看涨、买入看跌和卖出看跌期权四种基本策略,请务必掌握。理解和接受期权多空交易四种基本策略的程度,通常表明了学生对于财务学的直觉程度。期权合约对于财务管理专业本科生而言,是一项不太轻松的学习内容。

第二节先为读者梳理了从远期到期货再到期权的市场演变过程,紧接着就是本章的核心内容:如何为期权定价。这里涉及期权定价的影响因素及影响方式(the Greeks)、看涨期权与看跌期权之间的平价关系,以及期权定价的两种模型:针对断续时间的二叉树模型和针对连续时间的布莱克-斯科尔斯模型。本节最后将讨论拓展到了实物期权和期权激励。财务管理专业同学对连续时间布莱克-斯科尔斯期权模型的理解和接受程度,通常表明学生对财务管理专业理论的学习深度。

第三节聚焦布莱克-斯科尔斯期权定价模型。这个模型堪称财务学术界20世纪最伟大的研究成果之一。本节先试图剖析它的诞生过程,然后将定价分为无收益资产期权的定价和有收益资产期权的定价两种类型,每种类型又分为欧式和美式期权进行讨论。

同股票、债券、贷款合约、期货等财务工具一样,期权也是一种十分有效的财务工具。相对于股票、债券、货币贷款合约而言,期货、期权和股票指数是衍生财务工具,即股票、债券、货币等财务工具的衍生品。未来时期、择机、选择权、合约是期权原理的关键词。

教学重点和难点

（1）为什么要有期权等衍生品？

（2）衍生品市场的作用是什么？

（3）布莱克－斯科尔斯期权定价模型的原理是什么？

第一部分
习题解答

▶ 教材中的思考与练习题

一、名词解释

1. 期权　看涨期权　看跌期权　实物期权　内涵价值　时间价值　二项式模型
2. 单期期权　多期期权　实值期权　平值期权　虚值期权　平价理论

二、思考题

1. 期权产生的根源是什么？
2. 期权按照不同分类方式都可以做哪些分类？
3. 期权价格的影响因素有哪些？它们是如何影响期权价格的？
4. 买入看涨期权、卖出看涨期权、买入看跌期权、卖出看跌期权的收益-成本分析。
5. 请说明远期合约、期货合约和期权合约的不同与演化过程。
6. 如何通过二项式模型推导期权的价格？
7. 三种实物期权的实现机理是什么？
8. 从期权角度出发的公司价值分析过程。

三、练习题

1. 乔治·索罗斯做空英镑：1992年9月16日，被称为"黑色星期三"的一天，乔治·索罗斯凭借其对欧洲货币体系的深刻洞察，成功地做空了英镑，并且利用期权放大了自己的收益。他在英国央行升息之前买入了大量的英镑看跌期权，并且同时卖出了英镑现货和远期合约，形成了一个巨大的空头头寸。当英国央行宣布退出欧洲货币体系并放弃维持汇率时，英镑急剧贬值，乔治·索罗斯的期权合约价值大幅上涨，他赚取了10亿美元的利润。

问题：乔治·索罗斯做空英镑的期权合约内容是什么，请给出具体描述。

2. 请自己编写一个期权案例。

▶ 思考与练习题参考答案

一、名词解释参考答案

1. 期权　看涨期权　看跌期权　实物期权　内涵价值　时间价值　二项式模型

期权: 期权是一种标准化的合约,期权合约赋予期权的购买者(权利的买方)向期权出售者(权利的卖方)支付一定数量的金额后,拥有在一定时期以特定价格向期权出售者购买或者销售特定数量的标的资产的权利。当期权购买者行使权力的时候,期权的出售者必须无条件地履行销售或者购买者中标的义务。期权是人们关于未来特定时期选择是否行使某项权利的合约。简单地说,期权就是人们基于合约在未来某个特定时期的选择权。

期权是财务学的基础范畴。期权是市场经济制度里交易的一方给予另一方在合约到期日或到期日之前有效期限内按协议价格选择是否买入或卖出一定数量商品或金融资产的权利。

看涨期权: 期权持有者认为标的物未来价格是上涨的,为了防止价格上涨,或者希望以较低的价格购买到标的物而持有的权利,持有看涨期权的权利人可以以一定的价格买入某种标的物,如果该标的物在市场上的价格真的发生了上涨,那么他就有权以行权价格买入该标的物,并且以市价出售获利;而如果市价低于行权价格,那么意味着市场价格是买入更优价格,看涨期权持有者会采取放弃期权的行权而在市场上以更低的价格买入标的物。

看跌期权: 期权持有者认为标的物未来价格是下降的,为了防止出售商品时价格下降,需要提前锁定销售价格,通过持有看跌期权,他们有权以行权价卖出标的物。如果标的物的价格下降,他们可以以较高的行权价卖出标的物获利;如果标的物价格上升,说明市场当中这种标的物的价格具有更大优势,看跌期权持有者可以选择放弃期权行权,而以更高的市场价格出售标的物。

实物期权: 是指那些符合金融期权特性,但不在金融市场上进行交易的投资机会,也可以指企业经营者所拥有的经营裁量权,即其本身所拥有的管理弹性,这种在经营过程中产生的现实选择权,就构成了企业的一种期权,并且企业的管理者有权决定是否执行期权,也就是说,这是管理者持有的一种期权。虽然这种期权并不真实存在,是一种虚拟的权利,但是这种选择权却是客观存在的,其存在能够给企业带来额外的价值,这种选择权或者调整权叫做实物期权。

内涵价值: 当期权建立的时候,其标的物资产的价值相对于行权价格来说要更有优势,即在建立之初,期权本身就是有价值的,这个价值叫作内涵价值。

时间价值: 期权价值的另一个组成部分(期权价值＝内涵价值＋时间价值),指随着时间的推移,期权合约能够带来的价值,由标的物资产价格的变化所引起,因此,部分内涵价值为 0 的期权合约仍具有价值的原因在于,其具有时间价值。

二项式模型:二项式定价方法是对期权价格较为直观的认识方法,该方法由考克斯、罗斯、鲁宾斯坦和雷德勒曼与巴特提出,被称为 Cox-Ross-Rubinstein 二项式期权定价模型。在二项式期权价格计算模型当中,只考虑标的物资产价格上升与下降两种情况,且在整个考察期内,假定股价每次上升和下降的波动幅度和概率是不变的。模型的考虑从单期直到存续期内的若干期,根据股价的历史波动率模拟出股票在整个存续期内可能存在的变化路径,并对每一路径上的每一个节点计算期权行权收益,并用贴现的方法计算出最初的期权价格。

2. 单期期权　多期期权　实值期权　平值期权　虚值期权　平价理论

单期期权:二项式模型中,当期数为 1 的时候,仅存在一次价格上升或者下降变动的简单期权结构。

多期期权:二项式模型中,当期数大于 1 的时候,期权在多个期间存在多种上升下降的可能性组合的多项式期权价格模型。

实值期权:内涵价值大于 0 的期权。

平值期权:内涵价值等于 0 的期权。

虚值期权:内涵价值小于 0 的期权,由于其本身在构建期权合约的过程中合约的持有方是占劣势的,因此叫作虚值期权。

平价理论:期权平价公式中认购-认沽期权平价公式是指分同一标的证券、到期日、行权价的欧式认购期权、认沽期权及标的证券价格间存在的确定性关系。

看涨期权和看跌期权平价定理:在套利驱动的均衡状态下,购买一股看涨期权、卖空一股股票、抛出一股看跌期权、借入资金购买一股股票的投资组合收益,应该为 0。进行了这样的组合时投资人的投资成本正好为 0,即投资时投资人没有掏一分钱,投资额为 0,因此其在期权到期时组合的净收入为 0,这样的话市场才能均衡,否则如果不投资一分钱,反而能获利,则所有的投资人都会进行这样的操作。根据上面的原理,有:

看跌期权价格－看涨期权价格＋标的资产价格－执行价格现值＝0

即看涨期权价格－看跌期权价值＝标的资产价格－执行价格现值

二、思考题参考答案

1. 期权产生的根源是什么?

与提货单、保险单、支票、股票、债券、期货等财务工具一样,期权是一种高级财务工具。期权是套利的克星。对于一些缺乏套利机会和确定性经济活动,资本市场交易者往往对其不感兴趣。比如,银行出具的见票即付的现金支票,由于其价值是预先可见的,因此它就不具有较高财务价值。可是,对于商业承兑汇票而言,由于其具有一项出票人可能到期拒付的不确定性,因而具有资本市场交易前景,投资者就会很感兴趣。信用卡公司和财务理财公司认为,凡是持卡人超过 30 天以上未付的透支额,都有到期拒付的不确定性。因而信用卡公司往往对这些应收账款进行证券化打包,将其推向资本市场。而投资人则可根据这些应收账款的对象(持卡人)的信用记录(信息),来确定愿意以什么样的折扣价格来购买这些应收账款。显然,凡是具备了"不确定性"并且能够表达"信息"的财务载体,都可以被创造出来作为一种新型的财务工具在资本市场进行交易,从而使投资人找到新的投资对象。在这里,信用卡公司得到了现金,防范了金融风险。

中国古代的牲口才是最早的财务工具。《道德经》上的一段有趣的论述:"天下有道,却走马以播;天下无道,戎马生于郊。"大意是,通过观察牲口市场上马的价格的变动,就可以判断出天下是否太平,当马的价格低到农民得以用马来耕地播种时,往往是和平时期就要来临了;而当好战的国王们积极准备下一次战争时,马的价格就会上升,由此也可以判断战争即将临近。所以,只要观察附近牲口市场上马的价格就可以预测和平与战争。《道德经》中记载的牛和马由于具有了承载其他信息(除了本身的供求信息外)的功能,因而成为最早的有记载的财务工具。

事实上,任何可以表达客户所需要的信息,帮助防范不利于客户的不确定性,以及表达各种能力的财务载体,都可以进入公司财务学视野,成为财务工具。在古代牲口市场的例子中,任何一个投机商,只要具备了对战争前景的准确"信息",就可以在牲口市场上进行投机活动,事先卖出战马而买入耕牛,从而获利。因为在《道德经》所记载的古代牲口市场上,耕牛和战马的价格都表达着人们对战争不确定性的预期。期权思维的产生萌生于人们对于权力的需要,可是,获得权利需要付出一定的代价。于是,付出一定的价格购买一定的权利而非义务,就成为期权诞生的根源。

期权作为独立的财务工具在资本市场上被广泛交易,起始于 18 世纪后期的美国和欧洲市场。受经济制度和法律的不健全等因素影响,期权交易的发展一直受到抑制。19世纪 20 年代早期,看跌期权/看涨期权自营商都是些职业期权交易者,他们在交易过程中,并不会连续不断地提出报价,而是仅当价格变化明显有利于他们时,才提出报价。这样的期权交易不具有普遍性,不便于转让,市场的流动性受到很大限制,这种交易体制也因此受挫。直到 1973 年 4 月 26 日芝加哥期权交易所(CBOE)开张,进行统一化和标准化的期权合约买卖,上述问题才得到解决。期权合约的有关条款,包括合约量、到期日、敲定价等都逐渐标准化。物质产品市场的高度发达和资本市场发展的日益完善,是期权交易市场可持续发展的保障。

2. 期权按照不同分类方式都可以做哪些分类?

(1)期权按照交易标的进行分类可以划分为现货期权和期货期权。

(2)期权按照持有人的权利不同可以划分为看涨期权和看跌期权。

(3)期权按照交易状态可以划分为买入期权和卖出期权。

(4)期权按照行权期限可以划分为欧式期权、美式期权和百慕大期权。

3. 期权价格的影响因素有哪些？它们是如何影响期权价格的？

期权价格的影响因素主要有五项,分别是:标的物市场价格、行权价格、行权时间、标的物价格的波动率、无风险利率。其影响方式见表8-1。

表 8-1　期权五要素对期权价格的影响

要素	变化方向	看涨期权价值	看跌期权价值
标的物价格	增加	上升	下降
行权价格	增加	下降	上升
行权时间	增加	上升	上升
标的物价格波动率	增加	上升	上升
无风险报酬率	增加	上升	下降

4. 买入看涨期权、卖出看涨期权、买入看跌期权、卖出看跌期权的收益-成本分析。

买入看涨期权的成本收益图可以用图8-1表示:在 b 点, $Vt=k$,一旦超过 b 点,权力持有者就会行权,从而引起期权盈亏线上扬;而在 a 点, $Vt=k+f$,出现盈亏平衡点,超过盈亏平衡点之后,权力持有者在期权合约上将会出现盈利,并且从图中的期权盈亏线走势来看,看涨期权持有者的成本是有限的,为期权费 f,而收益是无限的。

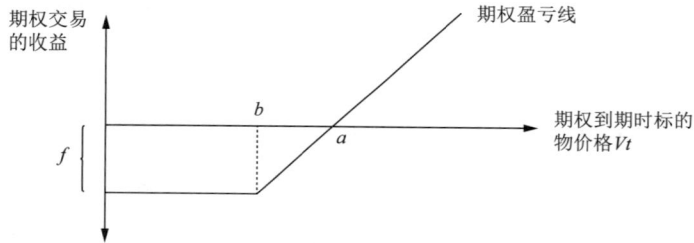

图 8-1　买入看涨期权的成本-收益图

卖出看涨期权的成本损益情况如图8-2所示,在 b 点, $Vt=k$,一旦超过 b 点,权力持有者就会行权,从而引起期权盈亏线下降;而在 a 点, $Vt=k+f$,出现盈亏平衡点,超过盈亏平衡点之后,权力卖出者在期权合约上将会出现亏损,并且从图中的期权盈亏线走势来看,卖出看涨期权的收益是有限的,最高收益为期权费 f,而损失则是不确定的。

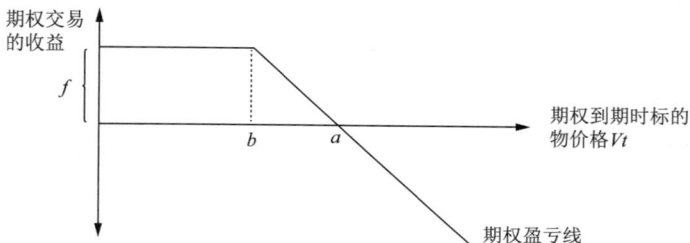

图 8-2　卖出看涨期权的成本-收益图情况

买入看涨期权的成本收益图可以用图 8-3 表示：在 b 点，$Vt=k$，一旦 $Vt<k$，权力持有者就会行权，从而引起期权盈亏线上扬；而在 a 点，$Vt=k-f$，出现盈亏平衡点，超过盈亏平衡点之后，权力持有者在期权合约上将会出现盈利，并且从图中的期权盈亏线走势来看，看跌期权持有者的成本是有限的，为期权费 f，而收益虽然不是无限的，但是会以资产价格降到 0 为限。

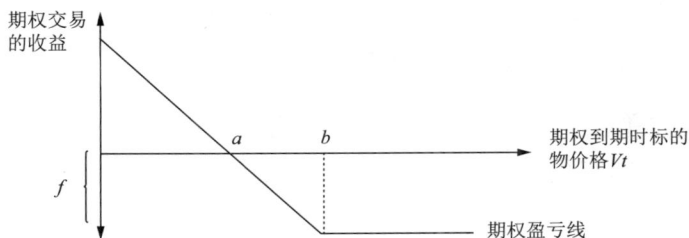

图 8-3　买入看涨期权的成本收益图

卖出看跌期权的成本损益情况如图 8-4 所示，在 b 点，$Vt=k$，一旦低于 b 点，权力持有者就会行权，从而引起期权盈亏线下降；而在 a 点，$Vt=k-f$，出现盈亏平衡点，超过盈亏平衡点之后，权力卖出者在期权合约上将会出现亏损，并且从图中的期权盈亏线走势来看，卖出看涨期权的收益是有限的，最高收益为期权费 f，而损失则是不确定的。

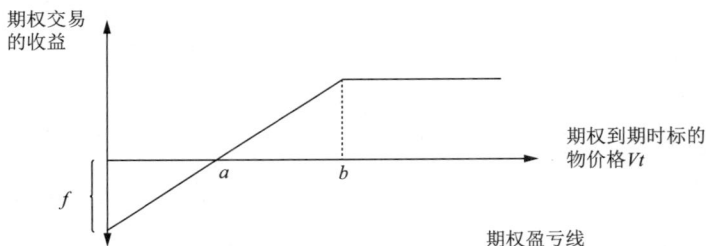

图 8-4　卖出看跌期权的成本损益情况

5. 请说明远期合约、期货合约和期权合约的不同与演化过程。

远期合约、期货合约和期权合约存在的目的都在于对未来风险的规避。

不同之处在于：远期合约为非标准化合约，且为必须执行的合约，合约流动性差，对于交易双方的信用水平要求较高，否则会出现无法执行合约而导致的损失，但是由于合约的必须执行性，使得交易双方无论是否可能获利，都必须执行合约，因此，是权利和义务对等的合约。

期货合约为标准化的远期合约，可以在交易所内进行交易，已经可以摆脱交易双方的信用，但是也必须要在规定期限内了结头寸。

期权合约在此基础上，通过付出期权费提前买断权力的方法，赋予期权持有者未来不行权的权利，具体来说，买卖双方的权利和义务不同、履约保证不同、保证金的计算方式不同、清算交割方式不同、合约价值不同、盈亏特点不同。

从远期合约到期货合约到期权合约,演化的过程体现了市场对于标准化交易的需要,同时,也体现了市场对于更加丰富的选择的需要,有的交易者需要通过套期保值来规避风险,但是有的交易者需要通过提前锁定价格来获得潜在的收益,交易品种的进化体现了金融市场的不断发展。到目前为止,所有的金融品种都在现实中存在,不存在绝对优劣,但是,却能够满足不同金融衍生产品交易者的要求。

6. 如何通过二项式模型推导期权的价格?

二项式期权定价模型假定标的资产价格只有上升和下降两个方向,并且为了便于推导假定在考察期内,标的物资产价格上升和下降的概率和幅度都是不变的,将整个考察期划分为若干段,根据标的物资产价格的历史波动率模拟出价格在整个存续期内可能的发展路径,针对每一个路径的每一个节点计算行权收益和用贴现的方法计算权证价格。随着要考虑的价格变动数目的增加,二项式期权定价模型的分布函数就越来越趋向于正态分布,最终可以根据无限划分期数的二项式模型的收益贴现来计算期权的价格。

7. 三种实物期权的实现的机理是什么?

(1)延期期权(option to delay):当一个企业在投资的过程中,拥有延迟开发一个项目的权利,并且在这个时期内这种权利是排他的,这种实物期权叫做延期期权。传统的净现值测算方法一直在试图寻找一个一直都"很好"的项目,也就是说,直到项目终结为止,项目带来所有的现金流的折现值将会超过初期投资额,这样的项目当然会被接受。但需要注意的是,一个项目可能在今天并不是一个好的项目,但在一段时期之后,由于环境发生变化,这个项目就成为一个好的项目,将会给企业带来很好的价值;而如果环境一直不允许项目的运营,也就是说不论在何时,开始这个项目都将意味着企业会遭受损失,那么管理者会选择放弃执行这个项目,以防止因进一步投资造成企业更大的亏损。

(2)扩张期权(option to expand):扩张期权存在于企业开发一个项目的过程,如果企业发现这个项目能够带来更多的收益,于是决定加大投资力度,但这是基于项目开始以后的判断。这个时候初始投资就成为期权的期权费,以便于企业能够产生追加投资的可能性。

(3)放弃期权(option to abandon):企业在经营一个项目的过程中,如果发现这个项目带来的损失较大,或者实时预测其好转的可能性较小,企业就会选择在中途停止项目进行止损,并且出售目前的现金流获得权来获得一些残值,从而防止继续投资产生的额外损失,并弥补前期的投资损失,这种决策权叫做放弃期权。这种实物期权一般存在于大型项目、新兴产业项目,因为这些项目在前期预测过程中可能存在疏漏以及较大的偏差。

8. 从期权角度出发的公司价值分析过程。

企业价值由股东的权益资本价值和债权人的债权资本价值组成。假设企业全部资产是股票 E 和债券 D 的组合，并假设股票不付红利，债务清偿之前企业也不发行新股。对企业所有者来说，权益投资的有限责任制使所有权成为一种看涨期权。如果一个企业只有股权和一年期不付息债券，债券的到期面值为 F，那么，债券当前价值为，此处 r 是风险收益率，反映债权人暴露在债权违约的风险之下。当企业经过一年经营之后，债权到期时，企业资产价格大于行权价格，说明在偿还债权人的债务之后，股东还有剩余权益。此时，$V-F>0$，股东会执行其所持有的期权，即偿还债权人的债务。股东从债权人手中以等于债券面值的价格购买了企业所有权而拥有公司，他们的收益是企业资产价值减去债券面值，即 $V-F$；当 $V<F$ 时，说明经过一年经营企业的负债大于企业的资产总价值，企业出现了违约的情况，即资不抵债。此时，股东会放弃执行自己的权利，于是股东拥有的价值为 0。基于上述分析，在权益到期日，股东收益如图 8-5 所示。

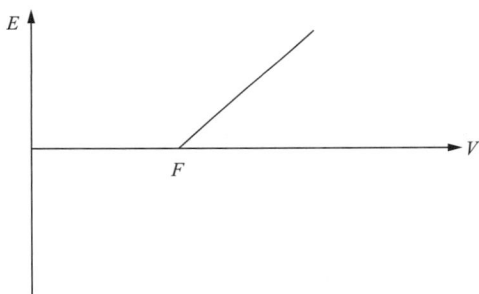

图 8-5　权益到期日股东收益

三、练习题参考答案

1. 乔治·索罗斯做空英镑：1992 年 9 月 16 日，被称为"黑色星期三"的一天，乔治·索罗斯凭借其对欧洲货币体系的深刻洞察，成功地做空了英镑，并且利用期权放大了自己的收益。他在英国央行升息之前买入了大量的英镑看跌期权，并且同时卖出了英镑现货和远期合约，形成了一个巨大的空头头寸。当英国央行宣布退出欧洲货币体系并放弃维持汇率时，英镑急剧贬值，乔治·索罗斯的期权合约价值大幅上涨，他赚取了 10 亿美元的利润。

问题：乔治·索罗斯做空英镑的期权合约内容是什么，请给出具体描述。

股权投资的性质是长期投资。期权是股票、债券和基金的衍生工具。索罗斯于 1969 年与投资大师吉姆·罗杰斯合作共同创立了索罗斯基金，注册资本 1 200 万美元，是年索罗斯 39 岁。由于出资人主要是境外投资者，因而可避开美国证券交易委员会的监管。1979 年公司成立十周年时，索罗斯基金改名为量子基金。此后，该基金快速发展。

英镑曾经一直是世界的主要货币,但 1914 年第一次世界大战和 1929 年世界经济大萧条后,英国政府放弃了金本位制而采取浮动制,英镑在世界市场的地位急剧下降。1990 年,英国决定加入西欧国家创立的新货币体系——欧洲汇率体系。索罗斯认为,英国犯了一个决定性的错误。欧洲汇率体系以德国马克为核心,西欧各国的货币只允许在一定的汇率范围内浮动,一旦超出了规定的汇率浮动范围,各成员国的中央银行就有责任通过买卖本国货币进行市场干预。于是,索罗斯认定处于衰退中的英国无法维持 1 英镑兑换 2.95 马克的汇率水平,因此动用了 100 亿美元下赌注做空英镑购入马克,同时购入价值 5 亿美元的英国股票,并卖掉巨额的德国股票。他的这一举动招来更多的长期经营套汇的共同基金和跨国公司,他们就像一群饿狼,万事俱备静待猎物"入套"。

1992 年 9 月中旬,危机终于爆发。英国财政大臣请求德国降低利率,但德国一再拒绝;无奈之下,英格兰银行一天之内两次提高利率,希望能用高利率吸引货币回流,但高达 15% 的利率并没有保住英镑的汇率。1992 年 9 月 16 日,英国被迫退出欧洲汇率体系,英国人将这一天称为"黑色星期三"。索罗斯成为这场战役的最大赢家,获利 11 亿美元,而英国财政部 1997 年的统计显示,英国为此付出了 34 亿英镑的代价。英国《经济学人》将索罗斯称为"打垮英格兰银行的人",索罗斯做空英镑被称之资本市场"蛇吞象"的经典案例。而贪婪、投机、"杀人不见血"等字眼也由此给索罗斯贴上了资本大鳄的新标签。

2. 请自己编写一个期权案例。

此练习题参考答案省略。

提示:此练习题意在提升对于期权的理解深度和财务学直觉。比如,在老师指导下,同学出售或购买一个考试成绩看跌或看多期权;比如,同学购买一个或几个某上市公司自制看涨股票期权等。同其他财务工具一样,期权也具有承载或表达信息、不确定性和资源等财务要素并且能够进行交易的特征。

第二部分
难点释疑

第八章的难点主要是：① 衍生品从何而来；② 衍生品市场的作用；③ 布莱克－斯科尔斯期权定价模型的理解。

一、衍生品从何而来

经济史学家认为，衍生品市场至少在中世纪就已存在，至于它是始于亚洲的水稻市场还是欧洲中世纪的交易会，尚无定论。我们知道的是，1848 年芝加哥商品交易所的建立标志着现代期货市场的形成。简单回顾芝加哥商品交易所的来龙去脉，有助于我们理解衍生品市场为何存在。

19 世纪中叶，美国中西部迅速成为美国农产品生产基地。与此同时，位于中西部伊利诺伊州的芝加哥发展成为美国的一个主要城市和交通商业枢纽，中西部的农场主把小麦、玉米、大豆等带到芝加哥的谷物市场交易。不幸的是，大多数农产品大约在一年中的同一时刻到达芝加哥（九月到十一月），因芝加哥的仓储设备难以应对而导致农作物价格急剧下跌，农民们甚至发现把谷物倾倒入芝加哥河中会比把它们运回农场更经济。但在一年中的其他时段，谷物的价格又会急剧攀升。有些商人开始关注到以上价格的波动性和资源的浪费。为了解决这个问题，他们创办了芝加哥商品交易所和一种叫作"还没到（to-arrive）"合约的金融工具。一个农场主可以在一年中的任何时候卖出这样的合约，合约规定农场主以一个约定的价格在日后某一天的芝加哥卖出他的农产品。谷物易于保存，所以农场主可以在家存储并在一年中任何时候运输、交割。这极大减弱了农作物市场价格的季节波动，使农作物交易市场更好地运行。

在芝加哥的职业交易员们开始买卖这些合约并对农产品价格的变化进行投机。很快，这个重要而且吸引人的市场因对冲和投机策略的广泛运用而逐渐发展壮大。80 年后，票据交割所的加入完成了从"还没到"合约到现代期货合约到的演变。用来标的衍生品的很多商品和所有的金融资产并不具有季节性。所以，这个使期货市场得以建立的最初动机在今天看来只是衍生品市场的一个次要作用。

二、衍生品市场的作用

1. 风险的分配、转移、管理

风险管理是一项十分复杂繁琐的工作，该现象一直持续到衍生品市场的出现。衍生品使直接交易风险而非资产本身成为现实。举例说明，设想一位试图减持某股票的股东。在没有衍生品之前,他唯一能做的就是卖掉股票。现在,他可以卖出期货、远期、看涨期权或者掉期,还可以买入看跌期权,同时保持股票的持有量。对于某些公司创始人来说,这样的策略会尤为重要,因为创始人可以保持所有权甚至是董事会席位。不难看出,衍生品提供了一个转移风险的有效方法,即将其从不想承担风险的人转移到希望承担风险的人,这整体上促进了风险在市场以及整个经济体中更加合理和有效地分配。

2. 信息发掘

每盎司黄金值多少钱?黄金交易市场遍布全球,但更多的人可能会去关注最快到期的黄金期货价格。同样地,标准普尔 500 指数的价位在美国股市还没开盘的时候应该是多少呢?标准普尔 500 期货指数被认为是美股大盘开盘价的有力参考。对于期权来讲,最有名和实用的信息发掘莫过于隐含波动率(implied volatility),它衡量了标的资产的期待风险,反映出了使期权估值等于期权市场价格的波动性代入值。对于大盘指数的期权,比如标准普尔 500 指数期权,其隐含波动率被市场参与者认为衡量了市场整体的不确定性,有些专家把这个波动率命名为市场恐慌指数。

3. 操作上的优势

买卖衍生品的交易成本比买卖标的资产的交易成本小得多。因此,衍生品市场的流动性往往大于标的资产市场。另一个极有价值的优势在于,通过衍生品交易,卖空会变得易如反掌,而标的资产直接卖空往往困难重重。买卖衍生品交易操作的两个优势,源于财务工具衍生品的制度设计和财务信息技术的先进。

4. 市场有效

我们知道,有效市场是指没有投资者可以持续、长期性地赚取超过对其所承担风险补偿的回报。我们通常认为股票市场已经具有较高的有效性,而衍生品的存在和应用,因其资金需求小、交易成本低、卖空容易等优势使股票市场更加有效。

三、布莱克－斯科尔斯(B-S)期权定价模型的理解

看似复杂晦涩的布莱克-斯科尔斯模型,可以看成无限次二叉树运算后求期望值。其实这个 B-S 模型就是二叉树模型的扩展。二叉树法的理论基础是:下一刻股票走势有两种状态,即上涨或下跌。而事实上,股价的可能性不止两种。从微分的角度来说,我们锁定的时间范围越短,股价变化的可能性就越少。当时间足够短时,下一个瞬间股价的变化可能就仅有两种。因此,假设时间范围无限短,此时二叉树模型适用。那么把二叉树模型无限延伸,也就是把它连续复制,得到了 B-S 模型。(其实由公式中用到了自然底数 e 也可以看出,应该从连续的角度看二叉树模型。)

直观上,期权的价格就是对未来无数种期权价值的平均数求折现。而 B-S 模型就

是描述未来期权的价值有几种可能性,然后加权平均,得到一个未来期权的平均价值,对这个平均数用无风险收益率进行折现,结果就是期权的理论价格。

　　应说明的是,理解布莱克-斯科尔斯的期权定价模型,除了学习和掌握财务学原理外,还需要有基本的高等数学知识。只有具备娴熟的微积分和定积分高等数学知识背景,才能熟练地使用期权定价模型。

第三部分
重要理论的历史背景

　　无论是前面所说的二叉树模型还是布莱克－斯科尔模型,他们都遵循一个重要的经济学原则:无套利原则(no-arbitrage principle),这正是本书第四章的内容。

　　这里需要特别介绍的是一部纪录片《亿兆赌注》(*Trillion Dollar Bet*),该片是一部由美国著名电视台 PBS 制作的纪录片,主要讲述了由期权定价模型发明人参与创立并投资管理的美国长期资本管理公司(Long Term Capital Management,LTCM)从风光无限走向急速破产的故事,反思了衍生品的优缺点、金融过度数学化的弊端以及诺贝尔经济学奖得主这样的学术翘楚在业界都难以挑战有效市场的事实。该片详细介绍了期权定价模型的形成过程,值得本科生、研究生、教师在课余结合教材和文献观看。

一、选择权理论

　　在财务学上,选择权理论又称期权理论,产生于股票资本市场高度发达的市场经济之中。目前,学术界认为,成熟的期权理论产生于 18 世纪。

　　在经济学里,经济学者也很热衷于选择权理论的研究。例如,在经济学上,《战略选择权理论与中国企业跨国经营的时机选择》(顾乃康,1997)一文,就是一篇基于经济学视角探索中国企业跨国经营时机选择的理论文章。《养老基金个人投资选择权的理论阐释与实践发展》(胡秋明,迟超,2011),也是基于经济学视角探索养老基金个人投资选择权的文章。《家长教育选择权的源起、理论基础及意蕴》(闫创,2012)一文内容主要属于经济学内容。

　　在经济学里,除财务学视角的选择权理论研究之外,其他视角和领域的选择权理论尚未见到成熟的理论模型。因此,财务管理专业学生对于选择权理论的学习,主要集中于学习期权理论即可。经济学其他领域中的选择权,我们可仅作为知识了解。

二、期权定价模型

　　期权定价模型是财务学的重要理论。在财务学上,资产定价模型主要有资本资产定价模型(Capital Assets Pricing Model,CAPM)、套利定价理论(Arbitrage Pricing Theory,APT)和布莱克－斯科尔的期权定价模型(Black-Scholes Model,B-S 模型)。在理论的科学性和先进性以及理论演化的视角,资本资产定价模型(CAPM)、套利定价理论(APT)和期权定价模型(Black-Scholes Model,B-S;Option-Pricing Models,OPM)之间存在着逐渐优化递进关系,期权定价模型中的价值是连续时间价值。资本资产定价模型(CAPM)、套利定价理论（APT）中的价值是离散时间价值。

让我们粗略地看一看资本资产定价模型存在的问题。我们先不谈论 CAPM 的众多具体理论假设在理论和实务上的问题，此处仅说明 CAPM 的隐含条件是否可靠。

$$\tilde{R}_{it} = R_F\beta_i(\tilde{R}_{Mt} - R_F) + e_{it} \qquad (1)$$

公式（1）是我们需要证明的关系式。该式实际上隐含了下面三个基本条件：① 市场模型必须在每个时期都成立；② CAPM 标准形式必须在每个时期都成立；③ β_i 不随时间发生变化。

因此，证明上式，实际上等于同时验证这三条基本条件。

如果选择双因素 CAPM 的话，需要验证的关系式是

$$\tilde{R}_{it} = \tilde{R}_{ZT} + \beta(\tilde{R}_{Mt} - \tilde{R}_{ZT}) + e_{it} \qquad (2)$$

这一关系式也隐含了三个基本条件：① 市场模型在每一时期都必须成立；② 双因素 CAPM 模型必须在每一时期都成立；③ β_i 不随时间发生变化。

因此，对这一关系式的证明，同时也是对上述三个基本条件的验证。

由此可见，利用检验方程对 CAPM 进行验证十分复杂和困难，因为需要验证的不仅是 CAPM，还包括其他两个条件。比较可行的办法是只对 CAPM 的主要结论或一般性结论进行验证，而不对其进行全面、复杂的检验。

CAPM 的主要结论包括以下三个方面：① 资产的风险 β 越高，所对应的收益水平 $\bar{R}_i$ 也就越高；② 预期收益率与风险之间是线性关系，即对于每一单位风险 β 的增加，预期收益率将按相同比例增长；③ 投资者承受非系统风险不应该获得额外收益。

这三个结论对标准 CAPM 和零 β 都适用，所不同的是，标准 CAPM 意味着在 $\bar{R}_i - \beta$ 空间中，证券市场线的截距应为 R_F，斜率为 $(\bar{R}_M - R_F)$；而对于双因素模型的 CAPM 来说，其截距应为 $\bar{R}_Z$，斜率为 $(\bar{R}_M - \bar{R}_Z)$。

作为资本市场均衡模型之一的 CAPM 有若干假设，其最重要的假设是，投资者在分析资产或资产组合的期望收益率和收益均方差基础上选择投资项目。CAPM 的多数假设对 APT 不必要或不适用。较为适用的只是投资者对未来资产期望收益率和风险预测的均匀性、一致性。CAPM 的一些假设对 APT 不适用的原因是，CAPM 的有些假设与现实情况不符，并且在检验 CAPM 时，难以得到真正的市场组合，致使 CAPM 不易被检验，甚至检验结果与 CAPM 相悖。科学研究的重要特征是可重复性和可检验性。显然，资本资产定价模型（CAPM）仍存在一些不足。所以，CAPM 基于投资者根据期望收益率和风险进行决策的假定，被 APT 投资者根据某个给定的收益率计算公式进行决策的假设所取代。给定资产收益率计算公式的形成，被称为收益生成过程。换言之，APT 的创立者罗斯在论证市场均衡模型时，并没有假设风险规避，更没有假设投资者在均值和方差分析框架下做出投资决策选择。相反，他是假设，在资本市场上，能够普遍观察到，绝大多数资产价格是一起运动的，即各种资产价格之间存在着较高的协方差。人们很自然

地想到将资产收益写成由几个共同因素作用和一些资产及其特定风险的函数。比如说，若仅有两个因素，则资产收益可写成

$$R_i = b_{i0} + b_{i1}F_1 + b_{i2}F_2 + e_i, \quad i = 1, 2, \cdots, n \qquad (3)$$

公式（3）中的 F_1 和 F_2 可视为"宏观经济"影响所有资产收益的经济方因素。每项资产 i 对因素 F_j 拥有一个特定的灵敏度 b_{ij}；资产收益及其风险的随机偏差 e_i 与宏观经济方面的因素 F_1 和 F_2 无关。

由于常数项 b_{i0} 的存在，随机误差 $e_{ij}(i=1, 2, \cdots, n; j=1, 2)$ 总是可以被假设为有零期望值（若期望值非零，则将其合并入 b_{i0}）。我们还假设 E$(F_1, F_2)=0$，这说明 F_1 和 F_2 确实是相互无关的因素。

于是，我们得出 APT 关于资产收益生成过程的计算公式的普通形式如下：

$$R_i = a_i + b_{i1}F_1 + b_{i2}F_2 + \cdots + b_{ij}F_J + e_i$$
$$= a_i + \sum_{j=1}^{J} b_{ij}F_J + e_i \qquad (4)$$

显然，套利定价理论（APT）模型是资本资产定价模型（CAPM）的升级版。期权定价模型则是资本资产定价模型（CAPM）和套利定价理论（APT）模型的超越。

CAPM 和 APT 的基本逻辑完全一致。它们都是：调查研究、确定方案、修补优化方案、实施方案、评估反馈实施结果。这个逻辑的本质是假定"实施方案的结果一定是好的"。这是一个武断的逻辑，其方案一经实施，便无法改正。套利定价理论方法又被称之武断定价法，这是一个择机和投机的试错逻辑。在套利逻辑下，投资方式的选择是投资人事先对不确定性的事件采取行动，投资的成败取决于投资人事前对不确定性事件的判断。

期权理论的逻辑则相反。期权是以事先确定的价格，允许投资人在未来一段时间内买入或者卖出某项资产，亦是在收到最新信息之后再采取行动的权力。这是处理不确定性的最好办法。因此，期权普遍存在于社会经济的各个领域。期权定价理论是破除资本资产定价模型和套利定价理论等旧财务理论的一种新财务理论。

在财务管理专业本科阶段，特别是学习第一门专业课程"财务学原理"时，学生可能尚难以理解基于市场经济的资产定价理论。但必须牢记，资产定价理论是财务学的核心理论，也是同学们高年级时必须下功夫学习的内容。

第四部分
重要文献选读与导读

为了深入全面学习第八章《择机与期权》，建议至少阅读如下文献。

一、布莱克和斯科尔斯的论文与罗伯特·莫顿的论文

Black F, Scholes M S. The Pricing of Options and Corporate Liabilities[J]. Journal of Political Economy, 1973, 81(3): 637-654.

Merton R C. On the pricing of corporate debt: the risk structure of interest rates[J]. The Journal of Finance, 1974, 29(2): 449-470.

这两篇文章是开创布莱克-斯科尔斯模型的原文，一篇为布莱克和斯科尔斯所作，另一篇同时期发表的文章为莫顿所作，所以布莱克-斯科尔斯(B-S)模型也叫布莱克-斯科尔斯-默顿(B-S-M)模型。因在此及其他领域的贡献，斯科尔斯和默顿在1997年被授予诺贝尔经济学奖。遗憾的是，布莱克于1995年去世，未能享受此殊荣（诺贝尔奖按惯例只颁发给在世学者）。

二、Robert L. McDonald: *Derivatives Markets (3rd Edition)*

该书作为衍生品领域的权威教科书，涵盖面之广、分析推导之深，是高校学生、教师和金融从业者深入了解衍生品市场的一本百科全书。该书共含五个部分，27个章节。其五部分分别是：

第一部分　保险、对冲和简单的策略

第二部分　远期、期货和掉期

第三部分　期权

第四部分　金融财务工程和应用

第五部分　高级定价理论和应用

其中，第三部分期权包含6个章节，分别是：

第9章　平价关系和期权的其它关系

第10章　二叉树估值法：基本概念

第11章　二叉树估值法：挑选的话题

第12章　布莱克-斯科尔斯公式

第13章　做市和 Delta 对冲

第14章　特殊期权

本章参考文献：

[1] 贾康,史卫,刘翠薇. 中国财政思想史 [M]. 上海：立信会计出版社,2018.

[2] 赵靖. 中国经济思想史述要(上下册)[M]. 北京：北京大学出版社,1998.

[3] 胡寄窗. 中国经济思想史简编 [M]. 北京：中国社会科学出版社,1981.

[4] 罗福凯. 财务学的边界(第二版)[M]. 北京：经济管理出版社,2017.

[5] 约翰 C. 赫尔著,王勇、索吾林译. 期权、期货及其他衍生产品(原书第 10 版)[M]. 北京：机械工业出版社,2018.

[6] 约翰 C. 赫尔著,王勇、袁俊、韩世光译. 期权与期货市场基本原理(原书第 8 版)[M]. 北京：机械工业出版社,2016.

[7] Black F, Scholes M S. The Pricing of Options and Corporate Liabilities[J]. Journal of Political Economy, 1973, 81(3): 637-654.

[8] Merton R C. On the pricing of corporate debt: the risk structure of interest rates[J]. The Journal of Finance, 1974, 29(2): 449-470.

[9] Robert L. McDonald. Derivatives markets (3rd Edition)[M]. London: Pearson, 2013.

第九章
现金流量

在我国财务学上,虽然现金概念衍生出现金流量概念是改革开放之后的事情,但现金流量概念的产生,使人们对现金及其作用有了更深入的理解和认识。生存、盈利和发展是企业的基本目标,假如企业利润很高却没有兑现,那么,此时的利润只是会计账本上的盈利而非已实现的收益。此种情况会引发财务收支失衡,甚至捉襟见肘,久而久之,企业就会发生财务困境和危机。在财务管理师看来,利润不同于现金,现金比利润更重要。现金及其流动性和流量,对于评估财务价值发现、提升投资决策和筹资决策有效性,都具有重要作用。不同于某一时点的存量,财务上的流量是一段时间内的数量。财务流量连续性和均匀性以及其规模大小,代表着流量的质量和企业可持续发展性。

现金流量是企业在一定会计期间按照现金收付实现制,通过一定经济活动产生的现金流入流出数量。企业经济活动主要是生产经营活动、投资活动、筹资活动以及非经常性财务事项。事实上,现金流量是企业一定时期内现金和现金等价物流入和流出的数量。企业持有的期限短、流动性强、容易转换为已知金额现金、价值变动风险很小的投资等,通常被称为现金等价物。

在时间上,现金流量有初始现金流量、经营中现金流量和终结现金流量之分。其中,初始现金流量是开始投资时发生的现金流量,一般包括固定资产投资支出、流动资产投资支出、其他投资费用支出,以及原有固定资产变价收入和其他流动资产变价收入。经营中现金流量又称现金流量营业流量,指的是投资项目投入使用后,在其寿命周期内由于生产经营所带来的现金流入和流出的数量,一般以年为单位进行计算,实为营业现金收入。

经营中的现金流出是营业现金支出和交纳税金的支出。如果一个投资项目的每年销售收入等于营业现金收入,付现成本等于营业现金支出,那么,年营业净现金流量

（NCF）可用下列公式计算：

每年净现金流量（NCF）＝营业收入－付现成本－所得税，或者

每年净现金流量（NCF）＝净利十折旧（在这里，折旧是非付现成本），或者

每年净现金流量（NCF）＝营业收入×（1－所得税率）－付现成本×（1－所得税率）＋折旧×所得税率

终结现金流量是投资项目完结时所发生的现金流量，主要包括：① 固定资产的残值收入或变价收入；② 原有垫支在各种流动资产上的资金收回；③ 停止使用的土地变价收入等。

根据现金流量内容的不同，可将其分为经营活动现金流量、投资活动现金流量和筹资活动现金流量。

现金流量管理是现金的流动性及其数量管理。人们分析和评估企业的现金流动性及其数量，可以有效地判断和预测企业资本配置状况和收入增减状况及其趋势。这说明，现金流量及其流动具有规律性，人们开展生产经营活动和组织现金流量应遵循现金流量规律。

一般地，企业的投入和产出关系，可由资产价值等于负债和权益价值之和的恒等式表述。企业经营中资产的现金流量一定等于流向债权人的现金流量和流向权益投资者的现金流量。资产的价值最大化是现金流量管理的目标。因此，现金流量管理基本定律如下。

（1）良好的现金流管理可以达成企业一本万利的效果。

（2）当应收款收账期小于应付款周期时，企业现金流属于良性，两者之间差异越大，企业增长就越快。应收款收账期为企业提供了一个警戒值，一般地，当其大于一个月的时候，企业就不适合继续扩张。

（3）若企业无法很好地解决内部融资问题，那么企业再多的外部资金来源最终只能供他人支配和使用，对企业本身增长的作用很小。有效组织企业内部现金收入和支出的平衡，是加速现金流动和提升现金流量规模的前提。

（4）最优现金持有量取决于经济规模大小和要素资本均衡配置的要求。最优的现金存量流动性是现金流量管理的基础。

现金流量是财务学的重要概念。企业的现金存量、现金流量与现金增量之间具有内在联系，只有现金流量密切反映企业的生产经营活动时，企业生产经营才是健康和可持续的。企业遵循这些管理定理，财务管理中的现金流量机制就会发挥作用。

自由现金流量是企业内部满足了全部正净现值投资项目所需货币资本后剩余的现金流量。它是企业满足日常生产经营活动和投融资之后能向股东和债权人提供的现金流量。自由现金流量假说可表述为：① 负债是提高公司效率与监督管理者的有效机制，即负债取代权益资本可能会带来更高的生产经营效率和公司价值；② 自由现金流是决

定公司收购决策的重要因素之一。自由现金流量可以预测什么样的兼并和收购更容易摧毁而不是创造价值,收购既是股东与管理者之间利益冲突的证据,也是解决这一冲突的方法。无效并购是自由现金流量代理成本问题的一种表现形式。被并购是解决自由现金流量代理成本问题的一种方法。那些拥有充裕自由现金的公司常常招徕以重新调配其现金为目的的并购,从而成为其他公司的兼并目标。自由现金流量的这两项假说或推论,对于理解财务学原理至关重要。负债和并购是公司财务依靠外部力量解决公司经营问题的两种方法,这两种方法实际是自由现金流量的两个重要推论。迈克尔·詹森(Michael C. Jensen)教授是自由现金流量理论的发现者。在詹森教授看来,企业存在正的自由现金流量时,如果没有净现值大于零的投资项目,会缺乏成长性;此时,应该把剩余的现金返还给股东,否则就容易出现由富裕的现金资源引发的股东与管理者之间的代理成本。缺乏成长性一般是成熟大型成熟企业的通病,应注意多阅读和学习詹森教授的有关财务学论文。

教学重点和难点

(1)现金流量的分类及其内容构成。

(2)现金流量与利润之间的联系。

(3)现金流量规律和现金流量管理基本定律。

(4)自由现金流量机制。

第一部分
习题解答

▶ **教材中的思考与练习题**

一、名词解释

1. 现金流量　投资活动现金流量　筹资活动现金流量　经营活动现金流量　现金流入量　现金流出量　净现金流量　初始现金流量　期间现金流量　期末现金流量

2. 净营运资本　净营运资本变动额　固定资产变动额　权益现金流量　杠杆企业资产项目现金流量　自由现金流量　现金流量机制

二、思考题

1. 现金流量是如何产生的？

2. 现金流量按照不同分类方式都可以做哪些分类？

3. 现金流量管理的基本定律有哪些？

4. 自由现金流量的作用原理是什么？

5. 自由现金流量假说的主要内容是什么？

6. 如何计算现金流量？

7. 现金存量、现金流量与现金增量分别是什么？

8. 现金流量与公司治理结构之间的关系是什么？

三、练习题

1. 试着依据某一上市公司财务年报,计算和分析其现金流量与利润总额之间的关系。

2. 假定我们正在考虑这样一个项目:用一种新的高效油泵替换我们正在使用的旧油泵。该投资初始现金流出 1 600 元购买新油泵。旧油泵在今后两年里每年能产生现金流量 1 万元,而新油泵一年就能产生 2 万元的现金流量,此后油井就枯竭了。两种油泵的残值都可以忽略。具体与油泵替换有关的测定增量净现金所必要的计算数据见表9-4。

表 9-4 测定增量净现金计算数据

时 间	每年年底		
	0	1	2
(a)新油泵的现金流量/元	−1 600	20 000	0
(b)旧油泵的现金流量/元	0	10 000	10 000
(c)油泵替换的净现金流量/元	−1 600	10 000	−10 000

在增量的基础上,通过新油泵增加效率所产生的净现金流量分别是 −1 600 元、10 000 元和 −10 000 万元。当我们求解该现金流量序列的内部收益率时,会发现求得的不是一个而是两个收益率:25%和400%,请问该计算结果是否正确,说明理由。

◉ 思考与练习题参考答案

一、名词解释参考答案

1. 现金流量　投资活动现金流量　筹资活动现金流量　经营活动现金流量　现金流入量　现金流出量　净现金流量　初始现金流量　期间现金流量　期末现金流量

现金流量:现金流量是企业在一定会计期间按照现金收付实现制,通过一定经济活动产生的现金流入流出数量。这里的经济活动主要是经营活动、投资活动、筹资活动以及非经常性财务事项。这里的"现金"是广义现金,它不仅包括各种货币现金,也包括投资项目涉及的非货币资源的变现价值。一个投资项目需要使用原有的厂房、机器设备和材料等,其相关的现金流量是指它们的变现价值,而不是其账面成本。

投资活动现金流量:投资活动现金流量是指在投资活动中产生的现金流量。投资活动是指长期资产的购建和不包括现金等价物范围内的投资及其处置活动。长期资产是指固定资产、无形资产、在建工程、其他资产等持有期限在一年或一个营业周期以上的资产。

筹资活动现金流量:筹资活动现金流量是指在筹资活动中产生的现金流量。在财务中,出售资产和借入货币资本等筹措集中资本的活动称为筹资活动,是引发经济组织自有资本和债务规模及其结构发生变化的活动。

经营活动现金流量:经营活动现金流量是指在经营活动中产生的现金流量。经营活动是指直接进行产品生产、商品销售或劳务提供的活动,是企业取得净收益的主要交易和事项。

现金流入量:由投资项目所引起的企业现金收入的增加额。

现金流出量:由投资项目所引起的企业现金支出的增加额。

净现金流量:一定时期内现金及现金等价物的流入减去流出的金额,反映了企业本期内净增加或净减少的现金及现金等价物的金额。净现金流量有营运型和投资型两类。营运型净现金流量是对现有企业常规经营运行情况下的现金流入的描述,而投资型净现金流量是对企业拟新建、扩建、改建的在建设期、投产期和达产期整个寿命期内现金流入和流出的描述。

初始现金流量：初始现金流量是指开始投资时发生的现金流量,一般包括:① 固定资产投资支出,诸如固定资产购入或建造成本、运输成本和安装成本等现金支出;② 流动资产投资支出,诸如购买材料现金支出、与在产品和产成品有关的流动资产投资等现金支出;③ 其他投资费用支出,诸如与长期投资有关的职工培训费、谈判费、注册费用费等现金支出;④ 原有固定资产的变价收入和其它流动资产变价收入等形成的现金流入。

期间现金流量：期间现金流量又称为经营中现金流量、营业现金流量,指的是项目投入使用后,在其寿命周期内由于生产经营所带来的现金流入和流出数量。

期末现金流量：期末现金流量又称为终结现金流量,指的是投资项目完结时所发生的现金流量,主要包括① 固定资产的残值收入或变价收入;② 原有垫支在各种流动资产上的资金收回;③ 停止使用的土地变价收入等。

2. 净营运资本　净营运资本变动额　固定资产变动额　权益现金流量　杠杆企业资产项目现金流量　自由现金流量　现金流量机制

净营运资本：净营运资本是企业流动资产总额减去各类流动负债后的余额。净营运资本反映企业由长期负债融资负担的流动资产数额。净运营资本是企业净流动资产的价值。

净营运资本变动额：净营运资本变动额是净营运资本的变化额。需要注意的是,现金流量不等于净营运资本。企业采购原材料需要支付现金,于是增加存货和减少现金,发生了现金流出量,但是由于存货和现金都是流动资产,所以营运资本变动额为0。

固定资产变动额：企业固定资产投入额、固定资产出售额减去固定资产获取成本后,会形成固定资产净变动额,其净变动额将引发资本性支出的现金流量发生。

权益现金流量：权益现金流量是指属于公司权益所有者的现金流量。对于杠杆公司,永续性的权益现金流量＝现金流入－付现成本－贷款利息－所得税。

杠杆企业资产项目现金流量：杠杆企业资产项目现金流量指的是有杠杆的企业进行项目投资的现金流量。有杠杆企业的资产项目权益现金流量与无杠杆企业的资产项目权益现金流量的差别,对于企业股权结构和股东财富最大化有重要影响。因此,企业现金流量及其策略与公司治理结构有关。

自由现金流量：自由现金流量是企业为了维持持续经营而进行的固定资产投资以及营运资本投资之后,可实际用于所有者进行收益分配的现金流量。简而言之就是企业支付有价值的投资需求后,能给股东和债权人派发的现金总量。

现金流量机制: 现金流量机制指以现金流量为重心、兼顾收益,围绕企业经营活动、投资活动和筹资活动而构筑的机制体系,是对当前或未来一定时期内的现金流动在数量和时间安排方面所进行的预测与计划、执行与控制、信息传递与报告以及分析与评价。

二、思考题参考答案

1. 现金流量是如何产生的?

现金流量是企业在一定会计期间按照现金收付实现制,通过一定经济活动产生的现金流入流出数量。这里的经济活动主要是经营活动、投资活动、筹资活动以及非经常性财务事项。实际上,现金流量是企业一定时期内现金和现金等价物流入和流出的数量。销售商品、提供劳务、出售固定资产、收回投资、借入资金等可发生现金流入。购买商品、接受劳务、购建固定资产、现金投资、偿还债务等可形成现金流出。衡量企业经营状况是否良好、是否有足够的现金偿还债务、资产的变现能力等,现金流量都是非常重要的指标。

2. 现金流量按照不同分类方式都可以做哪些分类?

(1)按时间划分,现金流量分为初始现金流量、经营中现金流量和终结现金流量。

(2)按内容划分,现金流量分为经营活动现金流量、投资活动现金流量和筹资活动现金流量。

3. 现金流量管理的基本定律有哪些?

现金流量管理基本规律如下。

(1)良好的现金流管理可以使企业"一本万利",当企业付款周期比收款周期长时,那么业务越多,从供应商那里获得的"无息贷款"也就越多,因此企业发展速度就会越快。

(2)当应收款收账期小于应付款周期时,企业现金流属于良性,两者之间差异越大,企业资金增长就越快。应收款收账期为企业提供了一个警戒值,一般地,如果其大于一个月,企业就不适合继续扩张。

(3)若企业无法很好地解决内部融资问题,那么企业再多的外部资金来源最终也只能供他人支配和使用,对企业本身增长的作用很小。有效组织企业内部现金流入和支出的平衡,是加速现金流动和提升现金流量规模的前提。

(4)最优现金持有量取决于经济规模大小和要素资本均衡配置的要求,最优的现金存量流动性是现金流量管理的基础。

4. 自由现金流量的作用原理是什么？

詹森将自由现金流量的作用原理概括为两个方面。① 自由现金流量增多时，管理者在信息不对称条件下，出于自身利益的考虑，如保持对公司资源的控制和减少负债等，宁愿投资净现值为负的项目，也不会将剩余现金流以股利形式发放给股东。股东为了防止上述事件的发生而设置监督机构，对管理层进行监督，由此产生的成本就是代理成本。② 收购也是管理者花掉多余现金的方式之一。拥有大量自由现金流的管理者为庞大的现金流寻找出路时，收购就是一个较好的选择。詹森认为，收购方公司非常可能去收购那些业绩不良和低效益甚至价值毁灭的公司。

5. 自由现金流量假说的主要内容是什么？

（1）负债是提高公司效率和监督管理者的有效机制；
（2）自由现金流是决定公司收购决策的重要因素之一。

6. 如何计算现金流量？

项目投资现金流量 = 初始现金流量 + 期间现金流量 + 期末现金流量
计算现金流量时应注意的问题：
（1）必须考虑现金流量的增量；
（2）尽量利用现有的会计利润数据；
（3）不能考虑沉没成本因素；
（4）充分关注机会成本；
（5）考虑项目对企业其他部门的影响。

7. 现金存量、现金流量与现金增量分别是什么？

现金存量是企业在某一时点的现金及现金等价物的金额。

现金流量是企业在一定会计期间按照现金收付实现制，通过一定经济活动产生的现金流入流出数量。这里的经济活动主要是经营活动、投资活动、筹资活动以及非经常性财务事项。

现金增量是企业有被决策项目与无被决策项目时未来现金流量的差值，也就是由决策引起的企业未来总现金流量的变化。

企业的现金存量、现金流量与现金增量之间具有内在联系，只有现金流量紧密反映企业的生产经营活动，企业生产经营才是健康和可持续发展的。

8. 自由现金流量与公司治理结构之间的关系是什么？

企业现金流量及其策略与公司治理结构有关。企业自由现金流量应通过股利的方式分配给投资者，不应该留在公司由管理者自由处理。因为在所有净现值为正的投资项目所需资本都得到满足后，企业内部多余的现金实际上是一种浪费，很容易被管理者自利行为所挥霍,导致股东财富损失。如果公司治理结构科学合理,治理质量较高,自由现金流量数额一般较低。

现金流量策略与企业内部治理结构类型密切相关。股权集中是使外部股东的控制权与现金流量管理权相互制约的重要方式。企业大股东拥有较大份额的股权,有动力收集信息和监督管理者,从而尽可能避免管理者完全控制公司的问题。过多的自由现金流量很容易发生"内部人"控制问题。如果企业的股权比较分散,那么企业董事会构成及其设计和企业内部控制权分配等,均应该有严格的制度安排。显然,股权集中企业的现金流量策略不同于股权分散企业的现金流量策略。

三、练习题参考答案

1. 试着依据某一上市公司财务年报,计算和分析其现金流量与利润总额之间的关系。

例:中国船舶重工集团柴油机有限公司 2018 年财务年报数据及分析如下。

(1)利润表数据如下:

营业收入 2 105 863 063.49 元,营业利润 68 528 455.52 元,利润总额 115 356 609.36 元,所得税费用 62 605 069.07 元,净利润 52 751 540.29 元。

(2)现金流量表数据如下:

现金流量 −761 164 407.07 元,其中经营活动现金流量 −217 969 711.75 元,投资活动现金流量 −54 766 124.06 元,筹资活动现金流量 −488 428 571.26 元。

(3)将净利润调节为经营活动现金流量:

净利润(52 751 540.29 元)+ 资产减值准备(3 235 857.67 元)+ 固定资产折旧(152 827 131.86 元)+ 无形资产摊销(15 235 747.49 元)− 处置固定资产、无形资产和其他长期资产的收益(263 434.93 元)+ 固定资产报废损失(1 447 636.13 元)+ 财务费用(20 855 194.87 元)− 投资收益(352 557.54 元)+ 递延所得税资产减少(52 204 282.53 元)+ 存货的减少(207 661 635 元)− 经营性应收项目的增加(497 985 485.01 元)− 经营性应付项目的减少(225 587 260.11 元)= 经营活动产生的现金流量净额(−217 969 711.75 元)。

(4)由财务数据可以看出,即使中船重工 2018 年度利润总额高达 115 356 609.36 元,净利润高达 52 751 540.29 元,但是其 2018 年度现金流量却为 −761 164 407.07 元,经营活动现金流量为 −217 969 711.75 元。

中船重工 2018 年度净利润达 5 000 万元以上,说明其账面绩效良好,但是 2018 年现金流量为负,负数金额低至 7 亿多元,说明其经营运转并不顺畅,资金并不充裕。通过间接法将净利润调整为经营活动现金流量的过程可以看出,2018 年经营性应收项目的增加额为 497 985 485.01 元,经营性应付项目的减少额为 225 587 260.11 元,应收应付款周转不顺是导致其现金流量为负的关键原因。

企业实现的净利润与现金流量都是分析企业财务状况的主要指标,从这个意义上说,二者是相同的。但它们又有不一致的地方,具体表现为以下三方面。

(1)二者的计量基础不同。利润以权责发生制为基础,而现金流量以收付实现制为基础。

(2)二者包含的内容不同。净利润一般包括主营业务利润以及投资净收益、补贴收入等营业外收支部分;而现金流量的内容虽然主要是利润,但还包含了其他组成部分。具体而言,其除包括购买和销售商品、投资或收回投资外,还包括提供或接受劳务、购建或出售固定资产、向银行借款或偿还债务等。

(3)二者说明的经济含义不同。利润在很大程度上反映企业生产经营过程中所取得的经济效益,表明企业在每一会计期间的最终经营成果。而现金流量的多少能较好反映企业经营周转是否顺畅、资金是否紧缺、支付偿债能力大小以及是否过度扩大经营规模、对外投资是否恰当、资本经营是否有效等,从而为投资者、债权人、企业管理者提供非常有用的信息。

2. 请问该计算结果是否正确,说明理由。

内部收益率计算:$-1\ 600+10\ 000/(1+R)-10\ 000/(1+R)2=0$

计算结果:$R=25\%$ 或 400%。

由内部收益率的定义式知,它对应于一个一元高次多项式(IRR 的定义式)的根。该一元高次多项式的根的问题,也就是内部收益率的多解或无解问题,是内部收益率指标一个突出的缺陷。对于内部收益率的多解或无解问题,学术界说法不一。本题内部收益率计算结果有两个,应进一步结合净现值指标分析。

第二部分
难点释疑

第九章的难点主要是：① 现金流量与利润之间的联系；② 现金流量规律和现金流量管理基本定律；③ 自由现金流量机制。

一、现金流量与利润之间的联系

"一文钱难倒英雄汉"说的就是现金的难以替代性。现在，人们常说，金钱不是万能的，而没有钱是万万不能的。现金被视为企业经营活动的血液，利润是资本的增值。所以，利润既是现金流量的主要内容，也是现金资本流动的增值。

现金流量是企业一定时期内现金流入和流出的数量，它反映企业现金的实际进出。而且，现金流量是企业在一定会计期间按照现金收付实现制对经营活动、投资活动、筹资活动和非经常性项目产生的现金流入与现金流出及其总量情况的总称，它是企业一定时期的现金和现金等价物流入和流出的数量。不论该笔收入与支出属于哪个会计期间，只要在此期间实际收到或支出的现金，均作为此期间的现金流量。销售商品、提供劳务、出售固定资产、收回投资、借入资金等，都会形成企业的现金流入；购买商品、接受劳务、购建固定资产、现金投资、偿还债务等，则形成企业的现金流出。

利润是企业一定时期内实现的用货币表现的最终财务成果，反映了企业的经营业绩和财务能力，属于企业的经营成果。它以权责发生制为基础，依据收入与费用的对比以及因果关系而形成。利润是企业经营效果的综合反映和最终成果的具体体现，其本质是资本的产物，利润是资本的生命，资本追求利润最大化。在会计上，企业利润总额由营业利润、投资收益和营业外收支差额三个主要部分构成。现金流量的内容虽然主要是利润，但还包含了其他组成部分。具体而言，其除包括购买和销售商品、投资或收回投资外，还包括提供或接受劳务、购建或出售固定资产、向银行借款或偿还债务等。

在企业的整个存续期间，其净利润与净现金流量的数额相同。在某一会计年度里，由于采取不同的财务概念和时间推移等因素，净利润和净现金流量的数额会存在一些差异。举例如下。

（1）净资本性支出发生时，企业付款是一种现金流出，该项资本支出以后使用折旧的方式收回并作为利润的冲销。因此，在任何一个会计年度，若资本支出大于折旧数额，大于的部分就是现金流量低于净利润的数额。

（2）存货周转速度和资产总额周转速度的不同，会引起利润与现金流量的差异。企业购买存货时会发生现金流出，只有在存货出售获得收益时才反映到利润上。因此，在一个会计年度期间,如果资产总额周转速度每年少于一次,那么,增加存货时,现金流量就会低于利润。

（3）应收和应付款发生时,应收的赊销收入和应付的赊购支出在开出发票时直接计入利润,只有在实际结算时才有现金流量的增减发生。

（4）企业借款是现金流入,还本付息是现金流出,企业借贷行为的发生会产生现金流量增减,并且对企业资产负债关系产生影响,但对企业利润不直接产生影响。

利润是一个会计学概念,也是财务学常用概念。现金流量是一个财务学概念,也是会计学常用概念。在实际工作中,人们所说的现金流量和利润,基本上都是会计上的概念。因为会计概念更直接,更易理解和操作。

二、现金流量规律和现金流量管理基本定律

每个企业的投资者和高级管理者都十分关注企业现金流量。计算现金流量的方式多种多样,例如,企业净现金流量等于现金流入量与现金流出量之差,投资项目的净现金流量等于初始现金流量加营业现金流量减去终结现金流量。无论哪一种计算方式,都是以会计年度为时间单位。这说明,当财务经理计算企业的净现金流量时,既可以用现金流入量与现金流出量之差来计算,也可以用初始现金流量加营业现金流量减去终结现金流量来计算。

企业的现金流量与利润不同。现金流量根据收付实现制计算确定,利润根据权责发生制计算确定。可以说,现金净流量是收付实现制下的净利润;利润则是权责发生制下的当期应计现金净流量。企业不同种类的现金流量呈现不同的变化特点。其中,经营活动现金流量是企业所有现金流量中主要的、经常性的、稳定性的现金流量,经营活动是企业获取利润的主要来源。其现金流量通常表现为流入量大于流出量,属于现金净增加。

投资活动现金流量是企业执行投资决策时发生的数额较大和时间较集中的现金流量,这是由投资活动的特点所决定。这种现金流量的变化规律要根据宏观经济背景和企业财务周期情况分析。一般来说,在公司财务经济上升时期,企业规模扩张引发投资增加,投资活动现金流量的流出量常常大于流入量,表现为现金净流出;在公司财务经济紧缩时期,企业规模缩小,投资减少,投资回收额增加,投资活动现金流量的流入量往往大于流出量,表现为现金净流入;在公司财务经济平稳时期,企业规模稳定,投资与投资回收基本趋平,投资活动现金流入量与流出量基本持平,表现为现金净流量为零或略有盈亏。

筹资活动现金流量往往与投资活动密切相关。当投资扩张,投资活动表现为现金净流出时,企业的现金亏绌,往往需要筹资活动支持。此时,筹资活动现金流量常常表现为净流入;当投资收缩,投资回收额增加,投资活动表现为现金净流入时,企业现金出现盈

余,往往要安排偿还债务(或增加注册资本)。此时,筹资活动现金流量常常表现为净流出;当投资规模稳定,投资活动现金流入量基本持平时,筹资活动的现金流量也基本持平或有较小现金净流出(因经营活动的现金盈余可以还债和相对减资)。可见,企业经营活动现金流量通常是现金净流量;投资活动现金流量在经济上升时期通常表现为现金净流出,在经济紧缩时期通常表现为现金净流入;在经济平稳时期通常表现为企业现金流入、现金流出基本持平。筹资活动的现金流量与投资活动的现金流量,在经济上升和经济紧缩时期变化方向基本相反;在经济平稳时期基本一致。筹资活动的现金净流入较投资活动的现金净流出具有超前性,而筹资活动的现金净流出较投资活动的现金净流入和经营活动的现金净流入具有滞后性。

投资项目现金流量的变化规律也需要财务经理密切关注。投资项目建设期需要大量现金投入,但却没有或很少有现金流入。因此,建设期的初始现金流量表现为现金净流出。经营期现金流量通常表现为现金净流入,即项目经营现金流量与企业经营现金流量情况相同。投资项目寿命终结时通常有回收残料、流动资金和土地等,但却没有或很少有现金流出。所以,终结现金流量通常表现为现金净流入。

简而言之,投资项目现金流量的一般变化规律是:① 初始现金流量通常表现为现金净流出,② 经营现金流量通常表现为现金净流入,③ 终结现金流量通常表现为现金净流入。

应说明,经营活动现金流量又称营业活动现金流量。经营活动或营业活动通常指除了投资和筹资活动之外的专门为了商品销售而进行产品生产加工或产品经销服务的日常业务活动。

企业管理者根据现金流量规律,探索现金流量管理的基本定律。关于此内容,请反复阅读《财务学原理》(第二版)教材内容。关于具体的现金流量管理定理和规则,在后续的公司财务课程中还会进一步学习。

三、自由现金流量机制

同其他财务经济机制一样,自由现金流量有自身的机制和规律性。我们知道,自由现金流量的两个假说是:负债是提高公司经营效率并有效监督管理者的财务机制;自由现金流决定公司收购决策的可行性。这两个财务理论假说是自由现金流量机制的核心。詹森教授提出自由现金流量理论时,主要针对公司内部治理结构失衡、管理层对公司控制权过强而董事会对公司经营过程监督权过弱等问题,研究之后得出企业现金流量的概率分布与企业所有权安排有关的结论。本来,当企业自由现金流量大于零时,如果企业尚没有净现值大于零的投资项目,那么,就意味着企业缺乏成长性,此时,应该将剩余的现金流量返还给股东,增加分红或者回购股份,否则就容易因现金富余引发企业管理层不合理的当期现金支出和不具有财务可行性的资本支出,进而引发现金流量代理成本问题。自由现金流量代理问题的解决方案是依靠外部力量的两种方法:负债和并购。这是詹森自由现金流量理论的两个推论。

(1)在企业资本既定情况下,负债增加或者负债替代权益资本之后可能会带来企业经营效率的提升和企业价值增长。财务原理认为,负债利息不仅减少企业所得税支出,而且能产生财务控制效应。负债控制效应的作用机理是:一方面,企业举借债务引入了债权人的监督,这在一定程度上增强了对管理者的约束力,使管理者不容易将货币资本耗费在低效率项目上;另一方面,未来偿付本金利息的压力迫使管理者谨慎评估投资项目,抑制管理者滥用资本的行为,减少代理成本。负债产生控制效应的原因,一是在维持资本总额和管理者持有股份时,增加负债和减少外部股权筹资额,就相应地调整了资本结构,使管理者持股份额的比例相对增大,这就增加了公司管理层与股东利益的一致性。二是负债筹资相对于股权筹资具有硬约束力。假如公司不能履行偿还到期债务的承诺,债权人就可以向法院申请公司破产。所以,企业负债是一种财务治理合约。

(2)自由现金流量可以预测什么样的兼并和收购更容易摧毁企业而非创造价值,收购既是股东与管理者之间利益冲突的证据,又是解决这一冲突的答案。一方面,无效并购是自由现金流量代理问题的一种表现形式。很多企业并购的动因之一是企业存在剩余现金。拥有多余现金而无良好投资机会的企业倾向于多元化并购以重新配置资本。由于收购方拥有剩余现金会使管理层对富余现金不够珍惜,于是有可能发生收购方出价过高的现象,进而把利益从收购方股东转移给了目标企业股东。另一方面,被并购是解决自由现金流量代理问题的一种方法。拥有充裕自由现金流量的企业经常会招徕以重新配置其现金为目的的并购,从而成为其他企业的兼并目标。通常,投资者会识破公司管理者投资大量负净现值项目的原因,由此对以上公司故意给出较低的估价,股价的下跌会使这类公司成为被收购对象。

在学习财务学原理时,碰到的自由现金流量问题,由于尚未深入学习公司治理结构和资本结构理论,因此可能不容易理解其实质。解决的办法是课外适当扩大相关文献阅读量。当学习完现金流量与利润之间的联系、现金流量规律、现金流量管理基本定律,以及自由现金流量机制等疑难问题之后,我们就会发现,现金流量与企业投资、筹资、成本支出、收入开发、利润分配等财务活动,存在极其紧密的关系。所以,现金流量管理是企业财务管理的基础性工作。

第三部分
重要理论的历史背景

第九章现金流量主要涉及自由现金流量理论、财务合约理论、公司治理结构理论，以及代理成本理论。

一、现金流量理论的历史背景

20 世纪 70 年代前后，欧美国家一些企业将公司财务状况变动表改为现金流量表，以反映企业在一定时期内现金从哪里来，用到哪里去。为什么这样？据说原因是，当时有很多股东都知道自己的企业赚了很多钱，可是年底却见不到钱，分红很少。于是，要求企业披露日常现金的收支情况，现金流量表应运而生。后来，各国企业纷纷效仿该做法。有资料显示，现金流量表最初由资本流量表逐步演变而来。早在 1862 年，英国一些公司开始编报资本流量表，以"财务交易汇总表"反映资本流量情况。当时的资本流量表主要用于记录现金、银行存款及邮票的变动情况，直到 20 世纪初，资本流量表发展成多种不同的形式，分别用来揭示现金及其等价物、营运资本以及某一时期全部财务资源的资本流量。到 20 世纪 30 年代，资本流量表成为会计教科书中的一般命题。在第二次世界大战末期，美国一些企业将该表列为独立报表或作为报表附表加以陈报。但其格式和内容不够规范，并且其编制和披露出于自愿。1963 年美国会计原则委员会根据佩里·梅森起草的报告发布了《第 3 号意见书》，这是早期比较权威的现金流量表制度报告。1971 年美国会计原则委员会发布了《第 19 号意见书》，取代了《第 3 号意见书》。《第 19 号意见书》将这一时期的"资本来源及运用表"称为"财务状况变动表"。我国企业于 1998 年开始编制现金流量表，以完全取代企业财务状况变动表。由此，现金流量表命题开始出现于我国财务学研究文献之中。

自由现金流量理论主要发现者是著名财务学家迈克尔·詹森（Michael C. Jensen）教授。20 世纪 80 年代初，美国的石油、烟草、食品、广告等行业经历和发展到了成熟阶段，企业囤积了大量现金。这些行业的优良业绩提升了行业内企业管理者的威望。相应地，企业股东权力代表机构董事会的监督控制能力开始减弱，企业董事会难以有效发挥对管理层的监督和制约作用，无力使管理层把剩余现金返还给股东。管理层手中的营运资本充裕，财务支出就比较随意，并将大量富余资本投资于零售、制造等行业。企业并购是常见的财务投资方式，但并购失败的比例很高，并引起了学者们的关注。1976 年，詹森和麦克林两位教授在《财务经济学》杂志发表了题为《企业理论：管理行为、代理成本与所有权结构》的论文，建立了代理成本理论学说，并从经济学视角对自由现金流量理论给出了解释。由此,现金流量命题和自由现金流量理论被财务学界接受。

二、财务合约理论的历史背景

财务契约理论的形成可以从财务学和经济学两个角度来追溯。

从财务学角度来看,财务契约问题源于莫迪里安尼和米勒资本结构 MM 定理条件的放宽。1958 年 6 月,莫迪里亚尼(Modigliani)和米勒(Miller)在《美国经济评论》杂志发表了《资本成本、公司融资和投资理论》一文,同年 9 月在《美国经济评论》上又发表题为《资本成本、公司融资和投资理论:答读者问》一文,1963 年在《美国经济评论》上再度发表《税收和资本成本:校正》一文。在这三篇文章中,两位学者以科学严谨的方法研究资本结构与企业价值的关系,学界称之为"资本结构 MM 定理"。由于理论与实践之间有时存在一些差异,因此,学者们出于现实需求,开始放松资本结构理论的假设条件。特别是重点放松财务筹资约束对降低代理成本和提高经济效率的影响。当存在信息不对称和激励问题时,债务作为一种固定索取权可以对管理者施加财务约束,迫使其支出企业的剩余现金,从而在客观上降低代理成本。放宽资本结构假设的研究促使财务合约理论的出现,这大约是 20 世纪 70 年代的事情。

当然,从经济学角度来看,财务契约问题源于科斯定理条件的放宽,人们开始关注控制权在不同类型的索取权人之间的配置所产生的激励效应。在无法签订完全契约的条件下,产权和剩余控制权的配置会影响经济效率,与债务和股权等融资工具相关的控制权配置机制,可以在适当的情况下将企业决策权交给那些最大化自身利益与提高经济效率最具有一致性的经济主体。

罗纳德·哈里·科斯(Ronald H. Coase, 1910—2013)是新制度经济学鼻祖,担任美国芝加哥大学教授。科斯先生实际是法学教授,长期从事法经济学教学与科研工作,早在1931 年,他形成论文《企业的性质》(*The Nature of the Firm*)的主要见解,该篇论文直到1937 年才发表在美国《经济学季刊》第 4 期上。该文提出了"交易成本"概念,用交易成本解释企业存在的原因。社会经济中的企业是一个由生产要素所有者达成的合约。一项合约的形成和完成需要经历签订合约、执行合约、监督评估合约执行情况三个环节。企业成本由交易成本和生产成本组成。其中,签订合约过程中发生的市场调查研究费用、信息搜寻费用和讨价还价费用,以及监督和评估合约执行情况的费用,就是交易成本。它是人们利用市场价格机制的费用或者利用市场交换手段进行交易的费用。而执行合约过程,如产品加工过程、销售过程和借贷资本使用过程中的费用,则称为生产成本。《企业的性质》论文发表近 40 年后,学术界开始对其有所关注。当经济学家们越来越多地转向分析家庭和其他非营利、非市场组织的经济学时,终于开始意识到"交易成本"在经济活动中的关键作用。科斯认为,传统微观经济理论存在缺陷,因为它只包括了生产和运输成本,忽略了为交易而搜寻、谈判、签约、履约的成本。

科斯 1960 年发表《社会成本问题》论文,论述企业生产活动的外部性和产权问题。1966 年经济学家乔治·斯蒂格勒(George Joseph Stigler,1911-1991)教授,将科斯教授的经济思想命名为科斯定理,旨在证明在某些条件下,经济的外部性和非效率可以通过当事人的谈判而得到纠正,从而达到社会效益最大化。该定理成为产权经济学研究的理论基础,科斯定理的两个前提条件是产权清晰和交易成本为零,其基础范畴是交易费用、合约、资源配置,其定理内容如下。

科斯定理 1:如果交易费用为零,不管产权初始如何配置,当事人之间的谈判都会导致财富最大化配置。

这说明,产权是受制度保护的利益,产权制度既涉及产权界定又涉及产权保护。在产权清晰和交易费用为零时,市场机制会自动达到帕累托最优。

科斯定理 2:在交易费用大于零的情况下,不同的产权界定会带来不同的资源配置效率。

这说明,交易活动会发生成本,当交易成本为正时,不同的产权制度安排会产生不同的资源配置效率。在公司财务中,产权制度的选择是优化资本配置结构的基础。制度安排可理解为合约形式。合约是人们之间就合作中的利益分配达成的协议,这是制度安排的本质。

科斯定理 3:制度建立和制度安排会发生成本,当制度产生及其变更的成本大于交易成本时,该制度不必要存在。

科斯定理的精华在于发现了交易费用及其与产权制度的关系,提出了交易费用对制度安排的影响,为人们在经济活动中做出产权安排决策提供了有效方法。该理论认为,市场机制的运行存在成本,制度产生及其变更存在成本,一切制度安排的产生及其变更都离不开交易费用的影响。

财务契约理论实际是科斯企业合约理论的组成部分。企业实质上是一系列契约的组合,契约的订立和执行都是有交易成本的;股东和债权人之间具有强烈的利益冲突。因此,企业不是一个同类相聚体,不具有共同的价值目标。契约理论提出的过程中,隐含了两层假设:第一,企业引进风险债务必然是有利可图,因而存在一个最优资本结构问题;第二,风险债务可以通过财务契约进行控制。所以,企业存在一个最优财务契约问题。契约理论的出发点是如何设计一组契约来减少企业内不同利益主体的冲突。在融资问题上,主要是通过合理的财务契约设计来实现各方的利益均衡。财务契约理论的思路是:一方面,债务融资和债务企业要能够解决股东因自身资源限制而难以把握有利可图的投资机会的尴尬处境,另一方面,财务契约要能够帮助债权人规避财务风险。财务契约实现了双赢,减少了企业内股东和债权人之间的利益冲突和代理成本。

三、公司治理结构理论的历史背景

现代公司的起源可以追溯到 16 及 17 世纪由英国人和荷兰人发起的航海探险组织。

英国东印度公司创立于 1600 年,荷兰东印度公司创立于 1602 年,这两家北欧的贸易企业使用了公司词汇。公司产生 300 年后,基于所有者股权结构安排的公司治理理论被经济学家发现。企业所有权结构和层次的安排称为公司治理(corporate governance),又称法人治理结构,是研究如何授权给职业经理人和如何监督职业经理人履行职务行为行的科学。自 1932 年美国学者贝利和米恩斯提出公司治理结构概念以来,众多学者从不同角度对公司治理理论进行了研究,并形成了多种理论学派,如超产权理论、两权分离理论、委托代理理论以及利益相关者理论等。

超产权治理结构理论认为,企业产权改革、利润激励只有在市场竞争的前提下,才能发挥其刺激经营者增加努力和投入的作用。要使企业完善自身治理机制,基本动力是引入竞争,变动产权只是改变机制的一种手段。

两权分离理论即公司所有权与控制权分离理论,它随着股份公司的产生而产生。该理论代表人物是贝利、米恩斯和钱德勒。贝利和米恩斯 1932 年出版《现代公司与私有产权》著作,通过剖析美国 200 家大公司,发现这些公司实际由无股权的高级管理者控制。由此得出结论:现代公司已经发生"所有与控制的分离"。钱德勒认为,股权分散加剧和管理专业化,使得拥有专门管理知识和垄断经营信息的经理掌握了企业控制权,导致两权分离。所有权与控制权分离带来的直接问题是,失去公司经营管理控制权的所有者如何监督制约管理者,以实现所有者利益最大化,而非管理者滥用决策权,这也是委托代理理论要解决的核心问题。

利益相关者是公司治理结构理论的重要概念,凡是与公司产生利益关系并发生双向影响的自然人或者法人机构,都是公司利益相关者,如股东、债权人、员工、顾客、供应商、零售商、社区及政府等个人和团体。公司的目的不能局限于股东利润最大化,而应同时考虑其他利益相关者。企业利益相关者收益最大化是现代公司的经营目标,该目标体现公司作为经济组织存在的价值。围绕着公司治理目标、治理结构安排和治理机制改革一系列课题,法学家和经济学家提出了单边和多边治理理论,而且多边治理已经逐步占据学术主流地位。

四、委托代理成本理论的历史背景

委托代理成本理论简称代理成本理论,它是经济学委托代理理论的组成部分,也是公司治理结构理论的重要组成部分。在所有权和经营权分离的企业制度下,委托人和代理人双方的经济利益不完全一致,承担风险大小不对等,信息不对称。代理人是自利经济人,具有机会主义行为倾向,甚至侵损公司整体利益。为规避该风险,确保股东资本安全和投资回报,实施公司治理机制,激励和监督经营者十分必要,这就会发生代理成本。公司治理的中心问题是解决代理风险,降低代理成本。有效的激励约束机制将使代理人履行忠实义务,督促经营者为所有者利益最大化服务,是一项基本财务机制。

第四部分
重要文献选读与导读

为了深入全面学习《第九章现金流量》，建议从如下财务文献中至少选择三篇阅读。

一、斯蒂芬·A. 罗斯、伦道夫 W. 威斯特菲尔德、布拉德福德 D. 乔丹著，崔方南、谭跃、周卉译:《公司理财》

著名财务学家斯蒂芬·A. 罗斯教授及其合作者的 *Corporate Finance* 教材在全球有很大影响力，其中译版《公司理财》在我国也有多种版本。此处的《公司理财》（精要版·原书第 12 版）英文书名为 "*Fundamentals of Corporate Finance, 12th Edition*"。该书内容由八个部分 25 章构成。其中，"第一部分　公司理财导论"所属"第 2 章　财务报表、税与现金流量"，"第三部分　未来现金流量估价"所属"第 6 章　贴现现金流量估价"等章节，值得认真学习。企业财务报表中的现金流量是重要的财务信息。从资产负债表恒等式得知，公司资产价值等于负债的价值与所有者权益价值之和。同理，公司资产现金流量等于流向债权人和股东的现金流量总额。于是，现金流量恒等式是:

来自资产的现金流量 = 流向债权人的现金流量 + 流向股东的现金流量

而且，《公司理财》（精要版·原书第 12 版）还告诉我们，现金流量主要由经营现金流量、资本性支出、净营运资本变动三个部分组成。

不论是斯蒂芬·A. 罗斯先生及其合作者的 *Corporate Finance* 英文教材（第 12 版），还是中译本非精要版《公司理财》（原书第 12 版），还是此处推荐的《公司理财》（精要版·原书第 12 版），都值得财务管理专业学生仔细阅读。罗斯教授不仅以其创建的套利定价理论（Arbitrage Pricing Theory）而闻名，他在财务学中的资本结构信号理论、委托代理理论、期权定价理论等领域，也都做出了杰出贡献，是我们财务学生应永远学习和纪念的财务学家。

二、干胜道领著:《自由现金流量专题研究》

干胜道教授是我国企业所有者财务理论的创建者，在学术界具有重要影响力。他带领其博士生撰写了著作《自由现金流量专题研究》。该著作的独特之处在于:① 系统梳理了自由现金流量理论的脉络，提出了自由现金流量存量和自由现金增量等概念，并进行了中国化改造和应用;② 深入研究了代理成本理论，并将代理成本分为显性代理成本和隐性代理成本两大类，扩展了代理成本理论研究;③ 将现金流量与财务机制联系起来开展研究。

　　《自由现金流量专题研究》著作的内容主要包括六章。各章题目分别为自由现金流量的基本理论、自由现金流量与公司治理、自由现金流量与大股东掏空、自由现金流量与并购行为、自由现金流量与业绩变化、垄断企业的自由现金流量。

　　《自由现金流量专题研究》是一部财务学专著。财务管理专业学习能力较强的本科生,可以尝试通读一遍。诚然,如果在老师的指导下阅读该著作,则效果会更好。

本章参考文献:

[1] 干胜道领著. 自由现金流量专题研究 [M]. 大连:东北财经大学出版社,2009.

[2] 梁勇. 机构投资者对上市公司自由现金流量控制的研究 —— 基于代理问题角度 [M]. 北京:科学出版社,2017.

[3] 沈洪涛,樊莹,罗淑贞. 初级财务管理 [M]. 大连:东北财经大学出版社,2008.

[4] 斯蒂芬·A. 罗斯、伦道夫·W. 威斯特菲尔德、布拉德福德·D. 乔丹著,崔方南、谭跃、周卉译. 公司理财(精要版·原书第 12 版)[M]. 北京:机械工业出版社,2020.

[5] Michael C. Jensen, William H. Meckling. Theory of the Firm: Managerial Behavior, Agency Costs and Ownership Structure[J]. Journal of Financial Economics, 1976(3): 305-360.

[6] 哈特著,费方域译. 企业、合同与财务结构 [M]. 上海:上海人民出版社,1998.

第十章
资本预算的性质和规则

资本预算是跨年度多期固定资产资本性支出预算,其实质是所有者与管理者之间沟通经营理念的媒介。资本预算的性质由财务管理在不确定情况下跨期均衡配置多种资本以发现和创造价值的性质所决定。资本预算假设资本项目产生的现金流量可以计算,市场信息完备,股东财务最大化目标得以落实,这些假设是企业管理者编制资本预算的前提和原则。资本预算的关键在于,管理者需要知道项目的现金流量和市场对相同风险项目所要求的报酬率。

资本预算技术拥有的本质特性是能够使股东财富达到最大化。该本质特性可分解为四个原则性标准:① 所有现金流量均被考虑,② 现金流量以资本机会成本加以贴现,③ 从相互排斥的一组项目中选择使股东财富达到最大化的项目,④ 管理者应当将每一个项目独立于其他项目单独考虑——价值相加原则。

资本预算技术主要是回收期法、会计收益率法、净现值法和内部收益率法,其中,仅有净现值法是符合资本预算性质的正确方法,即与股东财富最大化目标相符。净现值法假设股东以资本的机会成本将资本再投资于企业。内部收益率法假设股东以不同的内部收益率将资本再投资于每个项目。内部收益率法不以资本的机会成本作为贴现率。相反,内部收益率法假设货币的时间价值是内部收益率,因为所有的现金流量均是以内部收益率贴现的,这一隐含的假设又称再投资率假设。内部收益率法违反了资本预算性质中的第二条标准,也违反了费雪分离原则。

根据资本预算的性质和技术方法以及视角的不同,可以把资本预算划分为若干类别。从投资目的视角出发,可分为扩充型资产项目资本预算、调整型资产项目资本预算、研发项目资本预算;从资产项目相关性视角出发,可分为独立项目资本预算、互斥项目资本预算、关联项目资本预算;从决策方案中是否引入风险变量出发,可分为确定性资本预算和不确定性资本预算。资本预算的每一种技术和方法均有自身假设和规则。资本预算技术的财务规则是财务管理工作的钥匙。

教学重点和难点

（1）资本预算的性质和特征分别是什么？

（2）为什么风险利率替代无风险利率作为贴现率，单一期间转换为多期间的跨期问题，是不确定资本预算的两个基本问题？

（3）为什么资本预算技术有回收期法、会计收益率法、净现值法和内部收益率法四种方法之分？四种方法的主要区别是什么？

（4）为什么资本预算技术的每一种方法均有自身假设和规则？其财务规则的主要差别是什么？

（5）为什么净现值法是最科学正确的方法？

第一部分
习题解答

▶ 教材中的思考与练习题

一、名词解释

1. 资本预算　费雪分离定理　股东财富　每股收益　资本预算本质特性
2. 资本预算技术　资本预算技术标准　市场决定资本机会成本　贴现率
3. 回收期法　会计收益率法　净现值法　现值指数　内部收益率法
4. 确定性资本预算　不确定性资本预算　现金流量模式　资产项目废弃价值
5. 独立项目　互斥项目　关联项目　风险成本　收入流　成本流

二、思考题

1. 时间价值理念和风险价值理念对资本预算的作用。
2. 资本预算与资本均衡配置理论存在何关系？
3. 资本预算是否能发现价值和创造价值，为什么？
4. 单期资本预算与多期资本预算的主要差别有哪些？
5. 资产项目废弃决策规律是什么？
6. 比较会计学上的利润和财务学上的利润的异同之处。

三、本章练习题

1. 青藏中兴公司现正在计划投资一个 10 万元的零风险项目。该项目只在第 1 期获得 10.7 万元的现金流量。青藏中兴公司管理层基于完全的市场经济制度，经过分析和论证之后，初步考虑采取如下两个方案之一：

（1）使用公司现金 10 万元投资此项目，而 10.7 万元在这一期之后用于支付股利；

（2）放弃此项目，把 10 万元作为当期的股利支付给股东。

请利用净现值法规则比较这两个方案，并做出财务解释。

2. 通过研究一组投资项目数据来分析资产项目的回收期，如表 10-6 所示。

表 10-6　项目 A、B、C 的预期现金流量

金额单位：元

	0	1	2	3	4	回收期/年
A	−100 000	30 000	70 000	20 000	10 000	2
B	−100 000	70 000	30 000	20 000	10 000	2
C	−100 000	70 000	30 000	20 000	20 000	2

表 10-6 中 A、B、C 三个项目的回收期均为 2 年。请利用回收期法计算和选择投资项目。

3. 华升食品股份公司是山东省东营市垦利县黄河口镇的一家从事生态农业生产经营的民营企业，其主营业务为水稻种植和水产品养殖。公司准备在异地开办一家酒馆，尝试涉足餐饮业。初始投资为 120 000 元，工厂经营期限初步设计为 4 年，即每年折旧 30 000 元，其账面资产额和预计的收入与成本如表 10-7、10-8 所示。

表 10-7　华升食品公司损益

金额单位：元

	第 1 年	第 2 年	第 3 年	第 4 年
销售收入	200 000	150 000	100 000	80 000
付现成本	100 000	80 000	60 000	40 000
折旧	30 000	3 000	30 000	30 000
税前净利	70 000	40 000	10 000	10 000
所得税（17%）	11 900	6 800	1 700	1 700
净收益	58 100	33 200	8 300	8 300

表 10-8　华升食品公司账面资产

金额单位：元

	第 0 年	第 1 年	第 2 年	第 3 年	第 4 年
累计折旧	0	30 000	60 000	90 000	120 000
账面资产	12 000	90 000	60 000	30 000	0

已知华升食品股份公司开办新酒馆的年度目标会计收益率为 25%，要求计算异地新酒馆的会计收益率，并做出资本预算决策选择。

4. 两个互斥项目的内部收益率计算。数据见表 10-9。

表 10-9 互斥项目现金流量、内部收益率和净现值

金额单位:元

项目	现金流量/元		内部收益率	净现值/元 贴现率 =0.1
	C_0	C_1		
M	−200	300	50%	73
N	−300	420	40%	82

已知市场平均收益率为 8.5%,表 10-9 中两个项目内部收益率均大于市场贴现率,按内部收益率法财务规则,两个项目均可接受。但是,M、N 为互斥项目,只能选择其一。那么,应该选择哪个项目呢?

对于 M 和 N 这样投资规模不同的两个资产项目,如果使用增量现金流量开展分析,可得到表 10-10 的数据结果。

表 10-10 增量现金流量方法

金额单位:元

项目	现金流量/元		内部收益率	净现值/元 贴现率 =0.1
	C0	C1		
N-M	−100	120	20%	9.1

请根据资本预算内部收益率法的财务规则,计算和分析资产项目 M 和 N 的内部收益率,并做出决策选择。建议在计算内部收益率时,将净现值、增量内部收益率、贴现率一并进行比较和分析,进而理解资本预算原理。

思考与练习题参考答案

一、名词解释参考答案

1. 资本预算 费雪分离定理 股东财富 每股收益 资本预算本质特性

资本预算:资本预算又称建设性预算或投资预算,是综合反映经济建设资本来源和运用的预算。主要是企业为了今后更好发展和获取更大收益而做出的资本支出计划。预算通常包括日常预算和资本预算,日常预算是会计年度内日常生产经营的短期现金收支预算,而资本预算是跨年度多期固定资产资本性支出的预算。

费雪分离定理:在西方经济学里,投资决策的实质是投资者决定减少多少当前的消费量以便换取在将来获得更多的消费量。最优投资决策是最大化人们从消费中获得的期望满意程度。费雪分离定理是指投资决策与个人效用偏好相分离,即企业投资决策的选择与投资者个人偏好无关,只能依据市场供求关系和项目投资财务评价结果进行取舍。

股东财富:在市场经济制度下,股东财富实际是公司支付税金之后的现金流量现

值,是使用资本的机会成本——市场利率贴现的现金流量现值,即企业资产总额的现在市场价值。与会计账面价值不同,资产市场价值是已在市场上兑现的资产现实价格。

股东财富最大化可以理解为股东生命周期内消费现值达到最大化,亦即使每股股票价格最大化,或股东获得的未来现金流量贴现值最大化。理论上,当投资的边际收益率等于由市场决定的资本机会成本时股东财富将会最大。

每股收益:每股收益即每股盈利(EPS),又称每股税后利润、每股盈余,是指税后利润与股本总数的比率,是普通股股东每持有一股所能享有的企业净利润或需承担的企业净亏损。每股收益通常被用来反映企业的经营成果,衡量普通股的获利水平及投资风险,是投资者等信息使用者据以评价企业盈利能力、预测企业成长潜力进而做出相关决策的重要财务指标之一。

资本预算本质特性:资本预算既是财务管理的基础性工作,也是财务管理的技术方法,其本质特性是使股东财富达到最大化,高效率地为实现财务管理目标提供优质服务;亦即资本预算本质上是一种服务于实现财务目标的、会被人们不断改进的技术方法。财务管理目标有矫正时,资本预算方法也会改进和修正。资本预算的关键在于管理者需要知道项目的现金流量和市场对相同风险项目要求的报酬率。

2. 资本预算技术　资本预算技术标准　市场决定资本机会成本　贴现率

资本预算技术:资本预算技术又称为投资决策方法,资本预算有多种技术方法。在财务管理工作中,常用的资本预算技术主要有四种,分别是:① 回收期法,② 会计收益率法,③ 净现值法,④ 内部收益率法。投资项目应根据合理的决策方法进行估价。

资本预算技术标准:科学的资本预算技术拥有的本质特性是能够使股东财富达到最大化,这一本质特性可分解为如下四个原则性标准:

(1)所有现金流量均被考虑;

(2)现金流量以资本机会成本加以贴现;

(3)应从相互排斥的一组项目中选择使股东财富达到最大化的项目;

(4)管理者应当将每一个项目独立于其他项目单独考虑(价值相加原则)。

市场决定资本机会成本:市场供求关系变化莫测和利率波动风险是采取风险利率的现实依据。市场决定了资本的机会成本,股东财富是用资本的机会成本——市场贴现率对现金流量贴现后的现值。现金流量必须以市场决定的资本机会成本进行贴现,通常使用市场决定的资本机会成本。在完善的市场经济中,应当遵循选择一切可以投资的项目直到边际收益率等于市场贴现率为止的投资决策原则。理论上,如果投资的边际收益率等于由市场决定的资本机会成本,那么股东的财富将会最大。

贴现率:贴现率是对现金流量进行折现的利率。资本预算遵循时间价值理念,市场贴现率是使用资本的机会成本,考虑货币时间价值时需要根据市场利率进行贴现。市场决定的贴现率是公司管理者期望使股东财富达到最大化所应使用的一种贴现率。如果项目存在风险,可以寻找一个存在类似风险的股票,把该股票期望收益率作为资产项目贴现率,对现金流量进行折现。

3. 回收期法　会计收益率法　净现值法　现值指数　内部收益率法

回收期法: 回收期法是指收回某个资产项目的全部最初投资额所需要的年限。资本预算回收期法的财务规则是,当投资项目的回收期少于投资者的期望回收期,则该项目具有财务可行性,可以选择,否则就可能被放弃。回收期法的优点在于决策成本很低,决策过程简便易行。但其缺点在于没有考虑资产项目经营期间内所有现金流量因素,忽略了回收期以后的现金流量,预测的回收期选择具有主观性,且没有使用资本的机会成本对现金流量进行贴现。回收期法违反了资本预算性质中四个技术标准的前两条特性。因此,一些投资数额较大、经营周期较长和风险性较高的投资项目,不宜使用回收期法。

会计收益率法: 会计收益率法是企业税后平均利润除以该投资项目的最初现金支出额,其与资产收益率和投资收益率十分相似,并在某些领域的运用完全相同。资本预算会计收益率法的财务规则是,测算出来的资产项目会计收益率高于目标会计收益率时,项目具有财务可行性,可以选择,否则就不应选择。会计收益率法的优点在于数据可直接从根据财务报表整理和计算,比较通俗易懂,但其缺点在于会计利润不等于现金流量,而且没有考虑货币时间价值——未进行市场利率的贴现。同时,目标会计收益率的确定带有一定人为因素,如果采用公司近期会计收益率。那些本来收益率就高的公司会拒绝会计收益率较低但实际净现值大于零的项目,那些本来收益率较低的公司可能会接受会计收益率较高但实际净现值小于零的项目,这样势必会产生决策失误,因此采用会计收益率法制定的投资方案比较粗糙和简单,不够严密,不是最优的资本预算技术方法。

净现值法: 净现值法是利用项目未来各期现金流入量贴现值之和,扣减该项目最初现金支出现值的差额作为资本预算的方法。此处的贴现值是以市场决定的资本机会成本作为贴现率计算的。资本预算净现值法的财务规则是当净现值大于零时,资产项目符合财务要求和股东利益,值得投资。净现值法主要具有三个特点。① 净现值使用了资本的时间价值理念。② 净现值包含了资产项目的全部现金流量。③ 净现值使用市场决定的资本机会成本作为贴现率,对现金流量进行了合理的折现。根据资本预算的本质特性及其四条技术标准,净现值法是资本预算四种技术方法中唯一符合资本预算性质的正确方法,也是目前唯一一项与股东财富最大化目标相符合的资本预算技术。

现值指数: 现值指数又称获利指数或利润指数,是指投资项目未来现金净流量的总现值与原始投资额现值之比。当投资项目的现值指数大于或等于 1 时,该投资项目的投资报酬率高于或等于预定的贴现率,具有财务可行性,值得投资;反之,不具有财务可行性,不值得投资。现值指数的优点在于其是一个相对指标,反映了投资效率,可以用现值指数来评价和比较原始投资额现值不同的独立投资方案。其缺点在于没有考虑项目的寿命期,不能用于寿命期不同的独立方案决策。

内部收益率法:内部收益率法是较常用的一种项目决策方法。内部收益率是使项目未来各期净现金流量现值之和等于初始投资额现值的贴现率,即净现值为零的折现率。对于投资项目而言,内部收益率法的财务规则是,若内部收益率大于市场贴现率,项目可以接受;若内部收益率小于市场贴现率,项目不能接受。而融资项目的内部收益率法则与之相反。其优点在于该方法本身不受资本市场利息率的影响,完全取决于项目的现金流量,反映了项目内部所固有的特性。缺点在于,第一,没有遵循价值可加性原则,使管理者在使用内部收益率时不能将资产项目相互独立地加以考虑。第二,内部收益率法将投资于各个资产项目的机会成本等于该项目内部收益率,再投资率假设违背了现金流量必须以市场决定的资本机会成本进行贴现的要求。第三,内部收益率法在现金流量符号改变不止一次时,会出现多个内部收益率。

4. 确定性资本预算　不确定性资本预算　现金流量模式　资产项目废弃价值

确定性资本预算:确定性资本预算是假设所有未来现金流量已经确定条件下的资本预算。同时,假设适当的贴现率为无风险利率,资本预算技术的选择标准与股东财富最大化的公司目标相一致。

不确定性资本预算:不确定性资本预算是假设在多时期的未来现金流量不确定情况下,人们如何确定风险项目并做出选择的资本预算。不确定性资本预算放弃了资产项目未来现金流量已知并已确定作为贴现率由市场决定的资本机会成本为无风险利率,以及股东财富最大化目标等假设。

现金流量模式:在企业生产经营过程中,一个资产项目的现金流量会有不同的现金流量模式——支出时间模式和收入时间模式的不同。改变正负符号顺序的现金流入量模式,说明资产项目可能存在多个内部收益率。在投资决策或筹资决策中,如果估计的资产项目现金流量多次改变其正负符号,则会导致资产项目出现多重内部收益率,从而给投资决策或筹资决策带来困难。在这种情况下,一般可以同时采用净现值法和内部收益率法等多种方法测算,进而找出最优的资产项目。

资产项目废弃价值:资产项目废弃价值是指废弃一个项目而得到的资产项目残值。当废弃(或出售)一个资产项目时,期望清算价值(再出售价格)将是资产项目的最低价。当资产现值跌至清算价值之下时,废弃资产项目的行为等价于执行看涨期权。由于清算选择权是有价值的,一个可以清算的资产项目价值远大于那些没有废弃可能的资产项目。由于在较短时间后废弃该资产项目所得净现值,实际远高于继续经营的现值,因而继续经营资产项目的净现值为正数,有时候废弃一个资产项目也很有好处。

5. 独立项目　互斥项目　关联项目　风险成本　收入流　成本流

独立项目:相互独立的项目是指为达到投资目的仅有一种项目可供选择的投资项

目。换言之,独立项目是对其做出接受或者放弃的投资决策都不会受其他项目投资决策影响的项目。独立项目的资本预算可以在同一时间和同一空间使多个资产项目同时投资的资本预算,决策过程实质是比较择优过程。

互斥项目:相互排斥的项目是指人们为达到投资目的会有多种可供选择却不能同时选择的项目。换言之,互斥项目是不能同时选择的两个或多个项目。多种项目方案之间相互排斥的原因较多,由于公司在一定时期的投资规模有限,或存在其他资源限制,不可能将可行的全部项目都实施,只能选取满足公司需要的关键项目。

关联项目:相互关联的项目是处于独立项目和互斥项目两者之间的项目,它们之间既存在某些影响,又不能完全排斥对方。关联项目资本预算实质是企业要素资本均衡配置的资本预算。在企业资本总额既定的情况下,某一个资产项目的资本投入较多,另一个资本项目的资本投入就会减少。只有各种不同资产项目的货币资本投入及其存量实现均衡时,企业资本收益率才会实现最大化,进而使股东财富最大化。

风险成本:风险成本有狭义与广义之分,狭义风险成本仅指保险业所使用的专用概念,一般可表述为,由于风险的存在而导致公司企业价值的减少。广义的风险成本是使用与所有风险行业各种风险类型的通用概念,可表述为,由于风险的存在而导致经济主体为获取风险收益而付出的风险代价或有意放弃的风险价值牺牲。广义风险成本具有不确定性、分散与转移性、决策性和目的性的特性。风险溢酬与风险成本使得不确定性现金流量价值计算成为不确定资本预算的核心内容或工作重心。

收入流:收入流是现金流量的一个指标,是指一定时期内,现金及现金等价物的流入总和,反映了企业本期内净增加的现金及现金等价物数额,而收入为时点数。按照企业生产经营活动的不同类型,收入流可分为经营活动收入流、投资活动收入流及筹资活动收入流。

成本流:成本流是现金流量的一个指标,是指一定时期内,现金及现金等价物的流出总和,反映了企业本期内净减少的现金及现金等价物数额。按照企业生产经营活动的不同类型,成本流可分为经营活动成本流、投资活动成本流及筹资活动成本流。资产项目的协方差风险可包含收入流协方差风险和成本流协方差风险两部分。若成本与市场收益率呈正相关,市场收益率高、成本也高,反之亦然,则成本对资产项目协方差风险的作用是重大的,并且为负的影响,这就意味着高风险资产项目的成本流必须用低贴现率甚至负的贴现率进行贴现,从而对风险进行适当调整。

二、思考题参考答案

1. 时间价值理念和风险价值理念对资本预算的作用。

会计核算中为投资者和管理者提供的财务信息是企业管理的基础数据,但两者之间存在很大差异。在经济学家看来,财务管理者必须准确知悉每个资产项目的现金流量及其时间模式,和该项目投入资本的机会成本,过分关注会计学上的利润或每股收益容易受会计信息的误导,从而偏离股东财富最大化的公司目标,因此在进行资本预算时必须对会计核算提供的基础数据进行调整。

时间价值是指货币在时间推移中产生的增值价值。正确认识和应用资金的时间价值观念对管理资金和投资决策,优化资本预算,不断提高资金使用效果和企业经济效益有重要的意义。资本预算需要遵循时间价值理念,考虑现金流量时间序列和时间价值,使财务管理具备时间上的可比性。在市场经济制度下,股东财富最大化可以理解为股东生命周期内消费现值达到最大化,因而在进行资本预算时,需要用资本机会成本对现金流量进行贴现,用股东获得的未来现金流量贴现值最大化来定义股东财富最大化。

资本预算同时也需要遵循风险价值理念。不同的项目有不同的风险水平,因此,不同的项目所要求的风险报酬率也不同。在进行资本预算时应当对风险水平加以考量,可以帮助管理者不被较高的投资利润假象所蒙蔽,从而促进企业更加科学谨慎地进行财务管理活动。从资本预算决策方案中是否引入风险变量出发,可将资本预算分为确定性资本预算和不确定性资本预算。风险溢酬与风险成本的存在使得不确定现金流量价值计算成为不确定资本预算的核心内容和工作重心。市场供求关系的变化莫测和利率波动风险是采取风险利率的现实依据。一般情况下,对风险较高的项目进行评估往往使用一个相对较高的贴现率,同时也会取得高于其他项目的回报。在财务管理工作中,也应当重点关注具有较高风险性项目的资本预算。

2. 资本预算与资本均衡配置理论存在何关系?

(1)资本预算是投资人科学有效地将要素资本均衡配置于企业和市场之间的决策行为,使得各种不同资产项目的货币资本投入及其存量实现均衡。现代财务学具有发现价值、创造价值和均衡配置资本的功能,使得财务管理师有能力甄别和开发出新的财务战略,找到新的投资机会和新技术。该问题的实质是财务管理师在不确定情况下,如何将人力资本、货币资本、实物资本、技术资本、信息资本和知识资本有效均衡地配置在一起,从而实现生产要素总额收益率最大化。

(2)考虑所投资的资产项目在可供选择的用途中的市场价值,是多期间资本预算决策的关键,有时也与人力资本的更多付出有关,因而多期多要素资本均衡配置理论是资本预算业务的基础理论。

3. 资本预算是否能发现价值和创造价值,为什么?

科学技术的迅猛发展,市场和企业的经济活动不确定性,以及社会制度内部的快速演变,已超过人们的预期能力,因而编制资本预算是有必要的,以此来应对难以预测的未来现金流量和生活开支。

(1)企业的生存、盈利和发展是财务目标得以实现的基础,财务管理的任务就是在不确定情况下,跨期连续地均衡配置多要素资本,促进企业持续发展。而资本预算是促进企业实现股东财富最大化目标的财务管理活动,是投资人通过遵循一定技术方法科学有效地将要素资本均衡配置于企业和市场之间的决策行为。资本预算既是财务管理的基础工作,也是财务管理的技术方法,一项好的资本预算技术,其本质特性在于为高效率地实现财务管理目标提供优质服务。此外,资本预算也是企业所有者与管理者之间沟通经营理念的媒介,寻找和选择最佳的投资项目和编制最优的资本预算是为了更好地实现公司目标,从而促使企业发现价值和创造价值。

（2）一个企业资本总额是有限的,因而在企业资本总额既定情况下,某一个项目的资本投入较多,另一个项目的资本投入就会减少,因而就需要进行资本预算来实现企业要素资本的均衡配置,使得各种不同项目的货币资本投入及其存量实现均衡,企业资本收益率才会实现最大化,从而使股东财富最大化,助力企业发现和创造价值。

4. 单期资本预算与多期资本预算的主要差别有哪些?

风险利率替代无风险利率作为贴现率、单一期间转换为多期间的跨期是不确定资本预算的两个基本问题。由于考虑了风险溢酬和风险成本,未来两个期间或多个期间不确定现金流量价值的计算成为不确定资本预算的核心内容或工作重心。

（1）单一期间不确定资本资产均衡定价模型是多期间不确定资本预算的基础。一般的资产项目收益率由无风险收益和风险收益组成,因此可以使用无风险利率的现行估值、市场预期收益率和资产项目系统风险等因素来确定多期的贴现率。采用风险利率替代无风险利率,使用不完全市场下实物资本多期间资本预算替代完全市场假设下单一期间货币资本投入的资本预算,权益资本市场非均衡和债务市场非均衡,以及经营期间之后的废弃残值问题等,都是不确定性资本预算需要解释和解决的问题。已有研究表明,对于多期间风险项目的资本预算,使用会计年度内单一期间风险调整收益率贴现现金流量难以完成。

（2）特定条件下,多期间资产项目的投资决策方法却可以应用于单一期间的资本预算。一般地,多期间资本预算总是假设两个互斥项目的收入相等,所以多期间资本预算过程仅将与互斥项目选择相关的各种增量成本加以贴现,并选择最低贴现成本的资本项目。多期间资本预算决策的关键为考虑所投资项目的市场价值时,需要在不确定情况下跨期连续地均衡配置多要素资本,并在期初资本预算决策中予以考虑。

5. 资产项目废弃决策规律是什么?

考虑所投资的资产项目在可供选择的用途中的市场价值,是多期间资本预算决策的关键。由于清算选择权是有价值的,一个可以清算的资产项目价值远大于那些没有废弃可能的资产项目。多期间资本预算关于废弃项目决策的一种常用方法是,计算没有废弃选择权的资产项目净现值加上废弃项目看涨期权价值。资产项目收益方差越大,废弃资产期权价值就越大。

传统的废弃项目决策规律是,当废弃价值大于继续经营剩余现金流量的期望值时,资产项目应在当年废弃(或出售)。但由于递延废弃可能会导致更多的净现值,第一次废弃机会可能被错过或者不是最优机会。

最优废弃决策的规律是,综合考虑剩余经营活动现金流量与未来废弃价值,以选择和确定最大的期望净现值。获得实物资本的废弃价值有时也与人力资本的更多付出有关,因此多期多要素资本均衡配置理论是资本预算业务的基础理论。

6. 比较会计学上的利润和财务学上的利润的异同之处。

相同之处:两者都是企业管理活动中所需要的财务信息。

不同之处有下面几点。

(1)会计学上的利润反映的是会计主体一定时期的经营成果,是可供投资者分配的利润,而财务学上的税后利润是企业进行决策的要素。会计核算提供的财务信息属于财务基础数据,是投资者、债权人和企业管理者决策所需要的财务会计信息,而财务学更多关注发现价值、创造价值和实现股东财富最大化。

(2)会计核算中使用成本计算利润,会计学中的利润是指企业在一定会计期间的经营成果。作为传统会计指标,会计利润主要考虑的是会计成本,会计成本是线性成本,是企业从事某项经济活动的花费,会计学中常用的利润包括营业利润、利润总额和净利润。而财务管理中使用现金流量计算利润,包括息税前利润、税前利润、息前税后利润和税后利润。利润包含了许多人为因素,对于会计人员来说,利润是有用的,但却不能在资本预算中使用,因为利润并不等同于现金。

(3)会计学上的利润注重当期经营活动已发生的成本费用事实,但不重视已发生的现金流量,而财务学上的利润注重企业多期发生的现金流量和未来预期,是为应对市场和企业的经济活动等不确定性而制订的财务计划和预算。

三、练习题参考答案

1. 青藏中兴公司现在计划投资一个 10 万元的零风险项目。该项目只在第 1 期获得 10.7 万元的现金流量。青藏中兴公司管理层基于完全的市场经济制度,经过分析和论证之后,初步考虑采取如下两个方案之一:

(1)使用公司现金 10 万元投资此项目。而 10.7 万元在这一期之后用于支付股利。

(2)放弃此项目,把 10 万元作为当期的股利支付给股东。

请利用净现值法规则比较这两个方案,并做出财务解释。

解析:假设市场利率为 R。

对于公司股东来说,采用第一种方案时其净现值为 $NPV1=10.7/(1+R)$

对于公司股东来说,采用第二种方案时其净现值为 $NPV2=10$

当 NPV1=NPV2,即 10.7/(1+R)=10 时,得出 R=7%。

因此,当 R=7%时,两种方案都可行;当 R>7%时,第一种方案的净现值要小于第二种方案,所以应当采用第二种方案;当 R<7%时,第一种方案的净现值要大于第二种方案,所以应当采用第一种方案。

2. 通过研究一组投资项目数据来分析资产项目的回收期,如表 10-6 所示。

表 10-6　项目 A、B、C 的预期现金流量

金额单位:元

年份	0	1	2	3	4	回收期
A	−100 000	30 000	70 000	20 000	10 000	2
B	−100 000	70 000	30 000	20 000	10 000	2
C	−100 000	70 000	30 000	20 000	20 000	2

表 10-6 中 A、B、C 三个项目的回收期均为 2 年。请利用回收期法计算和选择投资项目。

解析:使用静态回收期方法比较多方案时,A、B、C 三个项目都在第 2 年年末能正好收回初始投资,但如果考虑货币时间价值,财务管理中讲求"早收晚付"原则,A 项目第 1 年年末可收回 30000 元,而 B 和 C 项目在第 1 年年末即可收回 70 000 元,因此 B、C 项目要优于 A 项目。

由于回收期法没有考虑整个资产项目经营期内所有现金流量的缺陷,需要进一步对各项目收回初始投资后产生的现金流量进行比较。在本题中,B、C 项目前 3 年中各年产生的现金流均相等,但第 4 年 B 项目只能产生 10 000 元现金流量,而 C 项目能产生20000 元现金流量,因此 C 项目要优于 B 项目,应当选择 C 投资项目。

3. 华升食品股份公司是山东省东营市垦利县黄河口镇的一家从事生态农业生产经营的民营企业,其主营业务为水稻种植和水产品养殖。公司准备在异地开办一家酒馆,尝试涉足餐饮业。初始投资为 120,000 元,工厂经营期限初步设计为 4 年,即每年折旧 30,000 元,其账面资产额和预计的收入与成本如表 10-7、10-8 所示。

表 10-7　华升食品公司损益

金额单位:元

	第 1 年	第 2 年	第 3 年	第 4 年
销售收入	200 000	150 000	100 000	80 000
付现成本	100 000	80 000	60 000	40 000
折旧	30 000	30 000	30 000	30 000
税前净利	70 000	40 000	10 000	10 000

续表

	第1年	第2年	第3年	第4年
所得税（17%）	11 900	6 800	1 700	1 700
净收益	58 100	33 200	8 300	8 300

表 10-8　华升食品公司账面资产

金额单位：元

	第0年	第1年	第2年	第3年	第4年
累计折旧	0	30 000	60 000	90 000	120 000
账面资产	12 000	90 000	60 000	30 000	0

已知华升食品公司开办新酒馆的年度目标会计收益率为25%，要求计算异地新酒馆的会计收益率，并做出资本预算决策选择。

解析：

第1年税后利润＝（200 000－100 000－30 000）×（1－17%）＝58 100

第2年税后利润＝（150 000－80 000－30 000）×（1－17%）＝33 200

第3年税后利润＝（100 000－60 000－30 000）×（1－17%）＝8 300

第4年税后利润＝（80 000－40 000－30 000）×（1－17%）＝8 300

4年税后平均利润＝（58 100＋33 200＋8 300＋8 300）/4＝26 975

项目会计收益率 ARR＝26 975/120 000 ≈ 22.48% ＜ 25%

由于该项目计算出的会计收益率22.48%低于公司所要求的年度目标会计收益率，因此不应该投资该项目。

4. 两个互斥项目的内部收益率的计算。数据见表 10-9。

表 10-9　互斥项目现金流量、内部收益率和净现值

金额单位：元

项目	现金流量（元）		内部收益率	净现值（元）贴现率＝0.1
	C0	C1		
M	－200	300	50%	73
N	－300	420	40%	82

已知市场平均收益率为8.5%，表10-9中两个项目内部收益率均大于市场贴现率，按内部收益率法财务规则，两个项目均可接受。但是，M、N为互斥项目，只能选择其一。那么，应该选择哪个项目呢？

对于M和N这样投资规模不同的两个资产项目，如果使用增量现金流量开展分析，可得到如表 10-10 所示的数据结果。

表 10-10　增量现金流量方法

金额单位:元

项目	现金流量(元)		内部收益率	净现值(元) 贴现率=0.1
	C0	C1		
N-M	-100	120	20%	9.1

请根据资本预算内部收益率法的财务规则,计算和分析资产项目 M 和 N 的内部收益率,并做出决策选择。建议在计算内部收益率时,将净现值、增量内部收益率、贴现率一并进行比较和分析,进而理解资本预算原理。

解析:

$NPV\_M = -200 + 300/(1 + IRR\_M) = 0$,得出资产项目 M 的内部收益率为 $IRR\_M = 50\%$

$NPV\_N = -300 + 420/(1 + IRR\_N) = 0$,得出资产项目 N 的内部收益率为 $IRR\_N = 40\%$

根据内部收益率的基本法则,若资产项目的内部收益率大于市场贴现率,则项目可以接受。本题中两个项目的内部收益率均大于市场贴现率,因此根据内部收益率法财务规则,两个项目均可接受。但由于内部收益率法没有遵循价值可加性原则,使管理者在使用内部收益率时不能将资产项目相互独立地加以考虑,因此当两个互斥项目内部收益率均大于市场贴现率时不能仅根据内部收益率来进行选择。考虑到净现值法没有内部收益率法的固有缺点,且净现值法的本质特性及其效果符合股东财富最大化目标,符合资本预算的最终目的,选择净现值较大的项目相当于实现了股东财富最大化,因此,应当根据净现值法选择净现值更大的项目进行投资。

题目已知,贴现率为 10%。

资本项目 M 的净现值: $NPV\_M = -200 + 300/(1 + 10\%) \approx 73$

资本项目 N 的净现值: $NPV\_N = -300 + 420/(1 + 10\%) \approx 82$

可知,项目 N 的净现值比项目 M 的净现值要大,所以应当选择项目 N。

使用增量现金流量展开分析如下。

$NPV\_N-M = -100 + 120/(1 + IRR\_N-M) = 0$,得出资产项目 N 减去资本项目 M 的内部收益率为 $IRR\_N-M = 20\%$ 大于 0,可见资本项目 N 的内部收益率要高于资本项目 M。

项目 N 减去项目 M 后增量现金流量的净现值: $NPV\_N-M = -100 + 120/(1 + 10\%) \approx 9.1 > 0$,因此,可知资本项目 N 产生的净现值也要比资本项目 M 大。

综上,资本项目 N 要优于资本项目 M,应当投资资本项目 N。

第二部分
难点释疑

一、资本预算的性质和特征

从财务学原理出发学习资本预算知识,其重点应是资本预算的性质和特征。资本预算的性质会告诉我们资本预算是什么,资本预算的本质特征则告诉我们资本预算与财务管理的其他知识有何不同。这就需要学生仔细学习和理解第一章的资本预算实例。资本预算既是财务管理工作的重心,也是财务管理方法之一,其实质或性质决定于财务管理的实质或性质。我们知道,财务学是人们在不确定情况下跨时间均衡配置多种资本以创造价值的学问。所以,资本预算是解决人们跨期均衡配置资本以发现和创造价值的财务方法,其实质是跨年度多期固定资产资本性支出的预算。确定性资本预算和不确定性资本预算的主要不同在于预算项目所含风险的不同。在市场经济制度下,企业所有者面临的选择是花费一定监督成本或是报酬以促使代理人从股东利益出发而采取各种行为策略。公司管理者则总是寻找和选择最佳的投资项目和编制最优的资本预算以实现公司目标。因此,资本预算又是企业所有者与管理者之间沟通经营理念的媒介。

财务假设是财务理论和财务管理实践的前提,理解资本预算的性质和特征应从资本预算假设开始。财务管理中的资本预算方法建立在如下基本假设的基础之上:

(1)投资项目所产生的现金流量可以毫无误差地估计出来,并且公司资本的机会成本(又称为资本成本)也是已知的;

(2)资本市场是完备和无冲突的市场。在资本市场供求关系均衡情况下,公司的管理者可以把每个股东的意愿与投资决策分离;

(3)企业所有者的监督成本为零,管理者会使股东财富达到最大化;

(4)再投资率不变;

(5)公司资本结构不变;

(6)收益与风险匹配。

资本预算的这六个假设是企业管理者编制资本预算的前提和原则,也是财务管理中的投资决策假设。

资本预算既是财务管理方法,以此规划投资、筹资和资本均衡配置决策,也是财务管理工作的重心。资本预算技术既可用于编制投资决策,也可用于编制筹资决策。一般地,企业的筹资决策、投资决策、科技研发支出战略安排和公司治理方案设计以及处理财务关系等,都可以采用资本预算方法。资本预算是财务管理的基础性工作,前提是管理者知道项目的现金流量和市场对相同风险项目要求的报酬率。这就涉及三个问题。第一,管理者必须在市场里寻找新的投资机会或者新的技术。新投资机会和新技术是公司成长的两个基础,发现价值、创造价值和均衡配置资本是财务管理的三个功能,财务管理师有能力甄别和开发出新财务战略,找到新投资机会和新技术,并且将人力、财力、物力、技术、信息和知识等要素资本有效均衡地配置在一起,以共同创造价值。第二,管理者必须能够估计出项目产生的现金流量。第三,投资项目应根据合理的决策方法进行估价。资产价值评估即估值是财务管理的核心业务之一,这就要求财务管理师应娴熟地掌握资本预算的多种技术方法。习惯上,人们常把投资决策方法称为资本预算技术。

科学的资本预算技术拥有的本质特性是:能够使股东财富达到最大化。这一本质特性可分解为如下四个原则性标准:

(1)所有现金流量均被考虑;

(2)现金流量以资本机会成本加以贴现;

(3)资本预算技术应从相互排斥的一组项目中选择使股东财富达到最大化的项目;

(4)管理者应当将每一个项目独立于其他项目单独考虑,即满足价值相加原则。

二、为什么风险利率替代无风险利率作为贴现率,单一期间转换为多期间的跨期问题,是不确定资本预算的两个基本问题

我们知道,财务学的基础范畴是资本、价值、跨期或时间、收益、风险等。这里"资本预算的两个基本问题"包含了资本、风险、跨期等多个基础范畴,因而构成资本预算的基础问题。利率是货币资本的价格。采用风险利率替代无风险利率,使用不完全市场下实物资本多期间资本预算替代完全市场假设下单一期间货币资本投入的资本预算,以及权益资本市场非均衡和债务市场非均衡,经营期间之后的废弃问题等,都是不确定性资本预算需要解释和解决的问题。对于多期间风险项目的资本预算,使用会计年度内单一期间风险调整收益率贴现现金流量难以完成资本预算任务。相反,在特定条件下,多期间资产项目的投资决策方法却可以应用于单一期间的资本预算。由于考虑了风险溢酬和风险成本,未来两个期间或两个以上多个期间不确定现金流量价值的计算成为不确定资本预算的核心内容或工作重心。市场供求关系变化莫测和利率波动风险是采取风险利率的现实依据。资产项目不同经营期间的连续关系及其收益波动是采取多期间而非单一期间的财务依据。

三、为什么资本预算技术又有回收期法、会计收益率法、净现值法和内部收益率法四种方法之分,四种方法的主要区别是什么?

资本预算技术不同方法的产生源于资产项目存在不同的属性和特点。不同的资本项目及不同的管理者专业知识引发了财务学家和财务管理专家发明了四种不同的技术

方法。一些长期资产项目的投资额及其资本来源、现金流入量、投资回收期以及经营期间的收入和支出等因素比较清晰简单,可以采取比较简单的预算方式。如果一项跨期固定资产投资项目的货币资本需要分期投入,投资期和经营期的现金流量缺乏显著规律性,而且跨期时间较长,或经营期收益率存在变化,那么须采取考虑风险因素的资本预算技术方法。回收期法、会计收益率法是不考虑时间价值和风险价值的资本预算技术,通常称之为静态资本预算方式;净现值法和内部收益率法则是考虑了时间价值和风险意识的资本预算技术,一般称之为动态资本预算方式。不同资本预算技术的主要区别是技术方法所含财务要素和是否考虑跨期时间价值理念,亦即各种方法的理论先进程度和技术含量的差别。这是从资本预算方法的本质特征上理解四种方法的区别。

在学习财务学原理过程中,如果对资本预算方法的本质特征感到过于抽象或难以理解,就可以从四种方法的定义、计算公式、财务标准和规则等方面加以理解,以此区分四种方法。本来,财务学原理主要是关于财务管理思维方法的基础理论。学习财务学原理的主要目的是理解财务学的基本思想、基础范畴和分析方法,培养学生对社会经济活动和财务现象的观察能力,训练财务学直觉。所以,学习资本预算四种技术方法的原理,主要是学习其基本思想和思维方式,其具体的操作技术则在后续诸如公司财务、数量财务等专业课程中讲解。

因此,回收期法的基本思想是任何一项经济活动的成本收益匹配关系均存在时间约束。当一项投资的现金流出得到补偿时间,低于行业平均回收时间时,我们说该项投资值得。如创办一个容纳 50 人座位的生鲜烧烤鲁菜馆,其年房屋租金、烹饪烧烤设备和员工招聘与培训等资本支出,约计 60 万元;收购一个容纳 30 人座位的咖啡店资本支出约 35 万元;创建一个研发、生产和销售智能机床的公司注册资本约 8 000 万元,这些不同行业均有其平均投资回收期。当一项投资的回收期超过该行业平均回收期时,则该投资项目的实施需要慎重,其短期内不具有财务可行性。投资前获得行业投资平均回收期十分重要。会计收益率是基于会计权责发生制和历史成本属性获得的收入超出支出部分的比率,遵循历史成本原则,不考虑物价水平变动和时间价值,更未计入风险因素,因此,会计收益率是资本预算的一个参考值。回收期和会计收益率所用数据都是会计数据,其思维方式是基于过去经验对资本支出的接受或拒绝做出选择。净现值法和内部收益率法的基本思想是价值投资的决策方法,是面向未来基于市场价值增长的财务方法,其重心是现金流量、价值和跨期时间,而非成本和利润,其所用数据都是具有动态性质的财务数据。

四、为什么资本预算技术的每一种方法均有自身假设和规则?其财务规则的主要差别是什么?

学生学习这一章的难点主要是如何深入理解资本预算技术的财务规则。我们知道,资本预算技术不同方法的区别主要是技术方法所含财务要素不同和是否考虑跨期时间价值变量。比如,资本预算的回收期方法,实际是假设时间价值为零,即没有考虑货币资本时间价值,或没有对现金流量折现。在此假设下,回收期是资产项目所产生的现金流入量积累额等于初始投资额所需的时间。具体地,在现金流量为年金的条件下,回收期等于初始投资额与年度现金流入量相除的结果;在混合年金条件下,回收期则是年度现金流量积累到初始投资额可以被收回的时间。所以,根据回收期法,接受或者拒绝一项决策的财务标准是,如果资产项目回收期小于最长可接受回收期,则可以接受该项目;如果项目回收期大于最长可接受回收期,则拒绝该项目。该财务规则包含的财务理论是收益成本配比原则,即收入大于支出——现金流入量大于现金流出量(初始投资额),而且假设时间价值为零。该财务规则既没有考虑资本时间价值转移理论,也没有考虑风险价值理论。因而,回收期法是一个比较粗糙、简单的方法技术。其优点是十分实用、便利。

再比如,内部收益率法,其假设是现金流量、时间价值和资本成本已知。在此假设下,内部收益率是使资产项目未来各期净现金流量现值之和等于项目初始投资额现值的折现率。具体地,与资产项目相关的使净现金流入量净现值与初始投资额相等的折现率,称为内部收益率;或者能够使资产项目的净现值等于零的折现率,称为内部收益率。根据内部收益率法,接受或者拒绝一项决策的财务标准是:如果资产项目内部收益率大于其资本成本,可以接受该项目;如果项目内部收益率小于资本成本,则拒绝该项目。该判断标准可确保企业至少获得投资必要收益率,该结果会增加公司的市场价值,进而增加所有者财富,这与企业财务目标相一致。所以,在欧美企业,内部收益率法是资本预算最常用的方法,其次是回收期法。他们认为,在多数情况下,资本预算工作最困难的环节不是哪一种方法的选择,也不是决定适当的折现率,而是企业对现金流入量和流出量的精确预测。人们之所以更愿意使用内部收益率法,在于该方法技术及其规则更符合公司财务理论的专业科学性。

五、为什么净现值法是最科学正确的方法?

学生学习这一章的难点主要是如何深入理解资本预算技术的财务规则。资本预算技术有回收期法、会计收益率法、净现值法和内部收益率法之分的原因为,资本项目和管理者的专业知识不同。资本预算技术每一种方法的财务规则是学习的难点,希望对此多下功夫,多阅读,多动笔练习。

当某个资产项目的资本预算结果出现净现值与内部收益率矛盾的情况时,比如同一资产项目的甲、乙方案,如按净现值指标应选择甲方案,但按内部收益率则应选择乙方案,究竟应选择哪一个呢?

我们已经知道,资本预算技术的本质特性是能够使股东财富达到最大化。该本质特性演化的四个原则性标准是:

（1）所有现金流量均被考虑；

（2）现金流量以资本机会成本加以贴现；

（3）资本预算技术应从相互排斥的一组项目中选择使股东财富达到最大化的项目；

（4）管理者应当将每一个项目独立于其他项目单独考虑——价值相加原则。

净现值技术同时满足了上述四个标准，而内部收益率不是以资本成本进行贴现，相反，其内含假设：货币时间价值是内部收益率，其所有的现金流量均以内部收益率进行贴现。这一隐含的假设又被称为再投资率假设。简而言之，内部收益率技术的缺点是：第一，没有遵循价值相加原则，财务经理不能把资产项目相互独立地加以考虑。第二，内部收益率技术把投资于各个项目的机会成本等于该项目的内部收益率，违背了资产项目现金流量必须按市场决定的资本机会成本进行贴现的原则。第三，在现金流量符号改变不止一次时会产生多个内部收益率。

净现值方法不仅避免了内部收益率方法所固有的缺点，而且严格遵循价值相加原则，并正确地以资本机会成本进行贴现。更重要的是，其完全符合股东财富最大化的财务目标。

第三部分
重要理论的历史背景

一、费雪分离原则：投资决策与个人消费偏好相分离

欧文·费雪（Irving Fisher，1867—1974）被公认为美国数理经济学先驱，是富有传奇和卓著学术贡献的著名经济学家。费雪在耶鲁大学数学系获得经济学博士学位，也是耶鲁大学第一个经济学博士。他的博士学位论文《价值与价格理论的数学研究》用定量分析研究效用理论，至今为经济学家称道，奠定了他作为美国第一位数理经济学家的地位。费雪涉猎的领域相当广泛，据他的儿子为他写的传记所列，他一生共发表论著 2000 多种，合著 400 多种，用著作等身来形容并不为过。最著名的经济学著作有《资本和收入的性质》（1906）、《利息理论》（1930）、《繁荣与萧条》（1932）、《大萧条的债务通货紧缩理论》（1933）和《百分之百的货币》（1935）等。费雪发明了可显示卡片指数系统，并取得专利，办了一个获利颇丰的可显示指数公司。1923 年，他创办了数量协会，这是第一家以数据形式向大众提供系统指数信息的组织。他提高了现代对于货币量和总体物价水平之间关系的认识，使经济学变成了一门更精密的科学。1929 年，他与熊彼特、丁伯根等教授发起成立了美国计量经济学会，并在 1931—1933 年任该学会会长。费雪是 20 世上叶经济学领域的集大成者，其最著名的经济学贡献包括费雪效应、货币数量论、一般均衡理论、计量经济学等。他也是货币主义学派的先驱，被弗里德曼、托宾等称为"20 世纪美国最伟大的经济学家"。

费雪分离定理是费雪在 1930 年提出来的。他认为，在理论上，当交易成本为零、信息完全对称和市场完全竞争时，人们的存款利率和贷款利率必然相等。该定理指出，在信息对称和供求均衡的资本市场中，经济主体的投资决策与消费决策可以相互分离，即投资者决策与其消费偏好无关。这意味着，公司不用考虑不同股东/投资者的消费偏好，只要投资净现值大于零的项目即可。至于消费偏好，股东可以通过运转良好的资本市场予以满足。这从理论上证明了大型现代化公司存在的可能性，因此成为公司财务的基础理论之一。费雪分离定理的关键在于完美资本市场假设。然而，现实中存贷利率往往不相等，而利率的不同会导致存款者与贷款者存在不同的最优投资决策，这时投资决策便不能与消费决策分离。

著名的资本结构 MM 定理对于企业财务结构和公司价值不相关性的套利逻辑表述，被认为是佛朗哥·莫迪利亚尼和默顿·米勒对费雪原创"分离定理"的延伸。费雪指出，有充分和有效的资本市场，企业家的生产决策应该独立于其本人跨期消费决定。也

就是说,公司利润最大化的生产计划将不受其所有者借(贷)决定影响,即生产计划独立于融资决策。

二、财务目标理论

企业资本预算工作是基于明确的财务目标展开的管理活动。企业的生存、盈利和发展是创办者的初衷,为了实现企业创办初衷,企业的技术创新、产品制造、市场开发和财务管理应设置相应的目标。企业财务目标又称企业财务管理目标,它是企业进行财务活动所要达到的根本目的。财务目标决定着企业财务管理的基本方向。财务管理目标是一切财务活动的出发点和归宿,是评价企业理财活动是否合理的基本标准。财务管理目标也是企业经营目标在财务上的集中和概括,是企业一切理财活动的出发点和归宿。制定财务管理目标是现代企业财务管理成功的前提,只有制定了明确合理的财务管理目标,财务管理工作才有明确的方向。因此,企业应根据自身实际情况和市场经济体制对企业财务管理的要求,科学合理地选择和确定财务管理目标。

由于企业成长和发展处于其生命周期的不同阶段,加之经济制度和外部环境的差异,以及企业经营理念的差别,企业会形成或选择不同的财务目标。迄今为止,企业具有代表性的财务目标主要有企业产值最大化,销售收入最大化,利润最大化,股东财富最大化,企业价值最大化以及企业利益相关者收益最大化。在其他条件不变情况下,从企业生命周期视角出发,一般会依次形成以上财务目标。新创办企业财务管理的主要工作目标是筹集资本维持经营活动正常运行,以达到企业设计生产能力和实现产值最大化。当企业经过三五年持续经营之后,达到了设计生产能力并在市场上站稳脚跟,解决了生存和内部生产经营秩序以及制度建设问题,就期望增加盈利和快速成长以实现利润最大化。当企业数年经营之后达到了预期利润最大化,表明公司已完成资本积累。此时,企业已成长为具有一定竞争力的中青年企业。接下来,企业会考虑投资人的资本回报率问题,于是股东财富最大化就成为企业的财务目标,即每股股票价格与其股份乘积最大化。企业的成本优势和利润水平持续提升是企业实现股东财富最大化的基础。企业在经历了较长时期的股东财富最大化目标之后,资本规模逐步扩张,此时,企业财务目标可能会转为社会市场和产业竞争力,企业价值最大化开始成为新的财务目标。当一个企业真正实现了其市场价值最大化后,企业价值增长目标就会逐渐转向企业及其利益相关者利益最大化。通常,此时,很多企业就会走向衰退阶段,其财务目标也会转为产值最大化、筹资最大化和销售收入最大化。根据企业诞生、初创、成长、成熟、衰退、复苏和再衰退的生命周期原理,企业财务目标的变换也存在着一定周期性。

明确企业财务目标,可以使财务发挥引导和推动生产经营以及评估企业的作用。企业不论选取什么财务目标,其均具有递进性、相对稳定性和指导性等特征。不同的财务目标有不同的优点和不足。利润最大化目标十分接近企业目标和经济发展目标,通俗易懂,易于接受。但是,利润最大化目标是基于会计信息的企业目标,没有考虑时间价值和跨时间风险转移问题。所以,利润最大化财务目标没有反映财务本质,属于财务管理的初级目标。股东财富最大化财务目标与市场制度、投资人初衷和企业目标十分吻合,因而是大多数企业长期坚守的财务目标。但该目标易受市场供求关系波动影响,且非公开上市企业的财务管理工作难以厘清股东股本每股均衡价格。一些市场化程度较低和非上市的企业,其在管理工作中采取股东财富最大化目标的难度较大。此时,可以将利润最大化和股东财富最大化相结合,实施投资者收益最大化目标。也可以由利润最大化目标直接转向企业价值最大化目标。对一般企业而言,企业价值最大化目标充分考虑了资本时间价值和风险价值以及最优资本结构,属于最优选择。由于企业价值包括有形资本价值和无形资本价值以及资本在未来时期净现金流量的折现值,使得企业价值计量和估值需要投入专业知识人员,即企业价值最大化目标的管理需要付出一定的管理成本。

三、跨期资本约束理论

人们在经济活动中经常会听到"量力而行"四个字。经济学上的量力而行实质是资本约束。最初,资本约束的原意主要指商业银行股份公司的资本金规模和资本结构对其自身法人治理结构、风险覆盖能力、发展规模和速度以及资产质量等形成的内在或外在约束。从商业银行对其全部资产进行风险量化管理的视角出发,银行的资本约束有资本数量约束和资本质量约束之分。数量约束关注的是银行经营安全性,主要影响银行生存问题;质量约束关注的是银行经营效率性,主要影响银行发展问题。银行要保持合理资本水平,就应实现风险管理与资本管理对接,重新设计业务流程,提高资产定价能力,改善组织运行体系。

在一般工商企业,如果有两个相同生命周期的独立互斥项目,经过资本预算技术测算和评估之后,两个资产项目的净现值都大于零,均具有财务可行性,那么,此时一般会考虑哪个资产项目更节省资本和哪个项目的净现值更大。显然,这里的"考虑哪个资产项目更节省资本"就具有资本约束含义。如果多个资产项目的投资规模和项目生命周期均不相同,并且其各个项目的净现值均大于零,那么,就须考虑选择现值指数最高的项目,同时考虑公司现在可供支配资本的数额。现值指数是现金流入量现值与现金流出量现值之比。

资本约束理论的假设是,公司资本总额和资本结构保持不变,资本的资产配置结构得到改进和优化。因此,当企业增加技术资本支出时,其货币资本存量或人力资本存量可能就需要减少。财务活动的本质是跨期配置资本以创造价值。因此,资本约束实质是跨期资本约束,即资本约束问题将扩展为公司在未来多个期间内的资本预算约束问题。随着课程的深入,学生在二年级或三年级会学习采用线性规划解决资本预算约束问题以及影响资本预算约束的因素,诸如通货膨胀率、市场利率期限结构、资本市场流动性等。

会计学的基本方程式：资产＝负债＋所有者权益，对于理解财务学上的跨期资本约束理论有一定帮助。当资产总额既定时，股权资本的增加必然引起债务的减少；同理，企业债务增加时，其股权资本就会减少。而当资产总额、资产结构保持不变时，所有者权益、负债各自内部结构可能会发生一些变动。比如，股权资本总额不变，但前十大股东的持股比例顺序可能发生变动；负债总额不变，但长期负债和短期负债的相对金额发生改变。在这里，"资本保全"是会计学的一个重要概念。它是指企业保持投入资本的完整无缺，即企业在生产经营过程中的成本补偿和利润分配要保持资本完整性，保证权益不受侵蚀。企业收益计量以不侵蚀原投入资本为前提。只有原资本得到维持或成本得到弥补之后，才能确认收益。即企业的本期净收益是期末净资产扣减期初净资产、本期派发给业主的款项扣减本期业主新投资款项之后的会计数据。所以，净资产、本期净收益都是企业要求保全的对象。不仅如此，资本保全还包括利润分配中企业留存收益的保全。企业留存收益，包括资本公积、盈余公积和未分配利润，是下一个会计期间必须保全的净资产，也就是在确认下一期会计收益时，要以维持它的完整性为前提。虽然企业留存收益可用于分配，但往往受到法律限制，如必须保持一定法定公积比例等。

四、现金流量理论与资本成本理论

资本预算的实质是测算资本资产项目在未来一定时期内净现金流入量现值是否满足企业财务预期。现金流量理论是资本预算的基础理论。同理，资本成本是净现金流量现值的关键变量。因此，除了学习上述财务理论外，还要进一步学习现金流量理论和资本成本理论，进而深入理解资本预算原理。

关于现金流量理论和资本成本理论，此处不再赘述，请参考其他章节。

第四部分
重要文献选读与导读

为了深入全面学习第十章《资本预算的性质和规则》，建议阅读如下财务文献。

一、托马斯·E. 科普兰、J. 弗雷德·韦斯顿：《财务理论与公司政策》

《财务理论与公司政策》（第三版，宋献中主译）是一本财务学硕士研究生教材。该教材将财务理论、经验证据和公司实践融为一体，基于市场经济制度背景，全面阐述现代财务学的主要内容。该教材内容基本上体现了当代财务学家对财务学的理论研究、理解和认知水平，其出版后，被很多大学采用，深受教师和学生欢迎。我校财务管理专业硕士研究生的财务理论课程主要以该教材为参考。目前该教材已出版了五版。英文较好的同学，可以阅读英文原版。第三版的中译教材内容分两大部分：《财务理论》和《公司政策：理论、证据和应用》。第一部分系统阐述了现代财务学的主要理论：效用理论、偏好理论、组合投资理论、资本资产定价理论以及资本结构理论。同时提供了每个财务理论的数学推导过程和经验证据，展示了最新研究成果和学科发展前景；旨在为读者搭建学习文献的平台，构建财务学的基础范畴，培养实证研究能力，也为读者确定研究方向开拓新的思路。第二部分集中阐述了有效资本市场和证据、资本结构和资本成本、股利政策、公司发展战略、公司治理、国际财务管理；旨在为硕士研究生提供财务领域的实践经验。

其中，第一章《引言：资本市场、消费和投资》，第二章《在确定情况下的投资决策》，第三章《高级资本预算专题》，都是学习第十章《资本预算的性质和规则》的重要学习和参考资料。

该教材首位作者托马斯•E. 科普兰（Thomas E. Copeland）教授，曾在加利福尼亚大学洛杉矶分校任教并担任系主任一职。后在纽约麦肯锡公司担任合伙人及公司理财部负责人，同时在纽约大学、麻省理工学院及哈佛商学院担任兼职教授；现任摩立特集团首席公司财务官以及公司理财部总经理。

该教材第二位作者J. 弗雷德•韦斯顿（J. Fred Weston）为芝加哥大学经济学博士，曾任加利福尼亚大学洛杉矶分校管理经济学与金融学教授；美国财务学会、美国西部经济学会和财务管理学会主席。

二、理查德·A. 布雷利、斯图尔特·C. 迈尔斯：《公司财务原理》

《公司财务原理》（第6版，方曙红译）是经济学、管理学、财务学、金融学、财政学等专业本科生的入门教材。该教材理论阐述严谨，结构简洁清晰，语言诙谐生动，深受学生和财务管理工作者喜欢。该书的特点是内容细致,篇幅较多,既阐述财务学基础理论知识,又讲授财务管理实务知识。丰富的教材内容使该教材犹如一本财务学辞典。该教材共 35 章,分为 11 个部分,每一部分都有一个简短的引子,导出即将介绍的论题。第一至第二部分(第 1~12 章)讨论价值评估与资本投资决策;第四至第八部分(第 13~28 章)介绍长期融资;第九部分(第 29~31 章)聚焦财务计划和短期融资决策;第十部分(第 32~34 章)考察兼并、重组及公司治理问题;第十一部分(第 35 章)给出最后的总结。价值、风险、投资预算、财务决策、资本结构等内容,是该教材的重点。

该书既是一本财务教材,也是一本财务理论著作。因此,对于财务管理专业本科学生而言,是重要的课外阅读材料。

该书的第一作者理查德•A. 布雷利(Richard A. Brealey)教授是英国著名财务学家,1968—1998 年间全职任教于伦敦商学院,并在国家中央银行和大公司担任顾问,同时曾任欧洲财务协会主席等。

三、威廉·L. 麦金森:《公司财务理论》

《公司财务理论》(刘明辉,薛青梅译)是一本以硕士研究生教育为主的财务学教材。该教材的特点是内容简洁、表述清晰,具有权威性。美国是财务学研究比较发达的国家,该教材整合了世界主要发达国家学术界和美国资本市场理论研究的成果,为读者理解现代财务学提供了智力框架。例如,麦金森教授认为,资本预算理论和方法主要基于财务学中的现金流量理论和资本成本理论而展开。这虽然是个别财务学家的个人观点,但应引起我们财务管理专业初学者的思考。

本书作者威廉•L. 麦金森教授为美国佐治亚州立大学商学院教授,其研究方向为公司财务管理、财务理论政策以及风险投资。

本章参考文献:

[1] 理查德•A. 布雷利、斯图尔特C. 迈尔斯著,方曙红等译. 公司财务原理 [M]. 北京:机械工业出版社,2007.

[2] 托马斯•E. 科普兰、J. 弗莱德•威斯顿著,宋献中主译. 财务理论与公司政策 [M]. 大连:东北财经大学出版社,2003.

[3] 威廉•L. 麦金森著,刘明怀、薛清梅主译. 公司财务理论 [M]. 大连:东北财经大学出版社,2011.

[4] 路德维希•拉赫曼著,刘纽译. 资本及其结构 [M]. 上海:上海财经大学出版社,2015.

[5] 欧文•费雪著,谷宏伟、卢欣译. 资本和收入的性质 [M]. 北京:商务印书馆,2017.

[6] 罗福凯. 财务学的边界(第 2 版)[M]. 北京:经济管理出版社,2017.

第十一章
财务媒介与资本市场

内容精要

在影视剧《瓦尔特保卫萨拉热窝》《前行者》和《潜伏》等的剧情中均出现过一些接头暗号。比如口令、眼部或手势动作,或者事先约定好穿一件什么衣服,手里拿着一件什么杂志,以及双方各持有一半残缺纸币进行对接,等等。这些作为暗号的口令、动作、衣服、杂志、残缺货币等标志物,就是双方接头的媒介。"银票"是存款和取款的凭证,类似现代银行的存折。财务媒介本身的真伪和安全问题古时已存在,办法是在银票背面作记号,防止以假乱真。个人和企业资本一系列控制权和使用权的转让与形态转变,需要依靠或依附于流动媒介才能完成,这里的媒介即财务媒介。资金依附的媒介及其交易市场均可称为财务媒介。如信贷合约、银行存单、股票、债券、期货、期权等货币资本载体和财务工具;此外,证券公司、商业银行和保险公司等金融中介也是财务媒介。财务媒介是社会经济活动中连接万物的桥梁和通道,它既是纽带和平台,也是工具和商品。

财务管理专业学生应对各种财务媒介十分熟悉。人们如果对财务媒介管理不当,可能引发经济危机;当财务媒介中的信用媒介大幅增长,就会形成通货膨胀和表面上的繁荣。通货膨胀严重到一定程度,就会形成经济危机和衰退。通货膨胀与经济危机的交替就是一个经济周期。当市场供求关系和社会再生产过程资本配置过度失衡,以及政府信用扩张过度时,就可能导致经济周期波动,进而人为干扰市场利率,误导企业家投资决策,从而进一步加剧资源错配和浪费。

与机器设备、房屋、技术等资产相同,财务媒介也是企业的重要资产。财务媒介的开发和估值已成为财务管理者的核心工作之一。在发达资本市场经济条件下,财务活动的很多问题如衍生财务工具定价、连续时间价值的使用很便利,又如通过证券收益概率就方便地解决了风险厌恶问题。

市场和企业是社会再生产过程中的两个组织系统,二者存在一定的替代关系。企业的存在正是为了节约市场交易费用,即以费用较低的企业内交易代替费用较高的市场交易;当市场交易的边际成本等于企业内部管理协调的边际成本时,企业规模扩张的边界就出现了。如果市场信息对称完备,则无风险和无套利现象就会出现;反之,人们很难确定地构建一个无风险收益的资产组合。估值与风险、套利和时间的变化均会反映在财务媒介上。

资本市场交易行为以其是否跨年度完成交割为标准有长期和短期之分。股票市场和债券市场的交易通常超过一个会计年度,它们合称证券市场,又称长期资本市场;银行信贷市场多为短期货币借贷市场,其交易行为通常在一年内完成,因而称为短期资本市场。资本市场属于要素市场。现代公司需要在产品市场或生产要素市场(资本、人力、设备、技术等)上获得竞争优势,才能实现可持续发展。

教学重点和难点

(1)理解货币、股票、债券、期货、期权等财务媒介的实质和特征。

(2)财务学生如何提高财务媒介的直觉?

(3)资本市场制度的学习和理解。

第一部分
习题解答

▶ 教材中的思考与练习题

一、名词解释

1. 金融市场　货币市场　资本市场　股票　债券　财务媒介　财务工具
2. 无风险利率　风险利率　连续时间价值　离散时间价值　资产张成　资产组合

二、思考题

1. 股票和债券的基本原理是什么?
2. 股票和债券的各自特征是什么?
3. 财务媒介的价格与折现率之间的关系是什么?
4. 直接融资和间接融资的差别是什么?
5. 财务媒介的基本要素有哪些?
6. 上海证券综合指数是什么?
7. 沪深 300 指数是什么?

三、练习题

1. 当拥有资源、信息和事件概率,根据财务媒介知识,设计一种财务工具。
2. 根据我国市场经济制度背景,设计一套适合公有制经济的财务媒介。
3. 请试着绘制财务媒介地图。
4. 简要描述新中国货币史。
5. 试设计一种单位内部使用的电子货币。
6. 财务媒介估值方法综述。
7. 上海证券交易所、深圳证券交易所、香港证券交易所的简要比较和分析。

▶ 思考与练习题参考答案

一、名词解释参考答案

1. 金融市场　货币市场　资本市场　股票　债券　财务媒介　财务工具

金融市场:金融市场是资金融通的场所。企业资金的取得和投放都与金融市场密不可分,金融市场发挥着金融中介、调节资金余缺的功能,包括外汇市场、资金市场、黄金市场。

　　金融市场对公司财务活动的影响主要体现在:为公司融资和投资提供场所、为公司长短期资金的互相转化提供金融工具、为公司理财提供相关信息。

　　货币市场:货币市场是指短期金融工具交易的市场,交易的证券期限不超过1年。通常情况下,短期债务利率低于长期债务利率,短期利率的波动大于长期利率。货币市场的主要功能是保持金融资产的流动性,以便随时转换为货币。它满足了借款者的短期资金需求,同时为暂时性闲置资金找到出路。货币市场工具包括短期国债(英美称为国库券)、可转让存单、商业票据和银行承兑汇票等。

　　资本市场:资本市场是指期限在1年以上的金融工具交易市场。资本市场包括银行中长期存贷市场和有价证券市场。由于长期融资证券化成为一种趋势,因此资本市场也称为证券市场。与货币市场相比,资本市场所交易的证券期限较长(超过1年),风险较大,利率或要求的报酬率较高,主要功能是进行长期资本的融通。资本市场的工具包括股票、公司债券、长期政府债券和银行长期贷款等。

　　股票:股票作为一种产品型的财务媒介和工具,其本质特征是一种有价证券。股票是股份公司在筹集资本时提供给出资人的证明文件,出资人凭借此凭证行使对于股份公司的所有权。

　　债券:债券这种产品型财务媒介其本质是一种契约关系,也是一种有价证券,它的发行主体往往是具有良好信用的政府、金融机构以及工商企业。当债券发行人具有融资需求时,利用债券的形式,向投资者发行,同时承诺按一定利率支付利息并按约定条件偿还本金。债券购买者或投资者与发行者之间是一种债权债务关系,债券发行人即债务人,投资者(债券购买者)即债权人。由于债券的利息通常事先确定,所以债券是固定利息证券的一种。在金融市场发达的国家和地区,债券可以上市流通。在中国,比较典型的政府债券是国债,另外企业债也占了很大比例。

　　财务媒介:在社会经济活动中,介于财务信息供需方之间为财务信息的验证、传递、交换提供服务的财务工具及其经营机构。从个人投资者手中的货币现金到企业可以自由运用的资本,需要经过一系列控制权和使用权的转让以及形态的转变,在这个过程中资金依附于媒介进行流动,即财务媒介。财务媒介包括信贷合约、银行存单、股票、债券、期货、期权、期权指数等货币资本载体和财务工具。财务媒介有时亦称财务中介。有价证券及其衍生品、票证、货币、基金公司和银行,都是财务中介。

　　财务工具:最初,财务工具是人们在社会活动中从事财务管理的工作器具,包括信贷合约、银行存单、股票、债券、期货、期权等。后来,金融工具是指形成一方的金融资产并形成其他方的金融负债或权益工具的合同。财务工具有时被称之金融工具,诸如债券、股票、外汇、保单等又可称之金融工具。尤其在经济学和金融学的文献里,常把财务工具称之金融工具。金融是中央政府掌握的经济利器,商人投金融之所好,很正常。公司可以借助财务工具进行筹资和投资。

2. 无风险利率　风险利率　连续时间价值　离散时间价值　资产张成　资产组合

无风险利率: 无风险利率是指将资金投资于某一项没有任何风险的投资对象而能得到的利息率。这是一种理想的投资收益,一般受基准利率影响。利率是对机会成本及风险的补偿,其中对机会成本的补偿称为无风险利率。它是对无信用风险和市场风险资产的投资,指具有相同投资期的国债利率。

我们将无风险资产定义为投资者可以确定报酬率的资产。通常认为,政府债券没有违约风险,可以代表无风险利率。纯粹利率与通货膨胀溢价之和,称为"名义无风险利率",并简称"无风险利率"。

纯粹利率,也称真实无风险利率,是指在没有通货膨胀、无风险情况下资金市场的平均利率。没有通货膨胀时,短期政府债券的利率可以视作纯粹利率。

通货膨胀溢价,是指证券存续期间预期的平均通货膨胀率。投资者在借出资金时通常考虑预期通货膨胀导致的资金购买力下降,因此,在纯粹利率基础上加入预期平均通货膨胀率,可消除通货膨胀对投资报酬率的影响。

风险利率: 风险利率包括以下三部分:违约风险溢价,流动性风险溢价和期限风险溢价。

违约风险溢价,是指债券因存在发行者到期不能按约定足额支付本金或利息的风险而给予债权人的补偿,该风险越大,债权人要求的利率越高。对政府债券而言,通常认为没有违约风险,违约风险溢价为零;对公司债券来说,评级越高,违约风险越小,违约风险溢价越低。

流动性风险溢价,是指债券因存在不能短期内以合理价格变现的风险而给予债权人的补偿。国债的流动性好,流动性溢价较低;小公司发行的债券流动性较差,流动性溢价相对较高。流动性溢价很难准确计量,观察违约风险、期限风险均相同的债券,它们之间会有2%到4%的利率差,可以大体反映流动性风险溢价的平均水平。

期限风险溢价,是指债券因面临存续期内市场利率上升导致价格下跌的风险而给予债权人的补偿,因此也被称为"市场利率风险溢价"。

连续时间价值: 在某一连续时间阶段上的价值,称为连续时间价值,是对于无穷短的时间间隔进行复利计息,分次收付资金流量作为连续变量所计算的时间价值,也就是一般所指的连续复利计息。

离散时间价值: 在某个具体时间点上的价值称为离散时间价值,亦即分次收付资金流量作为离散变量所计算的时间价值。

资产张成: 在资本市场里,人们通过对证券市场上的各种证券进行交易到所的有可能的收益集合,称为资产张成(asset span),以 M 表示。如果市场是完备的,则无风险权益资本收益一定在资产张成上;如果市场是不完备的,那么,人们很难确定地构建一个有着非零无风险收益的资产组合。显然,估值与风险、套利和时间等概念有关。

资产组合:资产组合由一定数量的资产或证券组成,其具体数量可以为正或负,也可以为零。对于其中某一特定政策而言,若持有量为正,表示持有该证券的多头头寸;若持有量为负,则表示持有该证券的空头头寸。

二、思考题参考答案

1. 股票和债券的基本原理是什么?

(1)股票作为一种产品型的财务媒介和工具,其本质特征是一种有价证券。股票是股份公司在筹集资本时提供给出资人的证明文件,出资人凭借此凭证行使对股份公司的所有权。股票赋予了股东清晰的权利:流通权、投票权、收益权、信息权。相互联系的四项权利保证了股东在公司中的权益。

(2)债券这种产品型财务媒介其本质是一种契约关系,也是一种有价证券,它的发行主体往往是具有良好信用的政府、金融机构以及工商企业。当债券发行人具有融资需求时,利用债券的形式,向投资者发行,同时承诺按一定利率支付利息并按约定条件偿还本金。债券购买者或投资者与发行者之间是一种债权债务关系,债券发行人即债务人,投资者(债券购买者)即债权人。由于债券的利息通常事先确定,所以债券是固定利息证券的一种。在金融市场发达的国家和地区,债券可以上市流通。在中国,比较典型的政府债券是国债,另外企业债也占了很大比例。

购买债券者为债券持有者。投资者将自己的资金购买公司发行的债券,成为该公司的债权人,按照债券合约的条款定期收到利息,到期收回本金。正常情况下,债券持有者不能直接参与公司的经营,但是可以通过债券契约对公司的经济行为提出要求或者进行限制。同时,债券持有者需要承担企业到期不能偿还债务的风险。

出售债券者为债券发行人。公司将自己的债券卖出去,获得资金,投资到已有项目或新项目中,以获取更高的收益。与银行贷款一样,当投资失败时,公司无力偿还债券到期利息和本金,可能面临破产清算的风险。

2. 股票和债券的各自特征是什么?

股票:不可偿还性、参与性、收益性、流通性、风险性、永久性等。
债券:偿还性、流动性、安全性、收益性等。

3. 财务媒介的价格与折现率之间的关系是什么?

在股票和债券的估值过程中,都需要确定折现率。实际上,只要知道折现率其一,就可以通过折现模型计算出另外一个,两者是等价关系。折现率本质上是企业筹集资金的实际成本,也是投资者期望的报酬率,通常采用市场平均收益率、实际利率、到期收益率等进行表述。由市场决定的资本机会成本,是贴现率或折现率的最佳选择。

4. 直接融资和间接融资的差别是什么?

企业的融资活动按其是否借助银行等金融机构,可分为直接融资和间接融资两种类型。两者有明显的区别,主要表现为以下几个方面。

一是融资机制不同。直接融资依赖于资本市场如证券交易所,以各种证券(如股票和债券)为媒介;而间接融资则既可运用市场机制,也可运用计划或行政手段。

二是融资范围不同。直接融资具有广阔的领域,可利用的融资渠道和融资方式较多;而间接融资的范围相对较窄,可利用的融资渠道和融资方式较少。

三是融资效率和融资费用高低不同。直接融资因程序较为繁杂,准备时间较长,故融资效率较低,融资费用较高;而间接融资过程简单,手续简便,故融资效率较高,融资费用较低。

四是融资效应不同。直接融资可使企业最大限度地筹集社会资本,有利于提高企业知名度和资信度,改善企业的资本结构;而间接融资的作用主要是满足企业资金周转需要。

5. 财务媒介的基本要素有哪些?

财务工具及其经营机构都是财务媒介。人们在资本市场上进行交易的资本产品股票、债券、外汇、期权等,都是财务工具。财务工具与财务媒介也不完全等同。只有能够表达信息、不确定性和能力等财务要素的财务工具及其工作方式,才被称为财务媒介。一旦财务媒介被资本市场纳入交易体系中,就成为财务工程学上的财务工具。所以,用来表达信息、不确定性和资源能力等财务三要素的财务工具可以是一份合约,也可以是一项权利。以所有权作为载体的财务工具是股票,表现为"处置权"的财务工具则是期权。除了信息、不确定性和资源能力外,人们也把财务媒介发行公司、发行时间、票面金额等当作财务媒介的基本要素。

财务媒介多种多样,但是任何财务媒介在资金转移过程中都充当了桥梁和中介作用。投资者将自己闲散的资金通过财务媒介交予公司,并获得一定凭证,如大额存单、股票、债券、衍生金融产品等,而公司从财务媒介处获得了自己急需的资金,并将这部分资金用于实体经济,即参与公司的运营,如购买设备、投入研发、租赁厂房等。公司将资金用于生产经营后获得收益,按照财务媒介约定的内容,通过发放股利或者支付利息的方式将资金返还给投资者,从而实现投资者资金的保值增值。闲散的资金就是这样通过财务媒介从投资者手中变为企业的资本,并将金融市场和实体经济联系起来,金融市场与实体经济通常是相辅相成的关系,金融市场的繁荣会促进实体经济的发展,实体经济越发达的地区金融市场往往也会越繁荣。财务媒介的重要性在于,它既是财务工具又是财务载体。人们开发财务工具,在一定意义上是在研究和开发财务媒介。

6. 上海证券综合指数是什么?

上海证券综合指数简称"上证指数"或"上证综指",其样本股是在上海证券交易所全部上市股票,包括 A 股和 B 股,反映了上海证券交易所上市股票价格的变动情况,自1991 年 7 月 15 日起正式发布。上海证券综合指数属于我国经济发展中的重要财务媒介。

7. 沪深 300 指数是什么?

沪深 300 指数,是由沪深证券交易所于 2005 年 4 月 8 日联合发布的反映沪深 300指数编制目标和运行状况的金融指标,并可作为投资业绩的评价标准,为指数化投资和指数衍生产品创新提供基础条件。

同上海证券综合指数是我国经济发展中的重要财务媒介一样,沪深 300 指数也是我国社会经济活动中重要的财务媒介。财务媒介主要产生于市场经济活动之中。我国对市场经济制度的研究起步较晚,财务媒介的原理研究仍处于探索之中。

三、练习题参考答案

1. 当拥有资源、信息和事件概率,根据财务媒介知识,设计一种财务工具。

参考答案:某综合性大学 2023 年招生 4 931 人,分属于 85 个专业,其中,财务管理专业 50 人。按以往的新生报到方式是,学生自选择交通工具和交通方式,自行抵达学校报到。但财务学系的老师和学生会认为,财务管理专业新生应得到校方的关心。于是,财务学系老师委托管理学院学生会为新生制作了一张"财务管理专业新生报到卡",卡面信息包括学生姓名、学号、宿舍门牌号、班主任名字和学系地址及其公共微信号。学生会提前把报到卡通过电子邮箱发给每个财务管理专业新同学。

持有报到卡的财务管理专业同学,可以凭借报到卡随时随地获得财务学系老师和学生会同学从车站、机场到学校门口以及学生宿舍和专业学系报到的全程接待服务。未获得全程报到接待服务的同学,可凭报到卡到财务学系办公室领取 100 元报到补贴。这表明,这张"财务管理专业新生报到卡"的票面价值是 100 元。因此,这里的"财务管理专业新生报到卡"具有财务工具性质。其流通范围是某综合大学 2023 级新生,流通时间为新生报到期间(通常为一周时间)。

2. 根据我国市场经济制度背景,设计一套适合公有制经济的财务媒介。

该题参考答案省略。

提示:我国改革开放前的全国粮票、省市地方粮票、肉票、油票以及煤票,都是计划经济制度下的公有制经济财务媒介。但是,改革开放之后,我国实施中国特色社会主义市场经济制度,原来的全国粮票、省市地方粮票、肉票、油票以及煤票均已废除。然而,在古玩交易市场上,这些历史上曾经充当财务工具的财务媒介已经变成了古玩商品。实质上,这些在古玩市场参加交易的旧粮票、肉票、油票和煤票,仍然是财务媒介。所不同的是,它们仅限于古玩市场交易。

3. 请试着绘制财务媒介地图。

此题参考答案省略。

提示:虽然一定时期内的财务媒介具有一定的稳定性,但在今天世界处于百年未有之变局状态,以及信息技术迅猛发展,财务媒介也在改进。希望学生在老师指导下,考虑数字经济的新背景,描绘我国现有的财务媒介地图。

4. 简要描述新中国货币史。

(1)1948年12月1日,中国人民银行成立并发行第一套人民币,共12种面额62种版别。

(2)第二套人民币于1955年3月1日开始发行,同时收回第一套人民币。第二套人民币和第一套人民币折合比率为1:10 000。为便于流通,自1957年12月1日起发行1分、2分、5分三种硬币,与纸分币等值流通。1961年3月25日和1962年4月20日分别发行了黑色1元券和棕色5元券,分别对票面图案、花纹进行了调整和更换。由于大面额钞票技术要求很高,在当时3元、5元和10元由苏联代印。

(3)第三套人民币于1962年4月20日发行,共有1角、2角、5角、1元、2元、5元、10元7种面额和13种版别,其中1角券便有4种(包括1种硬币),2角、5角、1元有纸币、硬币2种。1966年和1967年,又先后两次对1角纸币进行改版,主要是增加满版水印,调整背面颜色。

(4)为了适应经济发展的需要,进一步健全中国货币制度,方便流通使用和交易核算,中国人民银行自1987年4月27日发行第四套人民币。与第三套人民币相比,增加了50元和100元大面额人民币。为适应反假人民币工作需要,1992年8月20日,又发行了改版后的1990年版50元和100元券,增加了安全性。

(5)1999年10月1日,中国人民银行陆续发行第五套人民币,根据市场流通需要,增加了20元面额,取消了2元面额,使面额结构更加合理。

中华人民共和国的法定货币是人民币,中国人民银行是国家管理人民币的主管机关,负责人民币的设计、印制和发行。人民币的单位为元,辅币单位为角、分。中华人民共和国自发行人民币以来,历时50多年,随着经济建设的发展以及人民生活的需要而逐步完善和提高,至今已发行五套,形成纸币与金属币、普通纪念币与贵金属纪念币等多品种、多系列的货币体系。除1分、2分、5分三种硬币外,第一套、第二套和第三套人民币已经退出流通,现流通的人民币是自1987年以来发行的第四套人民币和1999年发行的第五套人民币,两套人民币同时流通。

5. 试设计一种单位内部使用的电子货币。

此题参考答案省略。

提示：单位内部电子货币在单位内部的使用，基本上像货币现金一样。因此，学生们可以在老师指导下，或者在学生们的共同协商下，自行制作仅限本单位（本班级、本学校、本企业）的电子货币。同时，可参考学习我国中央银行——中国人民银行关于电子货币发行、流通和使用的有关文件规定。

6. 财务媒介估值方法综述。

如：离散时间价值估值方法（离散时间模型）、连续时间的风险利率方法估值（连续时间模型）和传统的会计方法估值等。

离散时间价值估值方法（离散时间模型），主要依据财务学原理和常量数学方法（小学和中学数学知识），对市场经济制度下的资本资产价值进行估值。具体估值方法，希望学生们反复阅读和牢记教材内容。

连续时间价值估值方法（连续时间模型），主要依据财务学原理和变量数学方法（大学里的高等数学知识，如微积分、概率论和线性规划等数学知识），对市场经济制度下的资本资产价值进行估值。具体估值方法，希望学生们反复阅读和牢记教材内容。

传统的会计方法估值主要是依据财务学原理和会计知识及其方法，对资本资产进行估值。其估值方法的实质是对资本资产账面价值的估算。

7. 上海证券交易所、深圳证券交易所、香港证券交易所的简要比较和分析。

从成立时间、上市代码、竞价方式、交易时间、收盘价、交易品种等方面分析。

提示：学生们可在老师指导下，寻找证券公司关于某个上市公司的证券研究报告。此题内容具有一定难度。其难度的关键之处在于资本市场上的股票交易状况和交易规律不易被人们掌握。

第二部分
难点释疑

一、财务媒介的实质和特征

事物和事件的实质性研究属于基础研究。理解财务媒介的实质和本质特征是一件比较困难的事情。表面上，人们常见的财务媒介有货币、取款凭证、信贷合约、存单、存折、大额存单、银行卡、支票、股票和债券等。我们平时比较熟悉的在资本市场上进行交易的资本品种，比如股票、债券、外汇、期权等，都属于金融工具。但是金融工具的范畴远不止于此，金融载体和金融工具有所不同。任何能够表达信息、不确定性和能力等财务要素的方式，都可以被视作金融载体（Financial Vehicle）。而一旦该金融载体被资本市场纳入交易体系，就成为金融工程学所利用的金融工具（Financial Tools）。用来表达信息、不确定性和资源能力财务三要素的金融工具可以是一份合约，也可以是一项权利。比如，以"所有权"作为载体的金融工具是股票，而表现为"处置权"的金融工具则是期权。有西方学者指出人类目前已知最早的金融工具是波斯帝国时期的可贴现商业承兑汇票。其实不然，这张汇票只是一种支付手段，而非金融工具。

中国古代的牲口可能才是最早的金融工具。《道德经》上的一段有趣的论述："天下有道，却走马以播；天下无道，戎马生于郊。"大意是：通过观察牲口市场上马的价格的变动，就可以判断出天下是否太平，当马的价格低到农民得以用马来耕地播种时，往往意味着和平时期就要来临了；而当好战的国王们积极准备下一次战争时，马的价格就会上升，由此也可以判断战争即将临近。所以，只要观察牲口市场上马的价格就可以预测和平与战争。《道德经》中记载的牛和马由于具有了承载其他信息（除了本身的供求信息外）的功能，因而成为最早的有记载的金融工具。

事实上，任何可以表达客户所需要的信息，帮助防范不利于客户的不确定性，以及表达各种能力的金融载体，都可以成为财务工具。在古代牲口市场的例子中，任何一个投机商，只要具备了对战争前景的准确"信息"，就可以在牲口市场上进行投机活动，事先卖出战马而买入耕牛，从而获利。因为在《道德经》所记载的古代牲口市场上，耕牛和战马的价格都表达着人们对战争不确定性的预期。

华尔街有一句名言："Financial values comes from uncertainty."意思是，财务价值来源于不确定性。事实上，无论是天气、温度、污染指数、股票还是石油价格，任何不确定性都可以通过一定的金融载体来进行表达。

对于那些不具有不确定性的事物，或者称为必然事件，资本市场对其不感兴趣，比如银行出具的见票即付的现金支票。由于其价值是预先可知的,因此,不具有财务价值。而对于商业承兑汇票,由于其具有出票人可能到期拒付的不确定性,因而具有资本市场前景。

在国外,信用卡公司认为凡是持卡人超过30天以上未付的透支额,都具有一定程度的到期拒付的风险(不确定性)。因而信用卡公司往往对这些应收账款进行证券化打包,将其推向资本市场。而投资人则可以根据这些应收账款的对象(持卡人)的信用记录(信息),来确定愿意以什么样的折扣价格来购买这些应收账款。显然,凡是具备了"不确定性"并且能够表达"信息"的金融载体,都可以被创造出来作为一种新型金融工具在资本市场交易,从而使投资人找到新的投资对象。在以上案例中,信用卡公司得到了现金,防范了金融风险。

金融工具的主要特征:能够表达和承载财务要素、能够进行交易。这种交易可能通过资本市场,也可能是买卖双方直接进行,买卖双方之所以对同一项资产形成不同看法,是因为二者对该金融工具定价的看法不同。其中,主要是二者对该金融工具所表达的不确定性、信息和能力在未来时间内发生变化的看法不同。凡是不能形成交易的金融载体,只能被视作一项普通资产,而不是一种金融工具。

我们已经知道,财务工具是人们在金融市场交易金融资产时使用的财务媒介。为贷者与借者之间融通货币余缺的书面证明,该书面证明文件要写明金额和支付条件。金融工具也是金融市场交易的对象,它是随信用关系的发展而产生、发展起来的财务媒介。随着社会经济的快速发展和金融市场的扩大,金融工具种类越来越多。任何能够表达信息、不确定性和增值能力等财务要素的金融工具,都可以视为财务媒介,其本质是价值交易工具。为了使用便利,从财务与会计视角出发,可以将金融工具划分为若干类别。

按中介特征划分,有直接金融市场工具和间接金融市场工具。

直接金融市场是由资金供求双方直接进行融资所形成的市场。在直接金融市场上,筹资者发行债券或所有权凭证,投资者出资购买,货币资本从投资者手中直接转到筹资者手中,中间不需要通过信用中介机构。企业在证券公司发行股票筹集资本就是直接筹资。

间接金融市场是以银行等金融机构作为信用中介进行融资所形成的市场。在间接金融市场上,资本所有者首先把资本以存款或贷款等形式借给银行等金融机构,二者之间形成债权债务关系,然后由银行等机构把资本提供给需求者,银行又与需求者形成债权债务关系,通过信用中介的传递,资本从最初供给者间接地转到资本需求者手中。企业向银行借款,就是间接筹资。

按照交易期限划分,有货币市场金融工具和资本市场金融工具。

货币市场是期限在一年以内的金融资产交易的市场。该市场的主要功能是保持金融资产的流动性,以便随时转换成可以流通的货币,一般指国库券、商业票据、银行承兑汇票、可转让定期存单、回购协议等短期信用工具买卖的市场。这里的国库券、商业票据、银行承兑汇票、可转让定期存单、回购协议以及小额货币资本等，都是货币市场的金融工具。

资本市场是进行一年以上的中长期资本资产借贷融通和投资活动的市场。它根据交易程序的不同又有发行市场（一级市场）、流通市场（二级市场）之分。发行市场（一级市场）是筹资者将股票、债券和票据等金融工具首次出售给投资者时所形成的市场。其主要经营者是投资银行、经纪人和证券自营商，在我国这三种业务统一于证券公司。流通市场（二级市场）是已发行的股票、债券和票据等在不同投资者之间进行买卖的市场。在流通市场发挥主导作用的是办理买卖委托的证券公司，执行买卖委托的证券交易所和提供资金的证券金融公司等。

按照交割时间划分，有现货市场金融工具和期货市场金融工具之分。

现货市场是买卖双方成交后须在若干个交易日内办理交割的金融市场，主要以成交后"钱货两清"的方式进行交易。期货市场是按约定的未来某一时间进行交割的方式进行交易的市场。现货与期货的主要区别是，期货的交割期放在未来，其价格、交货和付款的数量、方式、地点及其他条件在即期由买卖双方在合同中规定。商品和证券均可在期货市场上交易。

按照交易对象划分，金融市场有股票市场、债券市场、同业拆借市场、商业票据市场、短期存贷市场、黄金市场、外汇市场、保险市场等，各种金融市场上的金融工具存在一定的差别。

二、财务媒介直觉和认知

学生对财务媒介的直觉和认知水平的提升是一项长期的训练活动。这项训练活动包括知识学习和实践操作训练两方面。

在知识学习方面，应重点掌握：任何财务媒介均具有表达信息、不确定性和属于经济资源的三种属性，任一财务媒介标的物均有价值金额和使用条件等基本要素。从理解财务媒介的基本属性和要素开始，熟悉各种财务媒介，以增加对财务媒介认知和熟悉程度，由此提高学生财务媒介直觉。在中国现代经济史上，粮票、油票、食堂饭票，都是典型的财务媒介，它们是仅次于货币现钞的交易媒介。其中，粮票又有全国粮票和地方粮票之分，全国粮票是在全国范围内都可以购买粮食的凭证，因而其价值更高。今天的学校食堂饭卡、公司食堂饭卡也是由饭票演变而来的财务媒介。随时社会生产力的发展和社会生产方式变迁，财务媒介的形式也在变化和改进，但其作用却越来越大。今天的旅游景区门票、城市图书馆或科学实验馆入馆证件、城市地铁年度车票以及邮票等，也都是财务媒介。它们具有市场价值、可以给人们带来经济利益，并且因时间和空间的不同其价值具有不确定性。

在实践操作训练方面,既要充分利用各种财务媒介提升财务活动效率,如闲置房屋所有者准备出售房产但工作太忙无暇顾及,就可委托房产买卖中介代理;也要熟悉和接触各种财务媒介,并且开展实际操作练习,如银行柜台工作人员和公司现金出纳员,在工作之余进行手点钞票练习,提升手、眼、脑的协调程度和数钞票速度,这是一种提高钞票直觉水平有效的方法。

财务媒介的应用减轻了买卖双方的困难,在买方和售卖方之间搭建了一座桥梁,把原来的鸿沟连接了起来。该训练是提升财务媒介认知意识。例如,某地方政府每个季度都举办一次企业家联谊会,但很多企业主感到过于频繁和受到打扰。后来该地政府将其改为每半年举行一次,即使如此,很多私人企业主也很不愿意参加。其原因,一是嫌浪费时间,二是信息量少。于是,该地政府制作了"民营私人企业家联谊会请柬",该请柬实际是一张不记名门票,它印有时间、地址、会议主要内容和票价。这样,收到请柬的民营私人企业家协会会员如果不愿参加,可以转卖他人。从此,该地政府民营私人企业家联谊会受到更多人的欢迎。此处的"民营私人企业家联谊会请柬",可视为是一份有价值的能交易的财务媒介。

三、资本市场制度的学习和理解

资本市场是金融市场的重要组成部分,它是作为与货币市场相对应的概念。资本市场通常是进行一年以上中长期资金或资产借贷融通活动的市场。由于在长期财务活动中涉及的资本期限长、风险大,具有长期较稳定收入,类似于资本投入,故称为资本市场,又称长期资金市场。其参与者主要是资本需求者和资本供给者。寻找资本的人通常是工商企业和政府,提供资本的人则是希望通过借出或者购买资产牟利的人。经济学上的资本是投入社会生产过程的基本要素,即货币资本、厂房、设备、材料、技术、知识等生产要素。在财务和会计上,资本是生产要素的价值。有时,人们将资本理解为人类创造物质和精神财富的各种社会经济资源的总称。资本市场只是市场形态之一。市场由卖方和买方构成,有时候在有形的空间里,如农贸市场或者大型商场,有时候在电子化的环境里。金融市场就是交易金融产品的市场。例如,货币市场是给各国货币确立相互比价的,市场参与者通过交易各种货币满足资深投资或筹资需要。同样,商品期货市场和资金市场也是为了满足参与买卖的双方的不同金融需要。

证券市场是股票、债券、投资基金等有价证券发行和交易的场所,是资本市场的主要部分和典型形态。其交易对象是股票、债券和基金,市场参与者是资本供给者与资本需求者。资本市场的资金供应者为各金融机构,如商业银行、储蓄银行、人寿保险公司、投资公司、信托公司、财务公司等。资金的需求者主要为国际金融机构、各国政府机构、工商企业等。资本市场上资本出让的合同期一般在一年以上,这是资本市场与短期货币市场和衍生市场的区别。资本市场可以分为一级市场和二级市场:在一级市场上实现新证券的发行,在二级市场上实现已发行证券的易手。假如一个市场符合证券交易所的要求,则这个市场是一个有组织的资本市场。一般来说通过时间和地点的集中可以提高市场流通性、降低交易成本,以此提高资本市场的效率。

与货币市场相比,资本市场具有融资期限长、流动性相对较弱、风险大和收益高、资本流入流出量较大以及价格波动较大等特点。

(1)融资期限长。

至少在 1 年以上,也可以长达几十年,甚至无到期日。例如:中长期债券的期限都在 1 年以上;股票没有到期日,属于永久性证券;封闭式基金存续期限一般都在 15~30 年。

(2)流动性相对较差。

在资本市场上筹集到的资金多用于解决中长期融资需求,故流动性和变现性相对较弱。应注意,这里说的是"流动性相对较差"。因为,在性质上,资本市场上的股票和债券都是长期资本,属于投资者跨期配置资本资源。但是,资本市场上的股票交易时间规则是"T+1"规则,即股票买入的一天后即第二天即可卖出。当天卖出的股票,当天就可以买入。显然,这里说的是流动性相对较差。

(3)风险大而收益较高。

由于融资期限较长,发生重大变故的可能性也较大,市场价格容易波动,投资者须承受较大风险。同时,作为对风险的报酬,其收益也较高。

在资本市场上,资金供应者主要是储蓄银行、保险公司、信托投资公司及各种基金和个人投资者;而资金需求方主要是企业、社会团体、政府机构等。其交易对象主要是中长期信用工具,如股票、债券等。资本市场主要包括中长期信贷市场与证券市场。

(4)资金借贷量大。

(5)价格变动幅度大。

在国民经济中资本市场拥有将金融资本转化为实际资本的作用。其意义在于:

(1)接受不被用于消费的金融资本(投资);

(2)通过建立市场价格来达到提供者和需求者之间的市场平衡;

(3)将资本导引到最可能有效的投资上,通过资本需求者之间的竞争,资本可以投到最有效的用途上,从而提高整个国民经济的财富。

中国特色的多层次资本市场,应当能够同时为大、中、小型企业提供融资平台和股份交易服务,在市场规模上,则体现为"金字塔"结构。我国的资本市场从 1990 年沪、深两市开办至今,已经形成了主板、中小板、创业板、科创板、三板(含新三板)市场、产权交易市场、股权交易市场等多种股份交易平台,具备了发展多层次资本市场的雏形。

主板市场存在于上海和深圳两家证券交易所,是开办最早、规模最大、上市标准最高的市场。中小板市场开办于 2004 年 5 月 17 日,由深圳证券交易所承办,是落实多层次资本市场建设的第一步。中小板市场在理论上应当为处于产业化初期的中小型企业提供资金融通,使中小型企业获得做大做强的资金支持,在上市标准上比主板市场略低,以适应中小企业的发展条件。

创业板市场启动于 2009 年 3 月 31 日,是深圳证券交易所筹备 10 年的成果,开办目的是为创新型和成长型企业提供金融服务,为自主创新型企业提供融资平台,并为风险投资企业和私募股权投资者建立新的退出机制。三板(含新三板)市场、产权交易市场、股权交易市场是上海、深圳两家证券交易所之外的交易市场,亦即我国的场外交易市场。

中国 A 股市场(主板)尽管为企业提供了直接融资渠道,但是与我国千万数量级的中小企业相比,现有容量还是极其有限。在中国严重缺乏投融资渠道的情况下,以各地产权交易机构为主体的场外市场得到快速发展,当前中国共有 300 多家各种类型的产权交易机构。2009 年,尽管受到国际金融危机的影响,产权交易市场仍然保持了 13% 的增长率,成交金额突破 5 000 亿元人民币。2010 年,产权市场交易额达到 7 000 亿元,2011 年超过 1 万亿元。按照 IPO 融资口径计算,产权市场融资额已经大大超过沪深两市融资额。

我国具有典型代表意义的资本市场包括以下几种。

(1)国债市场。这里所说的国债市场是指期限在一年以上、以国家信用为保证的国库券、国家重点建设债券、财政债券、基本建设债券、保值公债、特种国债的发行与交易市场。投资者和企业参与国债市场交易以创造价值是财务学的重要研究领域。

(2)股票市场。包括股票的发行市场和交易市场。股票市场是资本市场的主体部分,也是企业直接融资的场所。人们对股票市场的理解程度和股票交易操作的娴熟程度,决定着人们对资本市场制度的理解程度。股票市场交易者如果在资本市场上实际参与交易的体验时间少于三年,很难能够真正理解资本市场的性质和特征。

(3)企业中长期债券市场。企业中长期债券市场是每个具有进入资本市场财务能力的企业,得以维护企业生产经营运行、发现价值和创造价值的重要机会。

(4)中长期放款市场。该市场的资金供应者主要是不动产银行、动产银行,其资金投向主要是工商企业固定资产更新、扩建和新建,资金借贷一般都需要以固定资产、土地、建筑物等为担保品。

第三部分
重要理论的历史背景

一、货币理论

货币是最典型的财务媒介，了解货币理论有助于理解财务媒介。我们知道，人类生产和生活离不开货币。用于生产投资的货币常被称为货币资本。同其他资本一样，货币资本也是一种商品，并随着社会生产力的发展而不断演进和变化。最初的货币产生源于商品交换，并在其中充当一般等价物。在原始社会末期，游牧民族使用牲畜、兽皮等实物实现货币职能，而农业民族以五谷、布帛、农具、陶器、海贝、珠玉等充当实物货币。据考古发掘，新石器时代晚期遗址如半坡出土大量陶罐殉葬物，大汶口文化殉葬大量猪头和下颚骨，表明猪和陶器在原始社会后期曾起过货币职能。流通较广的古代实物货币为"贝"。因为实物货币中，牛、羊、猪等牲畜不宜分割，五谷会腐烂，珠玉太少，刀铲太笨重，故最后集中到海贝这一实物货币。海贝可作颈饰，有使用价值，便于携带与计数。因此，在长期商品交换中，贝壳被选为主要货币。我国的夏代、商代遗址出土过大量天然贝，贝作为实物货币一直沿用到春秋时期。冶炼技术出现之后，铸币开始产生。最初是刀币、园钱和铜币，后来是银币和金币。现在，人们在纸币的基础上，开发出来数字货币。

在经济学中，货币理论研究是深受欢迎的理论研究领域之一，至少包含十几个理论学派，这里仅阐述几个比较重要的理论学派。

1. 货币利率效应学说

著名经济学家弗里德曼教授认为，货币利率变动会产生三种效应：流动性效应、收入与价格效应、通货膨胀预期效应。这三种效应又称为"货币三效应学说"。该学说的观点是，收入增加和价格上涨以及通货膨胀预期上升，将会导致利率上升；货币流动性的加强可在一定程度上抵消价格上升和通货膨胀预期。弗里德曼教授提出货币供应增加会引起利率下降的观点。他把货币供给增加（其它条件不变）导致利率下降的结论叫流动性效应。

2. 货币国定学说

货币国定学说是货币名目论的一种代表学说。该理论学派认为，货币是国家政权所创造的收支工具，其价值由国家法律规定。只要获得国家法律和行政力量的支持，任何没有价值的东西都可以充当货币。国家权威是货币价值存在的基础，而金银价值则是从货币价值中派生的，其本身是无内在价值的金属。货币是票券的支付手段，其作用仅在于流通,货币的进化过程就是支付手段从简单形态向发达形态逐渐进化的历史。不仅纸币、银行券和辅币所标明的价值单位都是名目的价值,金属足值货币所标明的价值单位也不是按照贵金属的重量单位来计算,而是由法律规定,因而也是名目的。货币是一种票券式的名目存在物。

3. 货币数量理论

剑桥方程式是传统货币数量论的方程式之一。其含义:处于经济体系中的个人对货币需求的实质是,选择以怎样的方式保持自己资产的问题。人们货币持有量的决定因素,有个人的财富水平、利率变动以及持有便利等。但是,在其他条件不变的情况下,对每个人来说,名义货币需求与名义收入水平之间保持着一个较为稳定的比例关系。

现代货币主义亦称"现代货币数量论"。其主要创始人是美国芝加哥大学的米尔顿·弗里德曼。该学派反对凯恩斯主义,认为货币供应量变动是物价水平和经济活动变动的根本原因,主张国家除控制货币供应量外,不应干预经济生活。现代货币主义的思想渊源是早期的货币数量论和凯恩斯的流动偏好理论。

4. 中立货币说

在实物经济条件下,企业家保证正常生产运行所采取的资本借贷是实物形态。货币保持中立对经济的影响最小,从而对经济的发展最为有利。因此,货币中立是经济均衡发展的重要条件。在静态的均衡经济中,货币数量是一定的。这样,生产结构稳定和经济均衡的条件为以下三个比例相等:用于购买消费品的货币量和购买资本品的货币量的比例,等于消费品需求量和资本品需求量的比例,也等于周期内所生产的消费品量与资本品量的比例。只要这三个比例保持相等,消费品与资本品的需求、生产和购买就不增不减,生产结构稳定,经济发展就可以达到均衡。在动态经济中,如果变动货币供应量,将使货币失去中立性而引起经济失衡。这是因为,如果人们的消费和储蓄不变,只是人为地扩大货币供应量,由银行向企业家提供信用来增加投资、扩大生产,将使购买资本品的货币量、资本品的需求量和产量增加,出现生产期间延长,生产阶段增多的短期繁荣。但由于已无闲置的生产资源,只能将原来用于生产消费品的一部分资源转向生产资本品,导致消费品减少,价格上涨。但与此同时,由于消费者并没有改变其对消费品的需求和购买量,于是,三个比例互不相等,经济均衡的条件遭到破坏。

5. 新兴货币

区块链起源于比特币。2008 年 11 月 1 日,一位自称中本聪(Satoshi Nakamoto)的人发表了《比特币:一种点对点的电子现金系统》一文,阐述了基于 P2P 网络技术、加密技术、时间戳技术、区块链技术等的电子现金系统构架理念,标志着比特币的诞生。两个月后理论步入实践,2009 年 1 月 3 日第一个序号为 0 的创世区块诞生。2009 年 1 月 9 日出现序号为 1 的区块,并与序号为 0 的创世区块连接成链,标志着区块链的诞生。区块链(Blockchain)是分布式数据存储、点对点传输、共识机制、加密算法等计算机技术的新型应用模式。它是一个共享的分布式账本,其中交易通过附加块永久记录。相比于传统的网络,区块链具有两大核心特点:一是数据难以篡改,二是去中心化。基于这两个特点,区块链所记录的信息更加真实可靠,可以帮助解决人们互不信任的问题。在比特币网络中,数据会以文件的形式被永久记录,这些文件称为区块(Block)。一个区块是一些或所有最新比特币交易的记录集,且未被其他先前的区块记录。由区块链网络参与者操作的分类账副本称为节点(Node)。

去中心化是一种现象或结构,必须在拥有众多节点的系统中或在拥有众多个体的群中才能出现或存在。节点与节点之间的影响,会通过网络而形成非线性因果关系。即区块链技术不依赖额外第三方管理机构或硬件设施,没有中心管制,通过分布式核算和存储,各个节点实现了信息的自我验证、传递和管理。区块链技术因数据难以篡改,安全性很高。只要不能掌控全部数据节点的 51%,就无法肆意操控和修改网络数据。这使区块链本身变得相对安全,避免了主观人为的数据变更。除了去中心化和数据难以篡改这两个特点外,区块链技术还具有开放性、对立性、匿名性特点。区块链技术基础是开源的,除了交易各方的私有信息被加密外,其他数据对所有人开放,任何人都可以通过公开接口查询区块链数据和开发相关应用,整个系统信息高度透明。基于协商一致的规范和协议,所有节点能够在系统内自动安全地验证、交换数据,不需要任何人为干预。除非有法律规范要求,单从技术上来讲,各区块节点的身份信息不需要公开或验证,信息传递可以匿名进行。

比特币是一种 P2P 形式的数字货币。其交易记录公开透明。与大多数货币不同,比特币不依靠特定货币机构发行。它依据特定算法,通过大量的计算产生,比特币经济使用整个 P2P 网络中众多节点构成的分布式数据库来确认并记录所有的交易行为,并使用密码学的设计来确保货币流通各个环节的安全性。P2P 的去中心化特性与算法本身可以确保无法通过大量制造比特币来人为操控币值。基于密码学设计可使比特币只能被真实拥有者转移或支付,这同样确保了货币所有权与流通交易的匿名性。比特币总量有限,曾在 4 年内只有不超过 1 050 万个,之后的总数量将被永久限制在 2 100 万个。

数字货币(Central Bank Digital Currencies,CBDC)又称中央银行数字货币。根据英国央行英格兰银行给出的定义,中央银行数字货币是中央银行货币的电子形式,家庭和企业都可以使用它来进行付款和储值。中国版 CBDC 被描述为数字人民币,由人民银行发行,并由指定运营机构参与运营并向公众兑换,以广义账户体系为基础,支持银行账户松耦合功能,与纸钞和硬币等价,具有价值特征和法偿性,为一种可控匿名的支付工具。DC/EP 是中国版的央行数字货币,译为"数字货币和电子支付工具"。

二、资本市场理论

我国的资本市场与欧美西方国家的资本市场存在很多不同之处。1949年之前的上海,曾经存在过股票市场。1916年,孙中山为解决革命经费问题,决定在上海开设证券交易所,并与上海市著名资本家虞洽卿和张静江等人协商,且向北洋政府提出申请。不久,孙中山就拿到了北洋政府的批文。可是,证券交易尚未开张,就发生了张勋复辟事件,接下来,又是发生了护法战争。于是,证券交易所的经营被搁置了。直到1920年2月1日,上海证券物品交易所在上海总商会开创立会,计股东572户,10万股,虞洽卿为理事长,张静江为候补理事,蒋介石为普通股东之一。此后,我国又经历了国内革命战争、抗日战争、解放战争,1949年之后,我国的市场经济才开始恢复正常秩序。1990年,我国重新开设了上海证券交易所。由于我国现代意义上的市场经济制度起步比较晚,其理论研究相对落后。所以,我国资本市场运行方式主要参考欧美国家的资本市场。

西方欧美国家的资本市场理论比较成熟。其资本市场理论研究犹如美国纽约证券交易所(New York Stock Exchange,NYSE)和芝加哥股票交易所(Chicago Stock Exchange,CHX)以及英国伦敦证券交易所(London Stock Exchange,LSE)的市场行情一样火爆,理论学派林立。其中,最著名的是资本市场均衡理论。在财务学中,资本市场均衡理论的模型有多种,比较著名的有资本定价模型和套利定价理论。前者简称CAPM,其经典财务理论文献是:

(1)Sharpe W F. Capital asset prices:a theory of market equilibrium under conditions of risk[J]. The Journal of Finance,1964.

(2)Lintner J. The valuation of risk assets and the selection of risky investments in stock portfolios and capital budgets[J]. The Review of Economics and Statistics. 1965,47(1). 13-37.

(3)Mossin J. Equilibrium in a Capital Asset Market[J]. Econometrica,1966,34(4):768-783.

套利定价理论简称APT,由美国经济学家斯蒂芬•A.罗斯于1976年首先提出来,后来在1980年又发表了相关论文。

第四部分
重要文献选读与导读

为了深入全面学习第十一章《资财务媒介与资本市场》,建议阅读如下财务文献。

一、吴晓求等:《中国资本市场三十年:探索与变革》

中国独特的经济发展模式、制度环境决定了资本市场发展天然与其他国家有着不一样的轨迹和特征。中国资本市场的构建也必然体现出我国当前发展阶段鲜明的时代特征,并在市场主体、发展任务和发展路径中体现出与其他国家的差异。如何表述中国资本市场发展历程是一个宏大的命题。今天的上海证券交易所成立于 1990 年 11 月 26 日,同年 12 月 19 日开业。在中国资本市场二十周年的节点上,即 2010 年 12 月,吴晓求等学者在《中国资本市场 2011—2020:关于未来 10 年发展战略的研究》一书中,对我国的资本市场进行了这样的设想:"到 2020 年,将上海—深圳资本市场为轴心的中国资本市场,建设成为全球有重要影响力的金融市场增长极,并把上海建设成为 21 世纪全球新的国际金融中心,以此为基础全面推进中国金融体系的现代化、市场化和国际化。"回顾 2011 年至 2020 年间的这 10 年历程,学者们的设想基本变成了现实。

2021 年初,在吴晓求教授的带领下,中国人民大学中国资本市场研究院,又编写出版了《中国资本市场三十年:探索与变革》一书,深入全面解释我国资本市场的发展逻辑和发展方式。我国的资本市场与物质产品市场、人力资源市场同步发展,并且有力促进了人民币国际化进程的加快以及亚洲经济增长和亚洲股票市场的崛起。我国今天的资本市场实际上开业不足半个世纪,但其跨越式发展历程几乎完全体现了新中国经济的发展进程。资本市场发展成就远超预测,得益于改革开放后经济活力的充分释放。

2014 年,国务院发布了《国务院关于进一步促进资本市场健康发展的若干意见》。其中,确定了到 2020 年基本形成结构合理、功能完善、规范透明、稳健高效、开放包容的多层次资本市场体的基本任务。经过六年多的努力和实践,这个任务和目标已基本完成。我们不仅建立了主板、创业板、科创板和新三板,还在商品期货、期权、利率期货、指数期货等方面,大大缩短了与西方发达资本市场的差距。同时,我国全面推行股票发行注册制改革和建立常态化的退市机制,这使中国资本市场基础制度与国际主流市场接轨。自 2013 年 11 月中共十八届三中全会提出"推进股票发行注册制改革"以来,证监会就紧锣密鼓地研究准备落实方案。到了 2015 年 12 月 27 日,全国人大常委会正式表决通过了《关于授权国务院在实施股票发行注册制改革中调整适用〈中华人民共和国证券法〉有关规定的决定》。2019 年 3 月 2 日,上海证券交易所正式发布实施了设立科创板并试点注册制相关业务规则和配套指引。7 月 22 日,科创板首批 25 家公司迎来开市,各股全天涨幅均超80％，其中16家公司股价涨幅超过100％。2020年8月，创业板的注册制改革正式落地。

上市公司是资本市场的主体和基石，上市公司质量决定了资本市场的质量。如果上市公司公司治理水平低下、信息披露不实，就会动摇资本市场的基石，市场就无法健康成长。保护投资者合法权益是资本市场一切工作的出发点和落脚点，保护投资者就是保护资本市场，但我国投资者受保护力度和广度仍然不足。如果资本市场能够保持与GDP的同步发展速度，而且总市值占GDP的比重能够达到美国的比率，十年之后中国的资本市场规模也有望超越美国，在规模和质量上实现质的飞跃。

二、朱斌：《技术创新与资本市场——马克思相对剩余价值理论在研究》

该书依托马克思主义文本，致力于回到相对剩余价值理论的原点，深度解读古典马克思主义对相对剩余价值研究的脉络，首次彰显蕴含其中追逐与实现技术创新的隐意，探究资本市场筛选评价技术创新规律。

马克思经济学是中国特色社会主义市场经济制度的理论基础。马克思经济学中的社会再生产理论、资本理论、产权理论、所有制理论以及经济组织理论，依然是今天我国从事经济建设和发展的理论指导。财务管理专业学生应在学习专业课程的同时，阅读学习马克思所著的《资本论》，通过学习《资本论》提升财务管理专业学习能力。

本章参考文献：

[1] 赵锡军. 中国特色资本市场的建设目标和路径选择[J]. 人民论坛，2022（3）：44-49.

[2] 张兴军. 中国资本市场的新起点与新局面[J]. 中国经济评论，2021（Z1）：43-46.

[3] 汤敏. 社会价值投资与资本市场发展[J]. 中国金融，2021（22）：18-19.

[4] 吴晓求等. 中国资本市场2011—2020：关于未来10年发展战略的研究[M]. 北京：中国金融出版社，2012.

[5] 吴晓求等. 中国资本市场制度变革研究[M]. 北京：中国人民大学出版社，2013.

[6] 吴晓求等. 中国资本市场三十年：探索与变革[M]. 北京：中国人民大学出版社，2021.

[7] 朱斌. 技术创新与资本市场——马克思相对剩余价值理论在研究[M]. 南京：南京大学出版社，2019.

[8] Sharpe W F. Capital asset prices：a theory of market equilibrium under conditions of risk [J]. The Journal of Finance，1964，19（3）：425-442.

[9] Lintner J. The valuation of risk assets and the selection of risky investments in stock portfolios and capital budgets[J]. The Review of Economics and Statistics. 1965，47（1）：13-37.

[10] Mossin J. Equilibrium in a Capital Asset Market[J]. Econometrica，1966，34（4）：768-783.

第十二章
财务机构的性质及其工作机制

内容精要

　　账房、司库、会计室、财务科、预算处、财务处、财务部、财务中心、财务发展部、财务管理部、财务共享中心以及财务公司和投资公司等，都是财务机构不同时期的称谓。其发展是财务理论和实务变化的结果，也伴随着企业组织及其内部机构的变化而发展变化。

　　财务机构既是经济组织有关财务活动和财务工作的制度安排，又是财务人员的工作场所。财务组织的性质取决于生产经营组织的性质和财务组织的职能。经济组织生产过程的性质和特征决定着财务组织的性质和特征。一些企业的财务管理工作落后，其重要原因之一是财务组织建设落后。一些企业的财务机构与会计机构混淆或者相互替代，一个重要的原因，可能是其基本的现代企业制度建设尚未完善。那么，此时，企业组织的经济性、自主独立性和营利性就不够充分，财务机构就可能被会计机构、生产机构所替代。必要的财务职权与明确的财务责任是财务机构高效工作的基本前提。每一组织的性质在没有改变之前，以及其职能尚没有完全用尽之前，应处于稳定状态。财务机构稳定性是企业可持续发展的基础，其实质是保持财务的专业性和科学性。财务机构的变化随着企业成长而发展变化。

　　财务管理专业的技术职称也有财务管理员、助理财务管理师、财务管理师、高级财务管理师之分。财务管理师执业资格认证制度在美国已有 100 多年的历史，我国财务管理师执业资格认证制度建设起步比较晚。自 2017 年开始，中国企业财务管理协会与人力资源社会保障部所属中国人事科学研究院共同研究财务管理职业资格证书制度，并致力于财务管理师培训、考试、颁发认证执业证书和承担继续教育等工作。在我国，财务管理专业的主要工种或岗位有：现金司库、财务规划师、投资分析师、财务分析师、财务经理、财务总监、首席财务官、私人财务师等。随着社会经济的发展和社会分工的细化，财务管理工作还会出现新的岗位和变化。

　　虽然财务工作的专业性很强,财务人员都受过专业训练,但财务人员也需要坚持继续学习,接受企业管理和培训,熟练掌握娴熟财务学原理,有较高的财务管理悟性和财务直觉,以及系统的公司财务和数量财务理论知识,否则将难以胜任上市公司财务管理工作。

　　财务机构的性质和财务制度由所有制性质及其产权制度所决定。企业的所有制性质在某种程度上决定着企业财务机构的工作目标和性质。财务机构的管理工作主要是资本管理和价值管理,管理对象主要是资本、价值、收益和风险以及各种资本跨时间均衡配置状态。资本、价值、收益和风险的产权及其所有制性质与财务机构的业务活动性质密切相关,中国特色社会主义制度是我国财产所有制的基石。财务专业人员既要学习和熟知中国特色社会主义制度的内涵,又要学习和掌握经济学和管理学一般原理。

教学重点和难点

　　(1)企业组织与财务机构的关系,以及财务机构的性质、职权和特征。
　　(2)财务机构的产生、变革及其发展规律。
　　(3)财务管理职业岗位与财务管理师执业资格认证制度。
　　(4)财务机构的所有制和产权问题。

第一部分
习题解答

▶ 教材中的思考与练习题

一、名词解释

1. 企业组织　账房　财务机构　财务组织变革　财务职能　财务机构性质　产权
2. 所有制　所有权　公有产权　私有产权　共有产权　混合所有制　集体所有制

二、思考题

1. 我国古代账房研究文献述评。
2. 中美企业财务组织比较。
3. 财务机构的性质和特征,什么是财务机构二重性质?
4. 财务组织变革的演进及其与企业组织变革的联系。
5. 财务人员成长方式和途径。
6. 所有制、产权、科学技术与财务机构的联系。

三、练习题

1. 刚毕业两年的大学生都本虎先生因个人家庭原因,辞去了在跨国公司供职的财务工作,创办了一个小微企业,专门生产智能家用吸尘器的关键零件。其资产总额 100 万元人民币,雇员 8 人,生产厂房和办公室均为其住宅楼的负一楼车库。请对该企业的财务机构提出设计方案。

2. 我国的中央国有企业都是著名的大型公司,请对我国中央国有企业的财务机构进行分析,并对其进行财务学原理的分析。

▶ 思考与练习题参考答案

一、名词解释参考答案

1. 企业组织　账房　财务机构　财务组织变革　财务职能　财务机构性质　产权

<u>企业组织</u>:企业组织是企业所有者委托企业家开展经营活动所建立的组织机构。企业组织的主要内容不仅包括划分哪些部门和设置哪些结构,还包括组织内部机构的岗位设置、职权与权力设置以及指挥链设计等。

账房：在民间，财务组织被称为账房（也称帐房）。在我国秦汉时期，军事活动频繁，账房有军账或军事指挥所之意，后来，亦有帐篷和蒙古包之意。对此，我国古代典籍多有记载。而民间百姓所说的账房，则多指会计核算和财务管理机构，同时含有管理财物出入的场所或工作人员之意。古代的账房就是今天的财务机构，它顺应社会生产活动发展的客观要求而产生。

财务机构：财务组织机构既是经济组织内部有关财务活动和财务工作的制度安排，又是财务人员的工作场所。

财务组织变革：企业财务机构变革是指财务机构面对企业内部业务流程的变化和企业发展战略的变化，以及外部市场竞争需要，进行改革和改造的过程。

财务职能：财务的职能含有财务工作的本质职责和本职功能之意。财务职能是财务系统客观存在的不依财务经理的意图而改变的本能，发现价值、维护生产经营运行和创造价值是财务工作的三个基本职能。

财务机构性质：性质是指事物的本质，是一个事物所具有的区别于其他事物的根本属性，财务机构性质即财务机构的本质属性。从根本上说，财务组织的性质取决于生产经营组织的性质和财务组织在生产过程中的职能。经济组织生产过程的性质和特征决定着财务组织的性质和特征。财务组织是社会再生产过程的必要环节和经济组织生产经营活动的职能机构之一。虽然财务组织及其经营活动具有相对独立性，但财务组织机构的独立性建立在满足经济组织主营业务或生产过程维护的基础之上。财务具有发现价值、维护生产经营活动正常运行和创造价值等基本职能，其中，发现价值和维护生产经营活动正常运行均与再生产过程密切相关。所以，现在的财务机构具有服务生产和创造价值的二重性质。

产权：产权是在既定所有制情况下对所有权的法律确定，也是在一系列可选择的排他性行为中做出选择的权利，或资本所有制关系的法律表现形式。产权包括财产的所有权、占有权、支配权、使用权、收益权和处置权，也包括与财产所有权有关的财产权，这是在所有权部分权能与所有者发生分离基础上产生的非所有人享有、占有、使用以及一定程度上的收益或处分权利。

2. 所有制　所有权　公有产权　私有产权　共有产权　混合所有制　集体所有制

所有制：经济学上的所有制主要指生产资料所有制，它是包含劳动资料和劳动对象在内的生产资料归谁所有的社会经济制度。其形式主要有公有制、私有制和公私合营所有制（又称联合所有制、混合所有制）。

所有权：财产所有权是指所有权人依法对自己的财产享有占有、使用、收益和处分的权力。

公有产权：公有产权指社会成员共同拥有、所有者无须购买也不能自由转让的权利。

私有产权：私有产权是对必然发生的不相容的使用权进行选择的排他分配，其最终将产权分配给一个特定的人。

共有产权：共有产权是特定群体共同所有的产权，其遵循"先来先用"的原则，且只有取得其他成员的许可才能转让。

混合所有制：混合所有制是生产资料所有者多元化的社会经济制度。混合所有制企业是由公有资本（国有资本和集体资本）与非公有制资本（民营资本和外国资本）共同参股组建并且股权结构分散的新型企业形式。

集体所有制：集体所有制是"社会主义劳动群众集体所有制"的简称，是社会主义社会中生产资料和劳动成果归部分劳动群众集体共同占有的生产资料公有制形式之一。在我国农村，集体所有制表现为各种形式的地区性农业合作经济组织和其他生产、供销、信用、消费、工副企业等合作经济；在城镇表现为手工业、工业、建筑业、运输业、商业、服务业、修理业等集体经济。

二、思考题参考答案

1. 我国古代账房研究文献述评。

此思考题参考答案省略。

提示：同其他专业科学的基础研究一样，财务学的基础理论研究也比较落后。目前，从中国知网和学校图书馆能够查阅到的有关古代账房研究文献，多数属于会计工作实务中的"账房先生"身份的转换和提升问题的研究。真正基于财务学基础研究视角和财务组织机构变迁的理论视角开展研究的文献十分缺乏。诚然，基础研究是一项十分漫长的研究工作。文献述评的写作也需要具备大量的专业阅读量。希望同学们在老师指导下，试着做一些文献述评的写作。

2. 中美企业财务组织比较。

在20世纪80年代美国企业的财务组织中，司库是企业现金管理主管，负责办理现金收入、保险支持和银行借款等财务活动，与会计上的现金出纳不同，司库不做会计核算工作。主计长（controller）类似于现在的财务总监。美国地方政府的主计长是美国地方政府的公职人员，属于城市的财政和审计主管，主要监督和审计美国市级各个财政部门的财政运转和预算执行情况。美国企业的主计长分管财务计划处、预算处、财务分析处和会计处（含总会计师）。这说明，财务组织里的主计长岗位很重要，责任重大。财务部副总裁是分管企业财务工作的副总裁，在我国，许多企业也设立分管财务工作的副总经理。

美国企业财务组织中的"会计处（总会计师）"是企业的会计核算和财务报告编制机构，具体负责会计信息确认、计量、记录和报告，该机构由企业总会计师负责管理。我国多数国有企业也设立总会计师职务,全面负责企业财务和会计工作,这与美国企业的总会计师只负责会计核算工作不同。美国企业还设置首席财务师(又称首席财务官),该职务相当于我国企业分管财务工作的副总裁即"财务副总裁"(包含分管会计核算工作)。现在,我国上市公司,一般都设立一名财务副总裁,全面分管和主持企业财务工作,包括财务部和会计核算部。同时,一些大型集团公司还设立财务总监职务,分管会计和财务工作的监督管理。财务副总裁直接接受企业总裁领导,财务总监主要接受公司董事会领导。财务副总裁、财务总监、企业总裁,最终均统一接受董事长领导。

20世纪50年代以前,美国企业非常重视会计核算,财务管理属于会计机构——会计处的一个科室,会计组织要大于财务组织。20世纪50年代之后,财务管理工作逐渐受到重视,企业的投资、筹资和资本经营等财务活动开始相对独立于生产活动,于是会计则成为财务机构——财务部里的一个科室。当然,这只是企业组织结构的内部变化,财务和会计仍然具有相对独立性。会计的主要任务,一是利用货币价值形式对企业经营活动进行确认、计量、记录和报告,即会计核算,包括资产、负债、材料、工资、成本、收入和利润等的核算;二是定期编制资产负债表、损益表和现金流量表,以及其他内部报表;三是资产清查、税收上交等工作。财务的主要任务,一是考虑资产如何使用最有利,即制定投资决策;二是考虑资产如何取得最有利,即制定筹资决策,组织资本供给;三是编制企业财务预算并组织实施;四是财务分析和价值评估,以及资本跨期均衡配置等。可见,财务和会计密切联系。会计主要记录过去实际发生的经营情况,以货币计价方式综合反映企业的财务状况,为企业高管和投资人提供决策有用信息。财务则是利用会计提供的信息,预测、规划和筹划未来时期的财务活动,跨期配置异质资本,创造价值。显然,20世纪80年代以前,美国的财务和会计在一个组织机构。美国20世纪80年代的企业组织属于职能制企业组织,财务部是企业职能制组织结构的内容之一。随着企业发展和组织结构的变化,企业中的财务组织也会适当发展和变化。

与欧美企业相似,20世纪80年代之前,我国企业的财务和会计基本属于同一机构。进入21世纪之后,我国进一步深化改革开放,科学技术和生产力的提升促进实体经济迅猛发展,资本市场及证券公司和投资公司得到长足发展,财务活动与会计业务开始分离。财务学和财务活动实践的快速发展,使得财务管理实践对财务组织建设的要求越来越高。例如,上市公司、中央企业和跨国大型公司,其财务和会计机构基本上都是分设,既有财务部,又有会计部。财务机构的具体称谓,有财务处、财务部、财务管理部、计划财务部、资本规划部、资产管理部、资本运营部以及财务管理中心等多种名称。会计机构的具体称谓,则有会计处、会计部、会计核算中心,以及会计信息部等名称。小微企业的财务和会计机构多合二为一。这由企业规模和财务管理与会计核算的实际情况所决定。企业内部组织机构的设置,应服从整个企业组织机构设计和成本效益原则。小微企业的财务活动和会计核算业务较少,因而可以合在一个组织机构里进行,但中国企业的财务组织整体已开始向规范化和专业化方向发展。

3. 财务机构的性质和特征，什么是财务机构二重性质？

财务组织机构既是经济组织内部有关财务活动和财务工作的制度安排，又是财务人员的工作场所。从根本上说，财务组织的性质取决于生产经营组织的性质和财务组织在生产过程中的职能。经济组织生产过程的性质和特征决定着财务组织的性质和特征。在工业、农业、建筑安装业、科学技术研究开发企业、商场和酒店业、交通运输业、港口码头和物流企业等各类实体企业中，财务活动主要服务于生产经营活动。在商业银行、投资公司、证券公司、保险公司和租赁公司中，财务活动则是主营业务，因而财务活动的独立性很强，具有独立创造价值的功能。这说明，财务组织是社会再生产过程的必要环节和经济组织生产经营活动的职能机构之一。虽然财务组织及其经营活动具有相对独立性，但财务组织机构的独立性建立在满足经济组织主营业务或生产过程维护的基础之上。财务具有发现价值、维护生产经营活动正常运行和创造价值等基本职能，其中，发现价值和维护生产经营活动正常运行均与再生产过程密切相关。所以，现在的财务机构具有服务生产和创造价值的二重性质。从根本上说，在我国，财务机构的性质及其特征由我国社会主义生产方式及其所有制性质所决定。所以，财务机构虽然属于企业内部组织结构内容，但它的设立和发展与我国的生产力发展水平、所有制性质和实现方式以及法治建设水平密切相关，也与企业的性质和公司章程有关。

4. 财务组织变革的演进及其与企业组织变革的联系。

企业财务机构变革是指财务机构面对企业内部业务流程的变化和企业发展战略的变化，以及适应外部市场竞争的需要，进行改革和改造的过程。在一定时期，财务机构应处于相对稳定状态。只有组织结构和工作机制处于相对稳定状态，财务机构的职能才能得到充分发挥。稳定性是组织变革的基础，每一组织机构的性质在没有改变，以及其职能尚未完全用尽之前，该组织就应处于稳定状态。在一定条件下，财务机构的组织结构模式、内部岗位设置和工作人员及其职权配置越稳定，企业财务活动就越有秩序，财务机构对企业发展的服务质量就越高。财务机构稳定性是企业可持续发展的基础。

同理，财务机构的变化随着企业成长和发展而变化。从历史视角看，财务机构的变化和革命性改造是一种客观规律。只要政府政策和国家法规、经济发展形势、市场供求状况和科学技术以及财务机构人员发生重大变化等，财务机构就会发生组织变革。这说明，财务机构的变革既有外部环境动因，也有财务机构自身求变动因。一般地，财务机构变革的领域主要是组织结构变革、财务管理方法变革和财务人员变化。财务组织结构变革内容主要包括财务职权关系、岗位协作机制、集权程度、财务活动宽度、财务准则的调整等。财务管理方法和技术变革主要包括投资决策和筹资决策的程序改革与完善、先进财务计量经济学方法的运用、新的财务工程产品的开发和使用。财务人员的变化主要是人员数量、质量和岗位的调整以及人员结构的优化等。

财务组织是企业职能制组织结构的内容之一，财务机构变革应与企业发展战略和企业整体组织结构变革相吻合。随着企业发展和企业组织结构的变化，企业财务组织也会适当发展和变化。如今人工智能、物联网、大数据、区块链等新技术的应用，使企业生产过程和经营方式发生重大变化，这会给企业组织带来巨大变革，财务机构也会随着组织的变革而不断创新与发展。

5. 财务人员成长方式和途径。

财务本身是一项专业性很强又非常稳定的职业，如果选择把财务作为职业方向，首选的职业目标是上市公司高级财务人员。这些财务高管人才多数是从企业财务基础工作做起并逐步成长起来，且多数可进入企业决策核心层。他们不仅要了解企业的经营运作，还要直接参与投资决策过程。一般地，上市公司财务机构会设置财务主管、高级财务经理、财务总监和财务副总裁等职位，这是财务人员成长过程中的工作岗位设计。上市公司财务机构的普通财务管理人员也应当是财务专家，掌握财务学原理，有较高的财务管理悟性和财务直觉，掌握系统的公司财务和数量财务理论知识，否则将难以胜任财务管理工作。

不仅财务管理专业知识背景的人可以承担公司财务工作，会计学专业、经济学专业、企业管理专业、财政学等专业人员经过专业培训后，也可以成为财务工作人员。这些非财务专业人士，只要掌握财务管理基本理念和财务基本假设，熟悉企业财务报告，拥有高等数学知识训练，补修必要的财务管理专业知识，通晓财务活动和财务关系的理论与方法，就可以试着从事企业财务管理工作。学习能力、专业技能、信仰和理念的科学先进性，是财务人员成长的必备条件。在这里，中华民族的勤俭节约、开源节流、共同富裕、收支平衡等财务理念，以及"亲兄弟明算账"的产权思想，都是一个财务人员必备的基础性专业素质。

企业优秀会计人员或会计主管是选拔财务人员的重要途径。一些具有在投资公司、证券公司和会计师事务所工作经历的青年会计人员、财务人员和统计师等，也是企业吸收和选拔财务人员的有效来源。当然，企业自主招聘名牌大学财务专业优秀毕业生，并舍得人力投资，对其进行内部培养和训练，应是企业选拔优秀高级财务专家的最佳道路。

6. 所有制、产权、科学技术与财务机构的联系。

（1）所有制、产权与财务机构的联系。

财务机构的性质和财务制度由所有制的性质及其产权制度所决定。企业的所有制性质在某种程度上决定着企业财务机构的工作目标和性质。财务机构的管理工作主要是资本管理和价值管理，因此，财务机构的管理对象——资本、价值、收益和风险等，其产权及其所有制性质与财务机构的业务活动性质密切相关,中国特色社会主义制度是我国财产所有制的基石。

所有制与产权的联系:所有制是产权关系的反映,所有制形式是产权形式的反映。客观存在的产权形式会不断发展,所有制的形式也会随之变化;所有制形式相对稳定了,又会反过来影响和规范产权形式。社会发展是不会停止的,所有制形式也不会是一成不变的。只有这样,随着社会和经济的发展,产权关系才有完善的空间,对所有制形式才有辨析的必要。产权是在既定所有制情况下对所有权的法律确定,所有制决定产权制度存在和变化的领域,产权制度在经济过程中实现着所有制。一定所有制经济中能够采用什么样的产权制度、不能采用什么样的产权制度,是由所有制决定的。由于所有制有公有制、私有制、混合所有制之分,所以产权有公有产权、私有产权和共有产权之分。公有制又有全民所有制和集体所有制之分,因而公有产权主要来自全民所有制组织,共有产权则主要产生于集体所有制和混合所有制。

所有制与财务机构的联系:人们在不同制度下的行为存在差异,所有制的性质不同,会引发人们在管理方式、管理目标、薪酬和激励机制以及行为等方面的不同。财务机构是企业处理生产资料所有制关系的专门机构。公有制企业的、私有制企业和混合所有制企业的财务机构,其工作性质、财务目标和使命等均存在一些差别。根据我国宪法,公有制企业的经营目标和财务目标与社会主义经济发展目标相一致,具体应表述为国有资本的保值增值和国家、集体、个人收益最大化,亦即国有企业依法实现所有者、经营者和普通员工的收益最大化。私有制企业的经营目标和财务目标与私有制企业的经济性质相符合,其目标是股东财富最大化。混合所有制企业的财务目标是依法兼顾公有制和私有制利益相关者收益最大化,实际是法人组织混合所有制企业的资产收益最大化。

产权与财务机构的联系:产权是资产转变为资本的财务基础,产权制度是现代企业制度和企业财务制度的基础。企业财务机构在处理财务关系时,其理论依据就是产权制度和财务理论。有效率的产权制度会降低财务机构成本和简化财务规则。所以,产权制度越完善,财务关系的处理和财务机构的运转也就越有效。

(2)科学技术与财务机构的联系。

信息技术的迅猛发展和深度应用,使企业生产过程和经营方式发生重大变化。21世纪以来,全球科技创新空前活跃,新一轮科技革命和产业变革正在重构全球创新版图和全球经济结构。以人工智能、量子通信技术、移动通信、物联网、大数据、区块链为代表的新一代信息技术正在加速应用,以合成生物学、基因编辑、脑科学、再生医学等为代表的生命科学领域正在孕育新的变革,融合机器人、数字化、新材料的先进制造技术正在推进制造业向智能化、服务化、绿色化转型,以清洁高效可持续为目标的能源技术正在引发全球能源变革,空间和海洋技术正在拓展人类生存发展新疆域。科学技术从来没有像今天这样深刻影响着国家前途命运和人民生活福祉。在以上现实环境下,企业财务机构的组织变革成为必然,其趋势包括但不限于开放性、个性化、标准化和技术化,以及责权利清晰。

三、练习题参考答案

1. 刚毕业两年的大学生都本虎先生因家庭原因,辞去了在跨国公司供职的财务工作,创办了一个小微企业,专门生产智能家用吸尘器关键零件。其资产总额 100 万元人民币,雇员 8 人,生产厂房和办公室均为其住宅楼的负一楼车库。请对该企业的财务机构提出设计方案。

例:

```
┌─────────────────────┐
│ 财务经理 / 主管(1 人) │
└──────────┬──────────┘
           │
           │  ┌──────────┐
           ├──│ 会计(1 人) │
           │  └──────────┘
           │
           │  ┌──────────┐
           └──│ 出纳(1 人) │
              └──────────┘
```

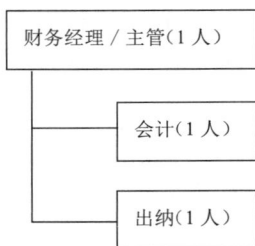

企业设立财务部负责财务与会计工作,主要人员如上图所示:

(1)出纳:主要负责办理现金和银行存款收付业务,将每日所发生的票据进行整理、汇总,并登记现金、银行日记账,不得兼管会计档案保管和债权债务账目的登记。

(2)会计:负责日常凭证及财务会计报告的编制工作,每月对所管账目进行及时核对,保证科目余额清晰合理;负责国地税的纳税申报、统计等外勤工作;负责费用报销票据的审核,保证票据及报销手续及票据的合法性和准确性;及时对会计凭证、账册、报表等进行收集、汇编、装订、归档等会计档案管理工作。

(3)财务经理 / 主管:财务经理是企业财务部的负责人,具体负责组织财务活动和处理财务关系,并承担筹资、投资、利润分配和企业价值评估等具体的财务管理领导工作。由于该企业是小微企业,雇员人数较少,因此财务经理还兼任财务主管、总会计师的职能,既主持财务管理工作,又领导会计核算工作。

2. 我国的中央国有企业都是著名的大型公司,请对我国中央国有企业的财务机构进行分析,并对其进行财务学原理的分析。

以中国银行为例,中国银行是我国大型国有控股商业银行之一,其业务范围涵盖商业银行、投资银行和保险领域,旗下有中银香港、中银国际、中银保险等控股金融机构。2007 年中国银行在英国《银行家》杂志"世界 1 000 家大银行"排名中列第 9 位。该银行的会计结算部和计划财务部分别设立,以中国银行山东省分行为例,其本部设在青岛,是中行系统十大重点战略行之一,辖管 16 个二级分行,762 个营业机构,员工 12 800

余人。企业的会计信息流和经营资本流,分属于会计组织和财务组织不同载体。其中,
会计结算部的核心业务是承担经营业务的确认、计量、记录和报告,即会计核算业务。其
会计科目有表内、表外和备查登记类三种,表内科目有资产类、负债及权益类、资产负债
共同类,科目设置由代码组成,如省行的内部账户构成为数据 A + 数据 B + 会计科目核
算码 + 货币码,外部账户构成为机构号 + 客户号 + 核算码 + 货币码,每人一台电脑,以
编码形式录入数据。会计结算部的组织设计,主要由会计制度与出纳管理、会计核算与
柜员管理、检查辅导、国内结算业务与产品管理、事后监督与档案管理五个团队构成。团
队是会计结算部的主要工作组织单位,如会计制度团队主要执行上级下发的会计文件,
研究新的会计政策和具体的会计管理制度,以及制定新的操作规程。会计结算部是一个
信息管理、制度管理很强的专业信息机构,其主要功能是反映和监督。

　　计划财务部的核心业务是跨时间配置全省行的资本性资源,承担全省行的资本筹
集、投放、流量控制、回收和分配决策等工作,这与财务管理教科书里的内容基本一致。
计划财务部的主要工作是负责制订全省行的资本投入产出业务计划和管理,包括资产业
务、负债业务和中间业务的资本规划和管理,安排全省行的财务活动,扮演公司"管家"
的角色。与一般工商企业一样,计划财务部中的计划所要达到的目标主要是市场份额占
有率。计划财务部下设八个团队(科室):费用团队负责人财管理,固定资产与投资管理
团队负责实物管理,采购评审团队负责集中采购,财务分析管理团队负责分析历史财务
状况,业务发展与战略规划团队负责制订未来发展计划,统计与信息团队负责财务数据
整理,资产负债管理团队负责管理存贷款业务发展,流动性与市场风险管理团队负责执
行和管理利率和市场价格。这八个团队的共同特点即计划财务部的特点,具体为从战略
高度看待和分析问题,从整体角度管理全行财务活动,从未来着眼思考省行如何发展。
与会计结算部相似,计划财务部也是一个高度信息化的组织机构,如流动性与市场风险
团队分别负责管理头寸和利率。前者主要是现金支付与流动的控制,匡算头寸,保证对
外支付需要,头寸不足时向总行拆借,头寸剩余则放入总行生息。头寸管理涉及存款、
现金和同城交换,以及市场供求变化。财务机构衡量头寸采用备付率,即现金和存放央
行存款与存款总额之比,这就要掌控和权衡流动性和盈利性之间的协调性,在保证流动
性前提下增加盈利。显然,这是一项复杂的公司财务作业。又例如,资产负债管理团队
是计划财务部的一个核心团队,进行资本配置、内部资金转移价格的测定,以及存贷款
分析等工作。资本配置就是按照预算指标进行内部资金的分配和调剂,分配效率在全国
省行内比较。内部资金转移价格涉及总分行之间的转移价格和资金池定价,分行的多余
资金可以上存总行以获取利息增加收益,同时为了分别核算各部门利益,总行拟设定资
金池,如营业部将吸收的存款以略高的利率转存给资金池,相关业务部再以内部价格贷
走,以市场价格放贷给客户。

　　不难看出,中国银行山东省分行的财务系统是比较先进和全面的,一是财务机构的

设计运用了 20 世纪 90 年代才产生的团队工作理论,财务机构装备先进;二是其组织内部设计了八个团队,数量比较多,说明复杂性强。整体而言,中国银行的财务结构比较先进,质量较高。它把现代公司财务理论规则、现代企业管理学的组织设计新理念、财务专家和财务业务流程,以及财务中介密切联系在一起,有力支持了中国银行山东省分行财务系统的良好运行。在这里,中国银行山东省分行的财务结构,实际是由其公司财务知识结构、组织结构、人员结构、作业结构等财务子结构构成,财务知识结构又由财务管理方法(工具)、筹资理论、投资理论、资产定价以及公司内部治理等理论要素组成。由于中国银行山东省分行除设立会计结算部、计划财务部之外,还设立了属于财务系统内部子系统的资本管理部、信贷风险控制部等机构,所以,中国银行山东省分行的财务结构是由计划财务部、资本管理部和信贷风险控制部的财务知识结构、组织结构、人员结构和业务结构等部分构成,如果计划财务部、资本管理部和信贷风险控制部组成一个财务中心,其财务机构的质量可能会更高。因为,把一个有内在联系的科学的财务知识(子)系统,分散地配置于计划财务部、资本管理部和信贷风险控制部,会使财务知识的作用下降。

第二部分
难点释疑

一、财务机构的性质和特征

财务组织机构既是经济组织内部有关财务活动和财务工作的制度安排,又是财务人员的工作场所。财务组织的性质取决于生产经营组织的性质和财务组织在生产过程中的职能。现在,我国的生产方式及其组织性质已先后完成家庭农业生产方式和大机器工业生产方式,并进入基于现代化信息技术的工厂式社会扩大再生产方式和公司制高新技术智能化生产方式。新的智能化生产方式是人力、财力、物力、技术、知识和信息等生产要素的集合,技术、知识和信息成为新生产过程及其方式的核心生产要素。这就决定了财务组织的职能不再停留在资本供给上,而是要满足大机器工业社会扩大再生产和高新技术智能化生产对价值管理、价值发现和创造的需求。因此,现代财务组织不再是企业内部的管理组织之一,而是社会再生产过程的必要环节和经济组织生产经营活动的职能机构之一,是公司制高新技术智能化生产方式下的价值创造组织。财务机构不仅是财务人员的工作场所和财务活动发展的制度安排,也是科学技术发展和社会生产方式发展的必要经济组织。财务公司和商业银行是财务机构的高级组织形式,家庭、工厂、公司、学校、军队、银行有财务机构,家庭、工厂、公司、学校、军队、银行之外也有独立的财务机构。这表明,财务机构既具有社会成员内部组织特征,也具有社会独立机构特征。

虽然财务组织及其经营活动具有相对独立性,但财务组织机构的独立性建立在满足经济组织主营业务或生产过程维护的基础之上。我们已经知道,财务具有维护生产经营活动正常运行、发现价值和创造价值等基本职能,其中,维护生产经营活动正常运行和发现价值均与工厂式社会扩大再生产过程密切相关。所以,现在的财务机构具有服务生产和创造价值的二重性质。明确财务机构二重性质是提高财务机构管理水平的重要前提。从根本上说,在我国,财务机构的性质及其特征由我国社会主义生产方式及其所有制性质所决定。所以,财务机构虽然属于企业内部组织结构内容,但它的设立、存在和发展与我国的生产力发展水平、所有制性质和实现方式和法治建设水平密切相关,也与企业性质和公司章程有关。

企业财务人员的职权是企业权力的一种形式。财务机构和财务人员的职权来源于财务机构的业务量和财务管理职能。在一个企业内部,如果其财务机构的性质主要是为生产经营活动提供服务,其次是自主地创造价值,那么,该企业财务机构通常属于分权化财务组织。实际上,这就是企业所有者系统地将决策权授予下层各职能机构和各业务流程环节的过程,即职权的分散过程。同理,如果财务机构的决策权集中到企业最高管理者手中,那么,该企业的财务机构通常属于集权化财务组织,其主要性质可能是自主地创造价值,其次才是为生产经营活动提供服务。分权型财务机构的职权属于一般职能管理机构的职权,而集权型财务机构具有代表企业直接参与资本市场投资和获取巨大收益的职权。

二、财务机构的产生、变革及其发展规律

根据马克思主义哲学思想,任何事物的产生和发展均有其自身规律,财务机构的产生和变革与发展也应如此。当财务活动成为社会经济活动中的一个重要领域和生产过程的一个重要环节时,财务管理专职人员和财务组织就应运而生。财务活动是社会扩大再生产过程的必要环节。该环节随着社会扩大再生产过程的发展变化而变化。企业财务机构变革是指财务机构面对企业内部业务流程的变化和企业发展战略的变化,以及适应外部市场竞争需要,进行改革和改造的适应过程。财务机构有自身的工作目标,即通过执行财务管理职能而实现财务机构所有者的收益最大化。财务机构只有适时调整内部工作人员的岗位和职责,适应企业经营发展和外部市场变化,高质量履行财务职能,才可能实现自身目标。当财务机构内部条件和工作秩序与企业经营发展和外部市场环境发生不和谐时,要么是财务机构的职能尚未完全发挥出来,要么是产生了变革财务机构的需要。

同理,财务机构的变化随着企业成长和发展而变化。从历史视角看,财务机构的变化和革命性改造是一种客观规律。只要政府政策和国家法规、经济发展形式、市场供求状况和科学技术以及财务机构人员发生重大变化等,财务机构就会发生组织变革。这说明,财务机构的变革既有外部环境变化动因,也有财务机构自身求变动因。一般地,财务机构变革的领域主要是组织结构变革、财务管理方法变革和财务人员变化。财务组织结构变革内容主要包括财务职权关系、岗位协作机制、集权程度、财务活动宽度,以及财务准则的调整等。财务管理方法和技术变革主要包括投资决策和筹资决策的程序改革与完善、先进财务计量经济学方法的运用,以及新的财务工程产品的开发和使用。财务人员的变化主要是人员数量、质量和岗位的调整以及人员结构的优化等。公司治理结构模式对财务机构设立及其运行具有重要影响。

信息技术的迅猛发展和深度应用,使得企业生产过程和经营方式发生重大变化。21世纪以来,全球科技创新空前活跃,新一轮科技革命和产业变革正在重构全球创新版图和全球经济结构。企业财务机构的组织变革成为必然,其趋势包括但不限于开放性、个性化、标准化和技术化,以及责权利清晰。财务组织的信息化、智能化和业财融合的综合化进一步加强,财务组织变革和发展始终与社会扩大再生产过程的发展紧密相连,这就是财务组织变革和发展的基本规律。

三、财务管理职业及其职业资格证书制度

在社会实际工作中,如同专业工程技术人员设有技术员、助理工程师、工程师、高级工程师的技术职称一样,财务管理专业的实际工作中也有财务管理员、助理财务管理师、财务管理师、高级财务管理师的技术职称设置。社会上的各行各业都有自己的专业技术职称设置,如教育行业,在大学里有助教、讲师、副教授、教授,这是 1927 年国民党政府教育行政委员会颁布的《大学教员资格条例》中规定的高等教育四级技术职称设计,1949 年之后继续沿用至今。大学中的技术职称与学衔不同,技术职称是一种工作岗位,属于职业范畴,可以理解为职务名称。职业是社会分工最基本的表现形式。2008 年,为了满足国际标准职业分类的需要,国际劳工组织进一步澄清了职业(occupation)的基本概念并与工作(job)进行了区分。强调"职业"是"主要任务和职责高度相似的工作的总和",而"工作"是"某人为雇主(或自雇)而被动(或主动)承担的任务和职责的总和"。2015 年,《中华人民共和国职业分类大典》将职业定义为从业人员为获取主要生活来源所从事的社会工作类别。职业是社会学的基础范畴,学位学衔是受教育程度及其达到的国家规定专业标准,如大学本科专业毕业可获得本科毕业证书和学士学位证书,硕士研究生毕业可获得硕士研究生毕业证书和硕士学位证书,博士研究生毕业可获得博士研究生毕业证书和博士学位证书,这些毕业证书和学位证书就是一个人受教育程度的证明和学衔。职称与学衔的关系,如同军队中军职与军衔的关系,二者之间既有密切联系,又属于不同的系统。

2017 年,中国企业财务管理协会和国务院人力资源和社会保障部所属中国人事科学研究院共同研究和设计财务管理专业技术职称制度与财务管理职业的执业资格认证制度。专业技术职称的设置目的是便于职业岗位的内部分工和管理。关于财务管理师的职业结构分类,根据国家资历框架原理和《中华人民共和国职业分类大典》(2015 年版),财务管理师依据其专业技术性质,应属于《中华人民共和国职业分类大典》(2015 年版)中的"第二大类 2(GBM 20000)专业技术人员"类别。根据我国职业调查结果,我国现实经济生活中的财务管理职业深受欢迎,其工作内容和分工明确。目前,我国财务管理职业的主要工种或岗位有:企业现金司库、财务规划师、投资分析师、财务分析师、财务经理、财务总监、首席财务官、私人财务师等。随着社会经济的发展和社会分工的细化,财务管理工作还会出现新的岗位和变化。为了便于财务管理专业各种工种岗位的管理,一般规定,财务管理员是财务管理师的助手;拥有助理财务管理师技术职称的专业人士才能担任现金司库;拥有财务管理师职称才能担任财务规划师、投资分析师、财务分析师和财务经理等管理职务;而财务总监和首席财务官通常需要拥有高级财务管理师职称。

在专业技术职称的制度安排之外,还有一套执业资格认证制度。比如,在"会计师"

技术职称之外还有"注册会计师"称谓；在医院里的"主治医师"和"药剂师"职称之外，分别还有"注册医师"和"执业药剂师"的制度安排。一位公民要创办一所会计师事务所或者一个医务诊所，分别需要拥有持有"注册会计师执业资格证书"的会计师和持有"注册执业药师资格证书"的药剂师，由此才能符合开办会计公司和医疗机构的国家规定。专业是科学的最小单位，专业内部又有课程、学科、研究方向之分，专业主要是科学技术学（简称科学学）和教育学的研究内容，专业的产生、研究、设置和发展是科学家和教育学家的工作内容。技术职称、职业、执业资格认证制度是社会学范畴，属于"国家资历框架"（National Qualifications Framework，NQF，也被翻译成"国家资格框架"）中的基本内容。"国家资历框架"是用以整理和编排、规范和认可整个国家存在的不同层次和类型资历（如学历、学位、文凭证书、资格证书等）的结构或体系。它是按照一系列规定的标准进行资历分级的工具，旨在整合和统筹国家资历次级系统，提升各种资历的透明度及其可获得性、可提升性和可携带性，通常以学习成果的形式明确规定和描述学习者获得某一资历层级所须掌握的知识、技能和能力，而不考虑这些知识、技能和能力获得地点。国家资历框架的主要特点是：按照学习结果对资历作统一定义，通常情况下，涵盖了根据单一层次结构进行分级的知识、技能，以及一系列的职业／知识领域。由于我国社会学专业研究比较薄弱，我国现代国家资历框架制度建设起步较晚。目前，我国主要在法律、会计、翻译、医学、工程技术、药学以及交通工具驾驶等部分领域，建立了执业资格认证制度。财务管理专业的执业资格认证制度已由中国企业财务管理协会开始执行和实施，其具体工作仍处于建设和完善之中。

四、财务机构的所有制和产权问题

马克思经济学认为，生产资料所有制决定着一个国家或地区资源归属方式、资本配置结构与生产形态，因此，所有制是一国经济制度的基石。经济学上的所有制主要是生产资料所有制，它是包含劳动资料和劳动对象在内的生产资料归谁所有的社会经济制度。生产资料所有制形式在不同的经济发展时期具有不同的表述。

在1949年之前，我国的生产资料所有制性质属于私有制，主要有劳动者个人所有制、地主阶级所有制和工业资本家所有制等形式，其中，工业资本家所有制又有工业买办资本家所有制和工业民族资本家所有制之分。一般认为，所有制理论的基本结构是，确立所有制→明确所有权→确立共同财产→界定产权→选择组织体制。所有制的性质不同，会引发人们在管理方式、管理目标、薪酬和激励机制以及行为等方面的不同。例如，一个私人商务饭店与一个共有食堂或公有自来水工厂，其管理方式和目标一定会存在差别。因此，财务机构在不确定情况下跨时间均衡配置资本以实现不同所有者的价值创造，实际是企业或其他组织处理生产资料所有制关系的专门机构。虽然公有制企业、私有制企业和混合所有制企业的财务机构在工作性质、财务目标和使命等方面存在一些差别,但是,这些财务机构都是依据财务基础理论、财务活动规律和财务法规履行维护生产经营运行、发现价值和创造价值的财务职能。根据我国宪法,公有制企业的经营目标和财务目标与社会主义经济发展目标相一致,具体应表述为国有资本的保值增值和国家、集体、个人收益最大化,亦即国有企业依法实现所有者、经营者和普通员工的收益最大化。私有制企业的经营目标和财务目标与私有制企业的经济性质相符合,其目标是股东财富最大化。混合所有制企业的财务目标是依法兼顾公有制和私有制的利益相关者收益最大化,实际是法人组织混合所有制企业的资产收益最大化。

产权是在既定所有制情况下对所有权的法律确定。所有制决定产权制度存在和变化的领域,产权制度在经济过程中实现着所有制。一定所有制经济中能够采用什么样的产权制度、不能采用什么样的产权制度,是由所有制决定的。产权制度被引入经济学理论研究始于科斯定理的提出,其核心范畴是产权和交易费用。所以,财务机构与所有制和产权制度密切联系。重要的是,产权制度是现代企业制度和企业财务制度的基础,也是资产转变为资本的财务基础。在市场经济里,虽然企业技术研发受不同企业制度、市场制度和司法制度的影响,但产权制度是关键。公有制的产权性质和特征,一般包含公有制企业的产权性质和特征、公有制下国家或政府的产权性质和特征,以及公有制下个人产权性质和特征。企业财务机构在处理财务关系时的理论依据就是产权制度和财务理论,有效率的产权制度会降低财务机构成本和简化财务规则。

可见,在学习财务机构及其工作性质相关知识时,要重新复习经济学课程中的所有制和产权理论。

第三部分
重要理论的历史背景

财务机构的基础理论主要是组织设计理论和执业资格认证制度。前者主要来自管理学,后者则来自社会学,这两个理论是财务管理专业人员建立和优化财务机构的重要依据。

一、组织设计理论

组织设计理论是管理学组织理论的一个分支,组织理论是管理学关于人类在社会组织活动中按一定形式安排事务的理论。一般地,由两个以上的人组成的为实现共同目标而以一定形式进行编制的集合体,就是一个组织。人类社会的组织活动随着社会分工的明细而日益复杂,社会组织的种类也越来越繁多,如行政组织、工商企业组织、科学教育组织、文化医疗卫生组织、军事组织等。社会组织的增长和组织理论的发展过程,表明了管理思想和研究方法的变化。管理学的研究经历了从注重事物到注重人物,进而发展到人与事并重的过程。在方法论上,管理学则从规范研究转向实证研究。组织理论的形成和发展是人类认识组织及其活动规律的成果,人们可以应用这一理论有效管理各种经济组织。由于经济学、管理学、社会学、政治学的研究内容均涉及组织问题,导致组织理论至今还缺乏统一的概念构架和核心内容,有些学者对组织理论能否成为一门学科持有不同意见。目前,组织理论涉及的内容主要包括:组织的目标、价值系统、组织结构,正式组织与非正式组织及其关系,组织成员的激励、沟通与控制,权力、职权与影响,群体行为和个体行为,管理策略和技术,系统组成部分及其相互关系,组织与环境的平衡,以及组织的稳定与发展等。总之,组织理论是研究社会组织生存、适应和发展的管理学理论,它综合了经济学、政治学、社会学、人类学、心理学和哲学等多学科的研究成果。

社会组织及其成员行为的复杂多变,加之环境的复杂性,有效管理面临诸多困难。尤其例外情况越来越多,很难找出一种适合于所有情况的管理理论和方法。因此,管理学要求人们根据组织的实际情况选用最适宜的管理方式。组织的权变思想强调博采众家之长,综合利用各种管理知识,避免了管理的简单化、一律化,成为组织理论的重要学派。组织设计权变理论主要研究建设性要素和制约性要素对组织活动的影响和修正。其中,建设性要素是指组织战略、环境和技术三大类因素,制约性要素主要是组织生命周期、规模和人员素质。限于篇幅原因,此处对组织理论的各种学派存而不论。

我们中国人的组织意识很强,每个人都是中华民族大家庭的成员之一,因而我们奉行天人合一、天下为公的文化理念,追求社会组织与自然界组织协调一致。在一个企业、学校、部队、政府机关、医院、社区等社会单位,组织纪律性和集体主义观念十分重要。这就是人们常说的"众人拾柴火焰高""大河有水,小河满"。组织内部各环节密切配合才能保证组织运行的可持续性和有效性。比如,我们所喝的一口水,经过口腔和消化道组织,进入胃部、小肠和肾脏,进一步分清泌浊,清被吸收进入血液系统满足人体各种组织对水的需求,浊则进入膀胱而排出。喝水、流动、吸收、排放由多个组织有序协同完成,这就是组织的力量。

二、执业资格认证制度

执业资格认证制度是社会学职业资格证书制度的一个分支,此处,我们主要陈述其中一部分基础知识,以增加知识面。

随着科学技术的迅猛发展和广泛应用,以及职业教育的发展,社会上的各种职业开始出现专业化倾向。我们知道,专业是科学的最小单位。专业属于科学学和教育学中的重要概念。各种职业的专业化倾向,其实质是职业的科学技术化。所以,一个人要拥有一个稳定的职业,就需要掌握一个专业的基础理论和技能。在我国,除了中小学基础教育外,高等教育、职业教育、继续教育均设置专业。因此,每个青年人除了接受国家法律规定的基础教育外,还应尽可能再进入大学或职业教育学院、社会开放大学(原广播电视大学)学习一门专业,或者在老师指导下自学一门专业。

职业是人们为了就业、谋生和发展所供职的行业,它是人们工作岗位的类别。职业是社会学的一个概念。由于职业在现代社会具有专业化倾向,所以,社会学家也将职业当做专业看待,把专门的职业当做专业。实际上,这是不确切的。在社会学里,职业是一种职务性就业,具有目的性、岗位性、生产性和群体性等特征,是成年人的必备选择。而专业指的是某一门科学技术,在大学里是学生学习科学技术的一个单元,该单元由一系列课程组成。一般地,如果一个人只有中小学基础教育学历,那么,这个人很难承担科学技术含量较高的专业工作。当然,若某个人虽然仅有初级中学学历,但其喜欢学习并勤奋努力,在师傅的长期指导下自学了大学某一专业的主干课程,达到大学本科毕业生的专业水平,则其也可以承担一些专业工作。甚至,某个自学成才的专业人士,其科研能力和工作成就可能远大于一个名牌大学的专业毕业生,这种情况并不鲜见。一般地,初级或高级中学文凭、普通高等学校大学文凭、职业教育学院文凭的含金量不同,冒充高学历和编造假文凭是违法行为。自20世纪70年代开始,社会学家对职业现象分类的研究逐渐转向关于职业专业化(professionalization)的研究。因此,社会学专业学者们认为,与其通过对职业特征的列举来理解职业和就业,不如通过科学知识、技术技能的作用和行业团体能够实现自律自治的社会条件来理解职业和就业,从而使职业更加稳定、更有科学技术含量,由此产生一系列观察职业"专业化"的理论模型。

为了维护社会分工秩序和便于职业管理,减少和避免社会工作损失,提高社会工作效率和质量,一些发达国家制定了某一职业的执业资格认证制度,对从事特定职业进行适度规制,并逐渐成为世界各国的通行做法,其中职业许可(license)和认证(certification)是被普遍采用的两种规制模式。

"许可"作为名词,其基本含义是自由(freedom,liberty)、被允许;作为动词,其指的是通过授权而准许,或者经由准许而取消法律限制。"认证"含证明、证明文件之意,在我国法律文件中,2003年颁布《中华人民共和国认可认证条例》首先使用了认证概念。该《条例》指出,认证是指"第三方依据程序对产品、过程或服务符合规定的要求给予书面保证(合格证书)"。许可与认证的相同之处在于:① 都是基于某种标准、条件开展的评价、评定活动。② 一般都以证书或证明文件正式确认。③ 这种确认对被申请者来说,都有一定的公信力。许可与认证的不同之处在于:① 法律基础不同,许可属公法范畴,是行政行为;认证属私法范畴,具有中介性质。② 实施主体不同,许可只能是国家行政机关或法律法规授权的具有管理公共事务职能的组织;认证则是"第三方"。③ 设立程序不同,许可非法律法规不得设立。④ 法律效力不同,许可具有强制性、排他性;认证具有志愿性、可选择性。

韩国和日本以实施主体为依据划分职业资格类别,例如,韩国将职业资格分为"国家资格"和"民间资格"。其中,"国家资格"由依据《国家技术资格法》进行管理的"国家技术资格"和依据单独法令进行管理的"其他国家资格"组成。国家技术资格主要由与产业相关的技术、技能与服务领域的资格组成,其他国家资格主要为专业服务领域(医疗、法律等)的资格,根据各部门的需要设立、运营,大部分都具有执照性质。民间资格是指由国家以外的个人、法人、团体新设并管理、经营的资格。除了资格基本法中禁止新设的领域外,无论任何人都可以自由地新设并管理、经营民间资格。民间资格包括"纯粹民间资格""国家公认民间资格"和"企业内资格"。国家公认民间资格是国家资格的重要组成部分,其认证活动的公信力与权威性与国家资格(非许可部分)大体相同。此外,美国各州政府除制定和实施许可类职业资格外,对部分民间资格给予一定的法律规制,即不构成对就业的限制,但对头衔(称号)予以保护。借鉴国际经验,特别是在制定和实施国家资历框架时,应适当考虑民间资格的规范与管理问题。即可将我国的职业资格分为"国家资格"和"国家认可的民间资格",其中"国家资格"指"许可类资格","国家认可的民间资格"指"非许可类资格",包括列入《职业资格证书目录清单》管理的水平评价资格和"实行备案管理的学会、协会、院校和企业自行组织实施认证资格"。现在,我国财务管理职业的执业资格认证制度正在实施和完善之中。

第四部分
重要文献选读与导读

管理学和社会学中的组织机构研究文献不是很多。考虑到财务理论对组织机构问题的研究同样较少,此处仅列示一些有关组织机构设置的文章,请联系第十二章《财务机构的性质及其工作机制》内容,有选择性地阅读,进而增强对企业财务机构的理解。

[1] 丛龙峰. 组织的逻辑 [M]. 北京:机械工业出版社,2021.

[2] 赵孟营. 论组织理性 [J]. 社会学研究,2002(4):77-87.

[3] 赵旭东. 公司组织机构职权规范的制度安排与立法设计 [J]. 政法论坛,2022(4):87-96.

[4] 张景峰. 公司组织机构类型理论建构探讨 [J]. 河南科技大学学报(社科版),2020(1):66-71.

[5] 陈江华. 学习型组织理论研究综述与评价 [J]. 北京交通大学学报(社科版),2014(2):65-71.

[6] 罗珉. 组织理论的新发展——种群生态学理论的贡献 [J]. 外国经济与原理,2001(10):34-37.

[7] 张海燕. 公司财务组织变革与机构设置探讨 [J]. 财会通讯,2013(26):78-79.

[8] 王诗秋,曾珍,吕亮. 改革驱动下的高校财务组织机构设计创新与探索 [J]. 中国管理信息化,2020(4):12-13.

[9] 魏养根. 联合国教科文组织的财务机构设置及其职能 [J] 教育财会研究,1993(3):38+40.

本章参考文献:

[1] 赵孟营. 组织链:现代社会的一种组织间关系 [J]. 北京师范大学学报,2007(2):58-64.

[2] 罗珉,周思伟. 论组织的复杂性 [J]. 外国经济与管理,2011(1):26-33+42.

[3] 杨迪雅,叶桦. 芬兰药师执业资格认证制度概况 [J]. 中国药师,2012(1):112-114.

[4] 王海滨. 美国的建造师执业资格认证制度 [J]. 中国港湾建设,2009(5):67-69.

[5] 中国人事科学研究院. 职业资格证书制度研究(征求意见稿)[R]. 人力资源社会保障部年度课题,2017.

[6] 雷恩著,孙健敏、黄小勇、李原译. 管理思想史 [M]. 北京:中国人民大学出版社,

2009.

[7] 焦叔斌等. 管理学(第二版)[M]. 北京:中国人民大学出版社,2014.

[8] 戴淑芬. 管理学教程(第五版)[M]. 北京:北京大学出版社,2022.

[9] 丛龙峰. 组织的逻辑[M]. 北京:机械工业出版社,2021.

[10] 赵旭东. 公司组织机构职权规范的制度安排与立法设计[J]. 政法论坛,2022(4):87-96.

[11] 张景峰. 公司组织机构类型理论建构探讨[J]. 河南科技大学学报(社科版),2020(1):66-71.

[12] 陈江华. 学习型组织理论研究综述与评价[J]. 北京交通大学学报(社科版),2014(2):65-71.

[13] 张海燕. 公司财务组织变革与机构设置探讨[J]. 财会通讯,2013(26):78-79.

[14] 王诗秋,曾珍,吕亮. 改革驱动下的高校财务组织机构设计创新与探索[J]. 中国管理信息化,2020(4):12-13.

[15] 魏养根. 联合国教科文组织的财务机构设置及其职能[J]. 教育财会研究,1993(3):38+40.

第十三章
财务生学习什么

　　彩票故事告诉我们,财务管理专业学生不仅要学习如何在不确定情况下跨时间均衡配置资本以创造价值,还要学习在赚钱之后如何花钱。其原理同赚钱一样,只是资本流动方向相反。资本只有均衡地支出在有形资产和无形资产、外部支出和内部支出上,所花费的资本才会取得最佳效果。同时,要深刻理解人们为什么要学习财务学,教材给出了六个答案。其中,前四个答案是著名财务学家斯蒂芬·A. 罗斯教授在《公司财务》(*Corporate Finance*,中译本《公司理财》)教材中给出的理由,第五、第六个理由是本教材给出的。

　　财务管理专业(亦可称为财务学专业)应学习的课程主要包括五类,分别为通识教育课程、基础理论课程、专业主干课程、专业选修课程和专业实践课程。

　　其中,通识课程是基于我国的历史文化传统、社会制度和人们对科学技术的认知,根据经济管理类专业的知识性质和培养目标以及教育者对大学教育的理解进行设计。目的是实现大学本科生的基本培养目标——先进的思想道德、科学的逻辑思维和独到的专业科学技术知识。只有开设通识课程,才能全面培养学生的科学精神、文化素养、优良思想品德及法律意识。通识课程主要是通过自然科学、社会科学、人文科学的学习,拓展学生的一般知识,坚定学生的理念、信仰、意志和价值观,提升学生的文明水平。

　　由于财务学是财务经济学和财务管理学的融合,因此,财务学或财务管理专业的基础理论来自经济管理科学,财务学专业本科生的基础理论课程,应包括经济学、管理学,以及相关基础课程,特别是经济学原理、管理学原理、中国经济思想史、数学与统计学或数理统计学这四门课程。这些课程是财务管理专业的理论基础,至于会计学、财政学、金融学,则是财务学的相邻专业。它们都是从经济学衍生出来的新学科,其理论基础比较接近。

　　财务管理专业的主干课程是财务学的核心内容框架。虽然开设哪些主干课程主要取决于财务学教授对财务学理论及其科学发展规律的理解,以及大学教授和社会成员对教育学理论及其科学发展规律的理解,但归根结底取决于财务学理论的发展状况。当然,在财务学理论发展处于相对稳定的状态下,一个大学的财务管理专业究竟应开设哪些课程,还要考虑这个学校的师资水平和学生的学习能力。根据中外财务学理论发展状况和财务学者对财务理论的研究水平,本教材认为财务管理专业开设的专业主干课程应包括财务学原理、公司财务、财务分析、财务计量经济学、数量财务、财务工程和资本资产价值评估。其中,财务学原理课程是讲授财务学基础范畴、基础理论和一般知识的课程,它是财务学专业的第一门课程,也是本专业其他课程共同的理论基础。公司财务课程是从财务学原理课程中分离出来的第二门专业课程,它包括普通公司财务和高级公司财务内容。财务分析课程是从公司财务课程中分离出来的第三门课程,财务计量经济学和数量财务是从财务学原理课程衍生出来的第四门和第五门课程,财务工程则是从公司财务、财务计量经济学和数量财务三门课程衍生出来的第六门课程。估值是财务学的重要原理,也是财务管理的重要环节。资本资产价值评估是财务学原理和公司财务课程共同衍生出来的第七门课程。这七门课程基本上反映了财务学发展的最新状况,每门课程均具有相对稳定性。一般地,当财务学研究未产生重大理论发现和财务实践变革时,财务学专业的主干课程应保持稳定。从现在的财务理论研究发展趋势和财务管理实践发展看,如果师资力量和学生的学习能力都很强,需要增加一门主干课程时,风险管理有可能成为财务学专业的第八门主干课程。

　　专业培养方案中的选修课程遵循专业科学发展规律、教育学规律和学生的学习需求而设置。

　　实践课程是学生在毕业之后如何将专业知识应用于工作之中的实习操练课程。一般地,实践课程与专业案例课程、试验课程结合在一起,在老师带领下到企事业单位相关部门完成实践课程的学习。

　　不仅要知道为什么学习财务管理和学习财务管理的哪些知识,还要知道如何学习财务学。这就需要了解关于如何学习的科学知识,知道学生如何制订学习方案,选择适合自身特点的学习方法。对此,希望学生多与任课教师沟通和请教。其原则:① 根据脑科学和生物学原理,合理安排学习时间、体育锻炼时间和休息时间,全身心聚精会神学习;② 遵循学习规律,掌握科学知识的教育学规律,通过扩大阅读量了解科学技术发展史和知识变动规律;③ 适当探索和尝试多种学习方法,多做笔记和练习;④ 减少外部干扰,适当社团组织活动、文体活动和网络社会活动的参与,明确专业学习这一主要任务。

教学重点和难点

（1）为什么要学习和研究财务学？

（2）学生学习财务管理专业，为什么要学习五大类课程？

（3）为什么财务管理专业的主干课程是七门课程？

（4）财务管理专业课程与通识课程的联系。

第一部分
习题解答

▶ **教材中的思考与练习题**

一、名词解释

1. 财务学　专业　学科　财务学科学发展规律　专业人才培养方案　教学大纲
2. 课程　通识课程　基础理论课程　专业主干课程　选修课程　专业实践课程
3. 科学　数学　结构　理论　财务理论知识地图

二、思考题

1. 编写学习方案需要考虑哪些因素？
2. 财务管理专业的主干课程是什么？
3. 财务管理专业的基础理论课程是什么？
4. 财务管理专业的通识课程有哪些？
5. 学习财务管理专业的原因有哪些？
6. 财务学需要学习的主要原理和定理有哪些？
7. 财务学与数学有何联系？

三、练习题

1. 根据本章学习内容,试编写"公司财务"课程学习方案。
2. 研究报告写作练习:《生活中的财务学》。
3. 理论学习和写作练习:《一则有趣的财务故事及其理论启发》。
4. 财务学的理论知识主要包括哪些方面？试写题为《关于财务学的理解》一文。
5. 财务学专业开设七门主干课程的主要依据是什么。
6. 撰写一篇某上市公司财务年报分析报告。
7. 整理自 1948 年起至今中央政府已发行的各套人民币特征。

▶ **思考与练习题参考答案**

一、名词解释参考答案

1. **财务学　专业　学科　财务学科学发展规律　专业人才培养方案　教学大纲**

财务学：财务学是财务经济学和财务管理学的融合，财务学专业在我国多被称为财务管理专业。实质上，财务是人们在不确定情况下跨期均衡配置资本以创造价值的学问。风险、跨期、资本、套利、价值都是财务学的基础范畴。在科学学或哲学上，基础范畴是一门专业科学所独有的最原始的基本概念。

专业：专业是科学的最小单位。一个专业就是一门科学。一门科学与另一门科学的区别，主要是它们的基础范畴、理论基础和研究对象的区别。专业是科学学的一个基本概念。专业与职业的含义比较接近。职业是社会学的一个基本概念。在本教材中，专业是教育学借用科学学的基本概念，指的是高等学校的一个系或者中等专业学校里，根据科学分工或者生产部门的分工把学业分成的门类，不同的专业有着不同的基础范畴、不同的理论基础和不同的研究对象。在高等学校，专业是建立学系组织、招生、编制教学计划（又称专业人才培养方案）和组织教学活动的依据。

学科：学科是人类科学知识体系的学理科目分类。一般地，人们认为，人类科学知识体系分为自然科学、社会科学、人文科学三大类，即人类科学知识体系由自然科学类学科、社会科学类学科和人文科学类学科组成。自然科学类学科又分为基础理论科学类学科和工程技术类学科，简称理科和工科。同理，社会科学类学科又分为经济学、政治学、法学、管理学、社会学、教育学、军事学等学科。有一些学科，诸如人类学、心理学、考古学等，则是社会科学与自然科学交叉学科。人文科学类学科又分为文学、艺术学、语言学、历史学等。学科有大学科与小学科、总学科与分支学科以及子学科之分。学科的分类是相对的。有时，人们把人类科学知识分为自然科学、社会科学、思维科学、交叉科学等四大类。可见，一个学科由多个专业所组成。同理，一个专业则由多个小学科构成。在教育学界和学术界，学科是学系内部设立教研室和确立研究方向的依据。

财务学科学发展规律：我国公司财务学研究与发达国家差别不是很大，而经济学前沿财务理论、财务管理科学技术化、复杂财务经济数学模型的建设等则较为落后。在我国，运用数学方法发展财务学任重、道远、紧迫，学习、研究和创新是我国财务学发展的基本途径。

专业人才培养方案：专业人才培养方案又称教学计划、教学标准，其主要内容包括专业培养目标、课程设置、培养模式和途径，以及毕业要求等。

教学大纲：教学大纲又称为课程标准，是教师授课的指导性文件。一般地，教学大纲是教研室教师通过共同讨论和商量而编写的课程内容纲领。

2. 课程　通识课程　基础理论课程　专业主干课程　选修课程　专业实践课程

课程：课程是教师和学生组织教学一门课的进程计划。课程的基本要素至少包括课程教案、课程标准和课本，这三个基本要素相互联系和制约，缺一不可。课程是教育学的基本概念。在大学里，一个专业的课程设置主要有通识课程、专业基础课程、专业课程、专业相关课程和专业实践实习课程等多个部分组成。

通识课程：财务学专业的通识课程主要根据经济管理类专业的知识性质和培养目标，以及教育者对大学教育的理解进行设计，包括大学数学、计算机原理与信息技术、英语阅读与写作、宪法和经济法学、毛泽东思想与中国特色社会主义等课程。

基础理论课程：财务学专业的基础理论课程，应包括经济学、管理学，以及相关知识的基础课程。具体可主要由经济学原理、管理学原理、中国经济思想史、数学、统计学、会计学、财政学、金融学、法学组成。

专业主干课程：财务学专业应该开设哪些主干课程或核心课程，主要取决于财务学教授对财务学理论及其发展规律的理解，以及大学教授和社会成员对教育学理论及其科学发展规律的理解；其次取决于大学师资力量、学生的学习能力和社会需求等因素。一般应开设如下七门主干课程：财务学原理、公司财务、财务分析、财务计量经济学、数量财务、财务工程和资产价值评估。

选修课程：财务学专业选修课程，属于财务学专业的相关专业课程，该类课程是财务学专业知识体系的重要组成部分。具体可包括风险管理、财务管理案例分析、管理信息系统、企业财务信息化、会计信息系统、成本管理会计、审计学和税法等。

专业实践课程：财务学专业本科生的实践应用课程可包括公司财务实习与模拟实验、资本市场证券投资调查与研究报告、企业财务报表分析与战略发展、企业并购和重组调查与研究报告、科技科研财务调查与研究报告等。

3. 科学　数学　结构　理论　财务理论知识地图

科学：科学是人类关于自然、社会和思维活动等客观规律的知识系统。进一步地，科学是建立在可检验和可重复解释基础上的有序知识系统，它是人类已经系统化和公式化了的知识。

数学：数学作为研究现实世界中的数量关系和结构关系及其空间形式的科学，其剔除了物质的其他基本特性，仅从数和形及其结构角度来研究整个世界。所以，数学既是一种思维方式和工具方法，也是一种世界性科学语言。

结构：构成整体的各个部分及其结合形式。换言之，结构是指那些组成整体的各个部分的搭配和安排。亦即若干个体组成有效整体的均衡秩序。

理论：科学理论主要由该科学的基本范畴、基本范畴产生的机制原理和定理，以及由这些机制原理和定理衍生的规则和操作方法所构成。

财务理论知识地图：财务理论知识地图指的是财务学的技术知识理论体系。包括财务机制、程序和方法，财务公理、定理和规则，以及财务学基础范畴。

二、思考题参考答案

1. 编写学习方案需要考虑哪些因素？

学习方案的基本内容至少应包括学生自身学习能力评估、学习目标的确定、学习方式的选择以及学习时间的安排和学习效果评估等。

对于自身学习能力评估，主要是对自己以往学习方法和学习效果的回顾与评价，包括班级名次、年级名次、学校名次和省级名次，以及自身对科学知识的应用情况。

学生的学习目标主要是学生自己制订的有关专业理论理解程度、专业方法和技能掌握程度，以及该课程内容的应用能力和学习成绩预期。

学生的学习时间安排，就是除了按照课程表正常上课外，自己如何规划和利用课外时间进行学习。针对一个学期的校历安排，学生应制定自己每日学习、体育和其他文娱活动及休息时间表。

学习效果的自我评估是学生除了参加老师组织的各种考试之外，还应对自己专业理论理解程度、知识结构、综合能力和技能进行测试和评估。

学习方案应遵循科学精神，由于学习是一项复杂的脑力劳动，受人类自身体力和生理能力限制，一个学生一天的深度学习时间不宜超过 10 小时，每学期所学课程门数一般不宜超过五门课程。

2. 财务管理专业的主干课程是什么？

财务学专业一般应开设如下七门主干课程：财务学原理、公司财务、财务分析、财务计量经济学、数量财务、财务工程和资产价值评估。

其中，"财务学原理"主要讲授财务学的基本思想；"公司财务"主要讲授财务学原理在公司制企业中的应用，以及各种财务定理的实证分析和财务决策实务分析；"财务分析"主要讲授财务报告分析和财务活动分析；"财务计量经济学"主要讲授时间序列趋势分析、回归分析以及统计学方法在财务活动中的应用等；"数量财务"主要讲授财务理论模型，解释财务模型的来历和应用；"财务工程"主要讲授财务产品的开发和应用；"资产价值评估"主要讲授不同资产的估值理论与方法。

3. 财务管理专业的基础理论课程是什么？

财务学或财务管理专业的基础理论课程，应包括经济学、管理学，以及相关知识的基础课程。具体的，可主要由下列课程组成：经济学原理、管理学原理、中国经济思想史、数学与统计学、会计学、财政学和金融学等。显然，财务学的基础理论及其课程既含有自然科学理论，又含有社会科学理论。

4. 财务管理专业的通识课程有哪些？

财务学或财务管理专业的通识课程主要根据经济管理类专业的知识性质和培养目

标,以及教育者对大学教育的理解进行设计。具体可以包括大学数学、计算机原理与信息技术、英语阅读与写作、宪法和经济法学、毛泽东思想与中国特色社会主义等。

5. 学习财务管理专业的原因有哪些?

学习财务学,不仅为了更会赚钱,以安身立命;也为了学会如何更好地花钱。可是,很多人只想着赚钱,实际上是不会花钱的,如课本中买彩票中大奖却失去了工厂和家庭的实例。当然,除了学会如何花钱以避免不必要的烦恼和失败外,还有以下理由:

(1)有效地使用和管理个人已有的财富和资源,物尽其用;

(2)增加经济科学知识并有效处理经济领域的各种问题;

(3)寻求令人感兴趣的职业和回报率较高的投资项目;

(4)根据自身经济情况做出合理的公共选择;

(5)改进思维方式以拓宽思路和增加选项;

(6)成为财务管理思想家等。

6. 财务学需要学习的主要原理和定理有哪些?

资本、价值、套利和期权等基础概念及其原始生成机理,资本均衡配置模型,利润分配政策和模型,资产定价模型,资本结构理论和筹资决策模型,资产组合投资理论(模型)等。

7. 财务学与数学有何联系?

财务学基本范畴,诸如资本、价值、跨时期、风险、收益、套利、资本均衡配置等,都与数量和数学有关。许多财务理论需要使用数学模型表述,多数财务方法需要借助数学方法才能完成。"数学"是财务学专业的必要通识课程,财务学专业中的"财务计量经济学""数量财务"和"财务工程"等主干课程,均需引入数学知识才能解决相关问题并使财务理论具有自洽逻辑。

目前,在我国财务管理实务和财务研究领域,既有财务数学模型的应用研究和推广,如可能资产组合集合与有效资产组合集合,最优生产组合与最小成本模型、资本资产定价模型与套利定价理论、有效市场等;也有研制、开发新财务数学模型的问题,如企业总体风险与财务风险的数学模型创建、信息经济下财务结构模型的建立、技术创新下资本流量模型的建立、本金与基金财务数学模型的建立、国有资本定量模型的建立等。财务管理实务和研究工作引入数学方法的观点可延伸并总结为以下三个方面。

(1)财务研究从定性方法到定量方法的过渡、循环是科学研究发展的一般过程,财务研究数学方法的运用体现了这一过程。

(2)同其他学科研究一样,财务管理工作和财务研究方法也是多种方法的统一。

(3)财务管理工作和财务研究过程中的不同研究方法是互补而非互斥的,财务学理论研究及其实践的创新,离不开数学与财务学的结合。

我国公司财务学研究与发达国家差别不是很大,而经济学前沿财务理论、财务管理科学技术化、复杂财务经济数学模型的建设等方面则较为落后。在我国,运用数学方法发展财务学任重、道远、紧迫。学习、研究和创新是我国财务学发展的基本途径。

三、练习题参考答案

1. 根据本章学习内容,试编写"公司财务"课程学习方案。

参考答案省略。此题请每位同学在老师指导下,根据自身情况编写个人的公司财务课程学习方案。

2. 研究报告写作练习:《生活中的财务学》。

参考答案省略。此题请每位同学在老师指导下,根据自己的经历情况和对财务学的理解编写个人的研究报告《生活中的财务学》。

3. 理论学习和写作:《一则有趣的财务故事及其理论启发》。

参考答案省略。此题请每位同学在老师指导下,根据自身财务学原理的理解和个人财务活动实践,完成此项写作小论文的作业。

4. 财务学的理论知识主要包括哪些方面? 试写题为《关于财务学的理解》一文。

财务学的理论系统由三个基本元素组成:基本概念;联系这些概念的判断、基本原理或定律;由这些概念与原理推演出来的逻辑结论,即各种具体定理及操作规则等。

财务学的基础范畴,是财务学最基本、最原始的几个关键独特范畴,也是财务学理论之网的纽结。主要有资本、价值、跨期、套利、选择权以及风险和收益。财务学中的资本指的是资产价值及其未来收益的折现值,也可以表述为经济过程中原始垫支的各种生产要素或资产的价值。价值是资本及其收益折现值的市场价格,即一项资本或资产的基本价值指信息充分的投资者在自由竞争的市场上购买该项资本或资产时所须支付的价格。跨期即多个经济时期,一个经济时期通常用一个会计年度表示。套利是人们利用市场供求关系的非均衡和价格上的漏洞获取收益的做法。通过套利,人们纠正了市场内在失衡,使之逐渐回归均衡状态。选择权主要指期权,即未来一定时间的选择权。风险是当人们已经知道经济活动的各种可能结果及其发生概率,但最终究竟出现何种结果未确定的状况,其实质是已知事件及其结果但不肯定。不确定性是风险产生的必要而非充分条件,风险属于意料之内而非意料之外。收益是经济活动收入与成本的差额,资本创造价值,收益来自价值增值。

5. 财务学专业开设七门主干课程的主要依据是什么。

财务学专业应该开设哪些主干课程或核心课程,主要取决于财务学教授对财务学理论及其发展规律的理解,以及大学教授和社会成员对教育学理论及其科学发展规律的理解;其次取决于大学师资力量、学生的学习能力和社会需求等因素。

6. 撰写一篇某上市公司财务年报分析报告。

参考答案省略。提示:对于仅学习了财务学原理课程,尚未学习公司财务课程和财务分析课程的低年级财务管理专业同学而言,这是一个比较有难度的课外作业。有关建议如下。

针对一家上市公司,撰写其财务年报分析报告时,可以从以下几个方面展开。

(1)背景分析。主要介绍企业的基本情况、所处的行业、商业模式及生产经营特点,企业自身对经营活动和经营战略的表述、企业竞争状况以及政策法规对企业的影响,企业的主要股东,企业的发展变革,企业高级管理人员结构及其变化情况。

(2)会计分析。重点关注审计意见的类型和措辞,从而间接地对企业的会计质量进行分析和判断。

(3)财务比率分析。这一部分重点考察偿债能力比率(包括流动比率、速动比率、杠杆比率、利息保障倍数等)、盈利能力比率(包括毛利率、存货周转率、销售净利率、股东权益报酬率和资产报酬率等)和营运能力比率(存货周转率、固定资产周转率和总资产周转率等)。

(4)结合报表附注中关于报表主要项目的详细披露,对企业财务状况进行项目质量、结构质量以及整体质量分析。

(5)对企业的发展前景进行预测。

7. 整理 1948 年至今中央政府已发行的各套人民币特征。

人民币是中华人民共和国的法定货币,中国人民银行是其主管机关,负责人民币的设计、印制和发行。随着经济建设的发展以及人民生活的需要,截止到 2020 年,我国已发行五套人民币,形成纸币与金属币、普通纪念币与贵金属纪念币等多品种、多系列并行的货币体系,下面详细介绍这五套人民币的特征。

第一套人民币:1948 年 12 月 1 日,中国人民银行成立并发行第一套人民币,共 12种面额,62 种版别。其中,1 元券 2 种、5 元券 4 种、10 元券 4 种、20 元券 7 种、50 元券 7种、100 元券 10 种、200 元券 5 种、500 元券 6 种、1 000 元券 6 种、5 000 元券 5 种、10 000元券 4 种、50 000 元券 2 种。统一发行人民币是为迎接全国解放采取的一项重大措施,它清除了国民党政府发行的各种货币,结束了国民党统治下几十年的通货膨胀和中国近百年外币、金银币在市场流通买卖的历史,促进了人民解放战争的全面胜利,在新中国成立初的经济恢复时期发挥了重要作用,第一套人民币于 1955 年 5 月 15 日起停止流通。

第二套人民币:于 1955 年 3 月 1 日开始发行,同时收回第一套人民币。第二套人民币和第一套人民币折合比率为 1∶10 000,共有 1 分、2 分、5 分、1 角、2 角、5 角、1 元、2 元、

3 元、5 元、10 元 11 种面额，其中，1 元券有 2 种，5 元券有 2 种，1 分、2 分和 5 分券分别有纸币和硬币 2 种。1961 年 3 月 25 日和 1962 年 4 月 20 日分别发行了黑色 1 元券和棕色 5 元券，分别对原票面图案和花纹进行了调整和更换。由于大面额钞票技术要求很高，在当时情况下 3 元、5 元、10 元由苏联代印，这三个卷种于 1964 年 5 月 15 日起停止流通，其余卷种于 1998 年 12 月 31 日起停止流通，其中纸分币于 2007 年 4 月 1 日起停止流通。第二套人民币设计主题思想明确，印制工艺技术先进，主辅币结构合理，图案颜色新颖。

　　第三套人民币：于 1962 年 4 月 20 日开始发行，共有 1 角、2 角、5 角、1 元、2 元、5 元、10 元 7 种面额，13 种版别，其中，1 角券别有 4 种（包括 1 种硬币），2 角、5 角、1 元券有纸币和硬币 2 种。1966 年和 1967 年，又先后两次对 1 角纸币进行改版，主要是增加满版水印，调整背面颜色。第三套人民币票面设计图案比较集中地反映了当时中国国民经济以农业为基础，以工业为主导，农轻重并举的方针。这套人民币发行于计划经济时期，其坚持货币一元化，巩固独立自主、长期稳定的货币，成为世界上少有的稳定货币。第三套人民币于 2000 年 7 月 1 日起停止流通。

　　第四套人民币：为了适应经济发展的需要，进一步健全中国货币制度，方便流通使用和交易核算，中国人民银行自 1987 年 4 月 27 日，发行第四套人民币。共有 1 角、2 角、5 角、1 元、2 元、5 元、10 元、50 元、100 元 9 种面额，其中，1 角、5 角和 1 元有纸币、硬币 2 种。与第三套人民币相比，增加了 50 元和 100 元大面额人民币。为适应反假币工作需要，1992 年 8 月 20 日，又发行了改版后的 1990 年版 50 元和 100 元券，增加了防伪线。

　　第五套人民币：1999 年 10 月 1 日，中国人民银行陆续发行第五套人民币，共有 1 元、5 元、10 元、20 元、50 元、100 元 8 种面额，其中 1 角、5 角为硬币，1 元有纸币和硬币 2 种。第五套人民币根据市场流通需要，增加了 20 元面额，取消了 2 元面额，使面额结构更加合理。

第二部分
难点释疑

　　财务学原理本章课程的重点和难点主要是：① 为什么要学习和研究财务学；② 学生学习财务管理专业，为什么要学习五大类课程；③ 为什么财务管理专业的主干课程是七门课程；④ 财务管理专业课程与通识课程的联系。此处主要对第四个重点难点加以解释，其他问题，反复阅读教材即可理解。

　　通识课程、基础理论课程、专业课程是一个由远及近、由大及小、由一般到具体的逻辑关系。通识课程是基于我国历史文化传统、科技发展过程和中国特色社会主义基本经济制度，以及大学教育规律而开设的课程，含自然科学、社会科学、人文科学以及社会主义制度等基本知识。基础理论课程主要是指专业所属科学大类的一些必要课程，例如财务管理专业是社会科学学科大类中的一个经济管理类专业，其基础理论课程应该是经济学、管理学、统计学、财政学、金融学、会计学、市场学等，不同大学因其师资力量和学生学习能力的差别，可适当加以选择和调整。专业课程又有专业基础课、专业主干课和专业实践课之分，与通识课程、基础理论课程之间是由一般到具体、由抽象到形象、由大到小的关系，专业基础课、专业主干课和专业实践课也是由一般到具体、由抽象到形象、由远及近的关系。

　　因此，通识课程学习质量直接影响或决定着基础理论课程的学习质量，深入系统地学好基础理论课程，将是学好专业课程的前提。深入地学习了通识课程和基础理论课程，再学习专业课程，会有事半功倍的效果。

　　对于通识课程的学习，既要研读教材内容，也要扩大课外阅读量，还要观看一些影视作品，以此提升理解力和思维能力。比如，学习哲学课程，除了学习中国现代哲学著作、中国古代哲学著作，也要适量阅读西方哲学概论等书籍，体会和理解古今中外哲学著作里的共同和一般知识。又如，大学数学课程，既要精读《高等数学》《概率论与数理统计》和《线性代数》等专业培养方案里的课程教材，也要深入阅读诸如《中国数学思想史》《数学简史》《数学家的眼光》和《数学与哲学》等书籍，寻找和阅读一著名数学家的故事，如毕达哥拉斯的数学成就，华罗庚的一些轶事，以及陈景润和张益唐的故事等。完成一定的必要课外阅读量对于学好专业课程十分重要。

第三部分
重要理论的历史背景

一、学习理论

学习本身是一门学问，学习活动也有自身的规律性，在学术上，学习又可称为学习科学。心理学家布鲁姆先生提出了从金字塔底部到顶端的依次学习方法是：记忆，理解，应用，分析，评估，创造六大步骤。这些步骤是由浅入深、由表及里的学习过程，经过反复就可完成学习任务。这里以学习资本概念为例。

第一步记忆，初始识别和记忆经济活动中的"资本"是什么。人们每日的饮食花费属于生活费用支出，饭菜被当日消费之后不复存在，每天短期饮食支出应归为"费用"。而若某家庭按计划新购置了一套中式实木家具，以替换原来简易的旧家具。该中式实木家具可供长期使用，并且数年之后再出售时可能会有增值，则这笔购买家具的支出应归为资本性支出，可供长期使用并可能带来收益的新家具就是"资本"。马克思说"资本是能够带来剩余价值的价值"，所以，资本是可供长期使用并能带来新价值的价值。

第二步理解，顺着脉络逐渐了解以体会记忆。根据记忆，"资本"是一大笔可供长期使用并增值的东西。那么，除了贵重家具外，房屋、古董、字画以及股权等都是资本。值钱的古董和字画只有在市场上出售，才能实现价值。因此，资本具有流动性特征。企业技术研发支出在数年之后，没有取得预计的研究成果，该笔巨额支出就属于费用。如果该项巨额支出在数年后取得了预期研究成果，形成了专利，那么，该研发支出在性质上应属于资本性支出，该专利技术就是资本，可供长期使用并能带来新价值。所以，"资本"是一大笔可供长期使用并增值的资源——金钱或者物资。

第三步应用，根据记忆和理解使用所学知识。若某学生因本学期学习成绩优秀而得到的奖励，如共收到现金 15 000 元，该笔奖金加上个人储蓄 5 000 元，在上海证券交易所二级市场交易系统购买了 500 股青岛啤酒股票（设青岛啤酒股票每股 40 元），则这 500 股青岛啤酒股份就是该同学的资本。假如该学生将这笔奖金用于改善每个月的伙食，那么，该笔奖金就是该同学的生活费用。

第四步分析，根据对资本的记忆、理解和应用，进一步剖析资本概念的实质。既然贵重家具、能增值的古董和字画、专利技术、股票是资本，那么，比实木家具更值钱和使用时间更长久的房产、黄金、长期持续盈利的工厂、与专利技术有同等性质的祖传药方、与股票相近的长期国库债券，都是资本。

第五步评估，对学习的知识加以总结、评论、预估和归纳。家具、房产、古董和字画以及工厂，属于可供长期使用并能增值的物质资源，都是物质资本；股票、国库券、黄金，属于金钱性质，都是货币资本。那些用来改善饮食质量的支出与失败研发活动相关的支持等短期小额支出，都是费用而非资本。若前文学生的奖金没有用来购买股票，而是用于购买文具和参考资料、预交网络租金费用并暂时借给同学几百块钱，剩余部分存在了银行里，那么，这些文具和参考资料、网络租金、借出的钱和存款，都是该同学的资产。该资产不完全满足资本的长期性、收益性和垫支性等特征，因而只能是资产而不是资本。

第六步创造，利用所学知识解决问题。若前文学生在记忆、理解、应用、分析和评估资本的基础上，将所购买的 500 股青岛啤酒股票在股价增长 15% 之后果断出售，并根据相同逻辑购买了另外一种股票，这就是学习资本概念过程中的创造。

学习理论与人类脑科学、神经科学、社会科学密切相关。有较强学习能力的同学，可以在课外阅读《学习理论》[①] 一书。

二、教育学理论

教育学的历史十分悠久。当人类早期刚学会发声和语言交流时，教育就产生了。儒家亚圣孟轲（约公元前 372—公元前 289）所著《孟子》一书中的《孟子·尽心上》篇章，讲述了儒家思想的教育观点，他激励人们奋发向上，有所作为，并提出"得天下英才而教育之，三乐也"。这里的教育活动涵盖家庭教育、学校教育和社会教育等多个方面。孩子在教育中长大，母亲是孩子的第一任老师。学生在教育系统中成长，教师在教育界工作，教师和学生都需要了解教育学的一些理论知识。如同医学知识一样，每个人都应学习一部分，我国古代著名药剂师和药学家孙思邈在其著作《千金方》里讲道："为人父母者，不知医为不慈；为人儿女者，不知医不为孝。"教育的目标是人的全面发展。

此外，捷克教育家夸美纽斯（1592—1670）的代表作《大教学论》，德国哲学家康德（1724—1804）的代表作《康德论教育》，德国教育学家赫尔巴特（1776—1841）的代表作《普通教育学》，都是经典的教育学著作，值得认真研读。

从科学视角出发，任何科学均有自身的基础范畴、定理规则以及操作程序方法等理论知识。如果将教育视为一门独立的专业科学，那么，教育学的基础范畴、定理规则和操作程序方法是什么，可以寻找一本或多本《教育学》《教育学原理》等书籍进行查阅学习。

具体地，可以查阅：

《教育学原理》（第 3 版），王道俊、扈中平主编，福州：福建教育出版社，2013 年。

《高等教育学》（第 3 版），潘懋元、王伟廉主编，福州：福建教育出版社，2013 年。

---

① 第 6 版，戴尔·H. 申克著，钱一希、钱冬梅、古海波译，江苏教育出版社，2012.

《教育学》(第 7 版),王道俊、郭文安主编,北京:人民教育出版社,2016 年。

《高等教育学导论》,张楚廷著,北京:人民教育出版社,2010 年。

《课程与教学哲学》,张楚廷著,人民教育出版社,2003 年。

《大学的改革》(第一卷,第二卷),钱颖一,北京:中信出版社,2016 年。

《大学的改革》(第三卷),钱颖一,北京:中信出版社,2020 年。

第四部分
重要文献选读与导读

一、戴尔 H. 申克:《学习理论》(第 6 版)

《学习理论》(第 6 版)是教育科学精品教材译丛之一,第 5 版相比,新增了若干内容。除主要介绍学习的概念、原理和研究成果,以及这些概念、原理在真实教学情境中的实际应用例子外,还用一整章的篇幅讨论了发展问题,并丰富了技术在教育教学中的应用部分,这些变化都反映了理论的演变和研究重点的转移。

该书的主要内容如下。

第一章　学习研究绪论

阐述学习的界定、当代学习研究的先驱、学习心理学研究的起源、学习与教学、记忆的作用,学习理论中的几个关键性问题,以及学习的三个实例等。

第二章　学习的神经科学

阐述组织与结构、神经组织、脑组织结构、脑研究方法、学经心理学、信息加工系统、记忆网络、大脑的发育及其发育阶段、动机与情绪等。

第三章　行为主义理论

阐述联结主义理论、尝试错误学习、练习律与效果律、其他原理、桑代克理论的修正、桑代克与教育原理、经典条件反射理论,学习基本过程和信息变量,以及生物学的影响等。

第四章　社会认知理论

第五章　信息加工理论

第六章　建构主义

第七章　认知学习过程

第八章　动机

第九章　自我调节

第十章　人的发展

术语表

第一章里的三个学习实例贯穿了以后的几个章节,提供了学生对学习整体理解,介绍了许多与学习有关的话题。这些话题和知识旨在帮助学生更好地理解学习过程。

二、罗福凯、王京:《财务学原理及其基础研究》

《财务学原理及其基础研究》一文,其论证的内容主要包括:

(1)财务学原理的内容主要有哪些,为什么?

(2)财务学基础研究与专业课程教学有何关系?

(3)描绘财务学理论知识地图

该论文告诉读者,财务学原理是财务学基础研究的基石,财务学原理作为财务管理专业的一门专业课程,它是财务计量经济学、数量财务、财务工程、公司财务、财务分析、资本资产价值评估、风险管理等财务管理专业所有主干课程的原理,而非公司财务、财务分析、资本资产价值评估、风险管理等少量课程的原理。阅读该文,有助于理解财务学原理课程的性质和作用,进而提升学习财务学研究的兴趣。

本章参考文献:

[1] 张楚廷. 课程与教学哲学 [M]. 北京:人民教育出版社,2003.

[2] 张楚廷. 教育基本原理:一种基于公理的教育学 [M]. 长沙:湖南师范大学出版社,2009.

[3] 钱颖一. 大学的改革(第一卷)[M]. 北京:中信出版社,2016.

[4] 托马斯·库恩著,金吾伦、胡新和译. 《科学革命的结构》(第四版)[M]. 北京:北京大学出版社,2012.

[5] 阿尔弗雷德·诺思·怀特海著,刘玥译. 教育的本质 [M]. 北京:北京航空航天大学出版社,2019.

[6] Stephen F. LeRoy, Jan Werner. Principles of Financial Economics[M]. Cambridge:Cambridge University Press, 2001.

[7] 朱海就. 为什么要学经济学——"经济学入门五十讲"序 [J]. 民主与科学,2020(6):77-78.

[8] 戴尔·H. 申克著,何一希、钱冬梅、古海波译. 学习理论 [M]. 南京:江苏教育出版社,2012.

[9] 罗福凯,王京. 财务学原理及其基础研究 [J]. 财务研究,2019(1):13-19.